U0553696

周金堂 等 编著

高等职业教育创新发展的
理论与实践探索

南昌职业学院教育教学与科研论文精选

THEORY AND PRACTICAL
EXPLORATION OF
HIGHER VOCATIONAL EDUCATION
INNOVATION DEVELOPMENT

社会科学文献出版社
SOCIAL SCIENCES ACADEMIC PRESS (CHINA)

编 委 会

主　任：周金堂

副主任：高益庆　张　剑

成　员：王高潮　于长春　罗青平　黄恩平

　　　　蔡厚新　王新伟　肖　灵　甄德儒

　　　　陈根发　陈贵娣　唐渭生　李海峰

　　　　李江波

前　言

　　职业教育工作是事关我国发展的关键性工作。职业教育是面向人人、面向社会的教育。习近平总书记指出，职业教育是国民教育体系和人力资源开发的重要组成部分，是广大青年打开通往成功大门的重要途径，肩负着培养多样化人才、传承技术技能、促进就业创业的重要职责，必须高度重视，加快发展。要牢牢把握服务发展、促进就业的办学方向，深化体制机制改革，创新各层次各类型职业教育模式，坚持产教融合、校企合作，坚持工学结合、知行合一，引导社会各界特别是行业企业积极支持职业教育，努力建设中国特色职业教育体系。习近平总书记的重要指示，是指导我国高等职业教育发展的根本遵循，更是南昌职业学院坚持在教育教学和科学研究中创新发展，在产教融合和工学结合中全面提高培养高素质劳动者和技术技能人才能力、水平的行动指南。

　　目前，我国已建成世界上规模最大的职业教育体系，全国有1.23万所职业院校开设了约10万个专业点，年招生规模930万人，在校生达到2682万人，每年培训上亿人次。每年约有280万个家庭通过高等职业教育实现了拥有第一代大学生的梦想，实现了教育代际向上流动。连续10届全国职业院校毕业大赛，超过5万名学生参加了总决赛；2015年启动职业教育活动周以来，职业教育的吸引力和美誉度得到了大大的提升。在我国高等职业教育蓬勃发展的大格局中，南昌职业学院获得了前所未有的进步。建校24年来，学院围绕落实立德树人的根本任务，坚持正确的办学方向，切实解决为谁培养人、培养什么样的人、怎样培养人的根本问题。坚持扎根中国大地，特别是中国现实问题和时代需要办教育，始终保持办好高职院校的文化自信和行动自觉。紧紧围绕教育教学改革、学科专业建设、科学研究等，积极推进创新发展、内涵式发展，办学规模不断扩大，办学特色不断彰显，办学实力不断增强。学院现开设专业40个，形成了以管理学、工学为主，艺术学、文学等多学科协调发展的学科体系和鲜明的办学特色；有专任教师570多人，其中具有正高职称的90多人，占专任教师总数的15.9%；有硕士以上学位的教师340余人，占专任教师总数的60%以上；先后为社会培养了7万余名高素质劳动者和技术技能型人才。

　　科学研究是高职院校实现可持续发展的重要因素，更是高职院校推动教学水平上台阶的重要途径之一。这些年来，学院始终坚持服务教学、服务社会的科研工作定位，坚持以科学研究为突破口和重要抓手，以科学研究助推教育教学，以教育教学促进科学研究，将科学研究有机融入教育教学之中，充分发挥科学研究在提升教育教学质量过程中的引领作用，形成了"研中有教，教中有研，先研后教，以研促教"的良性互动、相互促进、相得益彰的格局。近三年，学院教师在各级各类期刊发表论文 380 多篇，获批省级科研课题近 50 项，为行业、企业提供咨询报告 130 份，授权专利 22 项。

教育兴则国家兴，教师强则教育强。教师是立教之本，是学院科研的主体。高素质专业化教师队伍的建设包含教师教育教学、科学研究等方面能力的建设，直接关系到教师教育教学水平和职业素养的提升。近年来，学院持续加大科研工作力度，不断规范科研工作管理，逐步建立和完善了科研工作激励机制，激发了广大教师参与科研的积极性和主动性，取得了一批具有一定学术价值的科研成果。为更好地提炼办学经验，提升教育科学研究能力，发挥科研支撑教育教学、提升学校核心竞争力的作用，我们汇集了学院近期 80 篇教育教学、科学研究的文章，编撰出版了《高等职业教育创新发展的理论与实践探索——南昌职业学院教育教学、科学研究论文精选》一书。书中收录了学院十多位学科带头人撰写的教育教学理论探讨、学术研究论文，二十多位教研人员申报的江西省社会科学"十三五"规划项目、江西省高校人文社会科学研究项目、2017 年院级科研立项课题等科研课题阶段性研究成果，五十多位教师边教书边育人边科研的经验总结和专题研究成果，涉及学科领域广，涵盖范围大，参与人数多。

论文集的主要内容聚焦于"思政研究"、"育人创新"、"专业建设"和"文化探究"四个方面。

"思政研究"部分，以贯彻落实习近平总书记在全国高校思想政治工作会议上的重要讲话精神为引领，以"培养什么样的人，如何培养人以及为谁培养人"为问题导向，以突出民办职业院校思想政治工作的特点、特色为切入点，在认真总结课堂育人和实践育人相结合、思想政治理论课和专业课相结合、线上育人和线下育人相结合的经验做法基础上，针对如何立足实际，建立民办高校思想政治理论课教师队伍建设的长效激励机制，如何开展高职院校家校合作教育，如何构建微时代大学生认同社会主义核心价值观的路径，如何发挥红色艺术经典在文化传承中的思想政治教育功用等问题，进行了专题研判与探析。

"育人创新"部分，围绕"大众创业、万众创新"这一主题，对如何强化创新创业意识和担当，培育爱岗敬业的工匠精神，培养大批技术技能型人才，做有灵魂的创新创业教育，推进专业人才培养模式创新、教育教学改革，优化人才培养目标定位，加强"双师双能型"教师队伍建设等课题，展开有针对性的分析与探讨。

　　"专业建设"部分，针对学院专业建设实际，坚持以专业建设为抓手，根据"互联网＋"的时代特点，围绕如何切实增强学院办学实力与核心竞争力，对材料特种成型及控制工程、电子商务、财务管理、会计管理、物流管理、音乐表演等专业成长、发展的历史、现状及未来走势进行了专题研究。对计算机网络技术安全与网络防御、大数据时代移动端广告营销的新特点、食品危害消费者健康安全三角结构关系与政策创新等课题，进行了专题研究和分析。

　　"文化探究"部分，根据高职院校立德树人、以文化人、以文育人的任务要求，结合文化传承创新的实际情况，对"一带一路"建设与我国陶瓷艺术发展大机遇之间的关系、江西赣南采茶戏的现状与可持续发展、当代水墨画创作的趣味性、BRVP流行音乐节奏与风格创作、大班幼儿戏剧能力的研究等课题进行了探析，并结合实际提出相应的对策与建议。

　　党的十九大报告提出，高等教育要实现内涵式发展。这为高职院校今后的发展指明了方向。内涵式发展，要求在遵循高等职业教育规律的基础上不断增强内生驱动力。因为无论是人才培养，还是学术研究、科技创新都有其内在的规律。要坚持立德树人、德技兼修，健全教书育人、文化育人、管理育人、网络育人相结合的全程、全员、全方位"三全"育人机制，围绕把学生培养成社会主义事业合格建设者和可靠接班人的目标，引导学生培育和践行社会主义核心价值观，做又红又专、德才兼备、全面发展的人。在科研育人上，必须切实克服功利化、工具主义等倾向，改变同质化现象，要营造科研服务教育教学的良好环境，让高职院校的全部教学科研工作能更好地服务于"人人皆可成才、人人尽展其才"。提升学院办学实力，促进学院教学与科研的融合发展，要有利于不同类型学科的和谐发展，有利于科研队伍的相对稳定，有利于创新成果的孕育和产生，有利于"把论文写在祖国大地上"，有利于形成良好的学术生态，实现学术的可持续发展，使教育教学科研与学术发展相互贯通、相互支撑、相辅相成、相得益彰，进而真正成为学院提升办学层次的强大能量，成为引领学院内涵发展的新引擎。

　　坚持内涵式发展，要深化产教融合、校企合作，认真抓好引企入校、以校育企。在"两个一百年"奋斗目标的历史交汇期，中国特色社会主义进入新时代，面对我国经济进入中高速增长的现实，要有效应对资源环境约束加剧、生产要素成本上升、就业总量和结构性矛盾突出等诸多挑战，促进经济社会持续健康发展，就必须推动中国经济向中高端升级，推动"中国制造"从"合格制造"变成"优质制造""精品制造"；要补上服务业的短板，使中国服务塑造新优势、迈上新台阶，必须有大规模的技能人才来支撑，而人才的培养必须依靠职业教育。要坚持把职业教育放在中国经济升级，促进充分就业大局中更加重要的位置，坚持把提高职业技能和培养职业精神的高度融合工作做实、做细，坚持用改革创新的办法把职业教育办好做强。学院只有在服务区域经济社会的发展中才能更好地培养出社会急需、适销对路的人才，才能找到针对性强、有实用价值、有决策咨询作用、有现实意义的科研问题。

坚持内涵式发展，要把教师作为教育事业和学院发展的第一资源。围绕依托、保护和用好"第一资源"，下功夫做好规划学院未来、促进内涵发展、营造育人环境、推进教学科研、引领教师成长、强化内部管理、调适发展环境、落实根本任务等八篇大文章。高职院校的教师，同学生一样，成长是其一生的事业。因为教育是人与人之间全身心的沟通与交流，是精神的共振，情感的共鸣，仁爱的传递。教师的成长并非一时一刻、一门一类、一日一月、一季一年的增进，而是与教师个人的阅历、经验、感悟息息相关，与其知识积累、能力长进、悟道认理、人格完善、境界提升有关。教师的生命特质体现在"教"的专业水平上，从这个意义上说，教师的职业是靠"嘴"吃饭的，但要站稳讲台，深耕讲台，守住讲台，显然单靠"嘴"是不行的，尤其是应用型、技术技能型高校的教师，其亲历亲为的动手能力，当师傅传、帮、带的能力，让学生信服的教研成果，非常重要。只有充分利用教育、教学、科研这一综合平台，积极参与教育教学的教研活动，学会加强合作交流，才能不断提升个人的综合素质和人格魅力，把靠"嘴"吃饭的教师职业干好。

大学的学习方式主要是让学生学会如何提出好的问题。那么作为高职院校的教研人员就应该针对作为时代声音的问题，潜心问道，精心研判，努力在教育、教学、科研中，根据教书育人提出的问题、学生提出的问题、学校提出的问题、服务地方经济社会发展必须解决的问题、传承创新文化需要关注的问题、国际交流与合作必须正视和面对的问题等等，开展研究，不断取得科研成果，为科研融入经济发展，促进教育教学质量提升，奉献自己的才能和智慧。

论文的集结出版，既是学院部分优秀的教育教学和科学研究创新成果的集中展示，也是学院部分教学科研人员教书育人、科学研究劳动成果的集体汇报。学院理事会、党委、行政十分重视教育教学和科学研究工作，积极创造条件为学院广大教师及科研人员搭建成果发表平台。我们坚信，有学院理事会、党委、行政的关心支持，有广大教学科研人员的积极参与，学院的教育教学和科学研究工作将不断取得新进展、迈上新台阶，真正成为学院内涵式发展的强有力的支撑，成为学院可持续发展的永恒动力。

2017 年 10 月 29 日

目 录

思 政 研 究

育 人 创 新

专 业 建 设

文 化 探 究

思政研究

以立德树人为导向　加强民办高校党建工作[*]

周金堂　李江波　马晓艳

2014 年 12 月，习近平就高校党建工作做出重要指示强调，"要坚持立德树人，把培育和践行社会主义核心价值观融入教书育人全过程。"[1] 2016 年 12 月，习近平在全国高校思想政治工作会议上再次强调"高校立身之本在于立德树人"[2]。这充分体现了新形势下党和国家对高校培养人才的高度重视。民办高等教育是国家高等教育事业的重要组成部分。把立德树人落实到民办高校党建中，以社会主义核心价值观引领党的主流意识形态建构，为民办高校开展党建工作提供了思想引领，指明了前进方向。

一　民办高校开展党建工作要以立德树人为引领

立德树人是党的教育的根本任务。立德树人，"德"字为先。德即树立德业，《左传》有言："太上有立德，其次有立功，其次有立言，虽久不废，此之谓不朽。""德"不仅包含了传统道德理念，在当今社会还融入了社会主义核心价值观。立德树人的实质就在于凝聚价值共识，培养中国特色社会主义的合格建设者和可靠接班人。将立德树人落实到民办高校党建工作中，有助于民办高校坚持社会主义办学方向，促进其健康稳定和谐发展。

1. 立德树人是民办高校开展党建工作的固本工程

培养什么样的人、如何培养人以及为谁培养人，这是办好人民满意的教育必须解决的关键问题，也是民办高校开展党建工作的出发点和落脚点。民办高校党组织不仅肩负着为中国特色社会主义培养合格建设者和可靠接班人的任务，而且要在贯彻党的路线方针政策的过程中协调好国家、举办者和师生员工三者之间的关系，以推动高校健康发展和师生员工的全面发展。民办高校党建工作是学校全体师生员工思想教育的主要阵地，把立德树人作为固本工程，开创了

---

*　本文为 2017 年度江西省高校人文社会科学规划项目"江西省特色高水平大学和一流学科专业建设研究"（JY17128）阶段性成果；2017 年江西省高校党建重点研究项目成果之一。

党建工作的新局面。固本即固为民之本，在这里特指固民办高校全体师生员工之本。固本工程实质上就是要实现好、维护好、发展好民办高校全体师生员工的根本利益。实施固本工程就是要发挥学校党组织的政治核心作用，把党的路线方针政策更好地落实到民办高校党建工作中去，使党员受教育、师生员工得实惠，为提高党的执政能力巩固根基。立德树人就是聚焦全体师生员工，关照、服务于师生员工，引导他们树立正确的世界观、人生观、价值观，成为社会主义核心价值观的认同者、信仰者和积极践行者，成为德才兼备、勇于担当的优秀人才。不论是立德树人还是固本工程，其目的都是培养中国特色社会主义的合格建设者和可靠接班人，二者是相互统一的。

2. 立德树人是民办高校开展党建工作的铸魂工程

"立德"与"树人"二者相互依存，辩证统一。"立德"重在强调道德养成，"树人"重在强调能力培养。"立德"是"树人"的前提与基础，"树人"是"立德"的目标与归宿，二者贯穿融汇于中华民族几千年的教育思想之中，共同构成中国特色社会主义人才培养的核心理念。必先立德才能树人，没有德，就失去了魂，就不能成人。立德之根本在于坚持马克思主义的立场、观点和方法，在于坚持中国特色社会主义理论体系，在于坚持社会主义核心价值观。把立德树人作为民办高校开展党建工作的铸魂工程，就是要用中国特色社会主义理论体系武装全体师生员工，把社会主义核心价值观融入人才培养全过程，强化师生员工的时代责任感和历史使命感，激励民办高校的每一名教职员工自觉将个人奋斗目标纳入建设中国特色社会主义的伟大事业中，自觉把个人的理想追求融入实现中华民族伟大复兴的"中国梦"中，使每一名教职员工都能够成为对国家、对社会、对人民有用的人才。立德树人是办好中国特色社会主义大学的立身之本，民办高校党组织应将这一教育理念始终贯穿于高校党建工作全过程，唯有如此，才能使民办高等教育直指教育本源，开拓出党和人民满意的民办教育。

3. 立德树人是民办高校开展党建工作的打底色工程

"立德"与"树人"二者相互依存、相辅相成。离开"立德"谈"树人"，就会偏离正确方向，"树"不好人；离开"树人"谈"立德"，就会流于空洞形式，"立"不好"德"。[3]党的十八大以来，以习近平同志为核心的党中央高度重视立德树人这一教育理念，把立德树人作为党建工作的根本任务，打牢了民办高校开展党建工作的思想基础，指明了民办高校党建工作的努力方向。民办高校开展党建工作，既要把握社会主义的正确方向，又要抓好个人道德品质的培养教育。"国无德不兴，人无德不立。"要把握好民办高校的办学方向，首先要立德。因为德管方向、管结果，"一个人只有明大道、崇公德、严私德，其才方能用得其所"。[4]一个人如果没有良好的道德品质和崇高的理想，党建知识掌握得再多，能力再强，都无法成为中国特色社会主义的合格建设者和可靠接班人。因此，民办高校党组织必须把立德树人贯穿于党建工作全过程和各环节。如果一旦在办学方向上领错路，在培养、发展党员的过程中走偏了，没有以德育为先，那么就像扣纽扣一样，第一粒扣子扣错了，整个方向就错了。民办高校同公办高校虽然在办学体制、工作机制上有差别，但其教育目的是一致的，都是为了培养出德才兼备的优秀人才。而立德树人这一教育理念正是坚持了社会主义办学方向，全面贯彻了党的教育方针，能够为中国特色社会主义建设培养所需的各级各类人才，因此，它是民办高校开展党建工作的基础工程。

二　以立德树人为导向找准民办高校党建工作的着力点

加强民办高校党建工作，是适应全面从严治党的需要，也是民办高校和谐健康发展的需要，更是民办高校自身内涵式发展的需要。民办高校开展党建工作，必须以立德树人为导向，找准党建工作与学校工作的共振点、找准创新党建工作的突破点、找准师生党员的关注点。

1. 找准党建工作与学校工作的共振点

民办高校开展党建工作要充分发挥党组织的政治核心作用，把立德树人理念潜移默化于教育教学全过程，不断完善高校教育管理，理顺领导体制、工作机制、党组织建设机制之间的关系，找准其共振点，用党建促校建，以此方能为莘莘学子营造出良好教育氛围。首先，理顺党组织与理事会关系，构建合理高效的法人治理结构。与公办高校党委领导下的校长负责制的领导体制不同，民办高校实行的是理事会领导下的校长负责制。这就要求民办高校党组织准确定位——"加强领导不缺位、引导监督不让位、参与决策要到位、服务中心找准位、支持行政不越位"[5]，在具体工作中要与理事会共同建立良性互动的合作机制。其次，处理好"为"与"位"的关系，建立科学、规范的工作机制。以积极作为求有位，以科学定位求有为。党建工作要始终以促进学校健康发展为出发点，提高办学质量，加强学校内涵建设，调动师生积极性，助推学生成长成才。要制定符合民办高校特点、具有可操作性的制度、规章，把制度、规章作为硬约束来从严治党、依法治校，真正做到用制度、规章管人、管事、管权，从而将党建工作与学校的改革发展有机融合起来，以党建促校建。最后，要加强党组织自身建设。要积极培养、吸纳优秀青年学生和教学、科研、管理的骨干入党，壮大党员队伍，提高党员质量；要充分发挥党员的先锋模范作用，增强党组织的凝聚力、战斗力和创造力。民办高校开展党建工作要始终以立德树人为导向，建立相应的诉求表达机制、利益协调机制、权益保障机制以及矛盾调处机制等，充分发挥好党组织的政治核心、教育感召、权益维护等职能，使党建工作为党员所欢迎，为师生所拥护，为投资者所理解，为学校所需要。

2. 找准创新党建工作的突破点

民办高校开展党建工作，要顺应时代潮流，因时而变，顺势而为，以改革创新精神推动学校发展。第一，领导决策的创新。比如，现在大部分民办高校选派有党组织负责人和督导专员，这是党组织的政治核心作用在民办高校能够充分发挥的重要创新举措。另外，民办高校开展党建工作，实行双向进入，交叉任职，即民办高校党组织领导班子成员可通过规定程序进入学校决策机构或兼任行政管理职务，学校决策机构和行政管理机构中的党员符合条件的，可按照党的有关规定和程序进入党组织领导班子，这一创新举措有助于确保学校决策方向的正确性和科学性。第二，工作理念的创新。工作的创新要以理念的创新为指导。民办高校本身就是我国高等教育改革创新的结果，因此特别倡导创新意识。民办高校开展党建工作，要紧跟时代步伐，紧紧围绕立德树人这一教育理念，以社会主义核心价值观为引领，推进党建工作的理论创新，结合实际，调动师生员工的积极性和主动性，汇聚各方力量，为实现"两个一百年"奋斗目标、为实现中华民族伟大复兴的中国梦培养合格建设者和可靠接班人。第三，机构组成上的创新。民办高校在党务人员安排上，采取教师学生相结合、兼职专职相结合以及校内校外相结合的形式，提高了民办高校的办事效能，增强了党务工作的效果。第四，工作载体上的创新。由于新媒体的迅速发展，网络载体成为民办高校开展党建工作的新型载体。谁抢占了网络高地，谁就拥有了话语权。中国互联网络信息中心（CNNIC）发布的第40次《中国互联网络发展状况统计报告》显示，截至2017年6月，中国网民规模达到7.51亿，占全球网民总数的1/5，互联网普及率为54.3%，超过全球平均水平4.6个百分点。随着互联网技术的全面覆盖，以微信、微博、QQ、博客、BBS论坛、MSN和电子邮件等为代表的新媒体异军突起，深入人们的学习和工作中。尤其是学生群体使用新媒体、关注新媒体信息的比例达九成以上。民办高校开展党建工作，要充分利用网络共享性、即时性、交互性和超文本性的优点，搭建网络党建工作新平台，构建网络意识形态阵地，将党的政策主张、国家领导人的重要讲话、学校的重要事件等文献资料通过网络进行宣传，在网上开通联系反馈信箱和留言系统，师生可以通过网络加强学习互动，学校领导和党的各级组织也可以通过网上留言和反馈信息掌握基层的建议和意见。党建和政务的公开与互动，有助于增强党群之间的联系沟通。

3. 找准师生党员的关注点

民办高校开展党建工作要注意避免套用公办院校的党建工作模式和党建工

作方法，应务求贴近民办高校实际，贴近教职员工实际，贴近师生党员实际。做好党建工作，关键在人，必须加强师生党员队伍的建设。一方面，抓好民办高校青年教师党员发展工作。改进工作作风，树立为人师表的职业意识，以良好的党风政风带动校风和学风建设，真正做到"强师德，正师风，提师能；严教风，促学风，塑校风"。要切实做好民办高校青年教师党员的教育和服务工作，将解决思想问题与解决实际问题紧密结合起来，以解除教师党员的后顾之忧。与此同时，注重提高民办高校青年教师发展党员质量，建立正向激励机制，对思想政治工作中表现突出的青年教师党员予以评选表彰，并号召其他老师向受表彰的青年教师党员学习，形成"学习先进，争当先进"的良好氛围。民办高校党委对关系教师切身利益的问题，要主动调查研究、主动参与决策。比如教职工的医疗保险、养老保险、生育保险等，这些问题的解决有助于增强党组织的凝聚力和向心力。另一方面，要加强学生党员的教育管理。学生党支部是重要的基层党组织，是学校开展党建工作的主要思想阵地。如何发挥学生党支部的战斗堡垒作用，如何发挥学生党员的先锋模范作用，这是民办高校党建工作必须关注的问题。民办高校党委要以立德树人为中心环节，始终贯彻"一切为了学生，为了一切学生和为了学生一切"的育人宗旨，时时处处为学生的全面发展提供支持与帮助。对学生党员加强思想建设，重视培育和践行社会主义核心价值观，培育他们的知校爱校意识，并将爱校与爱国联系起来，将个人发展和奉献社会联系起来，充分发挥学生党支部的战斗堡垒作用和学生党员的先锋模范作用，为民办高校立德树人教育工作打开新局面。

三　民办高校党建工作的"三位一体"路径建构

民办高校是我国社会主义高校的重要组成部分，而党建工作是民办高校健康稳定和谐发展的重要保障。党组织要肩负起高校立德树人的重要责任，以思想教育、主题实践、管理考核三位一体的党员建构路径，巩固马克思主义在高校意识形态领域的指导地位。

1. 思想教育

开展民办高校党建工作，要把思想教育放在首位。要用先进的思想理念来指导党的建设，运用创新的思路寻求增强民办高校党组织的凝聚力、向心力和战斗力的有效路径。一方面，在思想教育对象上要建立学习教育联动机制。由于民办高校发展模式往往存在重硬实力建设、轻软实力建设的问题，再加上民办高校青年教师和大学生思想比较活跃，思维比较敏捷，对于国际、国内重大事件和发生在身边的现象比较敏感，世界观、人生观、价值观正在塑造阶段。

如果在此阶段建立学习教育机制，有助于增强党建工作的凝聚力。以思想教育优化辅导员队伍建设。由于民办高校辅导员来自本校，容易产生思维固化现象，为此学校党组织应积极组织辅导员培训学习，运用理论教育手段，高扬时代主旋律，使其在思想上受到熏陶。以思想教育优化青年教师队伍。青年教师在民办高校师资中占了很大比例，学校党组织应在青年教师的入职培训中融入党建教育的内容，提高青年教师的思想政治素质，促进青年教师的成长。以思想教育优化学生队伍。民办高校党组织要高度重视学生的思想工作，对大学生进行形势政策教育，帮助大学生了解国际、国内大事，引导其正确认识社会热点、焦点问题，从而明确学习方向，树立远大理想。另一方面，在思想教育内容上，要与时俱进。民办高校开展党建工作，要牢牢掌握意识形态领域的领导权、话语权，把好民办高校办学方向，充分发挥党组织的政治核心作用。要引导师生认真学习马克思列宁主义、毛泽东思想、邓小平理论、"三个代表"重要思想、科学发展观以及习近平总书记系列重要讲话精神，以马克思主义中国化的丰富理论成果武装师生头脑，增强其中国特色社会主义道路自信、理论自信、制度自信和文化自信，并使其能够运用马克思主义的立场、观点和方法观察、分析和处理问题。要强化立德树人意识，将社会主义核心价值观贯穿于教书育人全过程、教育教学全过程。让师生能够认知、认同和践行社会主义核心价值观，弘扬中国精神，凝聚中国力量，提升师生道德素质。

2. 主题实践

理论是实践的先导，实践是理论的目的。民办高校党组织要积极搭建党建活动平台，构建主题实践机制。一是在学校方面。党建工作要与校园文化活动相结合。以党和国家重要纪念活动、重要党史人物纪念活动以及学校各种重大活动为契机，开展丰富多彩的党史宣传教育活动，如演讲比赛、征文比赛、辩论赛、图片展、座谈会、报告会等，在校园内营造党建学习教育的良好氛围，引导师生尊党、爱党、跟党走。二是在教师方面。学校党组织要经常邀请校外知名专家来校做党建专题学术讲座，解答教师疑惑，提高其思想觉悟。同时还要积极组织教师开展党建课题研究，撰写相关的研究报告和论文，提升教师党建学术水平。此外，根据教师的实际情况，发展教师党员，使其前途命运与党的事业、学校的发展有机结合起来，增强其爱岗敬业精神。三是在学生方面。除课堂教育之外，帮助学生开展社团活动，鼓励学生围绕时代主题，如"中国梦"主题、"社会主义核心价值观"主题、"爱国、爱党"主题、"厉行节约，光盘行动"主题、"建设美丽中国"主题等，积极组织策划社团活动，寓党建教育于社团活动之中。组织学生开展暑期"三下乡"活动、志愿者服务活动，培养学生奉献精神和服务社会的意识，让学生在生活中真正践行社会主义核心价值观。

3. 管理考核

在民办高校建立管理考核机制，不仅能够总结党建工作经验，检验党建工作成效，而且能够充分发挥基层党组织的战斗堡垒作用和党员的先锋模范作用。首先，落实一个"严"字。要严把党员入口关，严把党员质量关。在党建工作过程中，对普通学生进行党建理论教育，引导其向党组织靠拢；对入党积极分子进行培训发展，规范其资格审查工作，做到"全员培训，优中选优"；对于已经确定的发展对象要定期开展民主评议，通过征求学生、辅导员、任课教师意见等途径准确掌握发展对象的各项情况，对发展期限未到的、材料不全的、有争议的等暂缓发展或不予发展，确保优秀分子吸纳到党组织中。其次，落实一个"考"字。党组织在党员教育中要强化党员意识，提高党员修养，使其形成自省、自警、自律的好习惯。通过党员写思想汇报和上党课检查考核党员履行义务情况；通过自我考评、群众考评、支部考评，对党员进行教育管理；通过实施述责制，对党员进行综合考评，对于优秀党员实施奖励制度，设置"党员示范岗"，鼓励师生党员创先争优，增强党建工作的号召力。最后，落实一个"细"字。要细化党建考评内容，增强其针对性和实效性。考评内容要能够反映党建工作规范、工作绩效，要全面、客观、公正。要通过走访座谈、思想汇报、台账查阅等形式形成汇总材料，使其在完善定性考评指标后，逐步转向定量考评。确定考评结果前，要建立考评方案、考评细则等制度。考评结果要在适当范围内进行公示，确保其公正性。

民办高校党组织要始终坚持立德树人这一教育理念，牢牢把握"党要管党，从严治党"这个鲜明主题，坚持从严从实的工作作风，以思想教育为先导，以主题实践为目的，以管理考核为检验标准，逐步建立起一支优秀党员队伍，从而推动民办高校党建工作的长效发展。

参考文献

［1］习近平：《坚持立德树人思想引领　加强改进高校党建工作》，《人民日报》2014年12月30日。

［2］习近平：《把思想政治工作贯穿教育教学全过程　开创我国高等教育事业发展新局面》，《人民日报》2016年12月9日。

［3］陈勇、陈蕾：《立德树人：当代大学生思想政治教育的根本任务》，《思想理论教育导刊》2013年第4期。

［4］黄蓉生、崔健：《坚持把立德树人作为中心环节》，《国家教育行政学院学报》2017年第1期。

［5］任昊：《认识把握民办高校特点　创新民办高校党建工作》，《学校党建与思想政治教育》2010年第8期。

加强理想信念教育是全面从严治党的题中应有之义[*]

周金堂　李江波　马晓艳

党要管党必须从党内政治生活管起，从严治党必须从党内政治生活严起，严格党内政治生活要将坚定理想信念作为首要任务。党的十九大报告强调，要把坚定理想信念作为党的思想建设首要任务[1]这充分体现了以习近平同志为核心的党中央坚持思想建党、保持党的先进性和纯洁性、永葆共产党人政治本色的高度自觉，充分说明了加强理想信念教育对于深入推进全面从严治党的极端重要性。

一　加强理想信念教育是全面从严治党的必然要求

理想信念是一个人的世界观、人生观、价值观的根本反映，党员干部的理想信念这个"总开关"出了故障，就必然导致世界观偏差、人生观迷失、价值观错位。因此，理想信念是共产党人的精神支柱和共产党人的政治灵魂，是保持党的团结统一的思想基础，要确保我们的江山不易色、政权不丢失、道路不改变，就必须加强理想信念教育，这是全面从严治党的必然要求。

1. 理想信念是共产党人的精神支柱

邓小平同志曾经指出："为什么我们过去能在非常困难的情况下奋斗出来，战胜千难万险使革命胜利呢？就是因为我们有理想，有马克思主义信念，有共产主义信念。"自中国共产党诞生之日起，一代又一代共产党人，正是凭着"革命理想高于天"的崇高信念，为了争取民族独立和人民解放，在从艰苦卓绝的井冈山斗争到千难万险的长征路上，在从硝烟弥漫的抗日战争到摧枯拉朽的解放战争中，经受住了枪林弹雨、生死存亡的浴血革命考验；为了实现国家富强和民族复兴，经受住了栉风沐雨、筚路蓝缕的艰苦创业考验及山重水复、柳暗花明的改革开放考验，使我们的国家、我们的民族实现了从站起来到富起

* 本文为学校自选科研话题研究论文（课题编号：2017–01）。

来、强起来的伟大飞跃。其间之所以能够攻坚克难，在非常困难的情况下奋斗出来，关键在于共产党人有崇高的理想信念，有为理想信念而英勇奋斗甚至不惜牺牲生命的崇高追求。"敌人只能砍下我们的头颅，决不能动摇我们的信仰"，"毒刑拷打那是太小的考验……竹签是竹子做的，但共产党员的意志是钢铁"，这些都彰显了理想信念在共产党人身上迸发出的伟大力量。历史充分证明，共产党人克服困难、勇往直前的精神之基、力量之源就在于其树立的崇高理想信念。共产党人之所以不畏惧任何困难就是因为理想信念筑牢其精神支柱，形成了压倒一切困难而决不被困难所屈服的伟大气概，进而战胜前进道路上的任何困难。

2. 理想信念是共产党人的政治灵魂

理想信念，是世界观和政治信仰在奋斗目标上的具体体现，对于共产党员来说，它就好比精神之"钙"，如果共产党员精神上缺"钙"或"钙"的含量不足，就会得"软骨病"，就有可能导致堕落和腐化、变质和贪婪。因此，全面从严治党必须坚定共产党员的理想信念，补足他们的精神之"钙"。共产党员只有补足了精神之"钙"，树立了坚定的理想信念，才能开阔其心胸，拓宽其眼界，才能坚持正确的政治方向，才能坚守共产党人的政治灵魂，经受住各种风险和困难考验，并在自觉抵制各种错误社会思潮的侵蚀中不断增加自己骨骼的"钙"含量，强筋壮骨，保持共产党人的先进性和纯洁性，永葆共产党人政治本色。当前，大多数共产党员有着坚定的理想信念，然而，也有部分共产党员理想信念不坚定，甚至产生动摇。有的认为共产主义虚无缥缈、难以企及；有的不信马列信鬼神，遇事就烧香拜佛、问计于神；有的迷恋于西方社会制度和价值观念，缺乏"四个自信"等。一些党员干部出这样那样的问题，也是从类似的现象苗头中逐步发展而来的，应当引起高度关注。因此，只有坚定理想信念，既胸怀共产主义远大理想，又脚踏实地为实现中国特色社会主义共同理想而不懈努力，既主动改造客观世界又积极改造主观世界，不断增强政治定力，才能解决好世界观、人生观、价值观的"总开关"问题，守护好共产党人的政治灵魂。

3. 理想信念是保持党的团结统一的思想基础

理想信念是一个政党团结统一、共同奋进的精神旗帜，对它的凝聚力和向心力有着决定性作用。一个政党如果理想信念不坚定或缺乏理想信念，那么他就会丧失奋斗目标，就会迷失前进方向，就如一盘散沙似的失去凝聚力、向心力和战斗力。90 多年来，我们之所以能够带领全国各族人民，在各种挫折和磨难中仍能"咬定青山不放松，立根原在破岩中。千磨万击还坚劲，任尔东西南北风"，一如既往，勇往直前，靠的就是具有强大凝聚力和感召力的理想信念。

现在我们党有 8900 多万名党员，450 多万个党组织，如何把这么大一个党组织和这么多党员同志组织起来、凝聚起来，紧密地团结在以习近平同志为核心的党中央周围，做到行动统一、步调一致，形成共同的意志，完成共同的事业？最根本的是要筑牢理想信念。国际共产主义运动艰难曲折的发展历程表明，社会主义政党一旦失去马克思主义信仰、动摇社会主义和共产主义信念，那么分崩离析、土崩瓦解只是时间问题。苏联解体的教训极为惨痛，对于苏共这样一个拥有 70 多年历史、2000 多万名党员的大党来说，它的垮台有很多原因，其中一个关键原因就是理想信念的动摇甚至丧失，思想防线的失守甚至瓦解。事实一再表明，理想信念的缺失或丧失，往往形成了一个政党衰落的逻辑起点。我们党只有始终高扬理想信念旗帜，才能明确前行的方向，才能坚定前行的脚步，才能充满前行的动力，才能夯实全党团结统一的思想基础，增强党组织的凝聚力、向心力和战斗力，确保党的领导始终坚强有力，党的事业更加兴旺发达。

二 加强理想信念教育是全面从严治党的重要内容

习近平总书记指出："我们共产党人的根本，就是对马克思主义的信仰，对共产主义和社会主义的信念，对党和人民的忠诚。"全面从严治党，必须锤炼共产党人的党性，铸造共产党人的灵魂，坚定共产党人的理想，树立共产党人的信念。共产党人的理想信念就在于信仰马克思主义、认同和笃信社会主义和共产主义、忠诚于党和人民。

1. 共产党人的理想信念表现为对马克思主义的信仰

信仰是人们对某种价值目标的敬仰和追求。信仰具有强大的精神力量，正如哲学家萨特所说："世界上有两样东西是亘古不变的，一是高悬在我们头顶上的日月星辰，一是深藏在每个人心底的高贵信仰。"马克思主义是我们党的指导思想和理论基础，也是每一名共产党人的政治信仰。共产党员在加入党组织时，要求不仅在组织上入党，更要在思想上入党，做到"组织入党一生一次，思想入党一生一世"。"思想入党"首先就是要在思想上牢固树立马克思主义信仰，再在行动上成为马克思主义的忠实实践者。马克思主义是迄今为止最科学、最严密和最有生命力的理论体系，因为它是在对前人优秀文明成果和丰富历史经验进行批判性的吸收中逐步形成的，深刻揭示了自然界、人类社会和思维发展的普遍规律。在人类思想史上，就科学性和真理性而言，马克思主义的思想理论是无与伦比的，是经过实践检验的科学真理，其学说对世界历史产生了巨大影响。正如邓小平所说，"世界上赞成马克思主义的人会多起来，因为马克思主义是科学。"我们党之所以能够从小到大、从弱到强、从胜利走向胜利，正是因为我们党将对马克思主义的信仰始终鲜明地写在自己的旗帜上，作为一切思想和行动的指南。共产党员要以党的旗帜为旗帜，以党的信仰为信仰，不断增强政治定力，不论在未来征程中遇到何种困难和挑战，都要始终坚定马克思主义信仰。

2. 共产党人的理想信念表现为对社会主义和共产主义的信念

共产主义是人类获得自由而全面发展的理想社会，是人类历史发展的必然趋势，为实现共产主义而奋斗是共产党人的历史使命。然而，共产主义所需要的物质的和社会的条件，只能由社会主义阶段的长期稳定健康发展为其奠定基础。只有经过社会主义社会的充分发展，在物质文明和精神文明取得长足进步以及社会生产力高度发达的基础上，才能逐步消除旧的社会痕迹，从而铺平实现共产主义的康庄大道。因此，必须把社会主义作为走向共产主义的必经阶段和必由之路，共产党员坚定理想信念必须将对社会主义和共产主义的信念作为毕生追求。尤其在当下，社会思潮日益多元化，中西方文化交流交融交锋，特别是西方敌对势力对我国加大西化、分化力度，并借助互联网实施"文化冷战"和"政治转基因工程"，妄图动摇马克思主义在社会主义意识形态领域的指导地位。在这样的时代背景下，更需要坚定共产党员对社会主义和共产主义的信念。政治上的坚定源于理论上的清醒，坚定的理想信念是建立在对社会主义和共产主义科学性真理性的认识基础之上。作为共产党员，要认真学习马克思主义基本原理，扎实掌握辩证唯物论和唯物辩证法，灵活运用马克思主义的立场、观点、方法，用科学理论武装头脑，不断增强政治敏锐性和政治鉴别力，深刻认识和准确把握人类社会发展规律，始终坚定对社会主义和共产主义的信念，正如李大钊同志当年面对反动军阀的绞刑架发出的豪迈誓言："我们深信，共产主义在世界、在中国，必然要得到光荣的胜利。"

3. 共产党人的理想信念表现为对党和人民的忠诚

坚定的理想信念是对党和人民忠诚的首要前提，只有理想信念坚定，认同和践行全心全意为人民服务这一党的根本宗旨，才能做到对党和人民忠诚；对党和人民的忠诚又是检验共产党人理想信念的重要标尺，共产党人的理想信念以忠诚于党忠诚于人民为根本保障，离开对党和人民的忠诚，共产党人的理想信念就如无源之水、无本之木，无从谈起。领导我们事业的核心力量是中国共产党，这是历史的选择、人民的选择。对共产党员来说，忠诚于党跟党走是绝对的、无条件的政治要求。坚定理想信念，必须忠诚于党跟党走；忠诚于党跟党走，必须具有坚定的理想信念。忠诚于党跟党走要体现在"担当"二字上。"担当"是共产党人的脊梁，在不同的历史时期有不同的内涵。革命战争年代，共产党人的"担当"就是为实现民族独立和人民解放抛头颅、洒热血；在今天，共产党人的"担当"就是把人民对美好生活的向往作为奋斗目标，撸起袖子加油干、拼命干。共产党人的理想信念以全心全意为人民服务为根本宗旨，这是我们党所从事的全部事业的出发点和归宿，这也是我们党"两个先锋队"性质的表现形式，即"中国共产党是中国工人阶级的先锋队，同时是中国人民和中华民族的先锋队"。因此，共产党人对党忠诚和对人民忠诚是一致的，对党忠诚就要对人民忠诚，对人民忠诚就是对党忠诚。

三 加强理想信念教育是全面从严治党的关键措施

全面从严治党，是我们党在新的时代条件下"进行伟大斗争、建设伟大工程、推进伟大事业、实现伟大梦想"[2]的根本保证。全面从严治党，必须从党内政治生活严起。坚定理想信念、加强理想信念教育是开展党内政治生活的首要任务，也是全面从严治党的关键措施。

1. 在理论教育中加强理想信念教育

思想建党是我们党的优良传统和政治优势。我们要用好这个传家宝，抓好思想理论建设，让共产党人掌握历史唯物主义世界观和方法论，否则就会因为历史唯物主义观点不牢固，而导致理想渺茫、信仰动摇。要真正做到这一点，加强理论教育和学习是唯一的途径。首先，共产党员要学习马克思主义经典著作，通过学习掌握蕴含其中的马克思主义立场、观点和方法，提升马克思主义理论素养这一共产党人的"看家本领"。这个"看家本领"有没有、掌握得好不好至关重要，因为理论上的坚定与否直接关系着信仰上的坚定与否。共产党人只有学会并掌握了马克思主义基本理论，才能真正将党的指导思想落到实处，才能把马克思主义的信仰内化于心、外化于行。其次，要学习马克思主义中国化最新成果，特别是习近平总书记系列重要讲话。习近平总书记系列重要讲话，是马克思主义中国化最新成果，要深入学习贯彻并用讲话精神武装头脑，突出理想信念这个灵魂，补钙壮骨、立根固本，解决好共产党员的世界观、人生观、价值观的"总开关"问题。

2. 在党性教育中加强理想信念教育

思想建设是党的建设的基础，党性教育又是思想建设的核心，加强党的思想建设必须"抓好党性教育这个核心"[3]，教育引导广大党员、干部牢固树立正确的世界观、权力观、事业观，始终站稳政治立场，不断增强宗旨意识，弘扬党的光荣传统和优良作风，增强经受各种考验的能力。要加强对党史国史的学习，不断发扬党的优良传统，弘扬党的优良作风，从中国革命史中汲取精神力量。历史是最好的教科书，中国革命历史是最好的营养剂。如果共产党员不了解中国的历史，特别是中国的近代史和我们党的历史，就不可能充分认识和准确把握中国社会发展的历史脉络和客观规律，就不可能发扬党的优良传统，弘扬党的优良作风，就不可能加强党性修养，也就不可能真正做到坚定理想信念。因此，广大共产党员要将认真学习党史国史作为加强思想理论建设的重要任务、提高思想政治素质的重要途径，在学习中陶冶道德情操、升华思想境界，进而不断加强党性修养，坚定理想信念。要向榜样学习，特别是学习革命先烈和革命领袖的坚定理想信念和伟大人格风范。榜样的力量是无穷的，因为榜样本身就是旗帜，代表着方向；榜样本身就是动力，凝聚着力量。正如毛泽东所说，榜样本身就是一种政治力量。学习革命先烈和革命领袖的坚定理想信念和伟大人格风范，往往比党性教育中抽象的讲授更容易让人接受和产生共鸣。共产党员可以在革命先烈和革命领袖的先进事迹感染中，像他们那样，忠诚于党忠诚于人民，经得起任何艰难困苦甚至是生死考验，永葆共产党人的高尚品格和革命气节；像他们那样，坚定理想信念，脚踏实地工作，自觉做共产主义远大理想和中国特色社会主义共同理想的坚定信仰者和忠实实践者；像他们那样，敢于牺牲乐于奉献，"先天下之忧而忧，后天下之乐而乐"，永葆共产党人的政治本色。要以党的作风建设为切入点，践行党的宗旨，增强党员党性。在作风问题上，起决定作用的是党性。[4]党的作风是党的形象，关系人心向背，关系党的生死存亡。党性是无产阶级阶级性的集中体现，是衡量党员立场和觉悟的准绳，是党员同志立身、立业、立言、立德的基石。党的作风是党性的外在表现，党性是党的作风的内在根据，作风问题说到底是党性问题，我们要把加强党性修养、坚定理想信念同加强作风建设结合起来。共产党员要认真贯彻执行党章和党内各项制度规定，努力提高党内政治生活的原则性和战斗性，不断清除党内各种政治灰尘和政治微生物，在解决"四风"问题过程中使自己的思想受到洗礼，灵魂受到触动，真正增强自己的党性修养，坚定自己的理想信念。

3. 在道德教育中加强理想信念教育

法治是刚性的，德治是柔性的，二者的结合是现代国家治理的有效手段。正如习近平总书记所强调的，坚持依法治国和以德治国相结合，使法治和德治在国家治理中相互补充、相互促进、相得益彰，推进国家治理体系和治理能力现代化。全面从严治党就是要管全党、治全党，覆盖党的建设各领域、各方面、各部门，这种全覆盖、多层次的治理必须依靠制度的力量，加强党内法规制度建设是全面从严治党的长远之策、根本之策。然而，制度的制定往往滞后于现实的发展，再健全的制度设计也不能毫无缝隙地周延覆盖各个领域各个层面。那么，这种制度的相对滞后性，就可能导致某些领域或层面出现制度法规覆盖不到位的情况，在这些地方就需要释放道德的感召力，彰显道德对依规治党的支撑作用，对标本兼治的引领作用，对全面从严治党的补位作用。培育和践行社会主义核心价值观，扎实推进公民道德建设工程，引导共产党员带头规范日常行为，讲党性、重品行、作表率，争做社会主义道德的示范者、诚信风尚的引领者、公平正义的维护者，在以实际行动彰显共产党人的人格力量中进一步坚定理想信念。深入开展中华优秀传统文化教育，引导共产党员大力弘扬中华文化的思想精髓，弘扬中华民族传统美德，捍卫国家和民族精神，尤其注重道德教育，引导共产党员明大德、守公德，做一个高尚的、有道德的、有益于人民和社会的人。然而，道德的基础是人类精神的自律。道德教育既要靠他律，更要靠自律。共产党员要坚持自重、自省、自警、自励，要求别人做到的自己要首先做到，要求别人不做的自己坚决不做，在各方面以身作则，做出好的表率，树立好的榜样，正如习近平总书记所要求的那样，"老老实实向人民群众学习，时时处处见贤思齐，以严格标准加强自律、接受他律，努力以道德的力量去赢得人心、赢得事业成就。"总之，抓好道德建设，加强道德教育，就是要教育引导广大党员干部树立良好道德风尚，自觉抵制各种腐朽思想的侵蚀，永葆共产党人政治本色，争做社会主义道德的示范者、诚信风尚的引领者、公平正义的维护者，始终保持共产党人的高尚品格和廉洁操守，坚定共产党人的理想信念。

参考文献

［1］本书编写组：《党的十九大报告辅导读本》，人民出版社，2017。

［2］习近平：《高举中国特色社会主义伟大旗帜　为决胜全面小康社会实现中国梦而奋斗》，《人民日报》2017 年 7 月 28 日。

［3］编写组：《十八大报告辅导读本》，人民出版社，2012。

［4］中共中央宣传部：《习近平总书记系列重要讲话读本（2016）》，学习出版社、人民出版社，2016。

职业院校辅导员角色定位及队伍建设研究[*]

章胜江　刘　萍

一　职业院校辅导员角色定位偏差所导致的问题

1. 辅导员自身职责不清，工作事务繁重琐碎

现阶段，虽然很多职校都明文规定辅导员的工作范围是在校学生的思政教育工作和日常管理工作，同时明确规定了辅导员的工作重心以及工作职责，但在实际任职时，辅导员还承担着学生奖学金、补助、考勤等诸多事务，这些工作又经常会涉及多个部门，辅导员需要与多个部门反复进行沟通，如此繁重的工作直接影响了辅导员的工作精力。此外，职业院校中许多学生一旦遇到了生活上或学习上的困难，便会习惯性地去找辅导员解决问题，认为辅导员什么都能管，什么事情都与辅导员有关，导致辅导员除了思想政治教育工作以及事务管理工作外，还承担着许多本职工作以外烦琐的事务，使得辅导员职责规定流于形式，辅导员工作重心偏离，影响了其对本职工作的执行效率。

2. 辅导员职业认同感较低

国家教育部关于职业院校辅导员的相关规定阐明，辅导员扮演着职业院校教育与管理的双重角色，在职业院校的教育工作中发挥重要作用。但实际上，在我国大多数职业院校中，职业院校的任一部门都可向辅导员分配相关工作，教务处希望辅导员能够充分重视学生的成绩考核、学风考风；管理部门则要求学校一切重大事务都必须要有辅导员一同参与，以确保学生的安全以及校园秩序稳定；组织部门则将学生思政工作开展情况以及党务工作开展情况作为辅导员近期工作的考核标准。虽说从这些方面来看，辅导员似乎是学校工作的中心，但实际上对于教师和学校管理层而言，辅导员并不完全等同于任一方，这就导致辅导员的职业认同感较低。

---

　*　本文为学校自选科研话题研究论文（课题编号：2017－03）。

二 职业院校辅导员正确的角色定位

1. 思想传播员

一名合格的职业院校辅导员，应当时刻铭记自己的职责，承担起学生思想政治教育工作（以下简称思政教育工作）的相关事务，认真积极地贯彻落实国家教育方针，并时刻留意当下的热点新闻和时事政治，有针对性地开展学生的思政教育工作，做学生的思想引导者和传播者，为学生规范个人品行，提高个人思想觉悟及道德修养提供良好助力，并引导学生树立正确的人生观、价值观和世界观，做一个乐观积极进取的国家未来接班人。这不仅是国家教育方针的需求，更是作为一名辅导员应尽的职责。

2. 心理疏导员

在时代不断变迁、经济与科技齐头并进的今天，城市化建设发展进程不断加快，与此同时，人们的就业压力也越来越大，而作为一名职业院校学生，就面临就业问题以及各种挑战，必然感受到或多或少的压力。为此，职业院校辅导员理应掌握一定程度的心理学内容，了解学生在校期间的心理健康情况，定期对学生进行心理健康指导，一旦发现学生存在心理方面的问题或障碍，必须及时给学生开展心理指导或心理治疗，帮助学生排除心理障碍，避免学生因心理问题造成不必要的麻烦，培养学生形成良好的心理素质，促进学生积极、乐观、健康地成长。

3. 信息监管员

宿舍、饭堂、图书馆等是学生日常生活的主要场所，辅导员应当通过定期走访宿舍、饭堂及图书馆，对来往学生进行随机调查，或通过开展师生座谈会议的形式，深入学生生活，收集学生日常生活的基本信息动态，从而加深对学生的了解，有针对性地开展教学工作。

4. 秩序维护员

确保学生在校安全、维护校园秩序是辅导员的工作职责之一，作为一名辅导员理应具备处理校园突发事件的能力，要懂得遇事处乱不惊，沉着冷静地解决矛盾冲突，时刻维护校园秩序，为顺利开展教学工作提供良好的基础。

5. 联络员

一名优秀的辅导员，应当承担起联络员的角色，在学校与学生、教师与学生以及学生间都应起到沟通桥梁的作用，为各级人员间的信息传递提供便利，使得师生间相互理解，相处融洽，学生间和谐相处。

6. 引导者

辅导员作为学生的人生导师，要在各方面科学引导学生，如在学习方面，辅导员要根据不同学生的学习情况，从学习方法技巧和学习计划等方面给予学生指导，尤其是面对应用性较强的课程，辅导员更应加倍耐心地引导学生，帮助学生从理论向实践过渡；又如在生活方面，辅导员应当及时了解学生的生活情况，遇到生活有困难的学生，必须采取一定的帮扶措施，对在外学习的学生给予一定的照顾；而在就业方面，辅导员必须在对各行各业有一定了解的前提下，帮助学生看清当前的就业形势，针对不同学生的自身情况，引导其确立未来的奋斗目标，为学生的职业规划打下基础。

7. 学生的益友

对于学生而言，良师固然重要，益友也不可或缺。一个优秀的辅导员还应当努力争取成为学生的益友，拉近与学生间的距离，增进与学生间的友谊，以期实现师生间平等交流。

三　基于角色定位的职业院校辅导员队伍建设发展措施

根据目前的职业院校辅导员角色现状及定位，切实加强职业院校辅导员队伍建设，不仅需要有科学合理的方针作为指导，更需要明确辅导员职责、对辅导员选聘严格把关、完善辅导员培训体系以及健全辅导员考评机制，提高职业院校辅导员队伍专业素质，确保辅导员队伍建设发展。

1. 明确辅导员岗位职责

各大职业院校应当明确辅导员岗位职责，严格依照国家教育部门相关规定以及学校工作开展的进程，合理分配辅导员所在职位的相关事务，并划分辅导员工作重心，如学生的思政教育工作以及部分事务的管理工作，其中必须明确说明部分事务的范围，以避免辅导员职位出现职责不清，导致辅导员在任职时，工作重心出现偏离，本职工作效率下降的现象。

2. 严格把关辅导员选聘

首先，根据辅导员的工作重心即学生的思政教育工作，辅导员选聘时必须将政治素养作为选聘的首要指标之一，要选择政治信仰坚定、道德品行优秀、自身纪律性强的人，这样才能保证其以身作则，为职业院校学生做一个好榜样，帮助学生树立正确的人生观、价值观和世界观，培养良好的道德品行，做学生的人生引导者；其次，由于辅导员职位事务较为繁重，常与多个部门打交道，所处理的事务又大多涉及多个领域的知识，职校应当适度提高辅导员选聘的学历门槛，并在同等学力中优先选择处事经验丰富，对心理、教育、政治以及管理等各方面专业知识了解甚多的人员，这样才能确保辅导员能够充分胜任自己的工作；最后，辅导员选聘还应分为笔试和面试两部分，通过对应聘人员的理论知识以及社交沟通和处事能力进行考核，择优聘用。此外，还应确保辅导员选聘全过程透明、公开、公正，科学合理地进行选聘。

3. 建立完善的辅导员培训体系

学校应当完善辅导员培训体系，科学合理地制订辅导员培训计划，定期对辅导员进行培训。首先，各大职业院校可根据培训类型分为岗前、岗位以及专题培训等，并针对不同类型，采取不同的侧重点，加大培训力度，增强培训效果；其次，各职业院校应当采取多元化的培训方式，如在校培训、外校培训、在职进修、团队训练、参加专题讲座或经验交流会等，根据不同人员的特点及需求开展个性化培训，力求培养优质的辅导员队伍。此外，学校还可采用以老带新的形式，派遣学校工作考核成绩优秀、有一定岗位经验的辅导员带领新进的辅导员，以便帮助和解答新辅导员在岗位上所遇到的问题，加速新辅导员对岗位的熟悉，实现对辅导员岗位的良好角色定位，更好地融入职业院校的教育事业当中。

4. 健全辅导员考评机制

辅导员的绩效考评工作是衡量辅导员工作能力以及反映辅导员培训效果的重要标准，学校应当重视辅导员的绩效考评工作，健全现有的考评机制，成立相关的考核小组，专门针对辅导员的业绩进行考核或加大经费投入，在现有的考评机制中添加奖惩制度，对一段时间内考核成绩较好的辅导员进行不同形式上的表彰奖励等，对绩效考核较差的辅导员进行相应的处罚，如取消年终奖等，借此激发辅导员的工作热情。

四　结语

综上所述，辅导员作为职业院校开展教育工作的重要力量，学校必须采取科学措施，以加强辅导员队伍建设，而作为一名合格的辅导员，自身亦应当正确认识辅导员这一岗位所负职责并进行有效定位，充分发挥辅导员作用，为我国社会培养品德高尚、积极进取的优质人才。

参考文献

肖笛：《高职院校辅导员的正确角色定位及队伍建设研究》，《才智》2016 年第 8 期。

王琴、沈建锋：《对示范性高职院校辅导员角色定位和队伍建设的思考》，《教育教学论坛》2011 年第 28 期。

吴新业：《论高职院校辅导员的角色定位与队伍优化》，《教育与职业》2011 年第 3 期。

高职院校家校合作教育存在的问题及对策

徐小娟　吕中华

2014年6月，国务院印发《关于加快发展现代职业教育的决定》（以下简称《决定》），全面部署加快发展现代职业教育。该《决定》明确了今后一个时期加快发展现代职业教育的指导思想、基本原则、目标任务和政策措施，提出"到2020年，形成适应发展需求、产教深度融合、中职高职衔接、职业教育与普通教育相互沟通，体现终身教育理念，具有中国特色、世界水平的现代职业教育体系"。正因为国家对职业教育的重视，高职教育在近些年进入蓬勃发展时期。高职院校的迅速壮大，也为人才培养带来了新的困难与挑战。当前，在贯彻落实全国、全省高校思想政治工作会议精神的进程中，要深入推进全方位育人，就是要让"学校教育、家庭教育、社会教育"三者同向同行、共同施力、协同推进。这充分表明了学校教育、家庭教育和社会教育三者缺一不可。由此可见，建立健全高职院校和谐家校合作，是培育又红又专、德才兼备、全面发展的人才的重要途径。

一　高职院校开展家校合作的内涵和意义

家校合作通常指"家长与教师合作关系"，我国教育学者马忠虎认为，家校合作就是指对学生最具影响力的两个社会机构——家庭和学校形成合力对学生进行教育，使学校在教育学生时能得到更多的来自家庭方面的支持，而家长在教育子女时也能得到更多的来自学校方面的指导。美国霍普金斯大学"家庭、学校、社区合作"研究专家艾普斯坦将家校合作含义的外延扩展到"社区的合作"，强调学校、家庭、社区三者对于孩子教育有着共同的责任。由此来看，高职院校的家校合作，应紧紧围绕合作的主体——学校、家庭（包括家长和孩子），遵循教育原则，有选择性、针对性地采用适宜高职院校家校合作的内容与方式，广泛利用学校、家庭资源，在相互尊重、相互配合、相互平等的基础上，共同为学生的健康成长和全面发展，做出自己应有的努力和承担应负的责任。

在高职院校开展家校合作的意义重大，它有利于学生家庭的稳定，学生本人的成长和成才，有利于学校创建和谐校园，提高教育教学质量；有利于社会推进素质教育改革、提高教育质量；更有利于思想政治工作专门队伍建设。然而，高职院校在家校合作工作开展中，还普遍存在某些问题，其现状亟待改善。

二　高职院校开展家校合作的必要性

1. 家校合作能更好地促进学生的健康成长与良好行为习惯的养成

家校合作的目的是让学生健康成长与培养良好行为习惯的，让学生充分享受来自家庭和学校的关怀，以及教育带来的欢乐。家庭教育需在学校教育的紧密配合下，根据每个孩子的实际情况进行具体分析，给予正确引导，让孩子健康快乐成长，使之成为国家和社会有用之才。同时，培养学生良好的行为习惯也是一项复杂的系统工程，需要多方面连续不断地努力。家庭是学生接受教育最早、时间最长的场所。家庭教育模式的选择，对学生接受学校教育有着重要影响。因此，良好的家庭教育和学校教育合作关系，更有利于培养学生的行为习惯。

2. 家校合作可以促进学校和家庭之间的信息交流，优化学校教育的环境

学校与家庭两方面教育配合得当，主要体现在信息交流的畅通。学校要了解学生在家庭中的具体表现，以便有针对性地对学生进行思想政治教育工作。家长要了解孩子在学校里的行为表现和学习成绩情况，及时鼓励自己的孩子追求上进。学校教育虽然严格按照党的教育方针办学，但社会和家长对学校的要求也是学校教育不断改进的一种动力。因此，家长可在沟通交流中不断提出改善学校教育的要求，传授社会上的先进经验，一方面可以调动家长和社会各界改善社会环境的积极性和主动性，另一方面学校可以充分利用家长的教育资源去优化学校的教育环境，使学生接受的教育更加全面。

3. 和谐的家校合作关系是学校健康持续发展的重要保障

当前，随着经济社会发展趋向全球化，对人才的培养提出了更高的要求。为此，学校教育面临着巨大的挑战，作为高职院校更应该培养出创新应用型人才。学校要健康持续发展，就必须得到社会及家庭的支持和帮助。如是，构建和谐的家校合作关系则成为学校健康持续发展的必然要求，这有利于学校资源的合理配置应用和可持续发展，也有利于学校的教学质量和受教者综合素质的全面提高。

三 高职院校开展家校合作存在的主要问题

1. 教师及家长对于家校合作的认识有偏差

正确的认识和态度是开展家校合作的基础。提及高职院校的家校合作，多数人并不太了解，有的还存在不同程度的误解。在家校合作内容方面，家长比较关心学生的专业与技能知识的获取，对学生身体健康、人身安全的关注度较高；而教师在学生成绩、道德品质、行为习惯、人际交往等方面关注度高。在家校合作的责任主次上，有些家长产生了一种错误的认知，认为学生在校期间的一切事务应该由学校或班主任老师负责，如果学生出现问题，他们首先想到的是寻找学校或老师工作的不足，对于共育工作配合度不高，给家校合作的开展带来较大困难。因此家校合作双方应加强沟通，才能促进学生成人成才。

2. 家长参与学校教育的积极性不高

高职院校开展家校合作工作需要家长的积极配合，但实际上家长因各种客观或主观因素，参与学校教育的积极性并不高。比如，因家庭与学校距离远，让家长到校参与学校教育的可操作性受到一定限制；有些家长忙于事业，无暇顾及孩子在校学习生活，一味地用经济弥补对孩子关心甚少的缺憾；有些家长没有经济支撑频繁来往学校的费用，还有些家长是由于自身原因，不愿参与孩子的教育……这些问题单靠学校的力量是难以解决的。

3. 家校合作制度不完善，缺乏长效运行机制

当前，虽然各高校都在积极探索家校合作的模式，也取得了一些成效，但整体效果并不佳。比如一些高职院校虽有规章制度和考核机制，但执行力度明显不大，家校合作工作开展的次数仅取决于辅导员和家长之间的沟通次数，频率也取决于学生在校的违纪次数。这是高职院校学生家长和学校对家校合作的认知程度与合作水平的集中反映。这种缺乏长效运行的合作方式，必然会大大削弱家校合作的预期效果。

4. 家校合作形式简单，教育效果不显著

随着时代的进步，家校合作的形式与内容都有了较大进步，但目前的高职院校开展家校合作的形式仍较为简单，主要表现为家长会、家访、校园开放日、互通电话等，中小学普遍使用的校讯通，在高职院校中并没得到很好使用。家访次数也因家校间的距离遥远而变得越来越少，通过信件等进行沟通的方法也没能反映出良好的效果。合作内容较单一，仅限于学生的学习成绩、在校纪律、身体健康等问题，对于学生的心理健康以及人生观、价值观、世界观引导工作需进一步加强。

5. 家校合作方法欠佳，相互关系不和谐

在家校合作过程中，辅导员（班主任）与家长之间的合作方法、技巧都有待提高。有些辅导员不懂得与家长的沟通技巧，将沟通演变成了告状会、批斗会，忽略了对学生的激励，使一些家长对学校产生抵触心理，要是遇到不淡定的家长则更易激化矛盾，导致家校合作的不和谐。另外，也会遇到一些愿意参与学校教育管理的家长，对于合作教育虽给予正面的表态，但因缺乏家校合作教育的方法和技巧，从而影响其合作效果。

四　高职院校构建和谐家校合作的主要对策

1. 正确认识家校合作，充分发挥共育优点

学生的成长成才离不开家校合作教育，即家庭教育、学校教育两者缺一不可，它们是相互影响、相互制约的。家庭教育是学校和家长提高合作教育水平与能力的前提条件。学校转变思想，充分发挥自身的主导优势，在建立健全家长学校、家长委员会等合作形式的同时，更要敞开校门，欢迎家长充分挖掘各方面有利因素，以达到家校双赢的目的和效果。引导家长更新教育观念，帮助家长提高家庭教育能力，树立正确的家校合作观，让家长在合作中增强责任感和认同感，认识到家庭教育是学生教育的重要组成部分。

2. 创新家校合作形式，实现家校互补双赢

家校合作的形式要大众化、多元化、个性化相结合，保证各类家庭的广泛参与。学校利用新生入学期间，宣传学校制定的家校合作政策，收集家长手机、QQ、微信、邮箱等信息，便于建立家校通信平台；通过举办家长主题班会，让家长的社会生活与学生校园生活充分融合，进一步拉近学校、家长与学生之间的关系，考虑到大多数家长的实际情况，可分区域选举家长代表和成立家长委员会，利用节假日来校集中反映各区域内的家长建议和需求；大力创新和实践家访模式，利用暑期招生时机集中走访慰问各区域内的贫困学生家庭，关注学生的生活，拉近家校之间的距离，也为学校节约有限的经费。除了学校与家长之外，家校合作还应积极吸引地方经济社会资源，为学生提供多方教育途径，学校可以利用自身专业优势为地方经济社会提供服务，共创和谐校地环境。

3. 健全组织机构和制度，促进合作有序进行

有效的家校合作组织机构和制度，对于家校合作的发展起着十分重要的作用。家校合作组织机构不但可以联系家长、教师共同参与学校教育管理，还可以积极协调家庭与学校的矛盾，减少家长与教师之间的摩擦，保证学校教育教学的有序进行。与美国、日本等具有家校合作成功经验的国家相比，我国的家

校合作组织机构相对较少，就算有大多也是临时设立的，家长与学校之间、家长与家长之间的交流合作多表现在如家长会、家长接待日等活动中。活动结束后，相互的交流合作便会日渐减少甚至终止。相比之下，美国的家校合作有其严密的组织保障，家校合作中相关组织的建立，以及项目计划的实施都可使家长、学校和社区紧密地联系在一起。现阶段中，家校合作教育主要凭借辅导员（班主任）邀请问题学生家长来校，电话沟通交流学生在校表现情况，寄发学习成绩单等简单方式已经不能满足当前要求，学校可根据实际情况制定家长委员会章程、家长学校管理规程、家校公约和家校合作工作手册等合作制度，有力保障家校合作的次数与质量。对家访、家长来访日、学生及家长、教师代表座谈会等一系列长效机制的规定，全面促进家校合作水平的提高，努力实现家校合作的制度化、规范化和科学化。

4. 丰富家校合作内容，促进学生全面发展

为了提高高职院校家校合作的实践效果，学校应充分发挥自身的主导作用，进一步引导家长、教师重视和鞭策学生的全面发展。比如，针对高职院校学生在专业学习方面，存在的学习基础薄弱、学习目标不明确、学习态度不端正、学习方法不当、学习效果不佳等问题，学校可以开展自我管理指导、学习方法指导、基础知识补习、学习目标管理等方面的家校合作内容。针对思想道德修养方面所存在的价值观念错位、法制观念薄弱、社会责任感不足、职业素养缺失等问题，开展价值观念纠偏、法律法规教育、责任感培养和职业素养培训等方面的活动，以促进大学生的全面发展。

5. 加强双方相关培训，提高家校合作水平

就如何提高家校合作水平问题，学校要将家庭教育有关内容作为培训的重要内容，定期或不定期地组织教师开展家长工作研讨，分析家长工作中出现的新情况、新矛盾、新问题，探讨有效解决问题的方式方法，不断提高教师的家校合作能力和水平，使其能够与时俱进地开展家校合作教育。学校还可以大力创新家访形式，根据具体情况进行普访、随访、定访、特访等工作。同时，在家校合作中，可充分发挥家长对辅导员（班主任）乃至学校工作的监督作用；学校也可开办有关教育学、心理学、心理健康以及家校合作中所需沟通技巧等内容的讲座或论坛，为家长提供必要的专业知识与技能的辅导。只有双方有了共同提高，才能使家校合作提升到新的水平，学生也将成为其中最大的受益者。

6. 倡导以学生为本，建立平等尊重关系

习近平总书记提出："高校的根本在于立德树人。"以学生为本，教育的目的就是促进学生的全面发展，培养德才兼备的高素质人才。学校在建立健全家校合作育人机制的过程中，要树立正确的学生观和教育观，深入了解学生的个

性以及家庭状况，及时掌握学生的思想动态，适时对学生给予耐心细致的指导、引导和疏导。在对学生进行教育的过程中，要正确对待学生之间的差异性，积极发现学生的优点及兴趣，鼓励学生独立思考，挖掘学生各方面有利于其成人成才的潜能，这也是当前思想政治教育工作的主要目标。

在学校与家长的沟通过程中，要虚心听取或采纳家长的建议和意见，及时了解家长所面临的实际困难，并明确学校是否能给予其关心与帮助。同时，在教师与家长的交流过程中，要善于发现家长不恰当的教育方法并做到与时俱进。因此，在教师与家长的工作过程中，要坚持做到以发展的眼光看待学生的成长，以发展的思维方式武装自己的头脑，帮助学生建立健全一系列解决问题的方式方法，才能培养出德才兼备、全面发展的人才。

五 结语

当代大学生的健康成长关系社会的发展，高职院校"家校合作"是为社会培养合格人才的重要保障。与高等职业教育发展程度相比，"家校合作"发展明显落后。和谐高效"家校合作"关系的建立，在促进大学生成长成才方面将发挥重要作用。

参考文献

马忠虎：《家校合作》，教育科学出版社，2001。

岳瑛：《我国家校合作的现状及影响因素》，《天津市教科院学报》2002 年第 6 期。

李飞、张桂春：《中美两国家校合作机制差异之比较》，《教育探索》2006 年第 3 期。

周嵘、王权芳：《家校齐合力学生大发展》，《新课程研究》2013 年第 3 期。

陆宪峰：《构建良性家校合作推动教育和谐发展》，《教育教学论坛》2012 年第 12 期。

潘立鹏：《新形势下高职院校家校合作育人机制的构建》，《北极光》2015 年第 11 期。

冯琛：《新形势下高校"家校双向合作"育人机制存在的问题及对策分析》，《人才资源开发》2016 年第 2 期。

党纪建设的历程考察

刘　非

党的纪律建设，是党在长期的革命、建设、改革和中国特色社会主义现代化建设过程中，以文件形式和习惯传统传承下来，党的各级组织和党员干部共同遵循的基本原则和行为规范。党的十八大明确提出，要严明党的纪律，自觉维护党的集中统一。加强党的纪律建设，有助于调节党内关系，指导党内政治生活，规范党员干部的行为，确保党的事业沿着正确的方向健康发展。

一　新民主主义革命时期党的纪律建设的探索和发展

中国共产党是完全按照列宁新型无产阶级政党的组织原则建立起来的工人阶级先锋队，以制定和修订党章为核心，积极探索党的纪律建设。在建党伊始，党主要围绕组织纪律和保密纪律开展工作，将党员干部和靠近党组织的积极分子聚集在党的周围，开展革命斗争工作。1921 年 7 月 23 日，中国共产党第一次全国代表大会在上海召开，会议通过了《中国共产党第一个纲领》。《纲领》对党的组织原则和组织纪律做出了明确的规定，并指出：党的各级组织必须在民主的基础上选举产生，并自觉接受党中央的领导和监督；对党员的入党条件和手续也作了规定"必须承认本党纲领和政策"，经一人介绍，不分种族、不分性别均可成为我党党员，并实行严格的考察期；党处于秘密状态时，党员应注意保密自己的身份和党的主张；在宣传方面，明确指出："一切书籍、日报、标语和传单的出版工作，均受中央执行委员会或临时中央执行委员会的监督"，"无论是中央的还是地方的，均不得刊登违背党的原则、政策和决议的文章"。[1] 1922 年 7 月 16 日召开的中共二大，大会通过了《中国共产党章程》（以下简称《党章》），《党章》不仅明确规定了关于党员、组织、会议等方面的规章制度，特别是在第四章纪律方面，提出了九项纪律要求，其内容涉及政治、组织、宣传和党员从业纪律等，同时，还确立了"少数绝对服从多数"的原则，并对违纪的党员做出明确的纪律处分原则，其中就包括"开除党籍"这一项内容。在此后党的三大和四大通过的《党章》，均设"纪律"专章。1927 年，党的五大通过的《组织问题决议案》，首次提出了"政治纪律"这个科学概念，强调指出："党内纪律非常重要，但宜重视政治纪律，不应将党的纪律在日常生活中机械地应用"[2]，同时，选举了党的历史上第一个专责的纪律检查机构——中央监察委员会，标志着我们党开启了以《党章》为根本遵循、加强党的纪律和机构建设的历程。

大革命失败以后，中国革命处于低潮，工作的重心渐次地由中心城市向农村转移，在党的主要构成是农民和小资产阶级背景下及大革命失败的阴霾笼罩下，党内出现了"红旗能打多久"的悲观消极倾向。加强党内思想政治教育固然重要，但还需要组织纪律来保障。1928年在莫斯科召开的中共六大，总结了大革命失败的教训，要求迅速恢复被破坏的各级党组织，严明党的纪律，实行民主集中制。在通过的新《党章》关于纪律方面的第十二章中明确指出："严格的遵守党纪为所有党员及各级党部之最高责任"，"上级机关的决议，都应当迅速而且正确的执行"，"不执行上级党部的决议和犯了党内认为有错误的其他过失时，应由相当的党部予以纪律上的处分"。[3]与此同时党领导下的军队纪律建设开始加强，秋收起义失败后，毛泽东率部途经江西永新县三湾村时，将剩余的部队进行了改编，提出了"支部建在连上"的科学论断，从而在实践中确立了军队的政治纪律、组织纪律。1928年4月3日，毛泽东向工农革命军全体指战员，正式颁布了"三大纪律，六项注意"，对于加强军队建设和处理军民关系起到了重大的指导作用。

1931年九一八事变后，中共中央为了防止党内违法乱纪的行为发生，于1933年出台了《关于成立中央党务委员会及中央苏区省县监察委员会的决议》。《决议》对中央党务委员会及省县监委会的工作职权作了明确的规定："维持无产阶级政党的铁的纪律，正确地执行铁的纪律，保证党内思想和行动一致，监视党章和党的决议的实行，检查违反党的总路线的各种不正确的倾向和官僚主义及腐化现象"。[4]1938年召开的扩大的六届六中全会，鉴于张国焘在长征中另立中央的军阀行为，毛泽东重申党的纪律并指出："（一）个人服从组织；（二）少数服从多数；（三）下级服从上级；（四）全党服从中央。谁破坏了这些纪律，谁就破坏了党的统一。"[5]至此，以"四个服从"为核心的组织纪律正式形成，为党的意志和行动统一奠定了坚实的基础。1945年在延安召开的党的七大，在通过的《党章》中，首次增加"党纲"、党员的"义务"和"权力"等内容的同时，专列了"党的监察机关"一章。党的七大通过的《党章》指出加强纪律方面的建设，为新形势下严明党的政治纪律提供了有力保障。

二 社会主义建设与改革开放时期党的纪律建设的发展

新中国成立后，党的历史方位发生了深刻的转变，中国共产党由领导广大人民群众夺取政权的革命党转变成长期执政的执政党，党的地位的变化，必然会引起党的细胞即党员干部的思想的重大变化。为此，毛泽东早在新中国成立前的七届二中全会上就明确警示党员干部要始终坚持"两个务必"的思想，可以说这是对执政党党员干部的纪律保障。

1949 年，党在全国取得政权后，为了尽快贯彻落实党的政治路线和相关的具体政策措施，必须加强党的组织性和纪律性，根据毛泽东的提议，中共中央做出《关于成立中央及各级党的纪律检查委员会的决定》。《决定》颁布后，从中央到地方县级以上、军队团级以上的各纪律检查委员会相继成立，为在制度上监督提供了强有力的载体。

1951 年 4 月，中央纪律检查委员会在北京召开了第一次全国会议，会议要求必须在党委坚强的领导下开展工作，健全机构设置，加强执政问纪。1953年，中央纪律检查委员会第二次会议指出，纪检工作的首要任务是确保党在过渡时期政治路线的贯彻。1955 年召开的中国共产党全国代表会议，在分析和总结"高岗、饶漱石反党事件"经验后，要求全党开展纪律巡视工作，成立中央和地方各级监察委员会，取代先前的中央纪律检查委员会，重点加强对党员干部特别是高级党员干部违法乱纪的监督，以防止类似"高、饶事件"的发生。

1956 年 9 月，中国共产党在总结执政后经验的基础上，召开了党的第八次全国代表大会，通过的《党章》明确规定："党是以一切党员都要遵守的纪律联结起来的统一的战斗组织；没有纪律，党决不能领导国家和人民战胜强大的敌人而实现社会主义和共产主义。"[6] 八大通过的党章表明，执政的中国共产党已经把党的纪律视为取得建设社会主义胜利的重要保障。

党的十一届三中全会后，鉴于"文化大革命"期间党的纪律和民主法制遭到严重破坏的历史教训，邓小平鲜明地指出，要在短时期之内制定出相应的规章制度。1980 年 2 月党的十一届五中全会通过了《关于党内政治生活的若干决定》，对于规范党员干部的行为、严明党的纪律起到了重要作用。1982 年 9 月，党的十二大通过的《党章》，第一次将"党的纪律"列为第七章。这表明党的纪律在党的自身建设中占有重要的地位。1987 年，中纪委向党的十三大报告工作时，明确指出严肃党的纪律，其核心就是执行党的政治纪律。

党的十三届四中全会后，根据"这个党该抓了，不抓不行了"的意见，以江泽民同志为核心的党中央，坚持"党要管党、从严治党"的方针，将反腐败作为党的建设重点，牢牢扭住党的先进性和纯洁性这条主线，把纪律放在前面，确保改革开放不断向纵深推进。

党的十六大以来，随着改革的不断深入发展，党面临的形势更加艰巨复杂，为了更好地解决前进中遇到的问题，以胡锦涛总书记为核心的党中央，高度重视党风廉政建设，要求"党的各级组织和全体党员特别是领导干部，都要严格遵守党的纪律，决不允许有令不行、有禁不止、各行其是。"[7]2003 年 12 月中共中央印发的《中国共产党纪律处分条例》，为维护党的章程和其他党内法规，严肃党的纪律，纯洁党的组织，保障党员民主权利，教育党员遵纪守法，维护党的团结统一起到了积极的作用。2007 年党的十七大报告在推进和完善党内民主和人民民主的同时，强调"全党同志要坚决维护党的集中统一，自觉遵守党的政治纪律，始终同党中央保持一致，坚决维护中央权威，切实保证政令畅通"。[8]显然，新世纪新阶段，在加强党的纪律建设方面特别是政治纪律被摆在了重要的位置。2009 年，党的十七届四中全会要求党员干部把遵守政治纪律放在首要位置。

三　党的十八大以来党的纪律建设的新征程

党的十八大闭幕不久，习近平总书记就公开发表了《认真学习党章、严格遵守党章》一文，揭开了新时期新阶段党的纪律建设的新篇章。面对新形势下党面临的突出问题，新一届领导集体表现出强烈的责任意识和担当意识，从党和国家安危的高度出发，提出"全面从严治党"的时代课题，针对群众强烈反映的"四风"问题，党中央先后开展了党的群众路线教育实践活动、"三严三实"专题教育和"两学一做"学习教育，对于扭转"四风"问题和提高党员干部自身党性修养起到了重要作用。

坚持"党要管党、从严治党"，必须靠严明党的纪律和规矩特别是政治纪律和政治规矩。截至 2016 年 12 月 31 日我们党有 8900 多万党员和 450 多万个基层党组织，党员数量之庞大，管理任务之艰巨，正如邓小平所指出的"我们这么大一个国家，怎样才能团结起来、组织起来呢？一靠理想，二靠纪律。"[9]如果没有强有力的纪律做保证，就没有党的团结统一，党的凝聚力和战斗力就会削弱，党的执政能力、先进性和纯洁性就无法体现。新形势下，为实现"两个百年"奋斗目标和中华民族伟大复兴的"中国梦"，习近平总书记指出："加强纪律建设是全面从严治党的治本之策，要把纪律建设摆在更加突出的位置，坚持纪严于法、纪在法前，把纪律和规矩挺在前面。"[10]

从理论上看，党的十八大以来，习近平总书记就新形势下党的纪律建设在许多重要场合做了一系列论述，提出了关于加强党的纪律建设的新观点新理念。

首先，把执行党的纪律提到了新的高度。在加强和完善党的纪律体系建设的同时，强化党的执纪能力是关键。习近平总书记指出："领导干部在遵守党的纪律方面是无条件的，要说到做到，有纪必执，有违必查，而不能合意的就执行，不合意的就不执行，不能把纪律作为一个软约束或是束之高阁的一纸空文。"[11]党员干部必须把党的纪律视为高压线，常怀敬畏之心，始终与以习近平总书记为核心的党中央保持一致，确保政令畅通。

其次，提出了严明党的纪律是重点。严明党的纪律，首先是严明党的政治纪律。严明党的政治纪律，必须从学习、遵守和维护党的章程和规矩开始。遵守党的政治纪律，最核心、最关键的就是坚持中国共产党在中国特色社会主义建设中的领导地位，自觉维护中央权威。

最后，指出党的纪律建设必须围绕党的中心工作进行。党的纪律建设要紧扣党的中心工作进行，必须按照"四个全面"战略部署的要求，坚持思想建党和制度治党紧密结合，把守纪律、讲规矩摆在更加重要的位置。

从实践上看，十八大以来，党中央高度重视加强和改进巡视工作，保持惩治腐败的高压态势，以零容忍的态度重拳反腐，在"打虎拍蝇"的同时，加强党风廉政教育，突出"把权力关进制度的笼子"，形成不敢腐、不能腐、不想腐的长效机制，坚持把依规治党和以德治党相结合，把党的纪律建设推向新的征程。

四　结语

党的纪律建设从党一诞生就开始存在，始终伴随着党领导中国人民进行革命、建设和改革开放的全过程，尽管党的纪律在不同时期侧重点有所不同，但这是由中国国情和党在不同时期的任务所决定，逐步完善了党的纪律建设的内容：政治纪律、组织纪律、群众纪律、工作纪律、生活纪律、经济纪律和保密纪律等，纪律建设的诸方面内容为保持党的执政能力、先进性和纯洁性提供有力的制度保障。党的纪律的内容也会随着实践的发展而不断丰富，在新形势下，回顾党的纪律建设历程，对于全面从严治党，净化党内政治生态有重要的理论和现实意义，有助于各级党组织和党员干部在新形势下遵守党的各项纪律。十八大以来党的纪律建设进入新征程，为实现"四个全面"战略布局和"两个百年"奋斗目标奠定了强有力的纪律保障。

参考文献

[1]《中共中央文件选集》（第一册），中共中央党校出版社，1991。

[2]《中共中央文件选集》（第三册），中共中央党校出版社，1991。

[3]《中共中央文件选集》（第四册），中共中央党校出版社，1991。

[4]《中国共产党组织史资料》（第八卷），中央党史出版社，2000。

[5]《毛泽东选集》（第二卷），人民出版社，1991。

[6]《建国以来重要文献选编》（第九册），中央文献出版社，1994。

[7]《十六大以来重要文献选编》（上），中央文献出版社，2005。

[8]《十七大以来重要文献选编》（上），中央文献出版社，2009。

[9]《邓小平文选》（第三卷），人民出版社，1993。

[10]［11]《习近平总书记系列重要讲话读本》，学习出版社、人民出版社，2016。

微时代大学生认同社会主义核心价值观的路径建构

陈　颖

随着微文化时代的到来，一些体贴入"微"的微媒体如微信、微博等，逐渐成为言论产生、意见交流、思想碰撞的平台，并且因其新颖、便捷的特性得到大学生的喜爱。微文化的快速成长对大学生的思想境界和外在的行为表现产生了深刻影响，同时，也出现了大学生对社会主义核心价值观的认同危机。

一　存在的问题与面临的挑战

1. 微语言冲击核心价值观的"根"与"魂"

中华优秀传统文化是社会主义核心价值观的深厚底蕴，是"根"与"魂"。而微时代产生的微文化系统给中华传统文化知识的继承和发展带来了巨大的冲击。微语言将通用语言文字进行解构重塑后，拼凑出诸如"喜大普奔""不明觉厉""人艰不拆"等所谓的成语，并迅速成为网络流行语，假如这些网络语言充斥着大学生的现实空间，势必会在一定程度上干扰大学生对传统文化的思考和认识，淡化大学生的价值认同，削弱其历史责任感。而且使一部分大学生甚至没有时间品读经典，最终会导致部分大学生文化积淀浅薄、眼界狭窄、民族自豪感缺失。

2. 微社交增大价值观认同难度

网络社交平台促进了微文化的传播和流行。微平台上的微电影、微游戏乃至微话题等看似"微"乎其"微"的东西，却能迅速聚集一大群虽然所处地理位置不同，但群体认同感极强的用户，能迅速成长为一个特殊的空间所在。这种微社交使现实生活与虚拟世界的联系更加紧密。每一个空间所在，都有其特殊的凝聚力，使全体成员有着共同的价值认知。这种空间的不断壮大会带来社会的多样化与分层化，使达成全社会范围内的共识成为难题，由此也使社会主义核心价值观认同成为难题。

3. 微传媒弱化思想政治教育的主阵地作用

以往，在思想政治教育课堂上，教师依赖其经历、学历、知识积累等，因信息占有量大而在师生互动中处于优势地位。但现在，这种信息不对称的主导地位渐渐被动摇，通过微媒体，教育对象获取信息的渠道大大拓宽，而且他们在信息的及时交流、实时互动等方面要比教师在行，思政课教师作为知识权威的形象受到挑战。加上让学生真正对社会主义核心价值观的精神实质产生认同并非易事，思政课主阵地和主渠道的作用受到了前所未有的挑战。

4. 微环境影响认同效果

对微媒体的监控管理远远赶不上其发展速度，微媒体环境带来的负面影响比较大。一些新媒体为牟取暴利和追求点击率，黄色帖子、虚假广告多如牛毛。网络上的不实信息和社会负面信息，得到了一些大学生的密切关注、裂变式传播和扩散，出现了盲目跟帖、点击传播等问题。这些负能量会使大学生对课堂上所学的知识心生疑惑，使核心价值观的培育、养成直至践行受到阻碍。

二 问题的解决及路径建构

1. 优秀传统文化与微文化有机融合，掌握话语权

（1）阐释优秀传统文化，增强文化自信

我们可以利用微媒体平台，以微动画、微视频来描述祖国壮丽河山，讲述经典故事，传承民族精神，激起大学生对祖国的热爱，增强大学生的文化自信。此外，高校还应该结合教育部要求，深入开展校园礼敬中华优秀传统文化活动，鼓励大学生读名著、学经典，通过各种方式使大学生认识和理解优秀传统文化，增强大学生的民族自豪感和文化自信心，是核心价值观认同构建的必经之路。

（2）坚定话语立场，完善话语机制

语言是进行文化传播的主要交流工具。在微时代背景下，富有特色、简洁明快的网络语言与规范标准、逻辑严密、语义清晰的传统文字相比，前者更能吸引大学生的注意力。因此，构建大学生社会主义核心价值观认同的路径，要针对这些差别进行完善。

首先，坚定立场，改革宣传话语。在微文化领域中，要增进大学生的认同，必须立场坚定、旗帜鲜明地指出什么是可以做的、值得提倡的，什么是必须反对和禁止的。政府宣传机构要针对微媒体中的错误言论勇于批评指正，针对大学生对某些问题的模糊认识进行明确有力的分析指导，及时正本清源，掌握好方向盘，把好网络舆论关。高校应革新理论宣传模式，根据大学生的心理特征制订丰富多彩、颇具特色的微主题教育方案，以新颖脱俗的形象吸引他们的注意。比如，南昌职业学院宣传部主办的"微课堂"就很受大学生欢迎。高校建立的各种平台有没有独特的魅力，能不能起到导向作用，主要看其形式是否活

泼、契合学生特点，内容是否充实、能够满足学生的期待，是否能够引领学生成长。

其次，更新话语体系，改进话语方式。大学生追求标新立异，不喜欢墨守成规。根据这一特点，我们在进行传播和宣讲社会主义核心价值观时，要及时更新和转变话语体系，将严肃正统的官方语言转换为轻松愉快、易于学生所接受的话语。一方面，核心价值观认同建构的话语体系应根据网络语言所展示的话语意境，吸收其中体现社会发展及充满正能量的新概念，使它们与宣传时使用的话语体系无缝对接和高度融合，构建一个充满活力、吐故纳新的开放体系；另一方面，社会主义核心价值观培育话语体系应基于微时代的特点和大学生的思想和生活实际，及时进行调整和改良，提升话语的表达效果。

大学生比较推崇既富有生气又传神贴切的话语方式，在进行宣讲时应以开放宽容的态度，本着人文关怀的精神，在实践中不断丰富和发展话语方式，拓展宣传话语空间。

2. 搭建有效传播的微平台

思政工作者要充分利用微平台快速传播的特点，结合社会主义核心价值观的理论特征，搭建微平台，进行广泛宣传教育。

首先，培养一支既有深刻的理论认知又能熟练应用微媒体的宣传队伍。在微平台上，他们一方面要绘声绘色地讲述"中国故事"，弘扬中国精神，用大学生喜闻乐见的话语正面培育大学生的理想信念与爱国情操；另一方面又要具有敏锐的观察力和准确的判断力，对微信息进行评判，用科学方法进行引导，从而达到真理愈辩愈明的目的。

其次，对传统主流媒体机械严肃的宣传话语模式进行变革，采取各种容易引起大学生共鸣的微语言模式。当前，微文化无"微"不至且人"微"言不轻，风格多样的话语模式符合大学生的兴趣爱好，同时又具有"润物细无声"的隐性教育特点，使得社会主义核心价值观在被大学生进行热点关注时就潜移默化地成为其思想意识结构的一部分。

最后，加强各类微媒介之间协调合作，建立统一的联动机制。微媒体如微博、微信等要与微教育形式如微课、慕课等有机结合。将微信、微博等教育形式引入教学过程中，建设课上课下、线内线外相互结合及取长补短的教育模式，这样，既能加强师生之间互动也能使大学生随时随地获取最新的教育信息。深入挖掘微文化的教育潜力，将微小说、微视频、微公益等与教学内容有机融合，通过价值引导，形成合力，实现社会主义核心价值观由刻板的理论向生动活泼的微文化转变。

3. 革新思政课程教育模式

封闭的课堂教学已经不能适应微时代的教育要求，现在的教育空间是开放的，是政治、经济、文化、社会等多维度与国际社会接轨的教育环境。这决定了传统教育模式的理念、方法、内容乃至教育者本身都需要进行创新，教育模式从封闭走向开放、教育理念从主导要求走向主体需求、教育内容从抽象理论走向生动感性、教学方法从单向灌输走向双向互动、教学语言从官方话语走向大学生话语，以发展的姿态来面对各类挑战。

首先，在教育理念上，要以大学生的利益为出发点，突出大学生的教育主体地位。微时代的高校思政教育要关注大学生的利益诉求，关心他们的成长、注重发掘他们的主体意识，唤起他们内在的价值情感与认知，实现社会主义价值观教育由灌输式教育向学生的自觉认同转变。

其次，在教育内容上，要以现实生活为立足点，从脱离现实高高在上的道德说教向朴素真实的日常生活教育回归，用具有时代气息且简明扼要的"微案例"培养大学生对国家、对社会以及个人层面价值理念的认同。当前对大学生进行社会主义核心价值观教育的主要目的不是培养道德高尚的奉献者，而是要使他们的言行符合社会行为规范、道德行为准则的要求，进而实现螺旋式上升，直至生成崇高的人生理想信念。

最后，在教学形式上，利用微平台延展思政课堂教育空间，体现实效性原则。思政课教师要迅速完成角色转变，成为现实世界与虚拟微世界的思想引领者。利用微传媒传播迅速、受众较多的特点和优势，整合各种教学资源，形成课内教学与课外实践、线上教学与线下活动的微教学体系。系统化的课堂教学有效地弥补了微信息碎片化的不足，而微平台作为隐性载体，其教育作用也不容小觑，教师可以通过微平台定期推送典型事例以及漫画时评等资料，让大学生加深理解和认知。课下的师生互动与"微公益"等活动则丰富了课堂教学内容，从而形成教育资源与微媒体的无缝对接。

4. 坚持正确的导向，建立保障制度机制

坚持正确导向，营造良好舆论氛围，可以帮助大学生实现对社会主义核心价值观的理性认同。微时代背景下，阐扬主流媒体的导引功能、建立新媒体技术监测防控体制，把握方向，是建构认同路径的必然要求。

（1）阐扬主流媒体的导引功能。主流媒体应该对网络舆论情况实施实时监控，特别是对贴吧、微博等交流互动平台等深受大学生喜欢的微媒体技术应用进行重点监督管理。同时，官方媒体应凭借高科技力量实时发现和掌控对社会主义核心价值观认同产生一定负面影响的网络信息，火速出击，保证方向性。

（2）建立微媒体的制度保障机制。通过国家、政府与微平台运营商作为微信息的"把关人"，来建立微媒体的正式制度保障机制，制定一系列的法律法规、规章条例来为其传播提供法律保障。一方面，将社会主义核心价值观的价值要求与行为规范嵌入顶层设计中，并制定相应的、细化的法律条文；另一方面，推进立法，强化执法，为其提供外部环境保障。对于网络不实言论与虚假信息等影响网络安全与社会主义意识形态安全的行为要加大惩罚力度，对不法分子要进行严厉打击与惩处。通过严格的法律约束机制培养大学生成为理性守法的合格网民，确保社会主义核心价值观传播微环境的健康发展。除了正式保障机制外，还应建立健全微平台的社会教育机制、道德约束机制、舆论引导机制等非正式保障机制。作为一种凝聚社会共识、确立价值标准、构建社会秩序的软实力，社会主义核心价值观更多需要依靠非制度保障机制来实现。

参考文献

唐平秋：《微文化背景下大学生社会主义核心价值观认同危机及治理路径》，《探索》2015 年第 1 期。

高建华：《微时代大学生社会主义核心价值观认同机制研究》，《中国轻工教育》2015 年第 4 期。

王玲：《新媒体境遇中大学生社会主义核心价值观认同建构的路径探究》，《辽宁科技学院学报》2015 年第 3 期。

中国犯罪学理论：根基与未来

王肖飞　庄　颖

"犯罪学是个世界学科，像物理化学一样，没有国界，在这个意义上知识是统一的。学者并不是法官律师，学者就是要研究人类的学问，这个观点一定要深入下去"。[1]但各国文化的差异，导致基于一国文化背景下的犯罪现象而建构的犯罪学理论，较难有效地解释异域不同文化背景下产生的犯罪现象。本研究以构建能够有效解释不同文化背景下产生的犯罪现象的中国犯罪学理论为目的①，从中国犯罪学理论的发展根基与未来之角度展开。

一　中国犯罪学理论之根基

1. 中国犯罪学理论根基之缺乏

何谓一国犯罪学理论之"根基"？这是由一国解释与控制犯罪之视角或逻辑的本国传统犯罪哲学思想文化所决定的，就西方犯罪学的发展历程而言，其呈现出明显的根基性与继承性。当然也有学者基于研究对象而对西方犯罪学理论进行批评，认为西方犯罪学理论从伊始就存在忽视研究犯罪现象本身而只重犯罪原因研究的根基性错误[2]。但就犯罪发生与形成及控制的逻辑或视角而言，通观西方犯罪学发展史发现其具有明显的西方传统犯罪哲学思想文化性，其发展进步的过程表现为：犯罪学理论的产生与发展始于早期的唯心或唯物哲学思想观点，这些哲学观点简单且通俗，政府在此观点的指导下制定犯罪控制政策，随着犯罪现象或犯罪行为的变化，初始犯罪控制政策实效开始减弱，学者与政策制定者基于对现实犯罪现象或犯罪行为的观察，以及对犯罪控制政策的反思与批判，以不断修正或重新制定犯罪控制政策的方式推动或反映犯罪学理论发展。发展进步的动力包括：①跨学科以吸收其他学科概念、逻辑取向、基本假设、研究方法

---

① 此问题属于"跨文化犯罪学"的研究范畴。其共有三个目的：一是移植犯罪学理论到其他文化，并检验其局限性与普适性的潜能；二是探究与发现不同犯罪与各种形式的社会控制；三是为了构建一个世界犯罪学而整合与扩展犯罪数据。详情参见 Karstedt S. Comparing Cultures, Comparing Crime: Challenges, Prospects and Problems for A Global Criminology. *Crime, Law and Social Change*, 2001, 36（3）：285–308。

等；②关注新出现的犯罪现象或犯罪行为及犯罪的新特点以反思、批判与建构新犯罪学理论；③开展不同类型或跨国犯罪现象或犯罪行为间的比较研究；④使用新的研究方法研究已有或新的犯罪现象或犯罪行为。在这样一个过程中，犯罪学理论的研究方法、基本假设、研究犯罪原因的逻辑以及控制政策制定的技术都得到发展。

　　然而中国犯罪学理论缺乏根基性，主要表现为缺少基于本国传统犯罪哲学思想文化形成的犯罪解释与控制视角或逻辑。原因主要是与中国犯罪学自身的特殊发展历程有关。古代犯罪哲学思想分散在各思想流派之中且缺乏系统性，自从现代中国（20 世纪 20 年代）引进西方犯罪学以来，因国内外战争、巩固政权而实施的思想禁锢、对社会政治制度与犯罪关系的错误认识以及受苏联的错误影响等导致犯罪学发展一波三折，直到 20 世纪 80 年代末，中国犯罪学才进入一个平稳且快速发展的轨道①。但在犯罪学学科属性、研究对象、研究方法等学科基础性建设方面仍存在结构性缺位②。这并不意味着中国犯罪学理论很高程度上接受了西方犯罪学理论研究范式，主要表现在三方面：一是很少使用或很少合理使用西方犯罪学中已经相当成熟的概念或变量或理论；二是实证研究不足，大量的研究都具有很强的思辨性；三是犯罪控制政策的研究，往往仅指出方向性建议，没有使用政策科学中分析、评估与制定政策的科学方法。因此从上述情况可以看出，中国犯罪学理论处于一种两难境地：既难以建构基于本国文化解释与控制犯罪视角或逻辑之理论，又难以高质量学习西方。前者的原因是未能找到建构中国本土犯罪学理论的路径，也即忽视了中国传统犯罪哲学思想的根基性作用，目前学界提出的建构方法主要包括：①西方犯罪学理论的移植或本土化改造；②基于中国犯罪现象通过观察等方法而建构新的概念或理论③。然而这两种方法也存在运用上的困难，西方犯罪学理论的移植或本土化改造是基于比较或跨文化犯罪学视角，比较或跨文化犯罪学自身也面临着方法、数据以及文化差

---

①　有关中国犯罪学发展史的详细表述，详见曹立群、吴宗宪《第三只眼睛看中国的犯罪学》，载《福建公安高等专科学校学报》2005 年第 1 期；宋浩波《中国古代的犯罪研究及犯罪学在中国的发展》，载《法治研究》2011 年第 8 期；赵国玲、兰全军《二十世纪的中国犯罪学》，载《中外法学》1998 年第 1 期；康树华、赵国玲《论新中国犯罪学的创立与发展》，载《中国法学》1998 年第 4 期；康树华《新中国犯罪学与改革开放同步发展壮大》，载《中国法学》2008 年第 6 期。

②　岳平：《当前我国犯罪学本体发展的反思与抉择》，载《上海大学学报》（社会科学版）2010 年第 1 期。

③　关于本土化的方法及犯罪学理论国际化与本土化的冲突问题，详见张旭《犯罪学的西方理论与中国现实》，《吉林大学社会科学学报》2008 年第 6 期；王燕飞《我国犯罪学国际化与本土化的理性思考》，载《山东警察学院学报》2010 年第 6 期。

异等方面问题①。第二种方法基于中国犯罪学自身历史以及学习西方犯罪学情况可知亦较难建构本土化理论。后者是在国际与比较犯罪学背景下，包括中国在内的亚洲国家面临着犯罪与法律概念不同、数据搜集难、语言障碍方面的问题[3]，导致中国难以高质量地学习西方。

中国传统犯罪哲学思想研究主要表现在三方面：一是把中国古代文言文文献中有关犯罪的言论翻译成白话文，并进行总结或借鉴②；二是研究诸子百家中部分相同或不同学派文献中有关犯罪的论述，以总结其间异同③；三是少数学者开展了中国传统犯罪哲学思想与国外犯罪学理论间的比较研究④。总体而言，中国传统犯罪哲学思想研究呈现两大特征：一是从研究深入层次上看，仍处于较为初级层次。主要表现为对不同学派或国内外之间的比较研究较肤浅，以及对传统犯罪哲学思想的当代借鉴研究较肤浅。二是从研究内容上看，研究主要集中在把传统犯罪哲学思想的文言义转化为白话文来表述，而对更高层次的借鉴与比较研究关注较少。这种研究状况导致中国传统犯罪哲学思想依然处于沉寂状态，原因包括：①未能兼顾传统犯罪哲学思想与当今中西方犯罪学理论或犯罪问题所处的时代或社会背景。传统犯罪哲学思想是产生于当时时代背

---

① 详情参见：Karstedt S. Comparing Cultures, Comparing Crime: Challenges, Prospects and Problems for a Global Criminology. Crime, Law and Social Change, 2001, 36 (3): 285 – 308; Liu J. Developing Comparative Criminology and the Case of China: An Introduction. *International Journal of Offender Therapy and Comparative Criminology*, 2007, 51 (1): 3 – 8; Schaible L M. Overcoming the Neglect of Social Process in Cross – National and Comparative Criminology. Sociology Compass, 2012, 6 (10): 793 – 807.

② 杨永林：《〈管子〉犯罪预防思想浅析》，《管子学刊》2003 年第 3 期，第 5 ~ 8 页；张利兆、黄书建：《〈唐律疏议〉之犯罪预防特色与现实借鉴》，《犯罪研究》2005 年第 6 期，第 19 ~ 22 页；崔永东：《从出土法律史料看古代预防犯罪思想》，《中外法学》1999 年第 2 期，第 97 ~ 104 页；艾永明、朱永新：《法家的犯罪心理学思想研究》，《心理学探新》1988 年第 1 期，第 39 ~ 44 页；郑颖慧：《论朱熹的犯罪学说与和谐社会》，《兰州学刊》2006 年第 7 期，第 188 ~ 190 页；姜晓敏：《略论西汉控制犯罪的理论对策》，《政法论坛》2003 年第 4 期，第 184 ~ 192 页；唐忠民：《孟子的预防和治理犯罪思想》，《现代法学》1990 年第 1 期，第 62 ~ 65 页；杨鹤皋：《商鞅的预防和治理犯罪思想》，《政法论坛》1998 年第 1 期，第 111 ~ 114 页；王瑞山：《试论〈世范〉中的青少年犯罪预防思想》，《青少年犯罪问题》2013 年第 4 期，第 70 ~ 75 页等。

③ 马建石：《对儒法两家犯罪学说的研讨》，《政法论坛》1987 年第 3 期，第 62 ~ 67 页；段晓彦：《先秦诸子的犯罪预防观及其借鉴》，《武夷学院学报》2013 年第 32 卷第 3 期，第 10 ~ 15 页；莫洪宪：《先秦两汉犯罪学思想刍议》，《法学评论》1992 年第 3 期，第 47 ~ 52 页。

④ 查国防：《奥古斯丁原罪论与荀子性恶论的犯罪之维》，《河南科技大学学报》（社会科学版）2006 年第 24 卷第 2 期，第 104 ~ 108 页；杨在平：《犯罪预防与犯罪控制——我国古代犯罪预防思想与西方犯罪控制理论的比较分析》，《太原大学学报》2013 年第 2 期，第 18 ~ 22 页。

景下与应当时社会之需①，当代社会到 2014 年底，各类产业结构指标的变化表明中国经济开始转向后工业化时代[4]，那么，诞生于农业社会的传统犯罪哲学思想如何跨越工业化时代服务于后工业化时代？这需要以建立后工业化社会合作体系②的视角继承传统犯罪哲学思想。②未能基于思考犯罪学学科发展的视角进行解释、分析与批判。因此，需要从发展犯罪学基础理论之角度来研究中国传统犯罪哲学思想。

2. 中国犯罪学理论根基的重建

（1）犯罪概念的重建

犯罪概念总是被置于一种冲突或形式化状态的原因，是我们在探讨犯罪概念时设置了一个前提：从学科归属的角度来看。具体而言，这建立在如何理解刑法学、社会学、犯罪学、政治学以及其他视角之间的关系基础上，如果认为犯罪学从属于刑法学或者社会学，那么犯罪的概念也会从属于刑法学或社会学对犯罪的界定，如果把犯罪学视为独立学科，那么，对犯罪概念的探讨就可能局限于犯罪现象本身。如果撇开学科归属，把犯罪置于一国或地区文化之中，就会发现具有不同文化的国家或地区理解犯罪之背后的本质逻辑差异。

犯罪是破坏支撑整个社会秩序之伦理价值的行为。中国的犯罪与法律现象约出现在公元前 21 世纪从原始社会过渡到阶级社会之时[5]。对古代犯罪概念的理解主要有如下三种观点：一是违反周礼中具有法律规范属性的行为规则才被视为犯罪[6]。二是以伦理的违反与符合作为判断犯罪的标准[7]。三是犯罪行为具有违法性与应受制裁性[8]。三种观点分别从某一角度理解犯罪，第一种观点是把法律规范作为犯罪的对外宣告手段，第二种观点是从被犯罪行为破坏的支撑整个社会秩序的伦理价值视角出发，第三种观点是基于犯罪行为所具有的属性视角。国内外犯罪学界对犯罪概念的界定模式可以归纳为三种类型：一是规范宣告型。主要包括三种定义：①违反刑法应受刑法制裁的行为；②违反法律规范的行为；③违反规范的行为。二是心理活动型。这种概念主要是从人类基

① 关于此方面的详细论述参见宋浩波《中国古代的犯罪研究及犯罪学在中国的发展》，《法治研究》2011 年第 8 期，第 91～100 页。

② 持后工业化社会需要建立合作体系之观点的主要研究有，张康之《后工业化进程中的合作治理渴望》，《社会科学研究》2009 年第 2 期，第 15～24 页；张康之《在后工业化进程中构想合作治理》，《哈尔滨工业大学学报》（社会科学版）2013 年第 1 期，第 51～60 页；张康之《论后工业化进程中的社会治理变革路径》，《南京社会科学》2009 年第 1 期，第 66～73 页；周军《后工业化进程中的社会治理规划》，《学海》2014 年第 5 期，第 29～34 页；周军《后工业化进程中社会治理责任担承的新路径》，《社会主义研究》2014 年第 3 期，第 132～139 页；张康之《在后工业化进程中构想合作的社会》，《甘肃社会科学》2013 年第 1 期，第 5～11 页。

本道德感情或集体意识的角度界定。三是伦理型。主要是某些激进派犯罪学派学者从人类权利视角界定犯罪[1]。以国内外犯罪学学界界定犯罪的模式为依据，对古代犯罪概念的界定模式属于规范宣告型与伦理型。规范宣告型犯罪概念较合理的一种模式：违反行为规范＋法律制裁，合理之处主要表现为：可以克服单纯以法律行为规范方式界定犯罪而未能揭示犯罪之法律本质产生的局限性。法律行为规范本身只是宣告哪些行为是犯罪的一种方式或工具，关键是法律行为规范把某些行为界定为犯罪的依据——行为本身具有的危害性，强调应受惩罚性本质上就是基于行为的社会危害性。突出强调行为社会危害性使得犯罪的概念从静态走向动态，但行为危害性的相对性与变化性也使得犯罪概念再次具有局限性，行为危害性的相对性与变化性只有置于时空语境中才能得到理解，同一行为，一部分人认为具有危害性或较大危害性，另一部分人则认为没有危害性或危害性较小，况且某一行为本身的危害性会随着社会发展而变化，部分具有危害性的行为在某一时期会变成无害行为甚至有益行为，部分有益行为在某一时期则会变成无益甚至有害行为。如何解决因行为危害性的相对性与变化性而导致犯罪概念之局限性呢？问题的解决有利于构建一个基于犯罪本质视角且相对统一或普适之犯罪概念。这需要回答此问题：置于不同时空的某些行为具有或较高或较低危害性之判断标准有两种：一是人之心理活动；二是支撑整个社会秩序的伦理价值，包括人与人的伦理、人与社会的伦理、人与自然的伦理。相较于前者后者具有较强的稳定性，中国传统犯罪哲学思想中的犯罪概念以伦理视角界定比较合理，因为中国整个传统社会是依靠宗法伦理制度来维持社会秩序的[2]。

（2）犯罪学研究对象的重建

犯罪学研究对象包括犯罪现象与守法现象[3]，这是一种从事实与价值层面做出的综合界定。虽然国内外犯罪学界都从各种视角来界定犯罪学的研究对象，但仍局限在犯罪现象本身或围绕犯罪现象而拓展的相关主题[4]，基于中国传统

---

[1] 对国内外犯罪概念作了比较系统且全面的研究，详见王燕飞《犯罪学中的犯罪概念研究之比较》，《福建警察学院学报》2009年第3期，第39~50页。

[2] 持此观点的主要研究有，马作武《中国法制史》，中国人民大学出版社，2007；张培田主编《新编中国法制史》，中国政法大学出版社，2009；王申主编《中国法制史》，浙江大学出版社，2007。

[3] 有研究把"守法"变量整合进犯罪理性选择理论以解释犯罪。详情参见王肖飞《新犯罪理性选择理论：解释犯罪原因的一个理论框架》，载张凌、刘瑞榕主编《立体化社会治安防控体系建设：中国犯罪学会年会论文集（2016年）》，中国检察出版社，2016，第136~143页。

[4] 目前国内外犯罪学界对犯罪学研究对象的界定，主要有三种视角：一是从研究范围或领域界定；二是从方法论角度界定；三是从学科任务角度界定。具体对三种视角的论述与评价以及提出的新观点，详见王燕飞《犯罪学基础理论研究导论：以国际化与本土化为线索》，武汉大学出版社，2010，第54~74页。

犯罪哲学思想，守法现象或守法行为也应视为犯罪学的研究对象。原因有两个：一是中西方人性假设的差异。两种观点之不同根源于中西方文化对人性的假设，中国传统犯罪哲学思想假设"人性善"，即人人都是潜在的守法者；西方犯罪学理论假设"人性恶"，即人人都是潜在的犯罪人。从解释犯罪的角度，中国文化逻辑是："人们为何守法"，"哪些因素或条件能够促进或阻止守法"，"促进或阻止守法因素或条件与守法之间的作用机制如何"，"如何制定政策保证人们守法"这些问题都是围绕"守法现象"展开。西方文化逻辑是"人们为何犯罪①"，"导致或阻止犯罪的因素或条件有哪些"，"导致或阻止犯罪的因素或条件与犯罪间的作用机制如何"、"如何预防或控制犯罪"。这些问题都是围绕"犯罪现象"展开。总之，中西方解释犯罪之逻辑上的根本差别：中国文化背景下的犯罪学理论之事实基础主要是"守法现象"，而西方文化背景下的犯罪学理论之事实基础主要是"犯罪现象"。

二是犯罪现象与守法现象之间的联系。两者之间的联系要从三方面探讨：首先，基于犯罪的法律宣告型概念。法律规范通过授权性规范、义务性规范或禁止性规范，为我们描绘一个文本性的"守法情景"，如果民众遵守法律规范，这个文本性情景就变成事实性守法情景，相反则变成事实性犯罪情景。因此，事实层面的守法现象与犯罪现象都是以法律文本性的"守法情景"为判断依据。其次，从犯罪哲学角度来看，西方犯罪学与中国传统犯罪哲学思想分别对应两种层次的价值追求。西方犯罪学思想是通过控制或预防犯罪以保障社会公平正义不受侵犯，属于第二层次价值追求；中国传统犯罪哲学思想则是通过各种措施促使人们遵守法律规范以实现和发展社会公平正义，属于第一层次价值追求。只有两个层次的结合才能从根本上保证社会公平正义价值的实现和发展。第二层次价值追求是第一层次价值追求的基础，第一层次价值追求是第二层次价值追求的提升。这两种价值追求分别对应着事实层面的犯罪现象与守法现象。再次只有两者的整合才能组成一个完整意义上的法律现象。守法现象与犯罪现象是交集关系而非相离关系或一物两面关系，原因包括三方面：一是两者会受到同一因素影响或在同一背景条件下共存。二是犯罪行为的稳定性与变动性并存[9]。三是不犯罪并不意味着就是遵守法律规范，因为除法律规范之外，还存在道德规范等其他社会性规范，也即两者并非"一物两面"关系。这也恰恰说明了西方犯罪学理论至今仍未较好解决的一个问题之成因："为何有些人犯罪？为何有些人不犯罪？"西方犯罪学一直以来都把犯罪现象视为全部研究对象，而

---

① 犯罪控制理论的设问是"人们为何不犯罪"，但其在解释犯罪原因时，关注的仍然是犯罪现象，解释逻辑同于以"人们为何犯罪"设问的其他犯罪学理论。

忽视对"那部分不犯罪现象"的研究，这也导致西方犯罪学理论对中国犯罪现象的解释力较弱。

（3）解释与控制犯罪视角或逻辑的重建

中西方解释与控制犯罪视角或逻辑存在差异，这根源于中西方犯罪学研究对象与人性假设的差异。通过比较中西方解释与控制犯罪视角或逻辑，学县揭示中国传统犯罪哲学思想之独特性。中国传统犯罪哲学思想解释与控制犯罪的视角或逻辑，主要表现在以下四方面。

一是强调正式控制力量对犯罪的犯因性与控制性作用。中国传统犯罪哲学思想十分重视政府监管力量对犯罪的促进作用，主要包括政府政策不合理、政府官员任命不适格、政府的奢侈腐败①，而不强调被害人在犯罪发生中的作用，主要把其视为应受保护的对象，但西方犯罪学相对较为重视被害人在犯罪发生中的原因性作用。政府监管力量对犯罪的控制作用，主要表现为两方面：其一，强调采取"软性"措施（例如教育）控制犯罪的发生；其二，注重通过解决生产生活中的问题而阻止犯罪发生。

二是强调发展遏制犯罪之因素与促进守法因素。西方犯罪学从诞生伊始就从犯因性角度研究犯罪原因及控制犯罪，但后来这一研究思路遭到大量著名犯罪学家的批判，使得犯罪学界开始转向关注非犯因性因素，主要表现在"保护性因素"②与"积极犯罪学"③的研究，但这些研究视角未能在西方犯罪学界受到像犯因性因素同样的重视。中国传统犯罪哲学思想强调发展促使不犯罪之因素并不等同于西方犯罪学中的控制理论，因为两者前提假设不同，控制理论假设每个人都是潜在犯罪人，它关注的依然是可能导致犯罪的因素或条件，例如消除犯罪机会。而基于每个人都是潜在守法者假设的中国传统犯罪哲学思想，强调促使不犯罪因素更多的是考虑如何使人们变成真正的守法者，着力点是完善和挖掘促进守法因素，关注的对象是社会大众。出现犯罪行为时，关注焦点主要是促进守法因素之政策本身是否存在不完善或漏洞。当然中国传统犯罪哲学思想也主张犯罪原因的多因素论与犯

---

① 相关研究详见杨永林《〈管子〉犯罪预防思想浅析》，《管子学刊》2003年第3期，第5~8页；郑颖慧《论朱熹的犯罪学说与和谐社会》，《兰州学刊》2006年第7期，第188~190页。

② 保护性因素是与风险性因素相对应的概念，保护性因素是指预示着后期实施犯罪可能性减小的因素，风险性因素是指预示着后期实施犯罪可能性增大的因素。在这一领域的著名学者是David P. Farrington。

③ 积极犯罪学关注能够帮助个体远离或停止犯罪的相关社会性包容与积极经历的作用。详情参见Ronel，N.，Frid，N，Timor U. The Practice of Positive Criminology: A Vipassana Course in Prison. *International Journal of Offender Therapy and Comparative Criminology*，2013，57（2）：133–153。

机会对犯罪的促进作用①，以及对犯罪的综合预防，强调礼仪教化（德治）、法、行政管理（行政官员的治理、行政执法者的行为）对犯罪的综合预防作用[10]。

三是强调对犯罪控制政策效果的研究，也即注重消除犯罪因素的顺序以及控制政策起作用所需条件。西方犯罪学者对犯罪因素的研究主要集中在两方面：其一，研究因素与犯罪间的相关性；其二，研究一个因素对另一个因素与犯罪间关系的影响。另外还有学者依据时间对犯罪因素进行分类②。中国传统犯罪哲学思想注重分析促使人们不犯罪因素间以及犯罪因素与不犯罪因素间的关系，主要表现为因素间发挥作用的先后顺序，中国传统犯罪哲学思想相当重视消除贫困在控制犯罪中的基础性地位。因为如果两个因素中的一个是以另一个为前提条件而起作用，那么，犯罪控制政策必须有顺序地整合这两个因素，否则仅针对单一因素的政策，可能会导致犯罪从一种形态转变为另一种形态。如果针对促使人们不犯罪的因素而言，就不会产生这样的结果。多数学者之所以没有足够重视遏制犯罪因素与促使守法因素，原因是学者研究犯罪视角的局限性所致，目前西方犯罪学界研究犯罪存在两种视角：其一，直接从犯罪原因性因素或条件性因素角度探究犯罪的产生与生成，然后制定控制政策；其二，直接从控制犯罪的视角开展研究，并思考导致犯罪与遏制犯罪的因素。两种不同的研究视角导致被纳入研究视角的因素范围不同，前者从犯罪现象事实层面开展思考，后者从消灭或减少犯罪的价值追求层面开展思考。所以，从解释犯罪原因角度研究犯罪与从控制犯罪视角研究犯罪，会影响我们关注因素的范围和类型。

四是强调基于内因控制犯罪，注重对犯罪意识与意志的遏制。西方犯罪学理论关注的犯罪原因可以分为外界环境因素与人自身因素。当然也有研究把这两方面整合以解释犯罪，例如认为"犯罪事件由作案者和作案的情境组成"。[11]这种整合属于从一果多因角度看待问题的方式，但外界环境因素与人自身因素的关系如何呢？外界自然或社会环境并不直接作用于犯罪行为，而是通过人的意识或意志支配犯罪行为。所以，在外界自然或社会环境与犯罪行为之间存在一个中介因素——犯罪意识或意志。那么，探讨如何遏制人们的犯罪意识或意志就显得十分关键，中国传统犯罪哲学思想认为主要包括三方面措施：其一，培养人们的荣辱观。认为贫困是犯罪的经济根源，并主张采取富民的预防措施，但这是基于一个

① 主要研究参见张小岭《论荀子的犯罪学思想》，湘潭大学硕士学位论文，2010；魏中礼《荀子犯罪学思想初探》，《山东警察学院学报》2007年第6期，第119～121页。

② 依据时间，犯罪因素可以分为三类：处于长期平均水平或基准线的变量、短期偏离基准线数小时至数天的变量、情境性偏离数秒至数分钟的变量。详情参见 Agnew R. Crime and time: The Temporal Patterning of Causal Variables. *Theoretical Criminology*, 2011, 15（2）：115–139。

前提性假设：贫穷导致人缺少羞耻感、富裕使人产生羞耻感。以现代犯罪学理论分析，此前提亦有局限性，萨瑟兰提出"白领犯罪"概念①，也是基于事实层面的富人犯罪现象，此时就存在一个值得思考的问题：羞耻感能够遏制富人犯罪吗？个体或群体随着阶层上升或下降的犯罪现象又该如何解释与控制呢？其二，以严刑重罚来遏制。法家则认为人生而具有"好利恶害"的本性，追逐名利不计手段，走上犯罪道路也是必然的，对人的这种本性之恶，仁义道德无能为力，因而必须以严刑重罚来遏制，这背后的逻辑事实基于刑罚威慑的心理效应。西方哲学家边沁以"趋利避害"原则解释人的行为选择，并作为犯罪理性选择理论建构的基础，从犯罪行为成本收益角度解释犯罪。其三，满足人们正当合理需求。《管子》虽然也认为人生而趋利避害，但和法家不同，它主张要在一定程度上"从民之欲"，满足人们正当合理的需求，"爱之，利之，益之，安之"[12]。

二　中国犯罪学理论之未来

1. 犯罪学理论未来解释的犯罪现象

西方诸多著名犯罪学学者认为犯罪学理论未来发展方向是构建一般性或统一性犯罪学理论②，目的是增强理论解释力，并通过整合和验证以减少那些不重要或解释力弱的犯罪学理论。那么，判断一个犯罪学理论重要性与解释力的标准是什么呢？判断犯罪学理论重要性与解释力的标准并非被解释的犯罪现象或犯罪行为数量和犯罪学理论的逻辑性这两方面，而是被解释的犯罪现象或犯罪行为在当代社会或世界中的重要性，那么何为当代社会或世界中重要的犯罪现象或犯罪行为？终案是与世界经济中心国家的经济现象直接或间接相关的犯罪现象或犯罪行为。因为"发生在世界经济中心的经济现象对全世界经济的影响比发生在其他周边国家的经济现象的影响大"，[13]相比于发生在非世界经济中心的犯罪现象或犯罪行为而言，与发生在世界经济中心经济现象直接或间接相关的犯罪现象或犯罪行为对世界的影响可能相对较大。拥有诸多证明实力之经

---

① "白领犯罪"一词，由美国著名犯罪学家 E. H. 萨瑟兰于 1939 年提出。定义为：受人尊敬及社会高阶层之人士，在其职业活动中所从事的犯罪行为。详情参见〔美〕E. H. 萨瑟兰《白领犯罪》，赵宝成等译，中国大百科全书出版社，2007。

② 代表性学者及其具体观点详见：Agnew R. , *Toward a Unified Criminology*：*Integrating Assumptions about Crime*, People and Society. NYU Press, 2011；Braithwaite J, 王平、林乐鸣：《犯罪，羞耻与重整》，中国人民公安大学出版社，2014；WikstrÖm, Per – Olof H, Robert J. Sampson. The Explanation of Crime：Context, Mechanisms and Development. Cambridge University Press, 2006；〔美〕迈克尔·戈特弗里德森、特拉维斯·赫希《犯罪的一般理论》，吴宗宪、苏明月译，中国人民公安大学出版社，2009。

济标签的中国对世界经济增长平均贡献率已达约 30%，居世界第一①。因此包括中国在内的世界各国犯罪学界应该重视与中国经济直接或间接相关的犯罪现象或犯罪行为。

2. 犯罪控制政策的未来构想

后工业化时代的特点是彼此双方对其提供的服务不满意，或某些服务无人提供[14]。"当经济增长使社会告别物质匮乏阶段后，社会的自主意识开始觉醒，人们的公共参与热情与参与机制条件的短缺就成为新阶段的主要矛盾。"[15]在这种情况下，犯罪现象与犯罪控制会出现三种新变化：一是产品或服务的提供者没有应民众需求提供相应的产品或服务，或提供的产品或服务令民众不满意，都会导致基于"供需矛盾"而产生的需求缺口由犯罪来填补；二是民众参与公共事务积极性提高也会使非政府主体积极参与犯罪控制活动，并在犯罪控制中的作用越来越大；三是当代社会应该把经济规制与社会规制整合起来②。因为大量的社会问题是由经济领域问题引起，这也在根本上要求经济性规制政策与社会性规制政策整合。

（1）基于控制主体的三层次犯罪控制

全球化促使规范性控制系统发生如下变化：国际性与超国家性法律规范及非国家性控制机制迅速增长。并且较超国家法律规范，私人行动者创设的非政府控制手段越来越多[16]。这种变化引起两方面的结果：一方面是判断犯罪的主体转变，即从政府转变为政府与国际和私人团体或行业。虽然它们判断犯罪的标准依然是规范或危害性，但已经从政府法律规范转变为政府与国际和私人规范共存，这将导致对犯罪的判断权从政府手中逐步转移到国际和私人行业或团体手里，每个关注某方面的国际和私人团体或行业都可以在自己的行业或团体文化中理解和解释犯罪，并制定遏制犯罪的措施。另一方面遏制犯罪的责任划分更为细化。犯罪侵害的利益除了部分公共利益之外，更多的是特定团体或行业利益。这将在一定程度上激发国际和私人团体或行业承担起遏制犯罪的责任，政府仅保留遏制部分涉及危害公共利益的犯罪行为之责任。但这里面涉及一些颇具挑战性的问题：如何保证私人团体或行业具有足够的积极性去主动遏制犯罪？把遏制犯罪视为私人团体或者行业的法定义务还是政府需要支付一定的成

① 证明实力的经济标签有：全球第二大经济体、第一大贸易国、第一大外汇储备国、220 多种工业产品产量居全球第一、120 多个国家与地区最大贸易伙伴等。详情请参见单成彪、杨牧《从"进"到"近"：中国在世界舞台的新坐标》，人民网，http://world. people. com. cn/n1/2016/1006/c1002 - 28757257. html，2016 年 10 月 6 日。
② 关于经济性规制与社会性规制的解释，详情参见〔英〕安东尼·奥格斯《规制：法律形式与经济学理论》，骆梅英译，中国人民大学出版社，2008，第 5 ~ 6 页。

本购买服务？当私人团体或行业提供的产品或服务存在潜在犯罪风险时（犯罪人可能会利用此产品或服务），私人团体或行业如何处理自身经济利益与犯罪风险之间的紧张关系？

三种不同的犯罪控制主体匹配置于三种不同空间内的犯罪。国际组织适合控制跨国犯罪，民族国家适合控制国内跨省犯罪，行业组织或团体适合控制某一行业范围内或某一领域内的犯罪。当然三种控制主体之间也需要紧密配合，因为部分犯罪是跨越上述三种空间的。但就犯罪社会预防而言，存在一个棘手问题：犯罪社会控制政策如何国际化或超国家化？目前较难构建一个世界性或区域性的犯罪社会控制政策，原因包括两方面：一是一国或地区内具体作用于同类犯罪行为的犯罪社会因素可能不同；二是不同国家间的犯罪定义、社会文化及发展水平存在差异。"如果犯罪机会没有降低，那些丧失实施犯罪能力的人——或者是那些停止犯罪的人，就会被其他人替代。"[17]这就可能导致部分犯罪行为转移至具有合适犯罪社会因素的国家或地区。

2. 基于产品与服务需求的犯罪控制

较工业化时代犯罪机会，后工业化时代犯罪机会的特点是犯罪机会已经与满足民众需求的产品和服务相融合。后工业化时代犯罪机会主要包括两种类型：一是企业提供的产品和服务本身对于犯罪人来说就是机会，例如犯罪分子利用运营商提供的一卡双号服务实施诈骗犯罪。二是犯罪分子以提供某种产品与服务的形式去实施犯罪，这种产品或服务是能够给被害人提供某种便利或者带来部分利益。例如犯罪分子利用带有二维码的假交通罚单实施诈骗。这些变化都根源于后工业化社会的特点。

针对上述两种后工业化时代犯罪机会，应该采取的犯罪控制政策包括两方面：第一，产品或服务提供者依据相应标准开展利用产品或服务犯罪评估。这主要针对企业提供的产品和服务本身对于犯罪人来说就是机会的情形。但有两个问题需要解决：一是开展利用产品或服务犯罪评估所依据标准的性质。标准的性质主要包括：强制性标准与自愿性标准，那么，把开展犯罪评估所依据标准之性质规定为哪种更为合理呢？判断依据是不能破坏企业家精神以及产品或服务创新，因此犯罪评估标准以自愿性标准为主，以强制性标准为辅。二是如果评估发现某些产品或服务能够为犯罪创造机会，那么就可能存在民众便利性与消除犯罪机会间的矛盾。第二，有关产品或服务之规范应迅速且有效地满足民众对产品或服务的合理需求。结合后工业化社会特点，应该重视两方面：首先，保障有关产品或服务之规范满足人们对产品或服务之最低限度合理需求。传统西方犯罪学理论对人性的假设是人性恶，从某种程度上说，西方犯罪学理论解释的是那些具有不合理需求者实施的犯罪，而中国犯罪学思想对人性假设是人性善，则解释具有合理需求的人实施犯罪的原因，为了控制有关产品或服务需求之犯罪，犯罪控制政策必须满足民众对产品或服务之最低合理需求。其次，针对有关产品或服务之规范不能满足其合理需求的个体或群体，应该积极寻找满足需求之替代措施，同时防止犯罪市场生产的产品或服务介入。

（3）基于目标与手段促进守法之犯罪控制

后现代政府监管或者规制的理念是尽量减少非必要监管或干预。这就对原有法律政策结构模式构成挑战：政策由目标、手段、结果三部分组成[18]，法的基本任务是符合正义地解决问题[19]，解决问题的方式是设计制度与规则[20]。为了确定一种相对较优的法律政策结构，具体评估两方面的内容：约束条件与负面影响，前者包括制度约束、经济约束与部门利益约束，后者包括对经济、社会、企业等影响[21]。

为了促进守法需要使监管或规制对象拥有更多手段选择自主权①，政府政策更多的是目标细化：从一个原则性总目标，分解成若干分目标，并为每个分目标制定评价指标，以判断监管或规制对象是否达到目标。就监管或规制对象采取的行为如何评价，后工业化社会不同于工业化社会强调行为性质评价之时代，而是目标评价时代，将那些采取不对社会造成危害之行为而未达到政策目标的情形称为"目标违法"，从而取代工业化社会以行为性质评价的法律政策导向。工业化社会法律政策认为监管对象只要按照法律政策规定去实施行为就可以实现法律所追求的价值目标，这一思维存在严重逻辑错误，也即没有充分考虑监管对象差异性②。政府可以制定相应的行为指南，但仅具指导性而不具强制性，可以针对不同的主体制定不同的行为手段，以供监管对象选择或参考。有一个问题需要解决：被监管对象采取损害社会或第三人利益的行为，实现了法律政策目标，该如何处理？因为我们的目标是推动建立一种无行为规范而只

① 关于守法原因的经典研究认为，守法原因有三种：自愿、经济奖励、法律责任，但守法成本过高就会导致行为人不愿意遵守法律，即自愿与经济奖励的守法动机就会失效。当守法成本较高且违法行为难以被发现时，因害怕承担法律责任而守法的动机就会失效。详情参见经济合作与发展组织《OECD 国家的监管政策：从干预主义到监管治理》，陈伟译，法律出版社，2006，第 94 页。还有研究认为，采取说服性而非强制性的执法方式，是鼓励守法的一种理性策略，因为合作比纯粹强制性的威慑措施更易让人们遵守法律，因为纯粹的威慑措施不会考虑监管对象在守法时遇到的特殊困难。详情参见〔瑞典〕汉斯·舍格伦、约兰·斯科格《经济犯罪的新视角》，陈晓芳等译，北京大学出版社，2006，第 51 ~ 73 页。

② 以企业为例，有研究表明：与大企业相比，中小企业承受相对较大的守法成本，因为大企业具有良好的成本消化能力，例如增加生产量、扩大规模等。但中小企业消化成本能力相对较弱，如果提升产品价格就会导致中小企业面临不利的竞争环境，同时也把守法成本转嫁给了消费者。详情参见席涛《求索：公平与效率之间：法和经济学博士论文集萃》，中国政法大学出版社，2015，第 268 ~ 269 页。

有目标规范的法律政策，但不能全部借助刑法来规制损害行为。一种思路值得思考：行业规范或者私人规范可以为政府政策提供帮助，两者可以配合，实际上在一个行业领域，采取何种行为，行业组织最有发言权，而且部分人采取损害行为也可以在行业内遭受制裁，如果触犯刑法则由刑法制裁。这也符合后工业化社会的特点：民众参与社会事务的积极性提高，而且政府也在扶持和培育社会或行业组织的治理能力，以充分发挥它们在各自领域内的作用。现实中存在两种情况：一是损害行为可以实现法律政策目标；二是损害行为从性质上就与法律政策目标相违背，即行为的危害性与法律目标相抵触，但损害行为可以实现行为人自己的目标，之所以不能实现法律目标是因为法律目标与行为人个人目标的冲突。只要监管对象采取不对社会或者第三人造成危害的行为去实现法律政策目标都是被允许的，但需注意的是，这种行为不能表述为"不法或违法行为"，因为没有法律对行为做出规定。

三　结语

本文通过研究中国犯罪学理论的根基与未来，寻找中国犯罪学理论的文化根基，重建了具有中国文化基因的犯罪学基础理论，可以使中国犯罪学理论拥有自己的生长基点。另外，本文还指明后工业化时代之犯罪控制政策走向，可为未来中国犯罪学理论走向提供预测。这种从过去至将来的研究视角，为中国犯罪学理论的发展做出了较为合理的方向性规划。

参考文献

［1］刘竞元、刘建宏：《犯罪学是个世界学科》，《检察风云》2012 年第 6 期。

［2］王牧：《根基性的错误：对犯罪学理论前提的质疑》，《中国法学》2002 年第 5 期。

［3］Jianhong Liu. "Asian Criminology – Challenges, Opportunities, and Directions. *Asian Criminology*, 2009（4）：1 – 9.

［4］《新常态下中国经济发展的七大机遇》，《光明日报》2015 年 3 月 19 日。

［5］艾永明、朱永新：《殷周时期的犯罪心理学思想初探》，《心理学报》1987 年第 4 期。

［6］冯引如：《中国先秦犯罪思想初探》，《犯罪研究》2006 年第 6 期。

［7］李广辉、余小满：《试论先秦儒家的犯罪学思想》，《河南大学学报》（社会科学版）2002 年第 42 期。

［8］王应瑄：《试论我国古代的犯罪概念》，《法学评论》1986 年第 3 期。

［9］〔美〕罗伯特·J. 桑普森，约翰·H. 劳布：《犯罪之形成：人生道路及其转折点》，

汪明亮等译，北京大学出版社，2006。

［10］张利兆、黄书建：《〈唐律疏议〉之犯罪预防特色与现实借鉴》，《犯罪研究》2005年第6期。

［11］CAF－拉丁美洲开发银行：《为了一个更加安全的拉丁美洲：预防和控制犯罪的新视角》，中国社会科学院拉丁美洲研究所译，知识产权出版社，2015。

［12］刘洪霞：《〈管子〉犯罪预防思想研究》，西南政法大学，2007。

［13］林毅夫：《我真希望年轻人能够抓住21世纪中国经济的黄金机遇》，观察者网，http：//oicwx.com/detail/1839417，2016年9月30日。

［14］张斌：《经济转型中，社会矛盾在悄然转移》，http：//www.chinathinktanks.org.cn/content/detail/id/2898839，2015年8月5日。

［15］马庆钰、贾西津：《中国社会组织的发展方向与未来趋势》，《国家行政学院学报》2015年第4期。

［16］〔德〕乌尔里希·齐白：《全球风险社会与信息社会中的刑法：二十一世纪刑法模式的转换》，周遵友等译，中国法制出版社，2011。

［17］〔美〕布兰登·C.韦尔什、〔英〕戴维·P.法林顿：《牛津犯罪预防指南》，秦英等译，中国人民公安大学出版社，2015。

［18］〔加〕梁鹤年：《政策规划与评估方法》，丁进锋译，中国人民大学出版社，2009。

［19］〔德〕齐佩利乌斯：《法学方法论》，金振豹译，法律出版社，2009。

［20］席涛：《立法评估：评估什么和如何评估（上）——以中国立法评估为例》，《政法论坛》2012年第30期。

［21］席涛：《立法评估：评估什么和如何评估（下）——以中国立法评估为例》，《政法论坛》2013年第31期。

基于德阳市中江县未成年人社区矫正之调查研究

庄　颖　王肖飞

目前我国无完善与系统的未成年人社区矫正法律体系。"社区矫正法"尚未正式颁布与实行，《刑法修正案（八）》也只是对社区矫正的适用种类进行明确，其他有关规定零散分布于最高人民法院、最高人民检察院、公安部、司法部联合发布的规范性文件及地方性法规中。相较于以成年人为社区矫正对象的实践，以未成年人作为矫正对象的社区矫正实践应该有所不同，据此，本研究开展对四川省德阳市中江县未成年人社区矫正实践的调研，目的是发现基层未成年人社区矫正实践中存在的问题并为制定"社区矫正法"提供事实依据。

对四川省德阳市未成年人社区矫正对象的调研主要集中在中江县，中江县是川中丘陵地区的农业大县。农村是基层法治建设的薄弱一环，农村法治建设是一项复杂而庞大的工程。因此，对中江县未成年人社区矫正情况开展调研对推进基层法治建设意义重大。由于德阳市未成年社区矫正对象总计49人，其中40人集中在中江县，因此将调研区域集中在中江县，对中江县21个未成年人社区矫正对象及81名社区矫正工作人员进行问卷调查①。调研主要围绕下列问题展开：未成年人社区矫正工作的开展情况、人员分配情况、在工作中所面临的问题及未成年人在社区矫正中的学习和生活现状。

一　社区矫正的刑法理论基础

宽严相济的刑事政策和惩罚与宽大相结合的刑事政策都对未成年人社区矫正工作具有指导性作用。社区矫正被定位为一种行刑方式，是其他刑罚的替代性执行方式，既然它是一种替代性执行方式，那么它就有与其他刑罚不同的特点。它是与刑罚的人道主义、刑罚的功能以及刑罚个别化相契合的。刑罚的人道主义要求国家给予某些特定范围的、某些特殊主体更多的人文关怀和人道主

---

① 基于主题的需要，以下仅对81名社区矫正工作人员的问卷情况进行筛选展示（数据精确到个位）。

义精神[1]。有些人认为刑罚的人道主义与刑罚最基本的报应功能相冲突，甚至认为社区矫正具有福利性质[2]。这种认识有失偏颇，在刑罚理念不断进化的当今社会，就刑罚自身来说已不再是为了惩罚而惩罚、为了报应而报应，或者说报应的成分不能减少，但教育的功能也不可忽略，这是时代的必然要求和必然趋势。针对未成年人生理和心理的不成熟和可塑性较强的特点，社区矫正是一项较为合适的处理措施，将他们置于社区中不与社会相隔离，使其于开放性或半开放性的社会关系网络之中认识自己行为的错误，避免未成年人被放逐于比普通社会条件更为恶劣的环境之后，再返回主流社会时必然面临的艰难窘境[3]。这也是与刑罚的谦抑性精神相契合的。

二 未成年人社区矫正实践存在的困境

1. 矫正措施单一且针对性不强

如图 1 所示，对未成年人社区矫正对象的矫正措施主要使用心理教育、定期上交书面思想汇报以及定期报到三类，与成年社区矫正对象并无不同，可以说心理教育是中江县对未成年人社区矫正对象所采取的比较具有进步意义的一项内容，源于德阳市司法局与专门提供心理服务的公益组织合作开展的项目，并且取得了良好效果。但仅仅依靠某项措施难以取得较好效果，也不能很好地发挥社区矫正的功能。

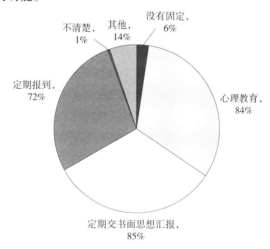

图 1 矫正措施分布（多选）

未成年人社区矫正对象之矫正内容无针对性主要原因是缺乏评估机制。由于社会经济的发展和社会观念的转变，未成年人社区矫正对象呈现许多与成年人不同的特点，比如语言与交往方式。正因为未成年人与成年人存在差异，如果对于未成年人社区矫正对象的矫正措施与成年人的方案无异，那么势必影响对未成年人社区矫正对象的矫正效果，而且不利于其今后成长。对于未成年人社区矫正对象在矫正阶段，不同时期的不同表现缺乏一套有针对性的风险评估方案[4]，导致对危险性较大或者心理状态较差的未成年人社区矫正对象与危险性较小、心理状态较好的未成年人社区矫正对象使用同一种矫正方案，如此便无法有效满足不同未成年人的需求，背离矫正的初衷，效果适得其反。

2. 家庭与学校存在的消极影响

关于哪个主体对未成年人社区矫正对象的帮助或者影响较大，图 2 直观地突出了家长在其中的作用。这也体现了家庭对于未成年人成长的重要性。然而随着经济的迅速发展，人们对于婚姻观念的转变，社会对离婚具有更多的包容性，离婚变得越来越"容易"，表面上看似社会进步，但却暴露出某些隐患。就四川省而言，根据四川省民政厅的数据，2015 年全省有 22.96 万对夫妻办理离婚，每分钟就有两对夫妻"闹掰"。2016 年四川离结率 29.7%。根据四川2015 年社会服务发展统计公报，2014 年，全省共 77.42 万对办理结婚登记，22.96 万对办理离婚，离婚人数是 14 年前的 6 倍①。父母感情的稳定与否会影响子女的成长，甚至在某种层面上决定了他们今后将走上何种道路。离婚率的攀升带来经济、教育上的一系列消极影响，问题家庭导致问题少年数量增多，其中一部分成为未成年人社区矫正对象，本研究也对中江县未成年人社区矫正对象的家庭情况作了了解，结果表明离异家庭、单亲家庭、留守儿童的现象较为普遍，并且经济困难家庭居多。

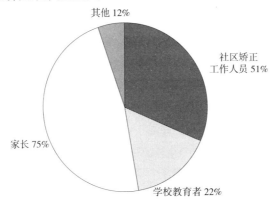

图 2　各种主体对未成年人矫正对象影响力分布（多选）

①　智坤教育：《2016 四川省离婚率调查数据统计》，《四川省离婚率多少离婚率排名第几》，http://www.zktw.com/ZhiKunZiXun/469425.html，2016 年 2 月 16 日。

学校是教书育人的地方，因为它的良好学习氛围，有许多适合未成年人的设施、设备，以及同龄人能更好地交流，所以它也被认为是未成年人社区矫正的好场所。但是许多学校并不愿意接纳这些"问题少年"，很多适龄少年被劝退、开除学籍，甚至被贴上罪犯的标签。这使未成年人社区矫正对象离开校园，被放逐于本不应该提早踏入的社会，这并非明智之举。调研结果表明，中江县的未成年人社区矫正对象在被进行矫正期间或者期满后基本上选择了就业，重返校园的少之又少，而对就业，他们都表示很迷茫。未成年人社区矫正对象大多选择就业是因为学校将之拒之门外，还是他们自己的选择，相关部门并不能得出一个确切的结论，但无论是被动还是主动，对处于义务教育阶段的未成年人社区矫正对象而言，学校仍有义务通过恰当措施接纳他们，营造更加适合他们成长的环境，而不是让他们在社会上随波逐流。

3. 协会、组织等社会力量参与不足

当前大部分社区矫正机构存在着矫正人员配备不全，分工不精细的问题。收集资料表明，在较发达地区，如北京、上海注重运用社区力量，通过组建社区矫正志愿者队伍具体实施未成年人社区矫正，例如选择教师、学生、法官和国家机关干部中具备一定教育和管理能力的人作为社区矫正志愿者。随后在全市范围内招聘具有大专学历以上的社区矫正工作志愿者，并组织专家对这些志愿者进行培训[5]。这是比较有进步意义的，但在欠发达地区，基于各方面的原因，社会力量还不能得到普遍运用，矫正力量往往集中在各地司法所、村委会以及近亲属，然而仅有这些力量的参与是远远不够的，司法所不仅要承担社区矫正的工作，还承担人民调解、普法宣传、安置帮教、法律服务等十项职能[6]，导致司法所不堪应付。除了教师、学生、法官和国家机关干部外，广大的社会组织、企事业单位、协会也是未成年人社区矫正工作的主力军，他们对未成年人的矫正工作将发挥举足轻重的作用。就德阳市的矫正工作人员而言，稍微年长的司法干警一般才具有法学、心理学等相关专业背景，而刚考进的年轻司法干警虽然有相关专业的知识背景，却大多缺乏经验。青联、妇联、青年企业协会等这些社会力量的参与不足，也制约了对未成年人社区矫正工作的开展。

4. 失学未成年人矫正对象就业难以保障

如图3所示，未成年人社区矫正对象在矫正期满后，选择就业的占2/3以上。那么在多数未成年人社区矫正对象迫于压力或者其他因素复学无望而选择就业的情况下，帮助他们就业成为解决他们生活问题的关键。课题的通过走访了解到，在访问的八个未成年人社区矫正对象中，两名尚在上学，一名在网吧当网管，另外五名待业。当被问到对就业有何想法时，他们的眼神流露出迷茫。在和司法干警的交流中他们也纷纷表示最担心的就是未成年人社区矫正对象的

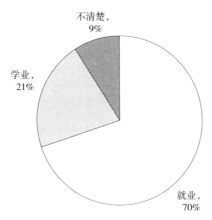

图3 矫正期满后去向选择分布

就业问题，并且希望在就业方面能够有所改进，然而社区矫正工作者毕竟不是就业指导老师，社区矫正机构也不是专业的就业指导机构。这些无不说明未成年人社区矫正对象受知识水平有限、身心发育不成熟以及罪犯标签的影响，更加需要就业上的技能培训和指导。

5. 各方面资金匮乏，基层司法所有心无力

图4显示，在矫正工作中所面临的问题所占比例从高到低依次为：资金缺乏、未成年人矫正对象的抵触心理、专业人员匮乏、家长不配合、其他。可以说上述的各种困境归根结底还是资金匮乏，缺少经费的投入。基层司法所多处于乡镇地区，正如中江县的冯店镇距离县中心较远，地势崎岖，对于需要到未成年人社区矫正对象家中定期走访的工作人员来说十分不便，他们需要交通工

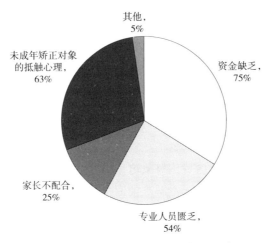

图4 矫正实践存在的问题分布（多选）

具；对社区矫正工作人员进行培训，需要学习培训费；与其他志愿者、社会力量的合作也需要一定的活动经费，但经费的不足，严重制约了社区矫正工作的运行，也挫伤了社区矫正工作人员的积极性。社区作为基层自治组织，今后要想正常运转，除了依靠上级部分资金补助之外，必然也需要具备一定的自筹能力，拥有固定的资金收入。但是目前中江县，行政村组织仍然存在，村集体资金主要用于行政村组织的运作，不可能转为支持社区矫正工作，社区矫正缺乏资金支持，也影响未成年人社区矫正的功效。

三　路径探索：未成年人社区矫正的完善对策

1. 建立评估机制，创新矫正方式，制定个性化矫正方案

根据美国的实践，未成年人社区矫正机构在接受矫正对象之后会先对其危险性和心理状态进行评估，然后根据评估的结果采取适宜的矫正方案[7]。这种做法是值得借鉴的。社区矫正机构可以对所接收的未成年矫正对象进行社会调查，对他们所犯的罪行、性格特点、家庭情况等进行考察了解，针对不同情况的未成年人制定个性化的矫正方案，对在校矫正对象与非在校矫正对象的矫正内容可以适当不同。根据人身危险性的轻重确定矫正方案，可以分为两个层次：第一，对危险性较大的未成年人适用限制人身自由的加强措施[8]，禁止其出入酒吧、网吧等不适宜未成年人的场所，可以参考美国的家中监禁和电子监控措施[9]；第二，对于危险性较小的未成年人采取非监管型的矫正方式，主要参加集体社区服务劳动。在矫正的中后期可以根据未成年人社区矫正对象的表现以及实施效果对矫正方式进行适当调整或者补充。丰富矫正方式，尽量避免单纯的说教和空洞的谈话方式，适当扩大社区服务劳动的范围，除了打扫卫生外，还可以让他们参加一些公益活动，比如环境保护、关爱动物等的宣传，到养老院等慈善机构做服务，其间将他们分成几个小组鼓励他们参与劳动服务，让他们感受团体的力量，获得被肯定的成就感，从而培养社会责任感。另外有条件的社区矫正机构可以开展一些比较有趣味性、益智性的活动，比如模拟法庭、拓展训练；组织参观监狱形成守法的氛围，以起到一定的警示作用；组织参观大学校园使他们重新燃起对学习的热情。

2. 促进家庭、社区、学校三方合力，着力解决家庭问题

家庭、社区、学校是影响和帮助未成年人社区矫正对象最重要的主体，他们三方的通力合作能够使矫正的效果达到最佳。首先，必须解决家庭问题，许多父母对未成年人社区矫正对象不闻不问，流动性较强，常常为了生计奔波于各地，对于未尽监护与教育职责的父母相关管理部门应该批评教育。其次，应当发挥其他近亲属和村委会的作用，多"给予"未成年人社区矫正对象关爱；对于离异家庭、单亲家庭的未成年人社区矫正对象应当更加关注其心理状态；对于父母在身边，但是过分迁就、宠溺未成年人社区矫正对象的家庭，应当对家长开展教育，让其了解过分溺爱行为后果的严重性，引导家长重视对孩子的预防教育问题，努力提高家长与孩子的沟通技能[10]；对于经济困难的家庭，社区矫正机构要努力设法帮助其缓解经济上的负担，提供基本的物质生活环境，例如，对于符合低保条件的，要积极帮助其申请最低生活保障；对于遇到食宿困难和其他临时经济困难的，应当通过民政部门等申请救济，或者安置到"中途之家"一类的社区矫正机构中[11]。最后，发挥学校的教育作用，学校不能一味排斥未成年人社区矫正对象在课堂学习，对于此类学生，学校应当与矫正机构签订协议做好保密工作，要通过有意识地开展犯罪预防教程来使他们认识自己行为的严重性与危险性，起到震慑的作用，并且应当注意避免使用过激的言语和行为使他们受同学的歧视而成为班级里的"另类"。

3. 发挥社会力量的优势，优化未成年人社区矫正队伍

社区矫正的广度和深度要求对未成年人的社区矫正需要吸纳社会各界力量，建立一支专门队伍。未成年社区矫正的实施主体应当包括社会力量和专业人员。一方面，要充分利用社区矫正的优势，广泛开发和吸收各界资源，如青联、妇联、学联、青年志愿者协会等社会组织、慈善机构，以获得他们的支持和帮助。在他们当中，有许多擅长沟通的人士，如德高望重的学者、亲切温和的学生以及其他比较有影响力的人，他们的参与能够拉近与未成年人社区矫正对象的距离，密切与社会的联系。德阳市司法局与德阳市泰田善行文化中心在对未成年人社区矫正对象心理辅导上的合作，就是一个良好的典范。另一方面，对未成年人的社区矫正最需要的是那些真正懂得未成年人身心特点的专业人员，建议未成年人矫正官的选拔应当严格准入制度，在考虑专业学历的同时，还应考察准矫正官的性格、社会经历、沟通能力以及是否处于恰当的年龄阶段等相关因素。任职后，对矫正官还应定期考核和组织培训，细化分工，注重专业能力和沟通技能训练，明确职责和任务。

4. 开展职业技能培训和就业指导等项目，拓展就业渠道

对于处于农村地区、家庭经济比较困难的未成年人社区矫正对象来说，在不得不选择维持基本生活的状况下，就业成为当务之急，这也是社区矫正人员最关注也是最无力的一环。有的学者认为就业培训对未成年人社区矫正对象不适用，有时甚至是负担[12]，笔者认为，不能一概而论，应加以区分，对于仍然有求学欲望、家庭条件良好、想考大学的未成年人来说，他们或许并不需要过早地涉入就业的领域，但是对于那些想学但条件不允许或者厌倦了学习生涯的

未成年人来说，就业培训是给予他们未来生活的希望，特别是中江县这样的农业大县。因此，在社区矫正中应当了解他们的想法，关注他们的兴趣以及特长，通过联系企业为他们开展职业技能培训和就业指导，如美容美发、电器维修、计算机技术等入门与技术性的指导，与技工学校合作，使未成年人社区矫正对象能够树立正确的劳动态度和观念，有所专长，拥有谋生手段。此外，还可以充分动员社会力量，拓展其他就业渠道。

5. 合理拓宽矫正工作的资金来源，加大经费投入

未成年人社区矫正工作的经费来源困扰着矫正工作的顺利开展，对于中江县这种还存在行政村组织的情况下，资金不能得到充分保障，这就需要拓宽资金的来源渠道。主要的渠道有：一是政府支持，政府应当对此设立专门经费保障并纳入预算，每年划拨一定数量的款项用于针对未成年人社区矫正对象相关服务的"购买"，未成年人社区矫正工作人员的日常办公费、学习培训费等针对矫正工作人员的费用由司法机关专项预算列支。二是社会募捐，当前社会不乏热衷于公益事业的仁人志士、慈善家，因此可以未成年人社区矫正基金的形式募捐一部分资金用于资助家庭较为困难又有求学欲望的未成年人，另外还可以将此投入丰富未成年人的矫正方式，缓解地方财政压力[13]。

参考文献

［1］史景轩、张青：《外国矫正制度》，法律出版社，2012。

［2］许晓娟、张京文：《论未成年犯罪人社区矫正中被忽略的问题》，《法学杂志》2013年第 34 期。

［3］陈伟：《论未成年人社区矫正——以未成年人特殊刑事政策为中心》，《江西公安专科学校学报》2008 年第 2 期。

［4］谢佑平、谢澍：《程序与实体：未成年人社区矫正机制的改造》，《昆明理工大学学报》（社会科学版）2012 年第 2 期。

［5］谢华春：《未成年人社区矫正制度的法律构想——基于现状和问题的分析》，《中共郑州市委党校学报》2008 年第 5 期。

［6］管仁亮：《未成年人社区矫正的比较与重构》，《四川警察学院学报》2011 年第 6 期。

［7］宋铭：《浅论美国未成年人社区矫正对我国的启示》，《牡丹江教育学院学报》2016 年第 1 期。

［8］舒晓：《论我国未成年人社区矫正之完善》，《浙江万里学院学报》2008 年第 1 期。

［9］刘乐：《美国对犯罪青少年的社区矫正项目》，《青少年犯罪问题》2003 年第 4 期。

［10］郭晓红：《未成年犯罪人社区矫正的路径选择——以社会控制理论为视角》，《法

学杂志》2014 年第 35 期。

［11］吴宗宪：《论未成年人社区矫正的发展方向》，《山东警察学院学报》2012 年第
4 期。

［12］甄珍、管元梓：《未成年矫正工作的制度完善——以矫正方案科学化为视角》，
《河南社会科学》2013 年第 5 期。

［13］刘敏、王阳、芮雪晴：《关于重庆市未成年人社区矫正工作的调查研究》，《湖北
警官学院学报》2015 年第 28 期。

红色艺术经典文化传承与
思想政治教育渗透探究[*]

——以歌剧《党的女儿》为例

王业平　周　萍

红色艺术经典文化是我国所特有的一种文化，在国家发展和进步的过程中，不忘历史，做好红色艺术经典文化传承与思想政治教育渗透工作，是教育教学工作开展过程中需要完成的一项重要任务。那么，在传承红色艺术经典文化，进行思想政治教育渗透的时候，究竟该如何开展这项工作呢？下文笔者将根据自己的教学方向，从歌剧《党的女儿》入手对其进行详细的分析。

一　红色艺术经典文化传承与思想政治教育渗透的必要性

1. 传承革命前辈的优秀品质

所谓的红色艺术经典文化多诞生于抗战时期，表现形式多种多样，比如小说、戏曲、诗词、歌剧等。这些富有时代特色的文化渗透在社会的经济、政治、文化建设的各个层面，对人们的生活产生了极为重要的影响。以歌剧《党的女儿》为例，该歌剧讲述的是女共产党员田玉梅在抗战时期不畏艰难险阻，始终坚持革命理想，保护游击队并找出党内叛徒的故事。在这出歌剧中女共产党员田玉梅舍己为人、不畏生死，敢于坚持自己理想的高贵品质，不论在任何时代都是值得人们学习的优秀品质。对于学生来说，他们是祖国未来发展的希望，他们的世界观、人生观和价值观还没有真正建立，教师在教授知识的时候，做好红色艺术经典文化传承与思想政治教育渗透，不仅是为了完成教育部门规定的教学任务，更为重要的是做好这方面的工作，还能够传承革命前辈的优秀品质，发扬我国优秀的传统文化，使学生在未来成长为对祖国真正有用的人才，强化他们的核心价值认同。

本文为学校自选科研话题研究论文（课题编号：2017 – 09）。

2. 促进学生的全面发展

红色艺术经典文化是我国历史文化中的重要组成部分。许多学生认为红色文化是属于革命年代所特有的，由于没有亲身经历，他们在平时的学习中难以感受到红色文化的魅力，在平时的学习中对于红色艺术经典文化的认识还存在较多的不足，比如，有的学生在教师讲解红色歌剧的时候，虽然能够列举出《江姐》、《洪湖赤卫队》和《党的女儿》等剧目，但是他们很难真正感受到红色艺术经典文化的魅力。如果教师在讲解音乐知识，帮助学生学习歌剧的时候，能够将红色艺术经典文化融入教学中，就能促进学生对红色艺术经典文化的理解与欣赏。比如在课堂上给学生们讲解《党的女儿》这出剧目，举办一些富有趣味性的活动；在学生们观看歌剧之后，让他们分析剧中"田玉梅"以及"老支书"等人物的闪光点，让他明白在今天他们的哪些精神值得我们去学习，通过这种方法，让学生真正地参与到教师的教学中，感受红色艺术经典文化的魅力，认识到了身处革命年代，革命志士为国家甘愿牺牲自己的伟大精神。这对于学生的全面发展发挥较大的作用。

二　当前红色艺术经典文化传承与思想政治教育渗透存在的问题

1. 教学方式陈旧单一

一直以来，我国十分重视红色艺术经典文化传承与思想政治教育渗透工作的开展。每年政府投入大量的资金，开展这方面的传承教育工作，如投资影视剧、编排歌剧、举办红色艺术经典文化讲座等，通过多种方式宣传红色艺术经典文化并进行思想政治教育。但是，在实际的教学中，红色艺术经典文化传承与思想政治教育的工作开展并不是很理想。由于学生们身处和平年代，他们未曾经历战乱，难以真正地从教师的语言描述中感受到红色艺术经典文化的魅力，更遑论思想政治教育工作的开展。而且，大部分教师也没有认识到红色艺术经典文化传承与思想政治教育工作开展的重要性。在教学的过程中多是以完成任务的方式将相关的教学内容传授给学生，教学方式陈旧单一。以《党的女儿》为例，许多教师在教学的时候，先让学生们观看歌剧，然后教师进行人物分析，讲解歌剧创作的一些特点，最后让学生简单地分析自己的意见和看法。这种单一的教学方式，很容易使学生失去学习的兴趣，给红色艺术经典文化传承与思想政治教育的渗透带来较大的难度。

2. 学生对红色艺术经典文化的认识不足

当今时代是多元化的时代，各种各样的思想不断地碰撞交会，而且随着互联网的发展，新媒体兴起，自媒体时代已经到来，对于同一件事物人们可以在网上发表不同的意见和看法，时代的变化对于人们的思想也产生了较大的影响。比如说，近年来，"抗日神剧"在荧幕上泛滥，在影视剧中，革命志士可以说是无所不能的，但革命年代仁人志士为了国家的前途和命运，四处奔走流亡的事迹频繁在荧幕上展现，这些影视剧的播放也会对学生的认知产生一定的影响，容易使他们对红色艺术经典文化产生认识误区，如有的学生认为红色艺术经典文化传承与自己无关，因此在教师讲解这些知识的时候，他们往往不以为然，学习积极性较差。

三　红色艺术经典文化传承与思想政治教育渗透的策略

众所周知，红色艺术经典文化多是在革命年代诞生的。以《党的女儿》为例，为了宣传革命，使人民认识到勇敢地站起来反抗敌人，积极地捍卫国家主权的重要性。该歌剧突出"田玉梅""老支书""桂英"等人物正义、高大的正面形象。但是，俗话说得好，"人无完人，金无赤足"这些正面的人物形象虽好，却容易使人觉得失真。由于人性的多面性，一个人再怎么成功，理想信念再坚定，他们也可能会有动摇的时刻。学生从小就接触了较多的红色艺术经典文化，如爷爷奶奶讲述的革命故事，小学课本中的"小英雄雨来""放牛的王二小"等，学生在学习的时候，难免也会产生质疑，英雄是否都像艺术作品中描述的那样无所不能呢？

基于这样的原因，笔者认为在传承红色艺术经典文化、开展思想政治教育渗透的时候，教师可以采取在旧题材中挖掘新内容的方法，激发学生的学习热情，如在教学《党的女儿》时，教师可以向学生提问，如"如果田玉梅没有拖住敌人，保护游击队交通队员小程，而是选择了临阵退缩，最后故事的结局又会如何"，通过逆向思考，让学生们感悟革命年代，战士们为了保卫自己的祖国，坚持自己的伟大理想，在旧题材中根据时代的发展变化，寻找合适的方式进行文化传承及思想政治教育，使他们认识到和平年代来之不易。

此外，教师还可以通过角色扮演法，传承红色艺术经典文化。可以在课堂上让班级里的学生扮演《党的女儿》中"田玉梅""老支书""桂英"等人物，通过自己的演绎更为深入地挖掘故事想要传达给观众的思想内容，引起学生情感的共鸣，思想政治教育形式开展得有声有色。

总之，红色艺术经典文化的传承与思想政治教育的渗透，对于学生的成长及发展的重要性不言而喻，但是在传承的过程中，由于思想文化的差异，红色艺术的传承效果也并不尽如人意，红色歌剧既是一种重要的音乐表现形式，也是文化传承的重要内容，教师在教学知识的时候，不仅需要做好文化课教学，还需要传承好我国传统文化，做好思想政治教育工作，提升学生的综合素质，促进他们的全方位发展。

参考文献

张锐、李颖、夏鑫：《新媒体时代高校红色经典传播与教育模式探索》，《云梦学刊》2013 年第 2 期。

郝玉超：《高校红色经典音乐的传承与教学之我见》，《青年文学家》2013 年第 30 期。

李君：《引入"红色经典"》，《中国青年》2010 年第 9 期。

周素勤：《红色经典作品在大学生社会主义核心价值体系教育中的作用》，《通俗歌曲》2014 年第 2 期。

高校党建和思政教育创新研究

——重温红色经典歌剧《党的女儿》传承革命精神

王业平　周　萍

高校是人才培养的重要基地。在教育教学知识的时候，高校不仅要做好文化课程教学工作，培养学生的综合实践能力，还需要帮助学生树立正确的世界观、人生观和价值观，使学生在将来走入社会后，能够实现自己的人生价值，将自己所学的知识运用在自己的工作上，为社会和他人服务，贯彻党的精神和践行社会主义核心价值观。

一　高校党建和思政教育创新的必要性

一直以来高校都承担着为社会培养高素质人才的工作。在培养人才的过程中，并不是说只需要做好文化课教学就够了，最为重要的还是要想办法启迪学生的思想。学生进入高校以后，基本上已经成年，经过初中、高中的学习，他们对世界也有了自己的认识，已经逐步建立属于自己的世界观、人生观和价值观。由于长期生活在学校中，高校学生的一些观点和看法还比较稚嫩，思想也不是很成熟，社会经验少。而且高校的学生来自五湖四海，由于学习经历、生活环境的差异，不同的学生对于同一件事情会有不同的意见和看法，交流过程中的思想碰撞也会对彼此产生影响。如果高校在发展建设的过程中，没有做好党建和思政教育方面的工作，学生很可能会受到一些不良思想的影响，甚至会走入歧途。比如说，复旦投毒案、药家鑫和马加爵等恶性事件的发生都与学生的思想认识存在一定的关系。由此可见在高校中加强党建和思想政治教育的重要性。然而，在实际的教学工作中，党建和思政教育的效果并不是十分到位。首先，很多高校教师的教学方式传统单一。笔者在观察和研究的过程中，发现许多思政课教师在教学的时候，都喜欢照本宣科，教师在讲台上讲，真正能够静下心来听教师讲课的学生寥寥无几。在考试的时候，学生都是依赖教师的讲义和画重点。

其次，在高校发展建设的过程中，由于教师教学以及学生思想认识上的差异，许多学生并没有认识到党建及思政教育的重要性。笔者在观察的过程中，发现思政课上教师在讲台上挥汗如雨、口干舌燥地讲解革命精神的重要性，学生却不以为然，听课只是为了应付考试。因此，高校党建和思政教育必须创新，丰富教学形式，使学生认识到加强党建和思政教育，传承革命精神的重要性。

二　创新高校党建和思政教育，革命精神传承的意义

人和动物最明显的区别就在于人是有思想的，高校是人才培养的摇篮，众多高素质的人才齐聚高校，如果教师在教学的时候，只注重学生的文化课教学，只关注学生成才，而忽视学生的全面发展，那么学生在将来是很难成长为对社会有用之人的。高校是学生交流思想的重要场所，同样的一件事一千个人可能会有一千种看法，有的人的看法是正面、积极的，而有的人的看法则比较消极。在平时的教学中，教师如果不能对学生进行正确的引导，做好思政教育工作，学生就很可能会受一些不良思想所影响，这对于学生的成长是极为不利的。在高校发展过程中，重视党建和思政教育工作，做好革命精神传承工作，有助于丰富学生的精神世界，提升学生的思想境界。以歌剧《党的女儿》为例，剧中的"田玉梅""桂英""七叔公"等人物形象、立场鲜明，他们不顾自己生活环境的恶劣，始终不放弃自己的理想，甘愿为理想抛头颅、洒热血的无畏精神，值得每一个学生学习。高校在进行思政政治教育的时候，做好这方面的工作，能够帮助学生坚定自己的理想信念，激发他们的爱国热情。

三　高校党建和思政教育创新的对策思考

1. 突出大学生的主体地位，贯彻以人为本原则

党建和思政创新开展绝非易事。高校在教育教学的时候，要想做好这方面的工作，首先需要学会转变自己的教学思路，要突出大学生的主体地位。目前，在高校中的大学生多是"90后"，他们所生活的年代，物质资源十分的充裕，学生几乎没有吃过苦，生活环境较为安定，可以说是在"蜜罐"中长大的。他们对于战争以及革命可以说是十分陌生的，即使通过观看影视剧，阅读书籍对战争和革命有了一定的了解，但毕竟不是亲身经历。学生的生活环境以及教育经历，对他们的成长和发展有着极为重要的影响。教师在教学时要做好党建和思政教育工作，必须了解学生的想法，学会从学生的角度出发，了解他们这个年龄段对革命精神的理解和认识。

如在音乐课上，让学生们欣赏经典红色歌剧《党的女儿》，可能许多教师

会选择让学生欣赏之后，写一篇观后感。这种教学方法本身不存在问题，但是教学效果却不是很好。部分学生在网上搜索一篇类似的文章，然后稍微改动，上交给老师就算完成了作业。这种方法显然是无法使学生真正地领会到歌剧的深意。也是由于这样的原因，教师教法必须要创新。比如说，教师可以在教学的时候采取互动式教学，进行课堂随机提问，在课堂上与学生进行互动和交流，了解学生内心的想法，这样教师可以根据学生的兴趣爱好与思想认识，合理地调整教学方法，丰富他们对革命精神的认知，做好传承工作。

2. 提升创新目标，培养复合型人才

高校学生是祖国发展的未来和栋梁，能进入高校学习的学生都是十分优秀的。但是，笔者经过长期的观察发现，部分学生由于受到不同思想的影响，也存在政治迷茫、信仰缺失，找不到人生目标；有的学生功利地认为学习就是为了在将来找到一份好的工作，理想信念模糊；有的学生甚至存在价值观扭曲、诚信意识淡薄等比较严重的问题。由于生活环境的影响，部分学生习惯以自我为中心，凡事都先考虑自己，很少顾及他人的感受。这些问题看似只是一些小问题，但如果这些问题同时出现就是大问题了，会对学生的成长及发展产生极为重要的影响。高校开展党建和思想政治教育的目的就是使学生正视自己的缺点，树立正确的理想信念，在学校学习期间学会与他人友好地相处、团结协作，学会在团队和生活中找准自己的位置。

党建和思政教育的创新并非一日之功，除了需要突出学生的主体地位，使学生参与到各项教学活动中以外，还需要做好教师的工作，使他们认识到党建及思政教育的重要性，不能盲目地认为这部分工作只是思政课教师的职责。实际在音乐课上，在舞台艺术实践中，教师也可以进行思政教育，并创新教育教学方式。比如说在学习歌剧《党的女儿》时，教师就可以多角度地分析歌剧的内容以及情感表达的方式，可以在教学之前让学生们先在网上搜集资料，了解歌剧诞生的背景和内容，并以小组为单位，互相交流和探讨歌剧与电影的区别，谈一谈剧中有哪些感人至深的场景，人物身上有哪些闪光点值得我们学习，落实革命精神的传承。

总之，高校在传播知识发展教育的当下，不能只注重文化课及技能的学习，思政教育也同样重要。虽然思政教育对于学生当前的发展和成长看似意义不大，但是它们却能够帮助学生树立坚定的理想信念，学会明辨是非、分辨善恶，这对于学生未来的发展有着极为重要的作用。在高校发展建设过程中，做好思政工作是高校发展的第一步，也是教育发展的重要途径。

参考文献

卢忠萍、陈世润：《坚持中国特色政治发展道路与红色资源开发利用》，《求实》

2012 年第 8 期。

康丹丹:《红色资源纳入高校思想政治理论课教学体系的应然与实然论析》,《思想教育研究》2012 年第 7 期。

袁子英:《红色资源数据库建设研究——以筹建贺龙图书馆为例》,《图书馆学研究》2012 年第 14 期。

肖发生:《论红色资源在马克思主义大众化中的价值和运用》,《井冈山大学学报》(社会科学版) 2012 年第 4 期。

陶璐、胡松:《"红色资源"相关概念的辨析》,《江西科技师范学院学报》2012 年第 2 期。

浅谈做好德育教育工作班主任
需从"四心"做起

肖艳艳

我于 2011 年 9 月初接到音乐舞蹈系下达的新任务：担任 2011 级音乐表演两个班的班主任。当时，对我而言，参加工作虽有 8 年之久，但担任班主任还是第一次，各项工作的开展我只能"摸着石头过河"。在带班期间的种种经历使我认识到：一切消极负面行为皆来自悲观消极的心态。特别是新生报到入学初期，属于不安定时期，新的地理、人文环境会造成学生多方面的不适应，学生远离家乡、父母，自我约束及自控能力还不健全，自理能力差，安全意识薄弱。如果此时在学习和生活中遇到了困难和问题不能得到及时解决，他们将产生心理及思想上的波动，继而会付诸一系列消极行动。那么，作为班主任、辅导员要做好学生的思想教育工作和道德教育工作就显得非常重要。我认为，要想做好一名班主任，首先必须具备"四心"，即热心、诚心、耐心、细心。只有这样，才能把学生们的"众"心暖起来、聚起来。在此我就从这"四心"谈起，浅谈我的认识和感受，希望对刚从事班主任的教育工作者有一些帮助。

一 热心是班主任工作的基础

第一次带班，我担任了两个班的班主任，共 81 名学生，是音乐舞蹈系 2011 级总人数的 2/3，压力非常大。接班后，我立刻集合学生召开班级会议，并通过公平竞选的方式成立临时班委。第二天召开第二次班会，对学生进行学前教育，教导其如何适应从高中生活到大学生活的转变；如何与新同学、新室友交流相处；尽可能地多与家长联系沟通；介绍了南昌的气候特征、校园周边环境和基本设施（医院、超市等）以及公交等方面的信息。开学初期，整体感觉有点杂乱，需要时刻提醒他们注意保管好自己的物品、注意人身安全；节约用水、安全用电；注意饮食安全，特别是水土不服的同学，避免吃生冷辛辣的食物，以免引起身体上的不适。要求大家积极主动参加和开展集体活动。

2011 年中秋节，考虑到许多学生无处可去，晚上我与班委共同组织了一场联欢活动。买了水果和月饼，让同学们聚在一起，共享月饼，尽情欢唱。活动中他们感到自己并不孤单，虽然远离父母，但是也有一种别样的团圆夜。过完中秋，在不到两周的时间内，我先后组织召开了三次班会和三次班委会，邀请经验丰富的大二音乐表演班的班委与他们进行交流，并传授班级管理经验。通过交流学习，他们的思想得以充实，使他们对以后的学习和生活有了明确的认识和规划，效果十分显著。当然，热心不单单只是这些，还需要在日常的工作中慢慢摸索实践，投入更多的热情和真心……

二 诚心是班主任工作的保障

班主任要时刻树立一种诚心诚意为学生服务的思想和意识。2011 年 9 月，在刚开学的一周内，因水土不服，先后有两名学生因肠胃病需要住院治疗，考虑到学生对安义县的医院不熟悉，而同学间还不太认识，让学生去陪护很不妥，还会耽误他们上课，所以我主动担起带他们去看病住院治病的责任，为他们挂号、取药、办理住院手续、陪护打针、问清医疗报销的相关事项，使他们消除心理上的孤单和无助，感觉到一丝暖意。

大学三年，学生们势必会在生活和学习中遇到这样或那样的问题，但是我坚信，只要我们本着一心一意为学生服务的意识，树立良好教师形象，必会赢得学生们的信赖与尊敬，从而更好地开展工作。

三 耐心是班主任工作的重点

"90 后"的孩子个性较强，每个人都有自己的思想，特别是学习音乐的学生，上课方式与教学特色与别的院系不同，不但有大课，还有一对一的小课，平时学生所遇的情况纷繁复杂，如何解决好他们每个人的困难就显得尤为重要。不能怕麻烦，更不能出现"踢皮球"现象，要耐心细致地对他们的问题给予合理、有效的解决。比如，所有的学生希望自己能上小课，但由于条件限制，只有考核成绩达标的学生才有分配小课的机会，这就需要耐心地向学生解释，鼓励他们在以后的学习中加倍努力，争取在下一次测试中取得好成绩，排上小课；还有的学生自认为专业水平好，上课时，发现老师的知识结构与教学方式与自己以前所学到的有所出入，达不到他们所期望的水准，便产生"被骗"上学的情绪；更有甚者想放弃学业。这些都需要班主任与他们静下心来详谈，教导他们要学会接受新事物，试着放下自己的固执与偏见，平衡上学与不上学的利弊，稳定其情绪，转变其消极的思想……

总之，学生的问题和困难就是我们班主任的问题和困难，不管这些问题和困难在不在我们的职责范围内，作为班主任都应该竭尽全力地给予帮助和解决，真正做到班主任就是学生的家人与朋友，努力做好一切后勤服务保障工作。

四　细心是班主任工作的灵魂

班主任要时刻关注和倾听学生的心声，深入学生中，多与学生交心谈心，想学生所想，急学生所急，及时发现班内存在的不安定因素和各种矛盾以及学生思想上的波动，给予及时的调解与安抚，不要忽略任何微小的细节。无论学生遇到什么困难与问题，需要我帮忙解决的，事后我总会打个电话再问一下事情进展的如何。虽然只是一个简单的电话，但是，能在学生心里上激起巨大的涟漪，让学生感到阵阵暖意。

做好德育教育工作，班主任要做的具体工作有很多，但最主要的一条就是用心去做、为人师表、以身作则，在无形中为他们树立起榜样。我坚信：有什么样的老师，就有什么样的学生，工作要从细微入手，从点滴做起，努力与学生建立深厚的友谊之情和师生之情，形成"以情感人心，以心服大众"的育人特色。

参考文献

班华：《现代德育论》（第二版），安徽人民出版社，2001。

汪凤炎：《中国传统德育心理学思想及其现代意义》（修订版），上海教育出版社，2007。

单树民：《校园文化的作用与引导》，《河北医科大学学报》1997年第1期。

育 人 创 新

民办院校学生职业精神培育体系构建研究[*]

民办院校学生职业精神培育体系构建研究[*]

谢 娟

一 引言

近年来，随着高等教育大众化时代的到来，我国民办高校逐步兴起，民办高校在培养综合型人才方面发挥了重要的作用，成为我国教育腾飞的重要一环。国家和社会迫切需要实用型人才，而实用型人才的产生首先需要培育他们的职业精神，这就促使各大高校开始对学生职业精神的培育[1]。民办高校作为公立高校教育的补充，也在认知探索学生职业精神培育体系的构建，从而实现培育国家和社会所需要的高素质人才，提高学生的核心竞争力。以人为本，尊重人的需求，实现人的全面发展，这是我国在新形势下教育的核心理论，也是培育学生职业精神的核心所在。职业精神，与人们的职业活动紧密联系，具有自身职业特征的精神。它的实践内涵体现在敬业、勤业、创业、立业四个方面。但是，由于一直以来我国都存在着重视对学生职业技能的培育，忽视对学生职业精神培育的传统，造成了如今学生职业精神的缺失，这对我国教育健康发展产生重要影响，也对构建学生职业精神培育体系产生冲击。

二 民办院校学生职业精神培育的现状

近年来，国家越来越重视对高校学生职业精神的培养，特别是民办高校学生职业精神培育体系的建设。《国务院关于大力发展职业教育的决定》指出："坚持育人为本，突出以诚信、敬业为重点的职业精神教育，"随后 2015 年教育部发布的《高等职业教育创新发展行动计划（2015～2018 年)》强调，要将职业技能和职业精神相融合放在更加重要的位置，提出要"充分发挥校园文化对职业精神养成的独特作用，推进优秀产业文化进教育、企业文化进校园、职业文化进课堂"。从国家对大学生职业意识的重视程度来看，主要通过产学研结

* 本文为学校自选科研课题研究论文（课题编号：2017–05）。

合，改革教学内容与教学方法，体现着国家对民办高校在学生培养阶段，对职业精神培育的重视。但是，都受限于各方面因素，或高校管理者意识观念没有转变以及高校教育评估的不完善等，使学生职业精神培育体系学生难以形成有效的职业精神，导致学校与学生，学生与实习企业之间矛盾较多，江西省教育厅发布《江西省2016届高校毕业生就业质量报告》显示，2016届江西高校毕业生达26.6万人，初次就业率为85.82%。在大众创业，万众创新的背景下，有创业竟向的毕业生占毕业生总数的比例为3.58%，这都使民办高校学生职业精神培育体系建设陷入困境。

三 民办院校学生职业精神培育的不足

学生职业精神的缺失，从普及高等教育起便一直存在。作为曾经的高等精英教育普及之后，民办院校为适应新形势对学生专业技能快速培养，更注重对其职业技能的培养，对职业精神的培养更多的是依靠学生自我学习和自我养成的放养式培育，这就使得学生职业精神培育体系存在许多问题。

1. 教育意识的缺失

当今，随着国家经济社会的快速发展，各行各业都缺乏人才。而民办院校在对人才进行培养时，更主要的是进行职业技能的培育。这样就能促使高校毕业学生可以快速地培育成长，填补各个行业人才的空缺。但这样就造成高校老师在学生职业精神上以"放养式"培育为主，把学生放入社会，通过社会经历和磨炼来塑造学生职业精神，在实践工作中提炼职业精神。与此同时，我国传统教育也只注重对技能的培育，而忽视对职业精神的培育。这就造成学生对职业精神没有很好的认识，对民办院校学生职业精神培育体系的构建造成冲击。

2. 教育课程的不完善

虽然在民办高校中，教育课程的设置不太合理，如有些公共课涉及学生职业精神培养的内容，但这些都只是单纯理论性的阐述，对职业精神的内在实质和内在核心，没有根本性说明和讲解。而目前针对我国民办高校大学生建立以职业意识为导向的课程教学研究薄弱，造成了关于职业精神培育的课程教学研究深度不够、有价值的研究不多等问题[2]。同时，对这些课程所设置的学分也只占小比分，对学生总评分考核影响不大，致使学生在学习职业精神内容时不甚关心和重视，难以真正做到职业精神的培养。同时课程不完善，导致学生在对未来职业规划时感到迷茫，这些都使学生难以养成良好的职业精神。

3. 教育评估的忽视

民办院校教育评估体系是对院校教学工作的综合性评估，但更主要的是从职业技能的掌握情况、课程开发、学生就业率等方面进行评估，没有从用人单位的角度进行综合性评估，如学生在用人单位的工作情况、职业技能在工作中实际操作情况以及对岗位职业精神的认同情况等，在进行评估时都没有纳入考评中，忽视了职业精神的重要性。如江西一所民办高校在对大三学生实习评估时，主要从学生就业是否为本校合作企业出发，在合作企业实习的学生便给予好评，不是的给予中平。同时，学生在工作岗位职责判断全凭班主任主观臆断以及学校就业办给出的就业数据。

4. 社会价值的影响

经济社会的不断发展带来了繁荣的社会生活局面和丰厚的物质财富，但是也造成了传统美德的缺失，拜金主义、享受主义等不良风气弥漫，扭曲了学生的就业价值观和职业精神，在进入岗位时，学生首要考虑的是薪资，追求的是工作清闲。追求更高待遇，无可厚非，但是君子爱财取之有道。虽然目前各个高校都开展思想政治课和就业指导课，但这些课程都偏重于理论，不能紧密结合社会发展的需要，以及矫正学生错误的就业观念。这些不良的社会价值观学生正在养成的职业精神，造成严重的扭曲和破坏，对学生职业精神培养体系的构建也是严重威胁。

四 民办院校学生职业精神培育体系构建策略

在竞争日益激烈的今天，面对当前学生职业精神培育体系构建存在的严重问题，民办院校要结合自身实际情况，从多个角度进行解决，从而培养出有能力、有职业精神、有理想的现代化高素质人才，最终实现民办院校学生职业精神培育体系的正常良好发展。

1. 加强教育意识

除了在民办院校中进行学生职业技能培养外，还要扭转高校不注重职业精神培育的倾向。通过构建"双师型"教育模式，实现教师有丰富的工作经验和良好的职业精神[3]。在课堂授课中，教师潜移默化地影响学生，使其重视对职业精神的养成。同时增加顶岗实习机会，不仅让学生在学习技能后能有个实践的平台，更能熟练掌握职业技能，还可以在真实工作环境中，更好地理解职业精神在工作岗位中发挥的作用和价值，让学生在具体工作和实施过程中学会交往与包容，竞争与合作，树立较强的职业意识。最终实现民办院校学生职业精神培育体系的良好发展。

2. 完善教育课程

在教育课程设置上明确提出对职业精神培育目标的设定，更好地使教师和学生明白职业精神的重要性。除了公共课程教授相关的职业精神培育内容外，还要针对不同专业和学科，对各个专业学科的学生进行相关的职业精神培育，有意识地引导学生在学习职业精神时和人文素养相融合。帮助他们提高就业能力，真实感受到职业精神在学习、生活、工作中的意义和价值，从而增强对职业精神的认识，逐步养成良好的职业精神习惯。

3. 健全教育评估

民办院校应积极构建民办院校学生职业精神培育体系，以职业精神为核心，建立以职业技能为基础的教育评估体系指标。健全现有的教育评估标准，建立以学生全面综合性发展为基础的教育评估机制，准确考核学生的学习情况和动态，在具体实践教学过程中不断渗透职业道德精神内涵的培养。重视职业精神在教育评估中的地位，从多方面考虑职业精神的价值，使学生明白和了解职业精神在日后工作中所占有的地位和作用，从而实现民办院校学生职业精神培育体系的良好发展。

4. 培养正确价值观

对当前社会价值观扭曲、风气不良的状况，民办院校在学院中就要对学生塑造良好的价值取向和正确的价值观，营造积极向上、乐观的校园环境，让学生在潜移默化中成长。同时校园要有鲜明的教育特色，要增加文化娱乐活动场所。积极培养学生良好的生活习惯和作风，锤炼学生的奉献精神和团队精神等。学校应积极开展思想政治教育，让思想政治教育思想内涵紧扣职业道德规范的要求，培养正确的职业道德价值观。通过多方面、多角度来培育学生的职业道德准则，从而重塑他们的人生观、价值观。

五　结论

民办高校学生职业精神培养体系建设是一项非常重要的工作，这对学生的综合素质能力以及未来工作前途发展都起到至关重要的作用，同时在这个竞争激烈的时代民办高校为国家和社会培育专业技能型人才时，更要注重对人才职业道德的培养，积极培养出素质优秀、技能专业的现代化复合型人才。当前民办高校在构建职业精神培养体系时有诸多不足，主要是由于教育意识缺、教育课程不完善、教育评估的忽视以及当前社会价值的影响等四个方面造成的。唯有积极做出改变，实现对职业精神培养体系的创新。这样学生才能具备较强的职业意识，最终在未来激烈的工作竞争中给自身增加竞争的筹码，提升在整个行业的竞争能力。

参考文献

［1］韩红梅：《高职院校学生职业精神培育体系构建初探》,《黑龙江畜牧兽医》2017 年第 8 期。

［2］朱颖：《高职学生职业素养培育体系研究》,《教育理论与实践》2014 年第 6 期。

［3］尤小波：《"以人为本"的学生职业素养培育体系的构建——以武汉软件工程职业学院为例》,《教育观察》（上旬刊）2014 年第 9 期。

职业院校市场营销专业全新教育体系的构建

汪秀英

市场营销学是一门指导实践的应用性学科，职业院校市场营销专业更重于为市场营销实践而培养操作性人才。所以，其教育属于"完成性"体系，其终极目标是保证学生的就业而不是继续深造，从而形成了这一教育体系所特有的教育目标，即为学生就业提供直接的帮助，这也是职业院校市场营销专业教育体系改革所必须面临的一个问题。为达此目标，职业院校市场营销专业的教育体系如何构建？如何能保证为市场营销实践培养有用的人才？确实使学生到企业之中做到来之能战，这是多年来职业院校市场营销专业的教育者一直在探索的问题。

十几年来，很多职业院校市场营销专业的老师们就此提出过很多有建设性的意见与建议，也推出了一些很好的研究成果。但其研究成果能否落地？能否使其真正按所设定的模式运行，难度则可想而知。常常是设想为设想、实际为实际，成果归成果、课堂归课堂，进而无法保证职业院校市场营销专业真正服务于市场经济的实践。

多年来我们在市场营销实践中乐见真正好用的、来自职业院校的市场营销人才，然而现实中也确有不尽如人意之处。为此，职业院校必须对市场营销专业的教学体系做实践性改革并落于实处，以保证为市场经济培养人才这一目标得以实现。

一 构建"双师制"教师队伍

职业院校内部的市场营销学教师，更多的是从院校到院校，很少有教师能够全程参与市场营销的实践。这种全程参与包括两个方面的内涵，一是从项目的角度，做到全程参与企业一个项目的市场调查、新产品研发，产品、价格、渠道、促销等策略的制定，品牌理念的创意、产品与品牌的定位等，并真正融入市场营销队伍中去摸爬滚打；二是从时间的角度，腾出一个相对稳定的时间段，在一个企业中真正沉下来、做下去。比如至少半年时间，最好是一年时间。在这个时间段里教师们不仅能全程参与某个具体项目的落地，还可能碰到各种各样的、书本上没有的、在实践中可能会出现的难题，这时会考验一个教师的执行能力、应变能力和解决问题的能力等。

以上两个方面的要求可能没有哪个职业院校的市场营销学教师能做到，可职业院校市场营销学专业的教学特点又要求我们必须做到。可行的办法是：从合适的企业中聘请实践型管理者作为学校的外聘教师，与学校内部原来的教师形成"双师制"教师队伍，即理论型教师和实践型教师相结合，共同为我们的学生授课。学校可根据外聘教师的特点设定一些必要的课程，如可确定"市场营销实践"课，"市场营销案例"课，"市场营销体系的实践运行"，或者作为讲座，课程名称就确定为"某某企业的市场营销运行"等等。

从企业市场营销实践中摸爬滚打过来的这些管理者，他们有着丰富的实践操作经验，有着骄人的市场营销业绩，还有着特殊的市场营销运行视角，更有着处理市场营销运行中各种各样问题的能力。他们给学生上课内容丰富、课堂活跃，能把学生的注意力带入市场营销的某个案例或某个故事情节之中，其教学效果一定比固守书本、只讲理论要好得多。这样一种运行模式可以使市场营销学教师队伍在理论与实践上得到互补，并形成理论与实践都能深入展现的教学效果。

二 开展"双向式"教师动态轮岗模式

"双向式"教师动态轮岗模式，是指职业院校的市场营销学教师有机会到企业中真正参与到市场营销实际操作之中；外聘的企业市场营销管理者有机会到学校真正参与到市场营销学课程体系的制定之中，并能有选择地听一听在校老师的授课，能够将自己的营销实践课程与学校的营销学理论课程做到无缝对接。既不重复理论课程的内容，又能将具体的市场营销理论向市场营销实践领域延伸。

"双向式"教师动态轮岗模式的实施需要具备两个前提条件：一是学校需要制定相关的政策，如可制定"三一式政策"，即一位教师讲授三年市场营销学课程之后，一定要给他（她）一年的时间到企业中挂职，可担任企业市场营销部门的副经理，或担任企业市场营销副总监等职务，使他们有机会将自己掌握的市场营销理论运用到市场营销实践中来。二是寻找合作对象，建立校企合作机制，在合作的企业中建立学校的市场营销学教学实践平台。这一平台至少要承担着两个方面的基本职能，一方面它是学校市场营销学教师的挂职基地；另一方面它是在校学生市场营销活动的实习基地。这样的合作平台最好能多建几个，如果能涉及不同的行业则更好。

"双向式"教师动态轮岗模式实际上就是教师定期地从讲台走向市场营销实践的平台，使企业市场营销部门的管理者实现从市场营销实践的平台走向学校的讲台这样一个抢动。实践证明凡是有市场营销实践经验（或者指导过市场营销实践或者参与过市场营销实践）的教师，回到课堂上再次讲授市场营销学时，其教学效果都非常生动、有趣，学生对课堂内容都会非常喜欢。这样的课程有着非凡的实践指导意义，能保证学生获取良好的学习效果。同时实践也证明，凡是从市场营销实践中走来的市场营销学教师，其讲课内容必然会含有大量的实例和故事，这些实例和故事足以激起学生对市场营销工作的兴趣。

市场营销学中"双向式"教师动态轮岗模式的构建是对"双师制"教师队伍建设的延伸，两者相辅相成、互相渗透、相得益彰。

三　形成"双导师制"学习与实践指导运行模式

前文笔者讲的两种运行模式针对的对象都是教师，有了具有实践能力并具有实践经验的教师队伍，才能保证教出来的学生具有实践能力，也才能保证市场营销学课程的实用价值。而"双导师制"学习与实践指导运行模式则是对前两种运行模式的延伸。

"双导师制"针对的对象是学生，学生进入市场营销课程的学习阶段，学校应制定"双导师制"，规定给每位学生选择两名导师的机会，其中一位导师是学校的市场营销学教师，另一位导师是外聘的企业市场营销部门的管理者。两位导师都是给学生上课的市场营销学老师，只是两种类型的老师上课的侧重点不同（这一点前文已有论述）。

"双导师制"的操作规程是：

①将学校内部市场营销学教师队伍的所有老师界定为校内导师，将外聘市场营销学教师队伍中的所有老师界定为校外导师；

②建立学生选择导师的网络平台，在平台上学生可自行选择，即在以上两支导师队伍中各选择一位老师作为自己的市场营销学导师；

③每位导师最多可带 6 名学生，这是上限；

④操作时按顺序排，当一位导师所带的学生达到 6 名学员时，在网络平台上对这位导师的选择按钮将被锁定，后续的学生将无法再进行选择；

⑤选择导师后，学生找自己的指导老师签字确认，一旦签字确认，双方都必须遵守规则；

⑥导师须定期对学生进行营销方面的指导，包括市场营销作业、案例分析、

策划文案等方面的内容；

⑦定期进行总结评比：可通过市场营销案例大赛、市场营销创意大赛、市场营销辩论大赛、主题演讲、经验交流等形式进行。

这种操作规程可能会出现有些老师无人选的现象，即有些老师所带的学生满额，有些老师所带的学生未满额或没有学生选择。为减少这样的情况发生，一方面从规程制定的角度分析，教师与学生的人数尽量能保证按 1∶6 的比例确定，使最后的选择结果不出现或少出现学生名额不均的现象；另一方面从制度制定的角度分析，我们可以把这种规程看成一种竞争机制，有些老师不被学生选或少有学生选，其一定要从自身的角度进行分析，是否你的市场营销操作能力有待提高？是否你的课堂还不够精彩？是否你的责任心还有待加强？如此等等，需要教师寻找自身的问题、不断进取。

四 制定"双体系"市场营销学课程教学计划

"双体系"市场营销学课程教学计划是指职业院校在确定教学计划时可以界定两大课程体系：第一大课程体系为市场营销学专业的核心课程体系，又可称为主课程体系，即与市场营销学关系最为紧密的课程体系，包括市场营销理论、市场营销实践、市场调查与预测、销售管理学、消费者行为学、客户关系管理、公共关系学、市场营销策划学、国际营销、整合营销、体验营销、数据库营销、网络营销等内容。其中每一课程课时可根据课程的内容而定，大课程如市场营销理论、市场调查与预测、销售管理学、消费者行为学、客户关系管理、公共关系学、市场营销策划学等课程，每课程的课时可在 30～40 分钟。小课程如市场营销实践、国际营销、整合营销、体验营销、数据库营销、网络营销等课程其课时可在 20 分钟左右，有些课程可以以讲座的形式列入课表之中。所有的课程不管大课、小课或者是讲座要规定一定的学分，归为主修课学分。

第二大课程体系为市场营销学的辅助性课程体系，辅助性课程体系也可称为副课程体系，其中可规定出市场营销专业中的一些辅助性课程，包括广告学、物流管理学、新闻学、商务谈判学、创业学、企业文化学、文案写作、网络店铺营销、信息传播学等。这些课程可作为选修课供学生选择，对其中每一门课程也都有一定的学分规定，只不过这些课程的学分称为辅修课学分。

健全的市场营销学课程体系，需要涵盖企业市场营销运行中可能碰到的所有事项。同时随着科学技术的进步、市场营销环境的变化、企业转型发展的需要等，职业院校的市场营销学课程体系也要改变，包括新增课程和删减课程等。每一次课程的改变都需要遵守"实际需要、时代需要、未来需要"的原则，以保证职业院校市场营销学专业课程体系的完备，适应时代发展的需要，能够为培养实用型人才确定方向。

五　建设"双作业库"网络教学指导平台

把学生的作业放在网络平台上让学生来完成，这是激发学生自觉学习的一种方法。市场营销学专业的"双作业库"是指在网络平台上建立起两个"作业库"，一个是"案例作业库"，另一个是"文案作业库"。

"案例作业库"是要求学生进行案例分析的作业，即给学生一个案例，提出要思考的问题，要求学生在指定的时间内完成的作业；"文案作业库"是给学生指定一个作业题目，或不指定作业题目但约定一定的条件，要求学生写出文案的作业。"文案作业库"应含有撰写"商业计划书""创业报告""策划项目""营销活动推广"等具有实务性的文案作业。两个"作业库"的作业，最后都要求学生以文字的形式提交上来。

"双作业库"的运行程序是如下。

①在网络平台上，学校为每一位学员设定一个 ID 号，由学生自行设定密码，每一位学员只可进入自己的平台体系中；

②在平台体系中校方建立两个库，一个是"案例作业库"，另一个是"文案作业库"，这两个"库"，学者在学生进入自己平台以后方能显示出来；

③由任课老师布置作业，要求学生在确定的时间内完成，学生在进入自己的平台上时可看到"新作业按钮"，点击进入就可以开始做自己的作业了，做完作业点击"提交"按钮即可；

④老师只可将指定的作业发给学生，如是案例作业，老师将指定的案例发到学生的"案例作业库"中，标注"案例号"，即"第几号案例"，学生只可看到发下来的作业；

⑤老师在指定的时间内须将学生提交上来的作业进行点评并评分，而后将成绩发给学生；学生也只有在自己的平台上能看到自己的成绩，看不到他人的成绩；

⑥在学生作业完成后的课堂上，老师可点评作业，并可将好的作业由学生自己讲述出来，对意见不统一的思路可展开课堂讨论。

通过"双作业库"这种作业形式，第一，可以调动学生独立思考、独立完成作业的积极性，避免一个班的作业统一抄、作业无个性、学生不动脑子的情况发生；第二，利用现代高科技手段，将市场营销学的真实课堂与虚拟课堂有机地结合起来，形成真正的 O2O 互动教学模式；第三，教师对学生能够进行个性化的点评，有针对性地辅导，可以帮助学生提高市场营销方面的技能，形成对市场营销实际运营的兴趣。

以上是关于职业院校市场营销专业教育体系改革的五个方面内容，如果真正想改革则不可做表面文章，不可只图热闹一时，过后又恢复原态。要真正为学生未来职业发展着想，就要制定一个系统的教育改革规划，形成一个时间表，一件事一件事地落实。改革过程是一个艰苦的历练过程，甚至很可能是一个伤筋动骨的涅槃蜕变过程。其改革过程不怕慢就怕站，不怕不能一步到位就怕半途而废。衷心希望这篇有关职业院校市场营销专业全新教育体系的构建的论文，能够给职业院校市场营销专业的改革带来现实的指导意义。

高校模具专业人才培养模式教学改革实践探讨

秦 玲

一 引言

普通高等职业教育的培养目标是生产第一线的专门应用和技能型人才。那么应用和技能型人才的标准是什么？以模具设计与制造专业为例，模具是现代工业生产中大批量生产各种产品和日用生活品的重要工艺装备。采用模具生产零部件，具有生产效率高、质量好、成本低、节省能源和原材料等一系列优点，已成为当代工业生产的重要手段和工艺发展方向。

模具专业是一个综合性很强的专业，模具的种类很多，仅按行业划分有塑料模具、冲压模具、锻造模具、压铸模具、汽车模具、轮胎模具、IT 模具等。因此，该专业要求学生不仅要学习基本的模具基础知识、材料知识、加工工艺、加工方法等，还要掌握一定的检测技术，操作技能，模具调试、模具修理、模具管理等多方面的知识，这样的复合型人才才能适应生产企业的工作岗位要求，模具专业要求学生知识面非常广泛。

二 模具专业人才需求现状

随着中国"一带一路"建设速度的加快，中国正在逐步变成"世界制造中心"。大量产品的制造离不开模具，模具制造业的快速发展导致模具制造技能人才的需求急速增加，特别是在生产一线的技能人才，更是供不应求。

针对 2015~2016 年广东部分地区模具企业人员调研结果如下。

1. 当前模具制造行业技能人才学历结构

从表 1 可以看出，大、中专职业技术教育在模具制造行业技能人才培养方面大有可为。

2. 模具制造行业技能人才来源及趋势

调研数据表明，企业生产一线现有模具制造技能人才，职业学校培养的模具技能人才还很难完全满足企业的需要，企业还要从社会招聘和培养较多的技能人才，以满足企业对模具技能人才的急需，这些人员一般具有企业所需的工艺背景、比较丰富的实践经验，但是知识面较窄，企业要花费大量的时间和精力，因此企业非常希望由学校为他们培养技能人才，同时也对模具专业人才的培养质量提出了更高的要求，不仅要培养模具设计与制造、模具应用与修理等技术型人才，还需培养更高层次具备现场管理能力的复合型人才。为使所培养的人才成为模具业发展的助推剂，模具专业课程体系必须进行改革，才能适应新形势对人才的需求。因此结合先进国家的经验，今后，企业生产一线技能型人才基本上来源于普通高校及职业院校。

表 1　模具制造行业技能人才学历结构

单位：%

学历状况	本科以上	本科	专科	中职及以下
	2.0	13	43	42

表 2　当前模具制造行业人才来源情况

单位：%

从学校应届毕业生招聘	从社会招聘	企业自行培养
45.6	22.8	31.6

三　模具专业人才培养目前存在的问题

以前我国的普通高等院校采用传统的办学模式，学生进入职业院校，先安排所有文化课、专业理论课教学，然后才进行实习、实践，容易造成毕业生从学校走上工作岗位时，工作方法和经验不足，技术、技能达不到企业的要求，胜任不了企业岗位工作。现在多数学校也已经认识到这些问题，提出了实践教学的理念，但效果不是很理想。完善实践教学体系，加强实践能力的培养，探索学生工程素质与专业素质培养的途径，是摆在应用型本科院校和高职院校目前的一大现实问题。实践教学是培养学生实践能力和创新精神的重要手段，是学生主观和客观相统一的过程。

目前多数学校已经将加强实践性教学环节作为实现高职培养目标的重要手段。理论课教学已经基本理顺，各学校对"提高大学生实践能力"已经达成共识，但从大部分高校的实践教学安排来看，实践教学仍然没有达到预期的结果，笔者通过考察发现部分学校的实践教学主要存在以下问题。

（1）多数学校建立了实训基地，重点培养学生的实际操作能力，这样做有了一定的进步，但仍然存在一些问题，实践的范围很小，仅仅是对设备的认识和一些简单操作。相当一部分学生由此又陷入一个认识误区，认为他会操作这个设备、会做手工、会接电路等就懂得很多了，似乎所学专业理论知识没有什么用。

（2）有些学校与企业联合，让老师与学生到企业中去，但在当前市场经济大环境下，市场竞争非常激烈，大部分企业出于经济利益、安全责任考虑，在学生实习工作上很难和高校全面配合。

（3）专业教学内容过于粗简，一般教学课本的内容多数是简单介绍模具的类型以及各类模具的基本结构和组成，缺乏特色和针对性。模具种类很多，要想在上学这短短 3~4 年的时间，将各类模具的设计、加工制作方法及应用都掌握是不可能的。因此，高校模具专业要与当地的生产需求相结合，有针对性地进行课程设置，不是多而全，而是要求精而细。这就涉及一个专业定位问题。笔者就目前存在的问题谈谈模具专业课程设置与生产实践相结合的方法。

四 模具专业教学与实践相结合的课程设置

1. 建设有地方特色的模具专业

高等院校是为企业输送人才的地方，企业是高校的客户，高校就应当更多地了解各企业特别是当地地方企业到底需要什么样的人才。例如，笔者曾经工作过的单位是仪器仪表的生产厂，它是一个生产自动调节阀门的企业，当地有很多煤矿和石油化工单位都要用到此类产品。这类产品主要用到一些冷冲压件（膜盖）和铸件（阀体），因此我们在当地的高职课程设计中可以将冷冲压模具和铸造类模具作为教学重点科目，有针对性地进行课程设置，这样才能真正培养出满足企业需要的合格人才。

2. 理论知识与实际操作相结合教学

分阶段进行，重点培养学生如何将所学的理论知识用到实践中去。

第一阶段：理论知识和基本操作技能培养。以冷冲压模具专业课为例，基础理论知识学习完成后，以校内实训中心为依托，让学生完成岗位基础知识和基本操作技能训练。学习机床的基本操作，例如要学生了解冲压模具的加工需要用到哪些设备（车床、铣床、磨床、钻床等）；冲压模具所使用的各类冲床等，经过该阶段的训练，学生对冲模的加工工艺及相关设备有了一定的感性认识，为进入企业顶岗实习打好基础。

第二阶段（以企业为主）：认识实习和了解企业。主要让学生认识实习的目的和了解企业的工作过程，以紧密型校外实训基地为依托，由专业教师带队，让学生初步建立对专业的感性认识，为今后的专业学习打下基础。因学生学习的时间有限，在短期内让学生全面认识专业是不现实的。在目前实习经费紧张的条件下，认识实习可分成校内集中授课和企业参观实习两部分。校内集中授课部分充分利用多媒体教学设施，通过视频资料使学生对模具行业有大致的了解，此举既能减少工厂参观的时间，又能够实现类似亲临的效果，但与此同时必须通过实习指导书使学生明确认识实习的目的，知晓在实习中看什么和怎么看；企业参观实习部分首先选择 2 ~ 3 个专业代表性强的实习点，根据模具专业的特点，可以选择几个规模较大、品种比较齐全的企业，进行参观实习。学生如果有条件能在企业边工作，边学习效果最好；不具备工作条件时，学生的参观学习和校内授课要有几个轮回，实现工学合一。

第三阶段（以学校为主）：学习专业理论并参与企业真实模具产品制作。主要培养职业岗位综合核心技能。此阶段包含多个理论教学与实践教学相互循环交融的教学模块。这一阶段是培养学生综合实践能力的重要环节。在校内实训基地进行，模拟工厂氛围，学生在校内生产型实训车间各个岗位进行岗位轮训，以企业的真实模具产品作为教学载体，例如，项目一设计 $\phi40 \times \phi20 \times 3$ 垫片落料冲孔模，从模具生产所需知识与技能出发，让学生参与从模具设计到加工制作、装配、调试等全过程的实战训练，采用项目导向、任务驱动式教学方法，实现教学与实践合一，理论教学和实践教学同时在各岗位上组织实施，使学生在做的过程中将所学的理论知识很好地应用到实践中。这套最简单的落料冲孔模操作方法，要求学生重点掌握凸模与凹模刃口间隙尺寸的确定方法、冲裁力的计算、模具材料的选择等，而且还要考虑模具在使用过程中的磨损问题、寿命问题等，这就要求学生不仅会做，而且还要有扎实全面的理论知识作指导。针对每一个项目任务分组进行，每一个小组的成员分工协作，充分发挥同学们的管理能力、设计能力、操作能力等优势，培养他们团结协作的团队精神。笔者重点要强调这个做的过程不是简单的动手模仿过程，而是一边做一边加深对所学理论知识的理解，学习如何完成产品制作的工作方法。只有这样才能为创新打下基础。

第四阶段（以企业为主）：学生顶岗生产实习，主要培养学生的综合实践应用能力，适应企业的职业岗位要求。以校外实习基地为依托，根据学生的专业方向和就业意向，由学院推荐学生到"校企联盟"内与专业相关的企业单位进行试用。生产实习是学生参与实际生产劳动的过程，目的是使学生掌握基本生产知识，巩固和丰富已学过的专业课程内容，培养和提高学生理论联系实际的工作能力，同时生产实习过程还是对学生进行素质教育的过程，通过生产实习，培养学生正确的劳动观念，良好的组织性纪律性和良好的职业道德等。

3. 建立一套完整的教学体系和长期稳定的实习基地

目前，国家对职业教育支持力度很大，很多学校虽然购置一些先进的设备，但不成体系，利用率很低，仅仅是供学生学习操作使用，如果能形成从设计、加工制造到检验、装配、调试一条完整的模具生产链，那么就可以很好地提高学生的实践能力。当然，这需要强大的经济实力作支撑，不过各个院校之间可以相互沟通，达到资源共享，既节约开支又完成课程教学。

学校要建设长期稳定的实习基地。首先学校要充分利用专业优势，通过为企业提供科技攻关、人员培训等服务，增进与企业的感情，为实习基地长期稳定打好基础；并逐步通过加强校企合作，利用各省市的各项优惠政策，共同申请和开发新项目，建立产学研合作基地，逐渐加强实习基地的稳定性。

4. 加强学生职业规划能力和爱岗敬业教育

近些年企业普遍反映模具人才难招，主要是模具岗位工作需要知识和经验积累，而这个过程很漫长，刚毕业 2～3 年的学生是无法独立完成工作任务的，工资收入不高，很多学生丢弃专业跳槽转行，导致模具专业人才紧缺。例如笔者曾经工作的单位，2002 年以前工装模具设计部门和制作单位每年都可以招聘到毕业的学生，现在他们都已经成为各个单位的顶梁柱。可是自 2002 年之后，几乎没有人再愿意做模具设计和制造，因为没有 5 年以上的工作经验的人才是无法独当一面的。因此需要加强培养学生对职业的坚定信念和爱岗敬业的精神。模具专业的成功企业家和高级领导、教授很多，希望学校能聘请他们为学生开设讲座，介绍国内外模具发展趋势，最新模具技术，培养学生对专业的兴趣。

五 结语

模具专业人才的紧缺，说明在高校开设模具专业，并合理地进行课程设置以满足企业的需求是势在必行的。通过对模具专业课程设置的探讨，相关管理层提出了理论和实践相结合的模具专业人才培养的方法，针对地方经济特点有针对性地进行课程设置，建立一套完整的教学体系，重在加强对学生理论联系实际学习方法的探讨，希望在今后的实践中不断完善。

参考文献

容建华、张秀菊、李红等：《关于材料科学与工程专业实践教学的思考》，《广东化工》2010 年第 4 期。

李霞、宋海堂等：《机械设计基础实践教学改革的研究》，《机械管理开发》2010 年第 4 期。

李硕本：《冲压工艺学》，机械工业出版社，1982。

王冲：《我国模具行业发展与人才培养现状及需求》，《天津职业院校联合学报》2015 年第 2 期。

论职业院校学生提升公关能力的基本路径

汪秀英

一 对公关能力的解读

能力是一种使所做的事情、所解决的问题、所设定的目标能达到一定水准的过程。在这一过程中如果能使工作顺畅进行、能保证工作目标得以实现，就能证明一个人具备了一定的能力。公关能力是指人们在公关活动中能保证工作做得更好、能达到一定水准的过程。检验一个人的公关能力，通过他在日常活动中的表现，就能得以鉴定。比如在人与人之间的交往中会碰到很多问题，按照递进的思路可遵循这样一种程序：在一个环境中你能找到沟通的对象→能观察到沟通对象的基本特征→能专心倾听对方的谈话→能记住沟通的话题和对方的观点→能自然地找到共同的话题与之攀谈→能对切入的话题发表见解→在话题展开中能与对方互动→互动中能找到更好、更深、更准确的谈话资料使互动话题不断深入而接近目标，如此等等，这就是沟通能力。

我们在生活和工作中经常碰到各种各样的事件与问题，又经常发现各种各样的解决问题的方法和路径，有些方法和路径有助于问题的解决和事件的处理，可有些方法和路径则无助于问题的解决和事件的处理，甚至有些方法还会激化矛盾。设身处地地想一想，面对同样的问题你会怎样处理？有没有更好的办法去解决？能不能在处理问题时做到理性思考、厘清思路，再去付诸行动？这就是处理问题的能力。

高校学子们走向工作岗位，无论你是哪所院校的毕业生、你学什么专业，进入工作岗位你一定是一位被管理者。当你面临着全新的工作环境时，你应该做什么？是领导让你做什么就做什么，还是能够主动了解更多的环境信息、发现问题、形成有见解的思路，进而在领导分派的任务中能够融入更多的适应元素、创新元素，使工作细腻、效率更好、效果更佳。这里检验的是一个人的适应能力、应变能力和创造性的执行能力等。

当你在工作岗位上积累了一定的工作经验，具备了一定的工作能力之后，可能会有机会参与策划、组织一些公关活动，或者是要从事管理性工作中的一些辅助性工作。这时你一定要思考，公关活动怎样做才能形成更好的思路，如主题明确、逻辑严谨、组织合理、运行顺畅、目标可达；怎样能使公关活动具有更大的影响力；怎样能保证通过具体的公关活动达成其价值展示和目标实现。这些要求是对一个人更高水准公关能力的考核，表现为策划能力、组织能力、创新能力等。职业院校的学生短期内可能没有机会接触到这样的活动，但并不意味着长期没有机会，只有做好准备，才有可能抓住机会。

做任何事情都能表现出一个人的公关能力，能做事情、能做好事情、能做漂亮的事情，这就是提升公关能力的追求。就这些能力而言，职业院校的学生经过有效的培训和不断的实践是完全能够做好的。这里我们并不要求每一位职业院校的学生在短时间内都能达到更高的境界，提升公关能力是一个过程，是一个不断渐进的过程。只要努力、用心去做，提升自己的公关能力就会成功。

二 提升公关能力的选择

公关领域有两种人才：一种是通才，主要从事管理者的工作；另一种是专才，主要从事某项具体工作。通才需要的能力比较全面，我们教科书中所提出的要求，如广泛的学科知识、较高的思想政治水平、合理的能力结构，其中能力结构包括组织管理能力、语言表达能力、公关交往能力、宣传推广能力、专业操作能力等。实际上这是对通才的要求，更是对公关队伍整体而非个体的要求。专才则是对公关人员个体的考核，考核的内容不需要全面，只要求在上述能力中进行选择，选择那些适合自己的、力所能及的一两个方面的能力，并进行自我培养，使之达到更高的境界，并保证我们在一个公关整体中不可或缺，就可说明我们的公关能力达到一个相对的高度。

现在更多的年轻人希望用"存在感"衡量自己的价值，其实这不是自我价值的衡量标准，因为"存在感"是"你被他人特别注意而产生的感觉"，这种注意和他人的思维模式有着很大的关系。当今人才竞争非常激烈，职业院校的毕业生想找到一份合适工作需要付出很多努力的情况下，人们的自我评价和对他人的评价会有很大的落差，即启用的标准不太可能完全一致。更多的情况是"对自己的认可度会非常高，而对他人的认可度会非常低"，其结果可能会导致抱怨的情绪，认为自己的能力不被认可，而他人的能力自己又不认可。这种悖反的状况源于两个原因，一是希望有"存在感"的人对自己和他人能力不能客观地表达；二是自己确实不具备工作中需要的能力，而又不得不找一些自我认可的方法来安慰自己。我们希望的不是去找自我安慰的方法，而是真正拥有实际的能力。

在高校层面上，职业院校毕业的学生在知识水准、基本素养、眼界视野等很多方面可能不如一本、二本的学生，但在执行力上他们并不差。20 世纪 90 年代末期在一次全国性的赛事中，一位名校的在校大学生与一位普通院校的在校大学生同台竞技，当时有一道计算汇率的题交给了两位学生，普通院校的这位大学生对汇率公式熟记在心，很快把汇率计算了出来，而名校的那位大学生没有计算出来，是职业院校吗？否则可能证明论点一说，"我是某某大学的学生，我们掌握的是高深的理论，计算汇率这样简单的事情就让那些普通人来做吧！"这一回答反而得到他所在学校领导的认可。而笔者的结论是："简单的事情你都做不来，大的事情你一定不会做好"。我们要培养的是能做好每一件小事的执行者，而不是培养只能高高在上的说教者。职业院校的学生一定要做这样的普通人，因为这样的普通人是能够拿得起来放得下的人，是能够做好每一件小事的有用之人，是在任何岗位都有极强动手能力的人。

2016 年北京一家高科技企业招聘人员，只招收大专、三本大学和非重点二本院校的应届大学毕业生。企业高层希冀这些学生具有吃苦耐劳、勤奋上进、敢打硬仗的精神；希冀这些学生能够认同企业文化、没有沾染上社会不良习气。一位山东某校的大专生应聘成功，他的工作就是在熟悉企业高科技产品的前提下跑市场、开发客户、实施与客户的沟通。他那种不辞辛苦、认真劳作、忽略工作时间，并能系统有节奏地制订计划的能力和与客户恰当的沟通与协调的能力，保障了他的工作业绩。2017 年 7 月是他工作了一年的时间，这位小伙子算了一下自己的年收入，竟高达 120 万元！当然前提是他给公司也创造了更高的业绩。小伙子的艰苦努力与辛苦付出得到了回报，这就是能力的体现，表现为不惧艰难困苦的能力、系统规划的能力和与人沟通的能力。

全国每年毕业的大学生 700 多万，大家都在找工作，能够找到一份合适的工作是一件非常不容易的事情。用人单位选择余地非常大，他们经过千挑万选，选的就是一个人的能力。一个大专毕业生能做到年收入 120 万元，这样的收入人人都喜欢，然而这样的工作并不是人人都愿意做并能够做好的。当然我们职业院校的学生可以做。第一，我们的学校出身注定了我们普通人的身份；第二，普通人的身份注定了我们要从普通的工作做起；第三，普通工作能够做好就会使你变得不普通；第四，普通工作做到极致你就是优秀者。你能说美国汽车销售员乔·吉拉德每天平均卖出 5 辆车、连续 12 年创造全球销售第一的业绩不优秀吗？你能说日本保险销售人员原一平把保险卖到疯狂的程度不优秀吗？

职业院校的学生总体的基本特征是：知识功底不是很厚实，科研能力不是很强，学习水平也不是很高，这是职业院校学生的弱势。因此，这种先天的缺憾可能会导致个别人的自卑和胆怯，这是最不足取的。其实，职业院校的学生有着极强的执行力，有着社会活动参与的热情，有着为适应社会需要而不断完善自己的愿望。英雄不问出处，诸葛亮出身山野之地，可他的一切伟大功绩，诸如火烧新野、草船借箭、舌战群儒、空城蒙懿等人们耳熟能详的历史故事都证明了他的能力。

三　提升公关能力的路径

能力来源于知识、智慧和不断的实践。知识可以通过课堂、书本、与他人沟通等各种途径获得；智慧通过聪颖的大脑形成；而能力只能通过自己的努力。

如何增强自己的公关能力，我们可以通过以下基本路径来进行约定。

（1）知识的不断积累。学习是获取知识的必由之路。职业院校的学生应主动把握获取知识的路径和机会，不断学习、不断充实自己，做到心中有数。获取知识的基本路径除了我们不断从书本上学习之外，还要做到，通过课堂提问：问老师或听听其他同学的思路；遇事多请教：在学校可请教老师和其他同学，在家里可请教家人，在工作中可请教领导、同事；凡事多观察：看看他人怎么理解问题、怎么处理问题，进而从中学到新的东西，弥补自己的不足。

在新媒体不断发展、不断创新的时代，网络给了我们一个获取知识的、大家更愿意接受的平台。在网络中，人们有意识地汲取对自己有用、有价值的知识，目前这是一条获取知识最简单、最实用的路径。

（2）自我修养的提升。个人修养是一个人在个体心灵深处经历自我认识、自我解剖、自我教育和自我塑造的过程而后所能达成的境界，包括文化素养、审美素养、道德素养和心理素养等。文化素养以知识和技能为形态；审美素养是对美的鉴赏能力；道德素养是判断是非曲直的一把尺子；心理素养是一个人心态健康的表现。个人修养作为一种无形的力量约束着每个人的行为。如果一位非常漂亮的女孩在小区的林荫路上一边走一边吃苹果，吃完苹果将苹果核直接扔在了地上，这时距离她最近的垃圾桶只有不到 10 米。对此该如何评价她呢？显然她自我修养匮乏，文化素养尽失，道德修养全无。如此不注重自己的行为素养、不懂得公共道德的人，在职场上怎会有良好的状态？

（3）心智模式的锤炼。心智模式是根植于我们心中的，影响我们了解这个世界如何运作的既有知识，它关注于自己、他人、组织及周围世界每个层面的状态、假设、形象和故事。每个人都有自己的心智模式，它决定了你观察事物的视角、判断事物的方向、采取行动的方式，以及推论事物的结果。心智模式是一种无形的东西，但它左右着人们的思维和对事物的看法。不健全、不稳定、不科学的心智模式，会导致人们的偏激、愤怒、仇恨等情绪的发作，这是提升公关能力的大忌，必须进行改善。改善心智模式的方法主要有两个路径：一是反思自己的心智模式，可取的保留，不可取的戒掉或转变；二是探寻他人的心智模式，并与之进行比较，以完善自己的心智模式。一个人要想提升公关能力，其心智模式必须具有社会的属性、公正的属性、客观的属性和道德的属性。用这些属性来判断自己的行为就说明其已经具备良好的心智模式。

（4）理性思维的养成。理性思维又叫逻辑思维，它是建立在依靠证据和逻辑推理基础上的思维方式。我们经常说凡事要动动脑筋，强调的就是理性思维。在现实中，我们经常看到人与人之间矛盾的生成，并导致吵架、动手等事件的发生；经常看到企业在处理危机事件时方法不当，如尽力掩盖自身的问题，寻找更多的非己责任的原因等。这些形态都是非理性思维导致的结果。如何能够理性思维，会减少很多摩擦，化解很多矛盾，解决好很多问题。理性思维须遵循的逻辑：一是获取信息，找到解决问题的切入点，这是理性思维的依据；二是由此进行推理，得出特殊事实所应遵循的规律；三是进行判断，判断是非曲直，同时依据判断做出决策。

（5）易位思考的惯性。易位思考就是站在他人的角度变换自己的角色和位置去思考同一个问题。人们的思维习惯是站在自己的角度进行思考，少有人愿意并能够为他人着想。如果一个人能够将易位思考作为一种思维常态，那么任何公共关系的难题都能够得到解决。通过易位思考可以理解他人，通过理解他人，可以提出他人能够接受并愿意接受的解决问题的思路，并确保问题得到解决。比如面对开车追尾事件的解决，两个人都会站在自己的角度提出要求，结果可能就会形成非常激烈的矛盾，比如被追尾者要求自行解决并索赔 500 元，追尾者要求报警，如果想自行解决只同意赔偿 100 元。这时，如果两个人都能易位思考，那么无论选择报警还是选择自行解决，都可以商量出一个很好的解决方案。如果当事者站在自己的角度思考问题，则问题可能就得不到解决，还可能会酿成不可收拾的后果。

老子说，认识别人是一种智慧，认识自己才是真正的聪明。易位思考是认识他人、认清自己的最有效办法。与他人易位思考就能取信于他人，就能建立起与他人的良好关系。

（6）不断触试的胆识。触试就是接触事物、试着去处理一些问题和参与一些活动的方式，实际上这就是实践、是亲身感受。职业院校的学生在校时会有很多机会接触到实践性工作，利用每一次接触实践的机会认真工作，在实践中学习，一定会使自身的能力得以提升。比如多参加一些调查性工作，能够学习到关于调查方面的知识，包括问卷内容的设计、问卷结构的安排、问卷调查实施的方法、与人沟通的技巧等。再如做义工，能够了解到社会公益活动的内涵，提升自己的社会责任感，培养自己的爱心等等。还有一些学以致用型的社会实践，比如市场营销专业的学生参与一些市场营销方面的工作，公共关系专业的学生参与一些公关活动，人力资源管理专业的学生参与一些招聘会议等等。参与这些和自己专业有关的工作，一方面可以检验一下自己的专业水平；另一方面还可以增加一些社会实践经验，更有可能为自己未来的发展奠定强有力的基础，可谓一举多得。

职业院校的学生参与社会实践工作，不一定要做到多成功，做得好当然收获会更大，但即使做得不好也是有帮助的，它可以让我们发现自己的不足，找到自己努力的方向。

论职业精神的养成*

饶阳春　张友苏

一　引言

职业精神与职业活动具有紧密的联系，职业精神是该职业活动以及从业人员精神追求的展现，职业精神不仅能够使当下社会群体的职业行为更加规范化，同时能够激励人们的职业行为，并且将我国优秀的传统文化以及精神传递出去。因此，职业精神的培养在我国当下社会背景下具有重要意义，而高校大学生作为我国未来社会人才以及未来岗位的需求人才，培养其职业精神能够为我国社会提供高质量人才。而本文分析我国当下职业精神培养中的问题，并给出了相应的解决方案，以期提高大学生的职业精神意识以及当下社会人员的职业精神，从而增强我国企业的创造活力以及竞争力，促进我国社会和谐稳定地发展。

二　职业精神培养的意义

职业精神是企业人才选择的标准。随着我国企业与校园合作关系的加深，加强职业精神的培养是当下高校大学生在校期间教育的方向，并且随着市场环境的变化，企业对于人才的需求也越来越高，越来越多的企业在重视专业技能的同时，更加注重企业中员工的职业精神。根据人才市场中的调查，在同一条件和学历下，企业更加注重人才的综合素质，其中职业精神更是重点关注的对象。而在高校中职业精神的培养，使大学生具备了未来社会中职业岗位要求的基本道德素质，能够更好地融入社会环境以及企业岗位职责当中[1]。

职业精神的培养是我国当下社会主义市场经济发展的需求。随着我国与国际市场的接轨，我国市场得到了迅猛的发展，市场规则逐渐完善，消费群体消费思维日益改变，市场经济对未来市场人才的素质需求已经不仅仅表现在知识、技能方面，职业道德同样也是重要素质。在我国新时期所建立社会主义市场经

---

*　本文为学校自选科研课题研究论文（课题编号：2017 – 10）。

济新的体制，应在尊重当下市场价值规律的基础上，以职业道德为市场规则的基准，实现市场经济新体制的建立，同时确定符合当下市场经济的职业道德观。只有人们的职业道德观念加强以及市场经济新体制建立，才能更好地促进我国社会主义市场经济的健康发展，从而使我国社会朝着和谐稳定的方向发展。因此，在我国当前社会背景下，以高校大学生为职业精神重点培养对象，为我国社会输送新一代高素质人才，同时也增强了我国当下高校大学生在未来的就业竞争力。

三 培养职业精神存在的主要问题

在我国当下的社会背景下，对于职业精神的培养是我国企业以及市场亟须解决的问题。虽然我国在近几年中社会经济得到了飞速发展，但是企业中职业精神缺失现象逐渐呈现上升的趋势，而我国高校职业精神的培养过程中主要存在以下问题。

高校中大学生对职业精神以及对职业精神培养存在认知不足的现象是我国高校中对职业精神教育的不足以及我国当下社会环境不利共同导致的[2]。

首先，许多高职院校不重视学生的职业精神教育，使高职院校的职业精神教育方法单一、思想保守。其次，教师本身作为大学生的职业精神典范还不够理想。在某种意义上，任何一本教科书，任何道德说教，任何奖励和惩罚制度都不及教师的言传身教的影响大。最后，以职业精神教育为主题的校园文化缺失。作为一种隐藏的道德教育资源，校园文化建设它在大学生的职业精神教育中起着至关重要的作用。但是从我国高校校园文化活动现状来看，很少涉及高职院校的职业精神教育。

媒体片面宣传使高职院校大学生忽视了职业精神的培养。社会上的"高技术和高工资"的宣传使大学生形成了一种意识：只要他们有很高的技术水平就可以在社会中找到一份理想的工作。另外，职业精神并没有被科学地评估。在招聘过程中，许多雇主都是基于职位的要求，招募技术人员，忽视了大学生的职业精神。

四 职业精神的培养方案

关于职业精神的培养，应该将职业精神养成真正融入人才培养全过程中，落实当下我国社会新时期人才培养方案。以我国高校大学生为重点培养对象，为我国社会提供新一批高素质技能型人才。而针对我国高校大学生的具体培养手段可以有以下几种。

1. 树立学生对职业精神正确的观念

高校大学生是我国未来社会市场中的新一代人才，因此，树立正确的职业精神观念是培养其职业精神的重要途径。高校应该对现有的职业教育思想进行解放，转变传统的职业教育观念，根据我国当下的市场岗位发展方向以及需求，通过与企业的合作方式，加深学生对职业精神的认知，使学生能够更快地适应市场以及企业的需求。

2. 正确选择培育职业精神的途径

途径就是达到目的的手段。培养职业精神需要结合我国当下市场岗位需求以及我国高校教育的实际情况，建立起完善的培育途径，让学生进行正确的选择，只有这样才能收到良好的效果。对于职业精神的培养在我国高校中主要有以下几种路径。

（1）品质培养。品质决定了人才的个人素质，同时也是职业精神培养的重要环节。而在我国的高校大学生中，绝大多数是独生子女，其身处的家庭环境以及教育环境条件比较好，因此，相较上一代人缺乏吃苦精神以及团队协作精神。想要实现人才职业精神的培养，首先需要解决人才个人品质培养的问题。因此，需要加强对高校大学生意志的磨砺。比如远足训练以培养学生的毅力，晨练团体操和团体舞以提升学生的团队精神；培养学生的爱心，只有热爱生活、珍爱生命的人，才会对工作专注，才会精益求精；不好高骛远，多向行业的能工巧匠学习，对自己所从事的职业认同；敢于标新立异，创新创业[3]。

（2）专业培养。所谓的专业培养，就是指在我国高校中，需要加深对大学生专业技能的培养。高校中的大学生与社会中的人群相比，更要偏重于动手能力的培养，并且由于环境的不同，学校更加适合社会政治思想的培养，从而为其职业精神的培养打下良好的基础。并且，随着在校期间加强实训和实践，大学生能够更好地提高对现代社会需求的认知以及职业技能，从而在未来市场中获得有利的竞争优势，而这也是培养职业精神的一部分。

（3）个性培养。对于在高校中具有体育、艺术、组织才能等天赋的学生，学校可以根据每个学生的个性，发挥其所长，进行个性化培养，使学生除了专业特长外，还多才多艺，富有生活情趣。而这能够有效地丰富学生的精神世界，为职业精神的培养打下良好的基础。同时，开发学生的个体潜能，有效地培养学生的耐心，而这对于一个即将进入社会工作的大学生而言是非常重要的，同时也是培养职业精神的必备条件之一。

（4）校企合作培养。学生不论学习何种专业，社会上都有与之相应的行业。学校要加强与行业企业合作，学校是企业的人才培养基地，企业是学生的实习实训基地和就业平台。企业要派"双师型"教师来学校授课，实现师生良性互动，合作育人，合作发展。比如通过与企业签订相关的办学合作协议，高校而为学生提供了很好的实训基地和搭建广阔的就业平台，使学生能够深入企业内部了解到当下企业对人才的需求，培养学生对企业的感情，在学习企业文化的同时，让学生在未来市场中培养职业精神打下良好的基础。同时，实训基地的开展，使得学生的技能能够得到充分的展示，加快提升学生技能，为学生在未来市场人才竞争中获得优势。

参考文献

［1］ 金欢喜：《高职学生职业精神养成中的文化冲突及解决路径——从企业文化的视角》，《高等职业教育》（天津职业大学学报）2017 年第 1 期。

［2］ 刘笑：《高职校园文化对职业精神养成的影响作用分析》，《佳木斯职业学院学报》2017 年第 1 期。

［3］ 陈晓兰、许少君：《融合职业精神养成的高职英语教学创新路径探析》，《国家林业局管理干部学院学报》2016 年第 2 期。

浅析高职工商企业管理专业人才培养目标定位

徐建华

在社会主义市场经济环境下，企业的生存与发展离不开众多的经营管理人才。高职工商企业管理专业是一个立足于培养企业经营管理需要的各类人才的专业。由此可见，工商企业管理专业应该有良好的就业前景。但是，近年来的就业报告显示，高职工商企业管理专业的就业状况不是很乐观。很多高职工商企业管理专业培养出的学生既没有掌握企业管理的本领，也没有练就其他专长，在就业市场中缺乏竞争力。上述现象与高职工商企业管理专业人才培养目标定位有着密切的关联。

一 高职工商企业管理专业人才培养目标定位存在的问题

1. 目标模糊，过于宽泛

有人戏称工商企业管理专业是个"万金油"专业，学生毕业以后很多岗位都可以去试一试，但好像都没有什么特别优势可言。工商企业管理专业学生普遍存在这样一些困惑，例如，我们这个专业以后的就业方向到底在哪里？这个专业毕业以后既可以从事人力资源管理方面的工作，也可以从事生产方面的工作，还可以从事销售工作，同这些工作对应的专业的同学相比，我们有什么优势或者差在哪？本专业为什么开设那么多的课程，学习广而不精？等等。的确，企业实际经营管理活动涉及内容非常多，所以要求学生通过大学的学习去掌握企业经营管理方面的知识和技能，实在是勉为其难。看似非常全面的目标，实际上就是没有找准目标，学生存在上述的困惑也就不足为奇。

2. 目标定位层次不分明

高职（专科）、本科和研究生课程都开设工商管理专业，在专业人才培养目标上，三者应该有所区分。但实际上，一些高职院校在人才培养目标定位上是相互混淆的或者直接将本科层次的工商管理专业人才培养目标直接"嫁接"到高职的工商企业管理专业。这种做法没有考虑到高职学生的学习基础，对于学生的培养十分不利，也无法顺利实现人才培养的目标。目标定位错误，导致高职工商企业管理专业的教学偏重于理论，疏于实践。理论学习过多难以消化，实践学习太少操作能力差，人才培养的质量令人担忧。

3. 偏离人才市场需求

高职教育以学生就业为导向，学生就业情况好坏是衡量高职人才培养质量的重要指标。高职工商企业管理专业在制定人才培养目标时，往往没有充分地调研本专业的人才需求信息。一方面企业需要大量能够胜任一线生产、营销、采购、行政管理等岗位的高素质高技能型人才；另一方面是高职工商企业管理专业人才的实践应用能力不强，达不到企业的用人要求。高职工商企业管理专业曾被列为高职院校红牌或黄牌专业，这和专业人才培养目标与市场人才需求的偏离有着一定的关联。

二 如何正确定位高职工商企业管理专业培养目标

1. 以政策法规文件为指导

教育主管部门制定的政策法规，是高职院校办学的基本依据，也是指导专业设置和人才培养的指南。近年来，《国务院关于加快发展现代职业教育的决定》《现代职业教育体系建设规划（2014～2020 年）》《高等职业教育创新发展行动计划（2015～2018 年）》等一系列政策文件陆续出台，强调了现代职业教育的重要性，明确了职业教育未来发展目标和行动方向。教育部制定出台了《普通高等学校高等职业教育（专科）专业设置管理办法》《普通高等学校高等职业教育（专科）专业目录（2015 年）》等指导性文件，对专业的设置和人才培养提出了具体的要求。有关部门每年编制的《高等职业教育质量年度报告》为制定人才培养目标提供了重要参考。工商企业管理专业应当在这些政策文件指导下制定人才培养目标。

2. 以就业创业为导向

在社会主义市场经济条件下，大学生就业必须面对市场的选择，市场认可。就业好了，学生才能满意、用人单位才能满意，这是人才培养高质量的重要体现。因此，在制定工商企业管理专业人才培养目标时必须充分考虑人才的市场需求。通过积极开展人才市场需求调研分析，走访用人单位和历届毕业生，了解毕业生的毕业去向和他们对学校人才培养的建议，了解用人单位对毕业生的要求和需求。在人才市场需求调研时，要注重学校本身依托的行业企业的用人需求，注重学校所在地区的产业和行业特色企业的用人需求。将人才培养目标上述企业用人需求进行定位，既有利于促进学生就业，也有利于服务地方经济发展，实现双赢。高职工商企业管理专业学生毕业后大多去中小型民营企业从事一线的综合管理、销售或者生产操作等工作。多数用人单位要求学生从基层操作岗位做起，而非管理岗位。近年来，国家大力推进大学生创新创业教育，给予各项资金政策扶持，工商企业管理专业学生可以更多地从事自主创业。由此可见，高职工商管理专业的人才培养目标要定位于培养适应中小型民营企业从事一线业务操作及管理工作要求的高素质和高技能人才，有针对性地培养小微企业主。

3. 以职业标准为参考

现代社会发展日新月异，社会分工不断细化，职业的种类和标准也在不断地更新。高职教育以职业为本，在人才培养目标上要与时俱进，参考国家职业分类大典以及各类职业资格证书进行准确定位。在市场当中，与工商企业管理专业对接的职业范围比较广泛。这些职业很多有对应的职业资格证书，可以很好地指导我们定位人才培养的目标，使人才培养更加贴近职业标准和要求。笔者对工商企业管理专业就业岗位进行了梳理（见表1）。

表1 高职学生工商企业管理专业就业岗位一览

岗位名称	主要工作任务/岗位描述	岗位对应的职业资格证书（名称与等级）
生产管理岗	生产计划、生产调度、物料管理、库存管理、质量检验	生产调度员
采购管理岗	采购计划、采购决策技术、采购谈判	采购员职业资格证
市场营销与销售管理岗	销售计划与目标确定、市场调研、市场开拓、宣传策划、团队管理、客户开发与管理、零售管理	高级营销员
企业综合管理岗	文秘、助理、行政专员、后勤管理	通用管理能力认证
项目管理岗	项目策划、项目评估、项目监控、项目融资、项目采购管理、项目合同管理	项目管理员
商务服务岗	咨询服务、客服	—

4. 以高职学生学习基础及职业发展为前提

高职学生普遍存在学习基础薄弱、学习方法不当、学习习惯差等各种问题和不足，因此高职工商管理专业在人才培养目标上要与本科、研究生层次的工商管理专业人才培养目标有所区分，要更加务实。人才培养目标定得太高，会加大对高职学生的学习要求力度，容易造成很多学生无法达到学习要求的情况。对于高职学生的培养目标应当制定一些可量化、可测量、具体化的目标，使学生通过重复的操作练习比较容易地实现这些目标。以高职工商企业管理专业的学生为例，可以要求他们掌握企业经营管理过程中的生产、采购、市场营销和行政管理等活动的基本操作技能。比如说，对于企业行政管理活动，应当要求学生掌握基本的公文写作技能、熟练使用 Office 办公软件、学会使用日常的办公设备等。俗话说"熟能生巧"，高职学生的培养目标应当定位为培养"能工巧匠"。当然，高职教育毕竟不等同于职业培训，除了培养高职工商企业管理专业学生实用工作技能之外，还要充分考虑他们未来的职业发展，注重学生素质培养。作为高职工商企业管理专业学生要具备一定的管理理论基础，人际交往能力、领导力和健全的人格，为尽快走上管理岗位奠定坚实的基础。

5. 校企深度合作精准定位

校企双方共同制定人才培养方案，明确人才培养目标，共同开展教学活动，这样能够很好地解决人才供给与需求错位的问题。工商企业管理专业通过校企协同育人可以根据学生的个性特征和企业的岗位需要，有针对性地为企业培养经营管理等各项活动所需要的一线人才。"工学结合""订单班"是比较常见的校企合作人才培养模式，操作得当，能够精准地定位人才培养目标。

总而言之，通过上述途径和方法，我们可以大致定位高职工商企业管理专业人才的培养目标：培养满足先进制造业和现代服务业发展需要，适应区域经济发展和特色产业、行业企业人才需要，掌握企业经营与管理的基本原理，具有现代意识和创新精神，掌握生产、营销、采购、企业行政管理等专门知识，具有较快适应企业生产、营销、管理、服务等一线工作岗位要求的实际工作能力，具有良好职业道德、健康的个性品质和可持续发展能力的高素质和高技能人才；根据学生自身条件，有针对性地培养具备创业意识和能力，熟悉企业经营管理，能够进行自主创业的小微企业主。

参考文献

孔繁正：《适应企业需求，培养高职工商企业管理人才——高职工商企业管理专业人才需求调查分析》，《品牌》（理论月刊）2011 年第 7 期。

潘艾华、徐斌华：《高职工商企业管理专业人才培养目标与规格研究——以湖北职业技术学院为例》，《中国校外教育》2012 年第 6 期。

姜启跃、余英：《高职工商企业管理专业人才培养质量思考及其培养策略探析》，《经贸实践》2015 年第 10 期。

论民办高校学生工匠精神的培养[*]

刘晓芳

　　传统的工匠精神是指："秉承着精益求精的态度，将自己的产品精雕细琢，追求完美的一种精神"。而相对于民办高校来说，工匠精神是指："用专业的态度，在实践过程中，敢于创新，将专注和敬业贯彻到底"。2016 年，李克强总理在召开第十二次全国人民代表大会中指出："鼓励企业开展个性化定制，在生产过程中追求精益求精的工匠精神"。由此，"工匠精神"一词才再次进入大家的视野。市场经济改革初期以利润为主导，现在转变为以绿色、环保、创新为主导。而民办高校作为为社会输送高技术人才的中坚力量，教学质量决定了市场经济的发展动力，因此，对民办高校学生的工匠精神培养，是国家经济政策和市场经济推动下，需要重视的一项决策[1]。

一　民办高校工匠精神培养的重要性

1. 有利于个人和社会的发展

　　在民办高校的教学培养中，工匠精神代表的不仅仅是一种精神，更是一种态度，一种专注、敬业、追求完美的态度。民办高校的教学目的，是培养社会应用型人才，他们作为实现"中国梦"和民族伟大复兴的中流砥柱，他们的创新思想，代表着市场经济发展的动力。培养学生的工匠精神，让学生在学习理论知识的同时，将理论知识灵活运用，尽全力用好所学的事物[2]。在实践过程中，学生应充分发挥工匠精神，将所学知识精益求精，不断创新，在提升个人能力的同时，促进社会经济的发展。根据市场调查结果，在 21 世纪网络时代的教学领域中，学生缺乏的就是刻苦钻研、精益求精的工匠精神，网络时代丰富了人们的生活，同时也弱化了人们的思考能力。因此，培养民办高校学生工匠精神，强化市场经济发展动力，是目前我国教育行业需要重视的事情。

* 本文为 2017 年度江西省高校人文社会科学青年项目"民办高职院校应用型人才工匠精神培养的特色研究"（JY17245）阶段性成果；江西省教育科学"十三五"规划 2017 年度课题研究论文。

2. 有利于教学和管理

调查结果表明，民办高校的学生大部分是因为高考失利而进入民办高校的。所以相对于普通高校来说，民办高校学生的心理素质和学习能力与普通高校的学生还存在着一定的差距。民办高校的师资力量和基础教学设施的缺乏，导致民办高校教学管理机制难以实施。因此，需要培养学生的工匠精神，锻炼其自主学习和实践动手的能力。学生的学习能力和知识掌握能力，最主要的决定因素还是学生本人，因此，需要通过培养学生的工匠精神，来弥补教学设施和师资力量的不足[3]。

3. 自我价值的实现

从古至今，匠人一直是被人尊敬、受人敬仰的群体，他们通过对产品的精雕细琢，从而取得一定的成就，实现自我价值。而在民办教学中，工匠精神的培养，也是学生实现自我价值的有效途径。学生步入社会后，延续工匠精神，专注自己的技术岗位，提升自己的工作能力，提升经济收入和工作职位，实现自我的价值。

工匠精神给予人们的不仅仅是工作和收入上的自我实现，还有精神上的自我实现。通过不断创新，发现新问题，有利于增强学生的自信心，激发其学习兴趣。

二 民办高校学生工匠精神培养途径

1. 个性与共性的培养

民办高校在教学过程中的理论知识学习，具有教育的共性，但是在实践教学过程中应该注重培养学生的个性。现代社会，人们的生活方式发生了变化，人们在追求产品共性的同时，更注重产品的个性。因此，民办教学更应注重个性培养。

在实践过程中，应培养学生的自主思考和自主实践能力，采用开放式教学思维，培养每一位学生的发展个性，提升学生的综合素质。工匠精神的培养，其实是民办教学过程中共性教育与个性教育的结合。

目前的民办高校教育中，主要是共性教育，即大家接受同样的知识，参与同样的实践活动，然后到类似的技术岗位工作。这样导致了学生缺少发展思维的平台，形成条框式的封闭性教学，使教学质量难以提升。因此，需要开发学生个性发展的平台，为匠人精神的培养奠定基础。

2. 提升教师能力

民办高校学生工匠精神培养之初，需要通过教师的引导和监督，使学生养成精益求精、专注创新的学习态度。因此，工匠精神培养过程中，还需要提升教师的能力。

工匠精神的培养，决定了教师要承担各种角色，在课堂理论教学时，教师是讲师和实验师，而在学生实践培训时，教师需要充当培训师、工程师的角色。教师角色的丰富性，增加了教师教学过程的难度。所以需要建立学校培训制度，利用计算机网络这一新型媒介，通过教学手段给学生提供专业先进的技术培训平台。同时，还可以引入企业工程师和社会技术人才参与学生课堂理论知识讲解，丰富高职教育理论传输形式。最后，采用与国际接轨的形式使教师群体掌握更先进、更专业的国际教育理念与管理机制。在提升教师理论知识水平的同时，还需要加强教师的企业实践经验。建立教师企业实习锻炼制度，使教师深入先进企业实践，提升职业能力[4]。通过提升教师的理论知识水平和实践能力，提升学生对工匠精神的认同，营造良好的学习氛围。

3. 与传统民间工艺传承者搭建学习平台

工匠精神凝聚在老一辈的匠人身上。通过校方与民间工艺传承者搭建的学习平台，学生与老一辈的艺人进行沟通和交流，受到他们身上的工匠精神潜移默化地影响。在了解中国传统文化的同时，学生继承了工匠精神的精髓。

匠人精神的培养不同于理论知识的灌输，它需要一个漫长的过程，而且使学生从思维到行为发生改变，最后影响整个人的发展。所以，需要让学生深刻理解，在社会发展过程和学习实践过程中，匠人精神的重要性。通过与民间艺人的相互学习交流，学生体会到了工匠精神的魅力，从而继承工匠精益求精的精神，在不同的技术岗位上实现自我创新，推动市场经济的发展。

通过此类精神传播方式，工匠精神不断传递，工匠精神的影响范围扩大，从而提升我国市场经济发展动力，为实现中国梦和社会经济的转型奠定基础，进一步提升我国的综合国力，真正实现由制造大国变成制造强国。

三　结语

综上所述，工匠精神是推动社会经济发展、实现人生价值、提升民办高校教学质量的一个重要因素。因此，在民办高校的教育体制中，需要通过三个方面来实施学生的工匠精神的培养，首先是教学过程中，个性与共性的结合，锻炼学生的思维发展能力。接着是提升教师的能力，引导和完善学生工匠精神的培养。最后，是与民间艺人构建学习平台，潜移默化地培养学生工匠精神。

参考文献

［1］秦小丽、陈沛然：《企业会计舞弊动机分析——基于会计语言视角》，《财会通讯》2015 年第 10 期。

［2］李宏伟、别应龙：《工匠精神的历史传承与当代培育》，《自然辩证法研究》2015 年第 8 期。

［3］赵钰：《基于会计语言视角企业会计舞弊动机分析》，《现代商业》2015 年第 26 期。

［4］李想：《分析形成中外上市公司会计舞弊动机差异的原因》，《中国外资》2013 年第 26 期。

高职学生时间管理倾向与抑郁感研究

朱小丽

一 引言

时间是一种重要的资源，具有不变性、不可存储性、不可替代性，时间对每个人来说都是公平的，但是每个人对待时间的态度、看待时间的价值、管理和规划时间的方式却是不一样的。时间管理得好有利于个人取得更大的成就，有利于缓解消极情绪，有利于个人的心理健康。在心理学上，个体在运用时间方式上所表现出来的心理和行为特征被称作时间管理倾向，它由时间价值感、时间监控观和时间效能感构成[1]。

对时间管理倾向的研究，国内外已经取得较为丰硕的成果。美国心理学家Man-ac，T. H. 运用自己编制的时间管理行为量表（TMB）[2]，对165名大学生进行了时间管理行为以及学业成就和焦虑等相关因素的测量，结果发现，时间管理行为量表上的总得分与他们在角色意识模糊、躯体化症状、工作满意度、生活满意度、自我评价和平均学分六个项目上的成绩分别存在显著相关关系。Jex等的研究证实时间管理行为可以作为一种调节变量来缓解压力源和工作紧张之间的关系[3]。以黄希庭为首的中国学者对时间管理倾向进行了深入的研究，结果表明时间管理倾向对个人的学业成绩有好的预测作用，与个人的成就动机有显著的正相关关系[4]。秦启文、张志杰等认为时间管理倾向与个人的人格因素有密切的关系[5]。陈本友、张锋等研究表明时间管理倾向与人的A型性格的特征有显著的正相关关系[6]。William的研究也发现，时间管理行为所形成的时间控制感，以及在时间运用上的目的、定向和持久性的主观感受，是降低工作压力、担忧和提高满意度的直接原因[7]。Hall对学生的培训研究证明，时间管理技巧是可以通过培训为学生们所掌握的[8]。

抑郁是一种复合的情绪体验，是一种常见的负性情绪，它不同于一般悲伤，抑郁的心理体验要比其他任意单一负性情绪更为强烈，并且持续时间更长。严重的抑郁甚至会导致自杀。

Kathryn Grant的研究发现评估抑郁失调时存在性别差异，男性学生比女性学生更容易抑郁[9]。Nolen从发展性精神病理学角度出发认为从青少年阶段开始，女性的抑郁水平比男性要高[10]。Gladstone 认为在大学生人群中评估抑郁时并不存在性别差异[11]。Sooky 等提出，如果父母能够关注青少年的心理社会需要，则能减少青少年抑郁的产生[12]。陈秀梅探讨了初中生生活事件、社会支持、应对方式与抑郁的关系，分析得出生活事件与抑郁呈显著正相关，社会支持、应对方式和抑郁呈负相关[13]。芦炎的研究结果显示依恋不仅可以直接作用于抑郁，还能通过一般自我效能感间接影响抑郁[14]。石贵莹、周明洁选取甘肃省 3 所高职院校学生 307 例，采用青少年时间管理倾向量表（ATMD）和症状自评量表（SCL - 90）以班为单位对高职学生的时间管理倾向和心理健康水平进行集体测试，结果表明高职学生时间管理能力尚可，心理健康水平普遍较低，时间管理倾向中的时间监控观对心理健康有明显预测作用[15]。

在对两者关系的研究上，郭芳、齐晓栋等应用青少年时间管理倾向量表（ATMD）、焦虑自评量表（SAS）、抑郁自评量表（SDS）和一般自我效能感量表，对 513 名高职大学生进行抽样测试研究，结果表明时间管理能力越强，抑郁、焦虑情绪越低，自我效能感越高，抑郁情绪影响着时间管理倾向对自我效能感的作用[16]。邓凌等采用青少年时间管理倾向量表、抑郁自评量表、时间压力问卷对 294 名大学生进行问卷调查。结果显示，理科生的时间管理倾向总得分显著低于文科和医科生。理科生的时间管理倾向与抑郁存在显著负相关[17]。王小霞等采用青少年时间管理倾向量表和抑郁自评量表对 188 名大一新生进行问卷调查。结果表明，大一新生的时间效能感与其是否独生子女存在显著性相关，大一新生的时间管理倾向与抑郁呈负相关。大一新生的时间监控观、时间效能感对抑郁有直接的预测作用[18]。

研究结果表明，在对时间管理倾向的研究中，有些研究结果殊途同归，但有关时间管理倾向在大学生的专业、年级和性别维度上，所得结论却不尽相同，对这些不一致的结论有必要继续进行探讨。时间管理的好坏可能是影响抑郁感的一个重要因素，在国内外的研究中，虽然对时间管理倾向的相关因素作了一些探讨，但对高职学生时间管理倾向与抑郁感的关系研究并不多见。基于此，本研究拟通过对某高职院校的实际调查，考察高职学生时间管理与抑郁感现状及它们之间的关系。希望通过研究找出产生抑郁感的原因，从而针对不同人群，提供一些指导性的建议，以便高职学生能更好地合理利用时间，缓解压力，矫治抑郁，适应社会，以提高竞争力。

二　对象与方法

1. 对象

采用随机抽样法，从某高职院校中随机抽取在校学生，共发放问卷 200 份，收回问卷180份, 回收率为90%, 剔除无效问卷19份, 最后共有161份有效问卷用于分析研究 (见表1)。

表1 研究对象

单位:%

因 素	类 别	相本数	百分比
性别	男	110	68.3
	女	51	31.7
年级	大一	58	36.0
	大二	46	28.6
	大三	57	35.4
政治面貌	党员	117	72.7
	群众	44	27.3
独生子女	是	59	36.6
	否	102	63.4
学生干部	是	35	21.7
	否	126	78.3
家庭居住地	城市	52	32.3
	小城镇	53	32.9
	农村	56	34.8
家庭经济情况	较好	7	4.3
	中等	117	72.7
	一般	37	23

2. 方法

本文运用时间管理倾向量表及抑郁自评量表, 调查后数据运用SPSS软件进行描述性统计、相关分析、方差分析和多元回归分析。

时间管理倾向量表 (ATMD)[19], 由三个分量表构成, 包括时间价值感、时间监控观和时间效能感。每个量表所包含的项目数分别为10、24、10。量表采用Likert5点自评式量表, 从"完全不同意"到"完全同意"分别评定为1~5分。量表各维度的内部一致性信度系数在0.62~0.81, 重测度系数为0.71左右。该量表具有较好的内容效度和结构效度。

抑郁自评量表 (SDS) 含有20个项目, 分为4级评分的自评量表, 原型是Zung抑郁量表 (1965)。其包括精神病性情感症状 (2个项目)、躯体性障碍 (8个项目)、精神运动性障碍 (2个项目)、抑郁的心理障碍 (8个项目)。问卷采用 Likert5 点自评式量表，根据最近一周内各项目发生的频率从"没有或很少时间"到"绝大部分时间或全部是"分别计以 1~5 分。

三 分析结果

1. 对时间管理倾向的分析

对于时间管理倾向及其各分量表对各因素（性别、年级、独生子女、政治面貌、是否学生干部、家庭居住地、家庭经济情况）的水平进行均值和方差比较，并用 T 检验进行单因素方差分析（见表 2）。

表 2 时间管理倾向在各因素上的均值方差及检验系数（MEAN ± SD）

因素	类别	时间价值感	时间监控观	时间效能感	时间管理倾向
性别	男	32.75 ± 7.614	76.19 ± 13.11	32.43 ± 6.045	141.36 ± 25.084
	女	34.51 ± 7.128	79.45 ± 11.761	34.39 ± 5.158	148.35 ± 22.108
sig.		0.165	0.134	0.047*	0.090
年级	大一	37.60 ± 5.700	83.26 ± 9.705	35.81 ± 4.383	156.67 ± 17.542
	大二	24.37 ± 2.550	63.48 ± 5.415	26.43 ± 3.384	114.28 ± 8.953
	大三	36.14 ± 5.380	82.18 ± 11.511	35.58 ± 4.259	153.89 ± 17.971
sig.		0.000**	0.000**	0.000**	0.000**
独生子女	是	34.34 ± 8.287	79.64 ± 14.980	33.73 ± 5.509	147.71 ± 27.948
	否	32.71 ± 6.955	75.82 ± 11.235	32.66 ± 5.402	141.19 ± 21.761
sig.		0.183	0.068	0.263	0.101
政治面貌	党员	33.33 ± 7.717	77.86 ± 13.416	33.33 ± 6.141	144.53 ± 25.459
	群众	33.23 ± 6.921	75.52 ± 11.055	32.30 ± 4.916	141.05 ± 21.101
sig.		0.936	0.303	0.316	0.420
是否学生干部	是	34.49 ± 8.060	80.09 ± 15.866	34.43 ± 6.814	149.00 ± 28.572
	否	32.98 ± 7.320	76.43 ± 11.793	32.67 ± 5.502	142.07 ± 22.918
sig.		0.293	0.136	0.114	0.137
家庭居住地	城市	34.38 ± 8.313	79.54 ± 14.891	33.63 ± 6.117	147.56 ± 27.280
	小城镇	32.72 ± 6.386	75.79 ± 11.184	32.49 ± 5.476	141.00 ± 21.761
	农村	32.86 ± 7.667	76.43 ± 12.116	33.04 ± 5.948	142.32 ± 23.695
sig.		0.450	0.278	0.607	0.346
家庭经济情况	较好	37.86 ± 6.040	84.86 ± 9.045	37.00 ± 3.916	159.71 ± 15.808
	一般	33.20 ± 7.715	77.49 ± 13.678	33.13 ± 5.912	143.81 ± 25.503
	较差	32.78 ± 6.848	74.95 ± 9.874	32.05 ± 5.661	139.78 ± 20.692
sig.		0.249	0.158	0.116	0.136

说明：* 表示数据小于 0.05；** 表示数据小于 0.01。

通过分析，发现时间效能感在性别上有显著差异，女生得分明显高于男生。时间管理倾向在年级上有显著差异，大一最高，大三次之，大二最低。时间管理倾向在独生子女、政治面貌、学生干部、家庭居住地、家庭经济情况未发现显著差异。

2. 对抑郁感的分析

对于抑郁感及其各分量表对各因素（性别、年级、独生子女、是否党员、是否学生干部、家庭居住地、家庭经济情况）的水平进行均值和方差比较，并用 T 检验进行单因素方差分析（见表 3）。

表 3 抑郁感在各因素上的均值方差及检验系数（MEAN ± SD）

因素	类别	精神性情感症状	躯体性障碍	抑郁的心理障碍	精神运动性障碍	抑郁总分
性别	男	5.66 ± 1.575	19.84 ± 4.403	21.81 ± 5.740	5.76 ± 1.514	53.07 ± 10.199
	女	5.57 ± 1.473	17.31 ± 3.397	19.45 ± 4.401	6.12 ± 1.16	48.45 ± 6.754
sig.		0.717	0.000 **	0.010 *	0.141	0.004 **
年级	大一	5.12 ± 1.532	17.83 ± 3.899	18.16 ± 3.937	5.84 ± 1.225	46.95 ± 6.957
	大二	5.98 ± 1.527	22.00 ± 3.961	27.41 ± 3.159	6.13 ± 1.614	61.52 ± 7.852
	大三	5.88 ± 1.452	17.88 ± 3.728	18.89 ± 3.797	5.70 ± 1.426	48.35 ± 6.632
sig.		0.006 **	0.000 **	0.000 **	0.307	0.000 **
独生子女	是	5.53 ± 1.612	18.63 ± 4.593	20.40 ± 5.864	5.92 ± 1.477	50.51 ± 10.390
	否	5.70 ± 1.501	19.27 ± 4.069	21.42 ± 5.192	5.85 ± 1.389	52.25 ± 8.894
sig.		0.500	0.355	0.273	0.789	0.264
政治面貌	党员	5.83 ± 1.527	19.20 ± 4.484	20.96 ± 5.342	5.88 ± 1.451	51.86 ± 9.786
	群众	5.11 ± 1.466	18.61 ± 3.636	21.34 ± 5.783	5.86 ± 1.440	50.93 ± 8.663
sig.		0.008 **	0.441	0.692	0.947	0.580
是否学生干部	是	5.83 ± 1.543	19.37 ± 5.059	20.54 ± 6.232	5.63 ± 1.437	51.37 ± 11.502
	否	5.58 ± 1.541	18.94 ± 4.036	21.21 ± 5.231	5.94 ± 1.410	51.67 ± 8.882
sig.		0.399	0.602	0.526	0.245	0.868
家庭居住地	城市	5.56 ± 1.708	18.50 ± 4.625	20.35 ± 5.749	5.63 ± 1.299	50.04 ± 10.086
	小城	5.85 ± 1.350	19.60 ± 3.728	21.42 ± 4.861	5.83 ± 1.541	52.70 ± 8.189
	农村	5.50 ± 1.549	19.00 ± 4.402	21.39 ± 5.720	6.14 ± 1.381	52.04 ± 9.984
sig.		0.455	0.417	0.518	0.170	0.328
家庭经济情况	较好	6.14 ± 1.345	16.86 ± 4.451	18.00 ± 3.215	5.71 ± 1.113	46.71 ± 7.499
	一般	5.56 ± 1.616 ±	19.03 ± 4.387	21.01 ± 5.738	5.91 ± 1.460	51.51 ± 10.074
	较差	5.76 ± 1.321	19.49 ± 3.798	21.81 ± 4.672	5.78 ± 1.357	52.84 ± 7.504
sig.		0.541	0.328	0.234	0.848	0.288

说明：* 表示数据小于 0.05；** 表示数据小于 0.01。

由上文分析可知，精神性情感症状在性别上无显著差异；而躯体性障碍、抑郁的心理障碍、精神运动性障碍，抑郁总分在性别上有显著差异，男生的抑郁程度明显高于女生。

精神运动性障碍在年级上无显著差异；而精神性情感症状、躯体性障碍、抑郁的心理障碍，抑郁总分在年级上有显著差异。大一得分最低，大三其次，大二得分最高。

精神性情感症状、躯体性障碍、抑郁的心理障碍、精神运动障碍，抑郁总分在政治面貌、是否独生子女、学生干部、家庭居住地、家庭经济情况上无显著差异。

3. 相关性分析

为了使数据具有可比性，将数据正态化处理，对时间管理倾向和抑郁感的各因素之间进行相关分析（见表4）。

表4　各因素相关系数（Pearson 系数）

因　素	时间价值感	时间监控观	时间效能感	时间管理倾向	精神性情感症状	躯体性障碍	抑郁的心理障碍	精神运动性障碍	抑郁总分
时间价值感	1								
时间监控观	0.75**	1							
时间效能感	0.78**	0.83**	1						
时间管理倾向	0.89**	0.96**	0.92**	1					
精神性情感症状	-0.13	-0.11	-0.15	-0.13	1				
躯体性障碍	-0.40**	-0.38**	-0.47**	-0.44**	0.46**	1			
抑郁的心理障碍	-0.70**	-0.64**	-0.71**	-0.72**	0.32**	0.55**	1		
精神运动性障碍	-0.11	-0.19*	-0.11	-0.16*	-0.84	-0.08	0.12	1	
抑郁总分	-0.62**	-0.58**	-0.66**	-0.66**	0.54**	0.83**	0.89**	0.17*	1

说明：** 表示显著性水平为0.01；* 表示显著性水平为0.05。

由上面分析可知，时间管理倾向和躯体性障碍、抑郁的心理障碍、精神运动性障碍有显著相关性。抑郁总分和时间价值感、时间监控观、时间效能感有显著相关性。

4. 多元回归分析

运用逐步回归法对时间管理倾向进行回归（见表5），可知：时间管理倾向与抑郁感的回归方程是：

$$Z_{时间管理倾向总分} = -0.722 \times Z_{抑郁的心理障碍}$$

$$Z_{TMD} = -0.722 \times Z_{DOPB}$$

$$Z_{Depression} = -0.452 \times Z_{SOTE} - 0.268 \times Z_{SOTV}$$

表5 对时间管理倾向的逐步回归

类　别	抑郁的心理障碍		
	β	sig.	R^2
时间管理倾向	-0.722	0.000	0.521

运用逐步回归法对时间管理倾向进行回归分析如表6所示。可知：抑郁感与时间管理倾向的回归方程是：$Z_{抑郁感} = -0.452 \times Z_{时间效能感} - 0.268 \times Z_{时间价值感}$

表6 对抑郁总分的逐步回归

类　别	时间效能感		时间价值感		
	β	sig.	β	sig.	R^2
抑郁总分	-0.452	0.000	-0.268	0.004	0.465

四　结论

（1）时间管理倾向在年级因素上有显著差异，在性别、家庭经济状况、是否独生子女、政治面貌、家庭居住地上无显著差异，其中大一学生得分最高，大三学生次之，大二学生得分最低。

（2）抑郁感在年级和性别上有显著差异，在是否独生子女、是否学生干部、是否党员、家庭居住地、家庭经济状况上无显著差异。其中大二学生得分最高，大三学生次之，大一学生得分最低。男生得分明显高于女生。

（3）时间管理倾向和抑郁感呈负相关关系。时间管理倾向和抑郁的心理障碍呈显著线性关系。抑郁感和时间效能感、时间价值感呈现显著的线性关系。

时间管理倾向与抑郁感的回归方程是：$Z_{时间管理倾向总分} = -0.722 \times Z_{抑郁的心理障碍}$

抑郁感与时间管理倾向的回归方程是：$Z_{抑郁感} = -0.452 \times Z_{时间效能感} - 0.268 \times Z_{时间价值感}$

五　讨论

通过对数据分析可知，高职学生的时间管理倾向和抑郁感在某些因素上有显著差异，某些因素未发现显著差异。

（1）性别因素：女生的时间效能感明显高于男生。也就是说，女生相对男生来讲，更有信心和能力管理好自己的时间。男生的抑郁总分明显高于女生，说明在该校的高职学生当中，男生明显比女生感觉更抑郁。是什么因素导致这一结果，有待进一步探讨。

（2）年级因素：不管是时间管理倾向还是抑郁感，都是大一学生表现最好，大三学生其次，大二学生最让人担忧。或许是因为大一学生刚上大学，对自己大学生活充满新鲜感，有明确目标，还有高中学习的惯性，所以时间管理倾向得分最高，抑郁感得分最低。大三面临毕业实习工作，能很好地支配好自己的时间，从而导致时间管理倾向得分较高，抑郁感得分较低。而大二学生的时间管理倾向得分最低，抑郁感得分最高，说明大二是一个茫然的阶段，无所适从，大二学生受到外界支配的时间要相对较少，茫然压抑是他们的特点之一。

（3）其他因素：从独生子女、学生干部、家庭居住地、家庭经济情况来看，时间管理倾向各维度，抑郁感各维度没有显著差异。

六　对策

针对高职院校对学生的管理，基于以上心理与行为分析，笔者提出以下建议。

（1）大力加强高职学生的时间管理观念，不断提高高职学生时间管理技能，特别要加强对大二同学的教育工作，使其能正确认识自我、定位自我、发现自我，增强对时间的管理与驾驭能力。

（2）不断完善高职学生心理疏导机制，继续拓展高职学生心理倾诉渠道，大力提高心理疏导水平，最大限度地降低高职学生的消极情绪。

（3）开设相关的课程，将时间管理和抑郁感作为专门的课程进行讲授；开设实训课，定期组织高职学生尤其是大二男生对自己的时间管理策略进行效果检验，使其养成良好的时间管理习惯。以外界环境的压力为持续动力，形成良好的时间管理习惯，从而最终达到提高高职学生计划安排、目标设置、时间分配能力的目的。

参考文献

[1] 黄希庭、张志杰：《青少年时间管理倾向量表的编制》，《心理学报》2001 年第 4 期。

[2] MANAC, T. H., DIPBOVE, R. L., College Students' Time Management: Correlations With Academic Performance and Stress, *Journal of Educational Psychology*, 1990, 4

（82）：760 – 768.

［3］ JEX，S. M.，ELACQUA，T. C.，Time Management as A Moderator of Ablations between Stressors And Employee Strain，*Work & Stress*，1999，2（13）：182 – 199.

［4］ 秦启文、张志杰：《时间管理倾向与生活质量关系的调查研究》，《心理学探析》2002 年第 4 期。

［5］ 陈本友、张锋等：《大学生时间管理倾向与焦虑的相关研究》，《中国临床心理学杂志》2005 年第 3 期。

［6］ WILLIAM，E. KELLEY，No time to Worry：The Relationship Between Worry，Time Structure，and Time Management，Personality and Individual Differences，2003，35：1119 –1126.

［7］ HALL，B. L，HUSRHC，D. E.，An Evaluation of the Effects of Time Management Training. *Journal of Organizational Behavior Management* Vol. 3，no. 4，pp. 73 – 96，1982.

［8］ BAUMEISTER，R. F，Doses High Self – esteem Cause Better Performance，Interpersonal Success，Happiness，or Healthier Life – styles，*A Journal of the American Psychological Society*，2003，11（4）：19.

［9］ GRANT，K.，MARSH，P.，Gender Differences in Rates of Depression Among Undergraduates：Measurement Matters，*Journal of Adolescence*，2002，25（3）：613 –617.

［10］ NOLEN，S.，GIRGUS，J. S.，The Emergence of Gender Differences in Depression During Adolescence. *Psychological Bulletin*，1994，115（3）：424 – 443.

［11］ GLADSTONE，T. R.，KOENIG，L. J.，Sex Differences in Depression Across the High School to College Transition，*Journal of Youth and Adolescence*，1994，23：643 – 699.

［12］ SOOKY，Z.，SHARIFI，K. H.，The Depression Prevalence and Psychosocial Need Satisfaction in Teenagers，Abstract form *Poster European Psychiatry*，2007，22：260，.

［13］ 陈秀梅：《初中生抑郁情绪及其相关因素研究》，河北师范大学，2006。

［14］ 芦炎、张月娟：《初中生抑郁与依恋，自我效能感的关系研究》，《心理发展与教育研究》2008 年第 1 期。

［15］ 石贵莹、周明洁：《高职学生时间管理倾向、心理健康水平及二者的关系研究》，《中国全医科学》2016 年第 7 期。

［16］ 郭芳、齐晓栋、王小磊：《高职大学生时间管理倾向与自我效能感的关系》，《中国健康心理学杂志》2013 年第 16 期。

［17］ 邓凌、陈本友：《大学生时间管理倾向、主观时间压力与抑郁的关系》，《中国心理卫生杂志》2005 年第 10 期。

［18］ 李小霞、郑高洁：《大一新生的时间管理倾向与抑郁、焦虑情绪的关系研究》，《安康学院学报》2009 年第 2 期。

高职院校艺术设计专业学生创新精神与实践能力培养研究

黄　斌

自党的十八大以来，习近平总书记提出"工匠精神"的指导思想，整个社会都兴起了一股倡导创新精神与实践能力培养的精神风气。当今是创新的社会，创新精神和实践能力是社会经济发展最重要的推动力。社会的创新离不开教育，教育为社会的发展和进步提供了源源不断的人才，所以说教育是社会创新最重要的培养基地。高职院校作为我国培养创新性和实践性人才的重要场所，重视其培养学生的创新精神和实践能力就显得尤为重要，创新的教学模式和学生创新精神、实践能力的培养将是我国当下高职院校最重要的教学目标，这一理念和对应的教学方式将对整个社会起到决定性的促进作用。

一　高职院校学生培养目标自身定位的误区

联合国教科文组织 2011 年最新修订的"国际教育标准分类"（International Standard Classification of Education，ISCE）对职业教育进行了最新定位："主要为学习者掌握在某一特定的或某类职业或行业从业所需的知识、技艺和能力而设计的教育课程。这样的课程可能有基于工作的成分（实习）。成功完成这类课程后，可获得由相关国家主管当局和（或）劳务市场以从业为目的而认可的与劳务市场相关的职业资格证书。"[①] 从联合国教科文组织对职业教育的最新定位可以看出职业教育对社会行业的专业针对性，以及产业与教育、知识与应用、技术与市场等方面的结合。所以，职业教育的教育目标应该是为社会、企业培养具有一定知识、技能、实践能力和创新精神的专门人才，其中创新精神和实践技能的培养是最重要的。而从目前我国高职院校的发展和人才实践能力培养、创新精神培养来看，我国高职院校发展存在着大量的问题，而这与高职院校自身发展定位存在问题有直接关系。

---

① 联合国教育、科学及文化组织：《国际教育标准分类法》，2011。

1. 重普教，轻职教

当下我国高职院校自身发展定位存在重普教轻职教的问题。我国普通高等教育和职业教育存在严重的不均衡问题，无论是在教育资源分配、国家重视程度、社会认可度上都存在严重偏差，职业教育被认为是落榜生的无奈选择，职业教育一直以来被边缘化，受到社会各方面的轻视。正是基于这一状况，很多职业院校在学生培养上更加趋向于向普通高校靠拢，而忽略了职业院校所倡导的以培养职业实践技能和一定创新精神的专门性人才的培养目标。

2. 重学术，轻应用

社会重视普通高等教育而轻视职业教育的直接后果就是职业教育的发展片面地走向了重学术而轻应用的误区。我国很多职业院校片面地认为，为了自身的长远发展，只要把职业院校扩大办学规模，增强办学的师资条件和相应的办学设施等，通过升本途径提升学校的办学层次，这样就解决了高职院校的长期发展问题。这一现象在我国高职院校中很普遍，这也使得很多高职院校把大量的精力放到了扩大办学规模和提升办学层次上，而作为高等教育的根本——教学和人才培养定位却长期故步自封，跟不上时代的发展和社会的需要。另外，由于社会重视普通本科教育而轻视职业教育使大量高职院校把大量的精力、财力、物力、人力放在了提升学生文凭上，自考本科成为高职院校中最重要的教学任务和教学内容，甚至学生培养目标也是以自考本科文凭为目标。这些自身定位的误区不仅导致高职院校的发展更加偏向普通高等院校和学术知识方面，而且也会直接影响学生的思维观念，久而久之就使得高职院校变得与普通高等院校越来越接近，没有自己的发展特色，但是高职院校本身又不可能在各方面与普通本科院校相媲美，所以最后搞得非驴非马，这可以说是目前我国高职院校发展最严重的问题。

二 高职院校艺术设计专业教学存在的问题

高职院校自身发展定位所存在的问题必然会导致高职院校专业设置和教学等一系列的问题产生。艺术设计专业作为一门创新性和实践性很强的专业，它与市场、企业和社会之间存在着密切的联系，所以高职院校中的艺术设计专业的教学应该密切关注、联系社会和市场，以社会和市场为依托，努力在教学中培养学生的动手操作能力和创新意识，立足专业课程设置、教学模式与方法、教学资源与设施等方面去完善。

1. 课程设置不合理

我国高职院校中很大一部分自身发展定位不合理，把自学考试作为学生培养目标的重要任务，所以在课程的设置上存在明显的缺陷。比如从江西省高职院校艺术设计类相关专业来看，学生从大一到大三毕业要学习二三十门课程，在大量的课程中存在课时分配不合理、课程开设混乱、理论与实际相脱节等问题。很多专业课程是依据自考本科相应的考试科目设置的，这些专业课程包括理论和实践课程，为了迎合考试的需要，教学过程也是严格按照自考指定的教材来制定教学内容和教学计划，这样的课程设置使得教学很容易趋于程式化，为了考试而教学，为了考试而规划、设置专业，缺乏专业和课程的创新性和针对性，跟不上社会、市场、审美观念的发展变化，也不符合专业设置的人才培养目标方案，没有专业的针对性和开放性。另外，高职院校艺术设计类专业的课程设置也不符合高职院校的实际情况，即不符合高职院校培养专业应用性实践人才的目标，很多课程设置严重脱离实际，没有结合专业的特殊性和独特性。以服装设计、动漫设计、室内设计、广告设计等专业为例，这些专业都开设有素描、色彩、设计素描、设计色彩等专业基础课程，这些专业基础课程主要在于培养、训练学生最基础的艺术技能，即掌握基本的色彩、形体、空间关系和培养艺术感受能力，所以具有很强的普遍性。虽然说专业基础课程的设置最重要的目的在于让学生掌握专业最基本的技能和感受力，但这种普遍性并不代表课程的设置可以千篇一律、互相雷同，没有任何专业之间的差异性和独特性。而高职院校目前在课程设置上就普遍存在这种抹杀独特性和差异性问题，如服装设计、动漫设计、室内设计等不同专业的专业基础课程基本上相同，色彩课程上学生们仍然在按部就班地画静物、水果、衬布等无聊、没有任何新意的东西，各专业之间没有任何的针对性和专业性，服装设计离开了人体，室内设计离开了建筑，动漫设计离开了丰富多彩的人物神态，专业的差异性和独特性全被抹杀，学生的专业兴趣和激情也被冲没了。

2. 教学模式单一

专业和课程的设置趋于程式化，没有任何的创新，也必然会导致教学模式单一、缺乏创新性和针对性等问题。高职院校艺术设计类专业教学目前仍然是以课堂教学为主，再加上自学考试的需要，专业教学基本上依据指定的专业教材，教师出于自学考试的规范性不得不局限于手中的课本资料。这无形中束缚了教师的创造性和创新性，学生创新性也局限在固定的考试模式中，这都受传统的"教师讲—学生听"的课堂讲授教学模式影响，这种教学方式的优点在于直观的教学方式容易被学生接受和掌握，缺点则在于教学方式的单一性。这种单一性主要表现在以下几个方面。其一，不管是教师还是学生都局限在教室这一固定场所，教师的讲授，学生的听讲和理解构成了这一教学方式，但这一教学方式可能会缺乏专业的针对性和实践性，以及与专业有关的产业运用的现场感，教室教学不能或较少能使学生亲身体验到专业实际的操作和与专业相关的产业应用的现场感受。比如室内设计专业教学，教师通过理论知识的讲述和必要的操作示范，以及大量的模型、实物、现场等图片和视频进行展示，但这种展示更多的是一种经验的传授和对专业相关的直观感受，缺乏比较真实的、亲临现场和亲自参与其中的真实参与性。其二，"教师讲—学生听"的课堂讲授教学模式很容易使得学生受教师片面的主观性影响，从而缺乏自主性和创新性。艺术设计类专业既是服务性、应用性专业，也是非常重视创新性，重视个性、新颖、独特，重视不同审美感受和艺术趣味的专业，这种独特的专业特性必然要求学生具有自己的专业审美能力，具有与众不同的艺术感受力和强烈的创新意识，而这种单一的教学模式是不利于学生创新精神和实践能力培养的。

3. 教学资源不足，教学设备落后

我国社会对职业教育的不重视必然导致教育资源和资金分配的不均衡，职业教育大量存在教育资源不足，教学设施落后、陈旧，教学质量和教学效率低的问题。艺术设计类专业作为对教学资源和设施要求很高的专业，良好的教学设施是提升教学水平和专业能力的重要条件，而且这些教学设施和其他教学资源受艺术设计类专业本身更新换代速度较快的特征影响，因此教学过程中非常重视设施的更新。以电脑软件技术为例，作为艺术设计类专业所要掌握的一些如 Photoshop、3DMAX、CAD 等软件技术对电脑硬件和软件设施都有较高的要求，没有良好的设备就会影响正常的教学，也会影响学生实践能力的培养。

三　高职院校艺术设计专业学生创新精神与实践能力培养的策略

结合高职院校目前所存在的种种问题和不足，为了有效改善高职院校的教学能力、学生创新精神和实践能力，高职院校应该从以下几个方面做出努力。

1. 加强高职院校投入，重视高职院校发展

目前，国家和社会对高职院校普遍比较轻视，国家和社会对高职院校的教育投入远远不够，这直接影响高职院校的发展，进而影响教学水平和学生专业实践能力和创新能力提升。根据这一现状，国家应该重新评估高职教育的发展和对社会经济发展的贡献，加强高职院校的建设和投入，重视高职院校的全面发展，把高职院校的建设提升到国家战略地位上来，把高职院校作为为国家培养专业技术人才的最重要平台来看待。只有国家和社会开始重视高职院校的发展，加大教育投入和建设，高职院校才有能力和动力提升专业教学能力，建立具有各自特色的专业，从而才能提升学生的实践能力和创新能力。

2. 合理定位，注重专业特色建设

除了国家和社会重视高职院校、加大高职教育投入以外，高职院校也需要

重新认识自身，合理定位，加强自身专业建设能力。社会对高职院校的轻视，导致了高职院校自身有一种自卑感，认为相比于普通本科院校来说自己要略逊一筹，这直接导致许多高职院校一味地把大量的人力、物力、财力等资源全部用于提升学校层次，试图通过升本来改变学校的命运和地位，这使得高职院校发展变得扭曲，偏离了高职院校为国家为社会培养拥有一定职业技能和实践创新能力的专业技术人才的职业教育目标。高职院校向普通本科院校靠拢，使得高职院校远离了以培养职业技能、实践能力、动手操作能力等为特色的发展模式，越来越趋于学术化和研究化，失去了自身发展特色。针对这点，高职院校应该合理定位自身的发展，以国家和社会为依托，充分发挥自身的优势，注重自身专业的建设，重点建设自身的特色、优势专业，做精做强，提升自身教学水平，尤其是要加强学生的实践教学，提升学生的实际动手能力，注意引导学生培养自主创新意识和创造能力，只有这样，高职院校才能迎合当下社会对人才的需求，才能长期发展。

3. 产教融合、校企合作

高职院校的培养目标是让学生掌握一定的专业技能、实际操作能力和培养创新精神，为社会、企业培养专业技术人才，而这一目标的实现在很大程度上要依靠产业与教育、学校与企业之间的密切合作。艺术设计类专业是一门实践性很强的专业，除了在学校和课堂上掌握一定的专业技能和实际操作能力，学生还需要大量的实践考察、训练和实际参与业务、了解行业发展的动态，这样才有利于提升学生的实践能力和创新精神。现代高职院校要想提高学生的创新精神和实践能力，必须重视产业与教育、学校与企业之间的合作和联系，学校努力开展与企业之间的合作，建立长期的合作机制，使企业成为学校教学的平台和了解产业发展、提升教学实践能力的前沿阵地。

4. 加大学生实训实践平台的建设力度

提升高职院校学生的实践能力和创新精神，还需要加大学校实训实践平台的建设。实训实践平台可以为学生提供专业实际运用的场所，可以使学生学有所用，提升学生专业实践能力。比如室内设计专业，为了提升学生实践能力和创新精神，学校应该建设相应的电脑软件设计实训室、模拟企业实训室、模型制作实训室等，这样可以使学生在课堂掌握一定理论知识和专业技能之余，通过实训练习进一步巩固自身的专业技能，了解行业的相关知识，提升自身经验，同时还能在实践过程中接触不同专业和行业问题，提升学生自主解决问题的能力和创新、创造精神。

5. 加强实践教学

艺术设计类专业是一门应用性专业，必须通过专业技能进行大量的实际操作，所以高职院校在教学中的实践教学就显得非常重要。现代教育不再局限于单一的课堂上的教学，实践性的教学方式得到了普及和重视，大量教学活动从教室转移到了实训室、户外、企业甚至是作业现场，这种针对性和开放性的教学方式更加有利于学生对专业的理解和把握，学生通过在企业、实训室甚至是工地等实践场所直观、深刻地了解、掌握专业知识，同时通过这种实践教学学生对于理论与实际、专业与应用、教育与企业之间的联系体会更加深刻，也更能促使学生产生专业认同感，增加学生的实际经验和面对实际问题时解决问题的能力，进而提升学生的创新、创造能力。

参考文献

孔凡智、谢琪：《艺术设计专业学生创新精神与实践能力培养的探讨》，《湘潭师范学院学报》（社会科学版）2009 年第 5 期。

赵晓华：《导师制下本科生创新能力培养模式的探索与实践》，《中国电力教育》2009 年第 15 期。

吴海红：《艺术设计类专业学生创新精神和实践能力培养模式探索——课外设计工作室的构建》，《艺术与设计》2010 年第 9 期。

王娜：《高校艺术设计专业产学研合作教育模式的研究》，《赤峰学院学报》（自然科学版）2016 年第 23 期。

任虎、马辉：《关于综合性质高校培养艺术设计人才的几个问题》，《艺术教育》2007 年第 1 期。

章一而：《实现我国高校艺术设计教育创新发展的途径方法》，《佳木斯教育学院学报》2011 年第 1 期。

高职室内设计专业学生创意创新创业能力培养研究

一 高职室内设计专业学生创意创新创业能力培养概况

中国最新统计的数据显示，2015 年全国高校的毕业生总人数为 749 万，比 2014 年再增加 22 万，创下历史新高。大学生的就业形势更加严峻，大学生的创意创新创业能力的培养就显得日益重要，并且各大高校要把创意创新创业教育作为推进高等教育综合改革的重要抓手，把创意创新创业的教育贯穿整个教育教学过程中。

近年来，各大高职院校针对培养学生创意创新创业能力在教学和管理上都做了相应的努力，面向全体大学生开设了相关的创意创新创业专业的教育课程，并进行学分管理，改进了教学方法。在培养学生创意创新能力的过程中，许多高校教师也积极指导和鼓励学生参加省级乃至国家级的各类创意创新的比赛，使他们将理论联系实际，增强学生的创新和竞争意识。同时很多高校，也会聘请一些成功创业的企业家、专家、学者、投资者对高职学校进行就业指导和讲座，甚至兼职学生的指导老师，对大学生的创意创新创业进行一对一辅导，也取得了相应的成绩。

随着我国高职教育的快速发展，高职艺术设计教育也取得了一定的发展空间，这主要归因于两个方面，一是高职教育能力培养模式由最初的专业技能培养转为专业能力的培养；二是市场对人才的需求发生了根本的变化，越来越重视人才的创意创新意识和综合素质能力，这也对高职艺术设计专业学生的专业能力提出了更高的要求。而高职室内设计专业恰恰是各专业中极具实践性和创意创新性相当强的专业，但艺术设计专业的扩招和生源质量高低不一以及很多高职院校还在通过传统的授课方式进行教学，对培养本专业学生的创意创新创业能力造成了极大的阻碍，也使高职室内设计专业的教学特色受到社会的质疑，这种质疑务必会带来教学方法、教学理念、教育内容、教育手段的变革。面对市场化人才需求，高职院校亟待解决的问题是创新高职室内设计专业人才的培养模式，加大应用型人才的培养力度，在实践的基础上提高高职室内设计专业的学生专业能力，对我国高职教育的发展与改革也有着重要的参考价值。

二 高职室内设计专业学生创意创新创业能力培养存在的问题

依据高职院校自身的特色，明确高职室内设计专业人才培养的具体要求，通过个性化的专业特色，提高学生的创意创新创业能力，这是所有高校应该考虑和创新教学改革的关键问题。高职室内设计专业的学生不但应该掌握设计技能和方法，还应该涉猎文学、科技、理工等相关领域的知识，并将其贯穿在室内设计中。很多高职院校对室内设计专业的教学模式、教学设计进行了实践改革，以加强学生创意创新创业的意识和能力，但由于各方面的原因使得高职院校学生在创意创新创业方面还存在大量的问题，大体可概括为以下几类。

1. 学校对学生创意创新创业能力培养目标不明确

在强调创意创新的 21 世纪，创意创新已经成为社会发展的最重要动力，国家、社会、企业等都需要创意创新来促进发展，创意创新也直接促进创业的发展，所以在这一背景下高职院校对学生创意创新创业能力的培养是非常重要的。然而，目前高职院校在培养学生创意创新创业能力上还存在目标不明确，没有明确的方针、政策，以及还停留在口头、口号上的问题。

明确高职院校学生创意创新创业能力的培养目标是当下创新社会背景下高职院校最重要的方针，但这一方针在高职院校中还没有明确，还得不到足够重视，导致在教育教学方式和方法、教育教学资源和设施、教学理念、教学安排、专业和课程设置等方面都存在严重的问题。艺术设计专业是一门非常强调实践能力和创新、创意能力的专业，所以培养学生的创意创新意识和能力是非常重要的，没有创意创新的设计师只能模仿和抄袭，永远不可能有属于自己的独特、新颖和个性化的作品。所以，当下高职院校的发展首先需要明确学生创意创新创业能力的培养目标，以培养学生创意创新创业的意识和能力作为最重要的教学目标和任务。

2. 教学模式落后

目前，我国高职院校的教学仍然以传统的课堂讲授模式为主。这种教学方式以教师的直接讲授，学生的直接听讲，课本的专业知识和教师的个人专业知识和经验为基础，它的最大缺点就是理论脱离实际，不能使学生掌握足够的实际动手操作能力。创意创新创业能力的培养是离不开实践的，需要大量的实践操作，在实践中理解理论，在实践中发现问题、解决问题，从而更加深刻地掌握专业知识，在综合素质和能力得到提高的基础上进行创新。所以，单一的课堂教学模式是不能满足学生创意创新创业能力的培养，只有丰富教学模式，才能更好地提高学生的创意创新能力。

3. 教学资源和设施的不足

除了教学模式落后以外，教学资源和设施的不足影响了高职院校学生创意创新创业能力的培养。学生创意创新创业能力的培养需要学生深刻了解、掌握自己的专业技能，需要大量的实践活动，深层次地理解专业知识，在实践中进行创新创业活动，而这又需要充足的教学资源和设施来满足。

重视实践实训基地的建设和发展是高职院校培养学生创意创新创业能力最重要的教学资源。目前，我国高职院校在实践实训基地的建设上还存在严重的不足，甚至没有建设与专业相关的实践实训基地，这使得学生严重缺乏实践能力和专业操作能力，几乎没有解决实际问题的经验和技巧，而这也直接影响了学生创意创新创业的能力。

三 高职室内设计专业学生创意创新创业能力培养的策略

学生创新创意和创业能力的培养是当下教育教学中最重要的任务之一，同时也为学生未来具体工作实践打下坚实的基础，所以具有重要的意义。高职院校要想培养学生创意创新创业的能力，努力使学生成为具有独立创意创新创业的人才就需要从以下几个方面去努力。

1. 明确高职室内设计专业学生创意创新创业能力培养目标

室内设计专业人才不仅需要服务当今社会不同的顾客，面对新的环境和问题、不同的风格设计和室内空间设计问题，还需要表现自己独特、新颖的想法和观点，以及个人的审美趣味和对艺术的独特理解，这就需要室内设计从业人员具备广博的知识、极强的专业能力和对新事物、新思想、新理念的学习能力，所以无论从室内设计行业本身的要求还是社会经济的需要来说，室内设计专业的人才都必须具备开拓性和创造性能力，而这种开拓性和创造性能力的培养首先得从学校教育教学培养目标上明确。

高职院校室内设计专业培养的人才应是能够面向社会、服务社会、与社会良好契合的应用型、创造型艺术人才，他们是艺术生活化、生活艺术化的实践者和推动者。培养具有创意创新创业能力的室内设计专业人才，需要统筹兼顾，合理安排，制订完善的发展计划，从教育教学、发展理念、管理、教学设施的完善、教师的培养等方面整体建设，努力使学校教育教学与社会、经济、市场和企业联系起来，理论联系实际，促进学生创意创新创业能力的提高。

2. 丰富教学模式，提倡实践教学

高职院校在明确学生创意创新创业能力培养目标之后需要在教学模式上进

行改进，改变单一的教学方式，丰富教学模式。"授之以鱼不如授之以渔"，教师单一的讲授法，一味地将知识灌输给学生，而不将所学的知识运用到设计案例实践当中去，这样的教学模式会使学生的思维变得迟钝，并且一百个学生都是同一个想法，室内设计理念就变得固化，不利于学生创意创新思维的开发。

丰富教学模式，应该注重以理论与实践相结合的模式综合培养学生的创新创意思维，从原来的照本宣科转化为注重基础技术，重点强调理论知识的实用性和针对性。提倡实践教学，是丰富教学模式的重要策略，也填补了学生知识与能力之间的鸿沟。实践教学注重知识的运用和提高操作能力，使学生了解社会需求与自己所具备知识、能力的相互关系，从而明确自己未来的创业方向，更有利于培养学生的创意创新精神，为以后的创业提供不竭的动力。室内设计专业实践教学内容是丰富多样的。组织学生参加各类创意竞赛、进行案例教学、市场调研活动、教师带动学生积极参与自己申请的科研课题、与室内设计公司合作教学以及学生参与室内设计公司的实际项目等，可以丰富室内设计实践教学内容；学校将这些内容进行规范化，建立一套完整的室内实践教学模式；学校鼓励学生投入相关企业的实践设计，使学生勇于实践和探索，共同培养学生的创意创新精神，为社会提供优秀的创业人才。

组织学生参与各类室内设计创意大赛是值得提倡的实践教学方式，也是构成室内设计实践教学的重要有机组成部分。在室内设计专业内，竞赛的种类多样，有省教育厅组织的大学生创意设计大赛、国家室内设计师委员会组办的建筑创意设计大赛、各类国际组织的邀请精英设计大赛等；室内竞赛的奖项较多，有"Andrew martin 室内设计奖""金堂奖""筑巢奖"以及网站组织设置的最高当地人气奖等。这些竞赛活动的设立，多方位、多层次地为学生创意创新创业能力的培养提供了良好的平台。学生在课堂上学到的知识通过设计的作用能够在设计大赛中得到展示和检验；并且在比赛的过程中，学生也能掌握适合自己的设计方法和流程，完善和提升专业知识和技能；在参赛的选拔、培训、创作、竞赛、总结等环节上，通过学院和教师的专业指导，学生获得最有力的支持和鼓励，以最大限度地发挥创新潜能。

室内设计专业实践教学除了以上阐述的指导学生参加各类创意设计大赛外，也离不开室内设计公司的支持。在此，笔者提出高职院校与室内设计公司"合作教学"，以求教于同行。以室内设计公司作为主体，主导教学的实践设计案例，公司优秀的设计师可作为实践指导教学的第一指导老师对学生进行培训，学校教师可作为学生的第二指导老师，让学生所学知识切合市场的需求。高职院校室内设计专业学生的培养应顺应现代社会发展的需要，所以，创意创新能力的培养体系更需要进一步完善，以至于在创业过程中提升学生的竞争意识，使其赢得更多更好的就业机会。

3. 注重实践实训平台的建设

注重实践教学、提升学生的专业动手能力和创意创新能力需要学校加强实践实训平台的建设，为学生提供充足的实践基地。室内设计专业需要大量的案例教学和实践教学，在教学之余还需要学生利用所学的知识技能来解决相关的专业问题，做到理论与实践相结合。例如，室内设计专业学生在课堂上了解到室内设计的专业知识和掌握了相关的专业技能，但是如果没有社会实践经验他们就会缺乏对市场的了解，不能掌握社会、市场最新的动态和变化，也不会了解市场经济对室内设计的影响和变化，而这会直接影响设计的想法和风格。所以，对于室内设计专业来说，除了加强课堂上的实践教学以外，还需要学校建设一定的实训实践基地，模拟企业和公司，以及实际工作环境，采购相关的实践设施，让学生在具体的专业环境和实际的工作心态下体验、了解、掌握自己的专业，在实际操作中学习，在专业环境和专业问题下学习，这样才能更好地促使学生学习，才能促进学生的创新意识和具体的专业实践能力和实际创业的能力。

参考文献

杨建蓉、徐海青：《我国高职院校艺术设计专业人才培养现状及对策分析》，《当代教育论坛》2008 年第 4 期。

陈广、吴世江：《高职艺术设计类学生创新能力培养的研究与实践》，《硅谷》2009年第 14 期。

王真真：《关于高职院校艺术设计专业人才培养方案的探索》，《中国科教创新导刊》2010 年第 2 期。

龙云飞：《关于艺术设计教育中创造性思维的思考》，《职业技术月刊》2005 年第4 期。

章一而：《实现我国高校艺术设计教育创新发展的途径方法》，《佳木斯教育学院学报》2011 年第 1 期。

高校艺术表演类专业"编、创、演、导"创新型、复合型人才培养模式改革与实践

——以"合唱创编"课程为例

蔡春宝

改革开放已三十多年，随着我国国民经济的迅速发展，改革的成果体现在社会各项事业的发展上。高校人才模式的改革向纵深发展，高校艺术表演类专业的人才培养模式已经由精英教育培养模式，向多元化培养模式发展。[1]社会对音乐表演类艺术人才的要求，绝不是只能在舞台上演唱一首歌曲或演奏一段乐曲那么简单。传统的单一的精英型培养模式，显然已不能适应目前市场对人才多元化和创新性的要求。社会青睐的是专业技能好、综合素质高、组织能力强的复合型人才。高校培养的音乐表演艺术人才，只有具备良好的综合素质，并且积极投身到社会主义建设和为人民群众的服务的大潮中去，才能找到广阔的市场和展示的舞台。

一 当前国内艺术表演类专业人才培养模式的现状

1. 精英教育不是当今教学的唯一模式

自1977年恢复高考制度以来，已有40年的时间，我国高等教育在数量和质量上发生了翻天覆地的变化。原来高考的录取率由5%上升到现在的80%以上，可以说高等教育实现了由精英教育到大众教育的转变，接受高等教育不再是少数人的梦想。[2]中国的高等艺术教育历来是一种培养艺术精英的教育，对艺术表演类专业来说，原来每个省招生的院校只有极个别，现在只要是普通综合类高校都有艺术表演类专业。以音乐表演为例，音乐表演专业采取传统的精英培养模式，主要是为各文艺团体培养歌唱演员和演奏人才的。由于自身条件限制和学习时间较短，进入艺术表演类专业的学生毕业从事艺术表演的不足10%，而大部分的学生达不到表演级别的技术水平，但又是按表演级别的要求学习。所以学生的积极性和自尊心都不同程度地受到影响，妨碍了这部分学生

的专业发展。鉴于以上情况，可以根据学生的能力、兴趣和以后不同的就业方向，将学生分类培养，使其明确自己的专业定位。

2. 割裂的课程结构

以音乐表演专业为例，高等学校艺术表演类专业的课程结构，往往由以下几部分组成：①公共素质课（思想道德修养与法律基础、毛泽东思想和中国特色社会主义理论体系概论、形势与政治、实用英语、体育、计算机应用基础、军事理论与国防教育、大学生心理健康教育、大学生就业指导与创业教育等课程）；②专业基础课程（基本乐理、视唱练耳、初级和声、民族民间音乐欣赏、歌曲分析与写作、艺术概论、中外音乐史等）；③专业核心课程（声乐演唱、器乐演奏、钢琴演奏、形体与舞蹈、合唱与指挥、钢琴即兴伴奏等课程）；④公共选修课程（演讲与口才、公共关系学、影视赏析、数码摄影基础、网页制作基础等课程）；⑤专业选修（声乐组合、器乐合奏、表演基础等）。3~4年的课表被排得满满的，很多理论课占用大量时间，业余实践还要应付各门课的作业和考试。学生的自主学习实践和平台缺乏，更不用说学生的个性发展。学生学业涉及的课程门类过多，理论和实践脱节，如何打通各个学习环节，调动学生的主观能动性，艺术表演类"编、创、演、导"创新型复合人才培养模式改革水到渠成。

二 "编、创、演、导"创新型复合型人才培养模式的理念

高等学校艺术表演类专业学生除去为数不多的精英，大多数的学生综合能力不足。如何将各类课程有机结合起来，让学生在自主学习和实践中得到提高，由原来教师教，学生被动学习，转变为学生主动学习，教师引导的开放式多元化教学。以音乐表演"合唱编创"课程为例，经过2013~2017年5年的实践，"合唱编创"课程将"编、创、演、导"创新型复合型人才的培养模式的教学理念，贯穿到以下教学模块中，使学生割裂的课程有机地结合起来，变被动为主动，学生的学习积极性和动手能力大大提高，毕业生得到用人单位的一致好评。具体培养模式如下。

1. 大师工作室模式

专业上的大师对学生的影响是无穷的，是学生一生追求的目标。大师不仅在专业和学术上有很高的造诣，而且在师德人品上也是学生学习的楷模。卓越的大师不仅要将知识传授给学生，更要将创新思维传授给学生，并且引导学生确立终生学习和从事这个专业的坚定信念。有了这个信念，学生的学习变被动为主动。教师启发引导学生，使学生成为集创作、表演、编导、研究、教学为

一体的创新型复合型人才。有目的、分步骤，由浅到深指导学生亲自创作、改编一些合唱作品。具体方式如给歌曲编写二部合唱，再由此发展成为三部、四部、混声合唱等。经过教师辅导，成熟的合唱作品由同学们自己导演，自己演唱。这样，学生能够将各个课程综合运用起来，达到学以致用的教学目的。比如师生们共同创编的《水乡的期盼》《鄱阳湖畅想曲》《共和国之恋》《老师我想你》等曲目，多次荣获江西省合唱比赛一等奖，社会反响良好。

2. 专业团体模式

一个优秀的合唱团体，是声乐表演的最高艺术形式。它有很高的思想性和艺术魅力，任何声乐艺术形式不能与合唱相比。合唱团在专业指导老师的带领下，为达到共同目标而努力。这样目标明确，指向性较强，师生的积极性较高，教学效率也高，演出和比赛比单纯的合唱课成效明显。教师将"编、创、演、导"分角色让各组同学完成，让学生在教学的各个关节上都有锻炼，提供学生学习交流和实践平台，实现实践与理论的有机结合。5年来取得了江西省"畅想鄱阳湖"电视大赛、江西省首届大学生合唱比赛、江西省第八届大学生艺术展演等比赛四项一等奖；江西省第八届大学生艺术展演、江西省第六届艺术节声乐比赛等六项二等奖；"中国·集美"全国大学合唱比赛常规组和流行组的优秀奖。

3. 项目驱动模式

一场专业的合唱音乐会，让学生从策划、创作、编导、演唱等各个环节都亲身参与，培养学生的创造力和想象力，往往得到很好的效果。例如，主题音乐会、原创音乐会、毕业音乐会等，让每个学生施展才华，体验成功的喜悦感，增强学生对专业的自信，充分挖掘每个学生的潜力，有利于艺术表演人才的培养。比如2015年12月5日成功举办的"岁月如歌合唱音乐会"和2016年江西省高雅艺术进校园歌剧《党的女儿》等项目。

三 "编、创、演、导"创新型复合型人才培养质量评价体系

传统考试往往是单一的考核模式，现在将原来的单项课程、单一的个人考核，改革为团队考核。将创、编、研、导各个项目综合考核，重点考察学生的想象、组织和综合分析与运用等能力。学生的自主学习能力提高，综合工作能力提升，大大增强了集体和团队意识，有利于学生适应多个岗位不同要求。

四 结语

高校艺术表演类教学模式改革任重道远。加快艺术表演类从精英教育向创

新型复合性人才培养模式的改革，应根据各类学生的特征和优势，建立多种人才培养模式。但前提是加强教师综合能力的提高和培养，通过各种科研平台和学术交流方式，和国内外顶尖学府建立长期合作和培养年轻教师的机制，不断提高教师教学和科研水平。高校艺术表演类"编、创、演、导"创新型复合性人才培养模式，是对我国高等院校艺术表演类专业人才培养模式改革和发展的有益尝试和探索。

参考文献

［1］龚亚红：《论高校音乐表演类艺术人才的培养模式》，《音乐探索》2010 年第 1 期。
［2］王砾玉：《关于影视表演艺术人才培养模式的思考》，《电影评介》2009 年第 10 期。

大学生小组合作学习能力的调查研究

——以江西师范大学为例

熊晶晶

一 大学生小组合作学习能力的现状以及背景情况

在经济全球化的21世纪，一切创新研究都将是整体性的工作，需要团队的合作，共同的创新。合作，不仅是学习的需要，也是社会工作的需要，更是生活的需要。"合作不仅是一种学习的方法，还是一种生活的态度。"① 在竞争激烈的当代，知识更新的速度越来越快，这样不同专长的人之间的相互依赖的关系，合作意识与合作能力已经成为人们生存发展的重要品质。从人的发展来看，与他人进行交往是人的内在需要，而小组合作学习也正是符合人的发展需要和学习需要的。一直以来，教师在教学过程中都是占据着主导位置，而学生也是一直接受着填鸭式的教学，教师讲什么，学生记什么，而后再通过考试将所学的内容反馈出来。随着教育制度弊端不断被发现，越来越多的教育研究者提出一种新的学习模式——合作学习。通过合作学习，高等教育的教学模式得到了改变，不再是教师直接将知识传授给学生，而是教师通过指导，让学生们自己去探究学习，学生是学习过程中的主体，在不断的合作学习中，学生不断发现问题和解决问题，加深了对知识的理解，拓展了思想的深度，而评价的方式也不是那么的单一，也不是只有唯一的神圣的答案。由此可见，高等教育不再是将一切知识教给学生，而是教会学生如何学习。

二 大学生合作学习能力的调查分析和实践研究

1. 大学生小组合作学习的总体情况

从合作学习的整体能力来看，江西师范大学的合作学习能力仍有待提高，

---

① 〔美〕George M. Jaeobs，Miehael A. Powez，Loh wan Inn：《合作学习的教师指南》，杨宁、卢杨译，中国轻工业出版社，2005，第8页。

这说明了以下几个问题：①在基础教育不完善的情况下，学生的学习能力没有得到较好的培养，因而当前政府在大力推行素质教育，努力开展探究性学习来发展学生的学习力；②高校应加强对大学生的学习能力的培养，在课堂上要致力于培养学生的自主学习能力，通过培养学生的学习兴趣、教给学生有效的学习方法来增强学生的学习能力。同时，由于大学生的自主性比较强，在学习的过程中应以自主学习为主，因而，高职院校应通过在课外举办相关的学习活动来提高其自主学习能力，而目前江西师范大学的团队高原计划项目就是一个很好的案例。

根据曾琦博士的合作学习五大要素设计了本次研究的调查问卷，将小组合作学习的能力分为合作能力、社交技巧、自主学习能力和思辨能力四个维度，而每个一级维度下又有若干个二级维度，其中合作能力有 3 个二级维度，它包括团队意识、个人责任和项目分工；社交技巧包括倾听、交流、分享和协作 4个二级维度，自主学习能力则大致分为知识获得与应用、学习过程的自我监控能力、评价与反思能力 3 个二级维度。

表 1　大学生小组合作学习能力的调查问卷架构

一级维度	二级维度	包含项目（问卷题目）		
合作能力	团队意识	1	4	11
	个人责任感	3	5	13
	项目分工			2
社交技巧	倾听		6	10
	交流	7	9	15
	分享			15
	协作		10	11
自主学习能力	知识的获得与应用	8	12	16
	学习过程的自我监控能力		13	19
	评价与反思能力	16	17	18
思辨能力	思辨能力	5	11	14

在团队高原计划项目中，大学生的合作能力总体表现优良，其中，团队意识较强，对于自己所在的小组有较强的认同感，同时，个人责任感也较高，能够较为积极地参与小组合作，按要求完成任务。但在项目分工上，大多数同学缺乏相关的能力，对于小组中成员角色划分模糊，而且 58.2% 的同学所参与的小组合作活动中根本没有进行分工，同学们对于分工合作缺乏清晰的认识。

在团队高原计划项目中，大学生的社交技巧总体表现较好，尤其是倾听和分享上表现优秀，同学的基本上能够在小组合作过程中认真倾听其他小组成员的发言和观点，而对于自己所拥有的资料和观点也都是非常乐于与他人分享沟通的，在协作的表现上，多数学生都能够在发现问题的时候及时和小组其他成员共同解决，但是在有效交流上的表现相对要弱一些，在交流的表现上，多数同学能够保持良好的态度与他人进行沟通，也基本能表达自己的观点，但能准确表达观点的只有 15.4%，由此可见，大学生的交流表达技巧还有较大的提升空间。

大学生的自主学习能力总体表现较差，从知识获得与应用能力来看，大多数学生的知识获得来源较为单一，基本上由网络和书籍这两种途径获得，而通过参加交流会，和老师或与他人进行沟通交流，自己通过实验或实地考察等途径来获得知识的较少，同时在合作学习过程中获得的经验也较少能应用到其他方面的学习当中；而自我监控能力则表现较好，都能够自觉完成所分配的任务，但是计划性不够强，经常制定计划的仅占所测学生中的 12.3%；评价与反思能力较弱，能够经常在合作学习中进行分析、评价并适时修改整顿方案的仅占 14.1%，大多数同学很少进行小组评价和反思小组合作过程中出现的问题。

大学生的思辨能力处于中等水平，大部分学生能够主动积极思考，但都需在老师或他人的提示下才能想出解决问题的办法，独立思考和独立解决问题的能力较弱。

2. 大学生小组合作学习的年级差异

研究发现，大学生合作学习能力的年级差异不显著。整体表现没有随着年级的增长而提高。就合作能力表现而言，团队意识差异不大，大二的优秀率高于其他年级的学生，个人责任感和项目分工能力大一、大二的学生要高于大三、大四的同学。在社交技巧上，倾听能力和交流技巧大一、大二学生的整体表现优于大三、大四学生。自主学习能力方面，大一的自我监控能力明显高于大二、大三和大四的学生，而知识的获得和评价反思各年级无明显差异。

大学生的合作学习能力为什么没有随着年级的增长而提高呢？笔者认为可以从以下几个方面解释：①大一和大二阶段，是大学生活学习的主要阶段，在此期间，学生参与的小组合作学习机会较多，学习态度也要好于大三、大四的同学，因而在合作能力、社交技巧、自主学习能力的表现上要优于大三、大四的同学。反之，大三、大四的学生由于面临考研和工作，参与小组合作学习相对来说会少于前两个年级，而且大三和大四学生的学习状态也没有大一和大二的好。②大一新生刚入校，对大学生活有着新鲜感和陌生感，参加各类活动的积极程度远高于其他年级的学生，他们希望在大学里能有所收获，有较强的学习动机，在学习过程中他们愿意投入心思，因而在学习过程中，自我监控能力明显高于大二、大三和大四的学生。

那么，在大学教学应该采用怎样的措施来逐步提高大学生的合作学习能力呢？笔者认为要针对不同年级的学生特点采取不同的措施：①对于大一新生，大学的教学要和高中的教学不一样，教学观念要更开放，教学的趣味性和自主性也应该高于之前的传统教学。同时，要加强对大一学生学习观念和学习方法的指导。②对于大二学生，要注意培养其学习兴趣，引导他们处理好学习活动和其他活动的关系。③对于大三和大四的学生，学校可以主办与学习工作相关的团队活动，增强其在实践活动中的合作学习能力。

3. 大学生小组合作的性别差异

研究发现，大学生合作学习能力的性别差异显著。男生在知识获得与应用能力和思辨能力上优于女生，女生在合作能力和社交技巧上要优于男生，在自主学习能力中，女生的自我监控能力要优于男生。

有些研究也有类似的发现。比如，女生比男生具有更高的学习动机，也更注重学习时间的管理和学习环境的创设（余娟，2005；Helen，1999）；又如男生比女生更主动地去获取课堂外的知识来丰富自己的知识，并尽可能地把已有的知识联系起来再探求新知识，而女生比男生更善于制定计划，合理安排学习和练习时间（蒋素梅，2004）。

男生、女生在合作学习上的差异有以下几种原因：①社会性别角色的认同差异。我们的社会文化对男性与女性的要求不同，一般情况下，要求女生文静、乖巧、顺从，对于男生则要求进取、勇敢、果断等，在大环境的影响下，女生多会成为任务型的人，在学校对学习也比男生要认真，而男生则更注重独立性和创造性，和女生相比有不同的学习态度和方法。②男女生对大学生活的认知差异。女生在大学中，更注重学习，她们把精力和注意力都放在学习上，将学习课程作为主题；男生则更多地注重社会实践和未来生活，课程学习只是大学生活的一部分，因而造成了男女生在合作学习中的差异。

在大学教学中，学校和教师应注意到男生、女生的性别差异和他们整体的性格特征差异，既注意引导发展男生、女生各自的优点和特长，又要注意采取一定措施弥补其各自的不足。

4. 大学生小组合作学习中存在的问题

笔者通过对调查问卷的分析发现江西师范大学生在小组合作中存在着一些问题，主要表现在以下几个方面。

①在小组合作过程中，分工不明确。众所周知，分工与合作是一对孪生兄弟，有合作，就会有分工，只有进行明确的分工，各个小组成员才能够明确自己在小组中所扮演的角色，以及所应承担的任务，只有分工明确了，小组成员

才能更好地发挥其特长，提高学习的效率，增强小组合作学习的效果，但是调查显示的结果却不尽如人意，有超过一半的大学生在参加小组合作学习的整个过程中都没有进行明确的分工，由此可以得知，在合作的过程中，小组成员间分工混乱，学习任务重叠，消耗了许多不必要的时间和人力。

②小组合作学习缺乏计划，随意性较大。计划的缺乏正是体现了大多数大学生在小组合作过程中目的性不明确的一个特点，大多数同学根据平时活动中的大目标而展开学习进程，但在学习过程中，不会根据目标来安排学习计划，以至于目标不够具体明确，时间安排和完成任务都有很大的随意性，目的不明确只能导致许多学习活动做了无用功，同时也浪费了大量的时间，甚至为了赶进度，随意敷衍，只是为了完成任务，而不是为了学习，在这种情况下，学习的自主性和目的性大大降低，根本达不到小组合作学习应有的效果。

③知识获得途径单一，学习资源利用率不高。知识获得的途径有许多种，如网络资源、图书资料、课堂教学、交流会、实地考察等，问卷结果显示，多数大学生的知识来源于网络和书籍刊物，而很少通过与老师或他人的交流或者实地考察等方式来获得知识，同时，在少有计划的情况下不能合理有效地利用时间来学习，对于在合作学习过程中所学到的知识经验也很少运用到下一次的学习中。

④评价反思能力较弱。学生中能够经常在合作学习中进行分析、评价并适时修改整顿方案的仅占 14.1%，大多数同学较少进行小组评价，并且很少反思小组合作过程中出现的问题。对于其他小组的评价和总结也很少关注，不能有效地借鉴其他小组的经验来反思自身。

⑤独立思考的能力较差。75.5% 的大学生表示遇到困难时，要在老师、朋友他人提示的情况下才能够想出解决办法，能够自觉想到解决办法的仅占所测人员的 23.3%。

三　总结与建议

1. 研究的主要结论

本论文通过大学生小组合作学习能力问卷的调查和小组跟踪调查，得到了以下几点结论。

（1）本研究验证了大学生小组合作学习能力尤其是自主学习能力和思辨能力不足的理论假设。而调查结果基本上与笔者的理论构思相符。

（2）大学生小组合作学习能力的水平状况不是很好，合作能力和社交技巧较好，自主学习能力和思辨能力都只是处于中等水平，还有很大的提升空间。

（3）在小组合作学习中，学生团队意识和个人责任感较强，能积极参与小组讨论，暂时完成任务。

（4）倾听和分享能力较好，能够认真听取他人的观点，在合作学习中，乐于分享自己的资源与观点。

（5）大学生小组合作学习中存在 5 个主要的问题，即分工不明确、缺乏计划，随意性较大、知识获得途径单一，学习资源利用率不高，评价反思能力较弱，独立思考的能力较差。

（6）小组合作学习能够锻炼和提升学生的合作能力、社交技巧、自主学习能力和思辨能力。

（7）大学生合作学习能力的年级差异不显著。整体表现没有随着年级的增长而提高。就合作能力表现而言，团队意识差异不大，大二的优秀率要高于其他年级的学生，个人责任感和项目分工能力大一、大二的学生要高于大三、大四的同学。在社交技巧上，倾听能力和交流技巧大一、大二的整体表现优于大三、大四。自主学习能力方面，大一的自我监控能力明显高于大二、大三和大四的学生，而知识的获得和评价反思各年级之间无明显差异。

（8）大学生合作学习能力的性别差异显著。男生在知识获得与应用能力和思辨能力上优于女生，女生在合作能力和社交技巧上优于男生，在自主学习能力中，女生的自我监控能力优于男生。

2. 建议

（1）对高校的建议

对于有效地进行小组合作教学，学校的作用是不容忽视的，校领导应当营造合作的氛围，让学生处于一种积极、融洽的学习氛围当中。当然，学校精神文化的建设不是一蹴而就的，而是经过漫长岁月和大量的积淀才能形成的。在此，建议学校从日常教学的管理政策、举办活动、评价和奖励制度等方面做出改变。

①在管理政策上进行突破。校领导可以积极倡导小组合作学习的方式，多鼓励教师用小组合作形式进行教学，甚至可以允许教师在日常课堂教学中进行小组合作学习。由于传统教学模式的影响，教师习惯于直接讲授知识点，用灌输的方法教育学生，按照规定的课堂教学计划完成讲课，而很少给予学生"自由"，事实上，笔者认为，偶尔在日常的课堂教学上展开几次课堂的小组合作学习也是值得一试的，在这样的情况下，教师可以更直观地了解学生在小组合作中出现的问题，同时也可以指导学生用正确的合作学习方法来学习，从而提高小组合作学习的效率。

②积极举办团队活动。学校应积极主持开展以团队为单位的活动，同时鼓

励学校各学院或各部门积极开展以团队为主的各项活动，在学校的积极领导下，其影响力也绝对是大于单个学院或者老师的。同时，也要注意开展活动的多样性，小组合作学习是能够应用在多种情况下的学习方法，不仅可以通过它加强书本知识的学习，也可以加深对实践知识的理解和运用。

③完善评价和奖励制度。奖励的对象包括教师和学生，目前各大高校都比较注重教师的研究能力，而对于教师的教学能力的要求则不是很高，因而很多教师也都注重科研，忽视实际教学，学校应改变评价机制，将实际教学能力加入评价机制中，同时增加对实际教学的奖励机制，有利于教师对教学工作重心的调整。对于学生来说，活动的认可和奖励也是他们参加活动的重要原因之一。

（2）对老师的建议

①划分合理的合作学习小组是成功进行小组合作学习的前提。在当前的课堂教学中小组合作学习成员的构成具有一定的随意性，一般是根据既定的座位顺序来临时组合的，因而在安排小组合作学习成员时不能统筹考虑各成员的性格特点、学习能力、合作意识等因素，具有很大的随意性。要实现有效的小组合作学习，就必须将全班学生依其学业水平、能力倾向、个性特征、性别以及社会家庭背景等方面的差异组成若干个异质性学习小组。合作学习小组成员的组成一般遵循"组间异质，组内同质"的原则，这样既可以增强小组合作成员的多样性，同时又可以增强合作学习小组间的可竞争性。

②教师观念的改变。在教学策略研究中有一种倾向是把主体参与与小组合作学习对立或并列起来，这容易使人们产生一种误解，似乎主体参与与小组合作是两种彼此没有关系的教学策略。此时，需要教师区分两者，加强对小组合作的了解。

③合理科学组织小组合作学习。小组合作是一种现代教学的组织形式，它在教学中并非必不可少。有些教学内容适合于小组合作，有些就不一定适合。此时就需要老师有合理的组织。当然也会有教师匆匆组织，又草草收场，形式主义倾向明显，教师需要加强科学理论的学习。

④正确的指导。教师应在课堂小组合作学习的过程中合理引导，积极调控，扮好学习促进者这一角色。及时解答他们遇到的问题，有效的课堂小组合作学习，教师应是小组合作学习的促进者，师生之间更多的应是平等的交流与互动。

⑤建立一种合理的小组合作学习评价机制。小组合作学习的成功是基于小组合作成员的共同努力，必须发挥每个小组成员的最大潜力，它讲求的是整体目标达成的同时实现个人目标。所以要确立一种促进学生在小组集体中不仅个人努力并且乐于与同学互助合作的良性制约机制。因此进行小组合作学习评价时要把学习过程评价与学习结果评价相结合，对合作小组集体评价与对小组成

员个人的评价相结合，在此基础上要侧重于过程评价和小组集体的评价。把过程评价与学习结果评价结合起来，就可以使学生更关注合作学习的过程，使他们认识到对他们最有意义的是合作学习的过程。

（3）对学生的建议

①分工要明确。分工与合作是两面一体的存在，在小组合作学习中，分工明确是一个非常重要的步骤，通过分工小组成员能够清晰明确了解自己在小组合作过程中所担任的角色和应该完成的任务，同时也为成员间有效地沟通交流打好坚实基础，分工的过程其实就相当于一个权责分明的过程，只有分工好了，成员间各项目的交接才能做得更好，也能有效地进行合作学习。而小组成员间的分工也有许多种划分，要根据合作项目来选择最优分工。而分工大致可从两方面进行——角色分工和任务分工。角色分工，顾名思义就是成员在小组中担任的职务，而担任该职务，在日常小组合作学习中要自觉完成该职务所要求的任务，而角色分工可以在固定的小组合作学习中固定角色。在此，举一个较为常见的角色分工的例子：组长负责分配工作和监督工作的完成；发言人代表小组展示成果、发言；记录员负责记录总结。任务分工，就是按照任务内容进行分工，而在分工时要根据小组的学习目标和每个同学的自身特点来分配学习任务。每次的学习任务不一样，目标不同，因此在每次的小组合作过程中都必须给每位成员重新分配任务。在小组合作学习中，要将这两种分工处理好。

②要制订好学习计划。制定计划，是将目标进一步细化，做到具体明确。通过制订计划，小组成员能够清楚明确地知道在什么时间做什么事，即提高学习时间的利用率，很多时候，在校大学生都是因为不能够合理分配学习时间，导致小组合作学习的效果不佳。因此，制定学习计划至关重要。而制订学习计划很重要的一点就是将目标细分，在小组接到一个学习任务的时候，要学会将该任务按照一定的逻辑关系（如因果）划分成若干个子任务，再为每个子任务安排好需完成的日期，定期进行总结和沟通，加强学习的目的性。

③要进行小组监控。小组监控是按照某些标准观察、记录并且评估小组合作学习进展的过程，它是一个适时的监督的过程。在这个过程中，学生能够掌握合作学习的情况和信息，了解学习的进展和目标差距，同时，能够根据监控的结果调整不恰当的学习策略和进程。小组监控的内容包括：每位成员子任务所涉及的重点、在完成子任务中遇到的问题或困难并且怎样才能将这些问题或困难解决掉。而在完成所有子任务后，汇集整理材料，就可以进行成果展示了。

④要及时完成小组评价和反思。评价就是总结和反思的过程，评价是小组合作学习，也是学习过程中的重要组成部分，通过评价学生可以清晰地了解学生在学习过程中的优缺点，对学生进一步深入思考有着启示作用，对于优化学

习方法有重要的作用。学生可以在每个子任务完成后进行一次小结，在大目标完成后做一个总结。同时对学习成果进行分析，把优缺点都整理清楚，对于不足的地方该怎么去改进，而优点又体现在哪些方面，在什么样的情况下，这些方法同样是适用的等等。而在反思完后要尽量将反思结果对成果做一个补充和完善。

参考文献

文涛：《论有效的课堂小组合作学习》，《教育理论与实践》2002 年第 12 期。

李玉芹：《利用"小组合作学习"培养学生学习能力的方法》，《教育实践与研究》2005 年第 6 期。

刘玉清：《小组合作学习中培养学生的哪些能力》，《辽宁教育》2012 年第 16 期。

曾琦：《合作学习的基本要素》，《学科教育》2000 年第 6 期。

曾琦：《普适性的合作学习方法——小组成绩分享法简介》，《学科教育》2004 年第 5 期。

曾琦：《合作学习研究的反思与展望》，《教育理论与实践》2002 年第 3 期。

刘吉林、王坦：《合作学习的基本理念（一）》，《人民教育》2004 年第 1 期。

李献奇：《校本课程目标制定中学生研究缺乏的成因分析及对策》，《黑龙江史志》（增刊）2008 年第 1 期。

郭传省：《小组合作学习的研究》，山东师范大学，2003。

董晓：《在小组合作学习中培养大学生自主学习能力的研究》，扬州大学，2009。

张茜：《透视"小组合作学习"》，华东师范大学，2007。

周窦华：《关于小组合作学习有效性的问题与思考》，《教学与管理》2004 年第 22 期。

尚金兰：《复杂理论视域下的小组合作学习研究》，华东师范大学，2012。

任春华、桑青松：《大学生自主学习的影响因素及其培养途径》，《安徽师范大学学报》（教育科学版）2006 年第 11 期。

附录 大学生小组合作学习能力的调查问卷

关于大学生小组合作学习能力情况调查问卷

　　您好！这是一份研究性的问卷，旨在了解大学生在小组合作学习中的合作交流与沟通能力，思考和答辩能力的情况，希望能够获得您的支持与协助。本问卷共19道题，3分钟之内可以完成，主要想了解大学生小组合作学习能力情况，因此烦请您仔细阅读每一项叙述，并选择符合您的实际情况的选项。

　　本问卷的各个题目的答案并无对与错之分，填写采用不记名方式，您的任何答题情况和个人信息都将严格受到保密，不会泄露给他人，请您根据实际情况认真填写问卷，放心作答谢谢！

　　您所在的学校：＿＿＿＿＿年级：＿＿＿＿＿性别：＿＿＿＿＿专业：＿＿＿＿＿

　　1. 您会经常组织或者参与小组合作学习吗？

　　A. 经常　　　　　　B. 有时　　　　　　C. 偶尔　　　　　　D. 从不

　　2. 参与小组合作学习时，您一般扮演什么角色？

　　A. 组长，分配工作并监督完成　　　　B. 代表小组的发言人

　　C. 记录员，负责记录总结　　　　　　D. 策划人，为活动出谋划策

　　E. 没有明确分工

　　3. 在日常学习中，您会主动的要求进行小组合作学习吗？

　　A. 经常会积极主动要求　　　　　　　B. 有时会主动要求

　　C. 偶尔会要求　　　　　　　　　　　D. 不会，一般由别人提出

　　4. 在进行小组讨论和合作学习中，您经常参与讨论吗？

　　A. 经常积极参与讨论　　　　　　　　B. 有时会参与讨论

　　C. 偶尔参与讨论发言　　　　　　　　D. 从不发言

　　5. 当接到学习任务后，您会怎么做？

　　A. 马上和小组成员进行讨论　　　　　B. 先积极独立思考，然后相互讨论

　　C. 自己思考不告诉其他成员　　　　　D. 等其他成员说出答案

6. 当别人发表观点时，您一般注视着哪？

A. 对方的眼睛　　　B. 东张西望　　　C. 自己的本子　　　D. 对方的身上

7. 在小组合作学习活动中，您能？

A. 准确表达自己看法　　　　　　　B. 能表达自己看法

C. 基本能表达自己看法　　　　　　D. 不能表达自己看法

8. 对于您所分配的任务，您总是可以找到与条件相符合的资料，并且，在小组内部的通过率比较高.

A. 完全不符　　　B. 基本符合　　　C. 有点符合　　　D. 基本不符

9. 当您对组员发言有不同意见时，你一般会怎么做？

A. 打断对方提出自己的观点　　　　B. 耐心听取别人说后再说

C. 保留意见

10. 在小组讨论问题时，如果是一个平时能力较弱的成员在发表观点，您认为他的观点有价值吗？

A. 觉得没有价值，没必要听　　　　B. 可能会有价值，随便听听

C. 认真听取，三人行，必有我师

11. 在活动过程中，如果你发现你们一开始制定的活动规则有问题，您会怎么做？

A. 装作不知道　　　　　　　　　　B. 向组长提出，修改活动规则

C. 修改了活动规则后，再向大家汇报

12. 在小组合作学习中，您自己进行的探究性学习是怎样的？

A. 查阅书籍，刊物　　　　　　　　B. 上网查阅

C. 请教老师及其他人　　　　　　　D. 实地进行考察

13. 在小组学习中，您会经常自觉地完成小组分派的任务吗？

A. 总是自觉完成　　　　　　　　　B. 经常要组员提醒才会完成

C. 经常拖延完成　　　　　　　　　D. 不会完成

14. 当您所分配任务遇到困难时，您会怎么做？

A. 总是可以自己想到解决办法

B. 在他人（老师、朋友等）的提示下想出解决方案

C. 放一边，不管它

15. 当您的组员向您求助时，您的态度如何？

A. 盛气凌人　　　B. 耐心授教　　　C. 敷衍了事

16. 您在合作学习之后会进行经验总结？在总结之余会将所得运用到下一次学习中么？

A. 经常会并且经常运用　　　　　　B. 有时会，但很少运用

C. 偶尔会，不怎么运用　　　　　　　D. 不会

17. 您所在小组合作学习中会进行分析、评价，并适时修改整顿方案吗？

A. 总是会　　　B. 有时会　　　C. 偶尔会　　　D. 不会

18. 在进行小组自评时，除了您所在小组所总结的经验，您会了解其他小组所得出的结论自评嘛？

A. 总是会　　　B. 有时会　　　C. 偶尔会　　　D. 不会

19. 在小组学习之后，小组会定好下次进行小组学习的时间吗？

A. 经常会制定　　　　　　　　B. 有时制定

C. 偶尔制定　　　　　　　　　D. 不会，都是临时通知的

高职计算机网络技术专业"工学结合"人才培养模式的探讨

周 萍 王业平

高职院校是技能型人才培养的重要基地，其每年为全国各地输送了大量的技能型人才。如今，我国已经进入信息化时代，信息技术无处不在，不论是进行工业生产，还是在课堂上学习文化知识以及生活娱乐，都离不开计算机网络技术的应用。由此可见，学生在校学习期间学好计算机网络技术的重要性。

一 我国高职院交培育计算机网络技术人才的现状

自进入 21 世纪以来，随着经济全球化进程的加快，信息化建设的速度也越来越快，"信息高速路"基本上覆盖了全国各地，尤其是近年来，电子商务的兴起和发展，越来越多的居民运用电子商务平台购物，第三方支付交易平台出现等，这些实际上都是以计算机网络技术作为支撑点而开展的。由于经济、政治文化发展的需要，社会对计算机网络技术人才的需求面也愈加广，网站维护工程师、软件编程设计师、网络安全维护工程师、网络后台开发与运营工程师等专业的 IT 技术人才可谓供不应求。市场的需要，促使许多高职院校在发展建设过程中，开设了计算机网络技术专业，为社会培养了大量的计算机网络技术专业人才。

但是，对于当今社会来说，尽管计算机网络技术早已不是新鲜事，在日常生活、工作和学习中的应用也极为广泛，大部分"90 后"的学生对计算机也有一定的认识和了解，但我国高职院校的计算机网络技术人才培养却还是处在摸索阶段。大部分高职院校开设这门课程是在 21 世纪之初，缺乏相关的教学经验，只能是"摸着石头过河"，而且不同学校由于教学定位、办学方针的差异，在培养计算机网络技术专业人才时，培养模式和方法都存在着不同。这些问题反映了我国高职院校的计算机网络技术人才培养现状不是很理想。比如说，大部分高职院校在开设计算机网络技术专业时，没有进行充分地市场调研，不了解市场的发展动向，盲目跟风，如有的专业只是一时热门，学生经过三年的学习之后，这个专业已经从热门变成了冷门，学生的就业很有可能会因此受到影响。此外，有的高职院校资金有限，教学条件差，在办学过程中无法满足学生的实训和学习需要，使得他们所学习的知识与社会需求严重脱节，致使高职院校的计算机网络技术专业人才培养质量不理想。

二　高职计算机网络技术人才培养模式的思考

社会在不断地发展进步，教育事业也发生了巨大的变化，在新时期高职院校的教学模式和办学风格也发生了较为明显的变化。通过上文中提到的高职院校计算机网络技术人才培养现状，笔者认为，高职院校要想做好计算机网络技术人才培养工作，必须顺应时代发展潮流，做出相应的改变，才能更好地向前发展。首先，高职院校在培养计算机网络技术专业人才时，需要找准自身的立足点和发展点，要明确高职院校和本科院校的区别。高职院校主要是培养技能型人才，因此，对学生的动手能力要求比较高，那么在进行人才培养时，就应立足于这些要求培养合适的人才。其次，教师的教学能力对于专业性人才培养也有着极为重要的作用，如计算机网络技术是一项不断发展变化的技术，今天一项新技术诞生，受到了较多人的追捧，可能在明天这项技术就已经被其他的新技术所取代。因此，高职院校在培养专业的计算机网络技术人才时，必须提高教师的教学能力，在选拔教师时，要选拔综合素质过硬的教师，而且在平时也要鼓励他们学习新知识，接触新事物，掌握最新的计算机技术，并将其传递给学生，营造良好的学习氛围。最后，在培养专业技能型人才时，教学模式的选择也十分重要，教师要学会根据高职院校学生的特点以及学校的教学条件，创造合适的教学模式开展教学工作，这样才能更好地促进教学的发展，实现教学目标。

三　高职计算机网络技术专业"工学结合"人才培养模式的实施

1. 转变教学方法，培养学生的创新能力

在实施"工学结合"人才培养模式培养计算机网络技术专业人才时，首先是要转变教学方法。目前，虽然我们一直都十分提倡教学改革，注重对教师进行培训，转变他们的教学方法和教学理念，但是，在实际的教学中，笔者发现这项工作的落实情况并不是十分理想。以高职院校为例，大部分教师在教学时，教学观念还较为传统，教学思维受到了应试教育的影响，没有将学生放在与自己平等的位置上，只是被动地教授课本上的知识，不注重培养学生的创新能力。

比如，有的学生对于教师所讲解的理论知识不是很感兴趣，但是他们的创新欲望比较强烈，乐于创新。比如有的学生根据自己的生活习惯，从同学需要的角度出发，创造出了"今天，我为你点菜"的便捷式点餐 APP。但是教师对学生的这种创新不置可否，更注重学生的考试成绩，教师的态度会对学生的学习产生一定的影响。所以说，要实施"工学结合"人才培养模式，首先需要转变教师的教学方法和观念，积极地鼓励和培养学生的创新能力。

2. 校企合作，培养学生实践能力

高职院校在培养计算机网络技术人才时，要实现"工学结合"的人才培养模式，其中"工"的部分就十分的重要，而要做好这部分工作，校企合作是一个重要途径。目前市场上计算机网络技术企业很多，高职院校可以积极地与相关企业建立联系，实施"订单式"人才培养方案，与企业签订协议，企业为高职院校提供最新的技术，高校则为企业提供相关的技能人才，这样能够实现企业、学校和学生的三赢。比如说，学生在校学习一段时间之后，可以前往企业实训，将自己所学习的知识运用到实践中，了解自己所学的知识与实际需要之间存在哪些区别。此外，在教学中，实施校企合作，还能使学生了解社会对人才的需求，掌握企业的各项规章制度，使他们能够及时为自己以后的发展树立目标，更好地求职和就业。

3. 建立在校工作团队，锻炼学生综合能力

"工学结合"的人才培养模式，对于学生的"工"和"学"要求都比较高。从计算机网络技术的角度出发，理论知识的学习难度不大，因此教学的重点就在"工"，而要做好这一点主要就是实训。以笔者所在的学校为例，为了更好地培养学生"工"方面的能力，我们曾尝试建立了在校工作团队，将有意愿提升自己能力的学生，纳入工作团队之中，团队内的学生互相交流和学习，可以为自己所在的院系做一些计算机专业的工作，锻炼他们的能力，如管理系部的网站，负责后台的运维、开发和安全等，这样也有利于锻炼学生的综合能力，激发他们的求知欲望。

总之，计算机网络技术的重要性，对于高职院校学生来说不言而喻。当今世界已进入信息化时代，也是计算机网络技术专业人才最为缺乏的时代，高职院校在进行人才培养时，如果不能顺应时代发展的潮流，培养一批高素质的计算机网络技术专业性人才，不仅会降低学校的竞争力，对于学生以后的成长及发展也会产生一定的影响。所以说，高职院校要积极地与时俱进，根据社会发展需要，培养高素质的计算机网络技术人才。

参考文献

王巧巧：《高职计算机网络技术专业"工学结合"人才培养模式的探讨》，《科技情

报开发与经济》2009 年第 11 期。

冯小辉、吴昊：《高职计算机网络专业应用型人才培养模式初探》，《中国成人教育》2009 年第 4 期。

别文群：《高职计算机网络技术专业实践 教学体系构建的探索与实践》，《电脑与电信》2013 年第 10 期。

李丽君：《计算机网络技术专业人才培养的探讨》，《科技与企业》2013 年第 21 期。

做有灵魂的创新创业教育

——南昌职业学院创新创业教育的理论思考与实践探索

章志伟　刘建林

南昌职业学院是江西省唯一以省会中心城市命名的全日制高职院校。在"大众创业，万众创新"的热潮中，全院领导重视，骨干带头，引领创新，促进创业，工作起步早，组织行动快，工作机制健全，活动措施有力，群众参与较广泛，创业学院办得实。注重"全面"、着眼"深入"、扎实推进、做有灵魂的创新创业教育方面有所努力，实现了创业有特色，创新有亮点，工作有成效。

一　做有灵魂的创新创业教育，意在追求更高的理想境界

众所周知，我们都有一个共同的目标，就是实现中华民族的伟大复兴，为把我国建设成为最繁荣富强的国家而奋斗，让人民享受更多的社会福祉。这就是我们常说的——中国梦！实现中国梦，没有创新精神的驱动，没有创业目标的引领，是达不到目的的。创新创业教育，不是喊喊口号、简单地说说而已，而是要深刻领悟，理解真谛。创新驱动发展，创业促进社会。

首先，有灵魂的创新创业教育要在培养志存高远、具有开阔胸襟的人才上下功夫。青年时代，是梦想最强烈的时代。青年时代的梦想，往往决定着人的整个一生。因此，要有灵魂地去追求，培养出不一样的人才，摒除现代社会中那些只顾个人、只看眼前、只图一时的现象。十多年前，南昌职业学院章跃进理事长就提出："为了中华民族的伟大复兴，我们的教育不能仅停留在知识、技能的继承和传递上，还要实实在在增强人文教育、素质教育和创新教育。"南昌职业学院也一直坚持对学生进行"为把中国建设成最繁荣富强的国家而发奋学习"的思想教育。为了实现中华民族的伟大复兴，为了把中国建设成最繁荣富强的国家，为了实现伟大的中国梦，这就是我们创新创业教育的最高灵魂！

其次，有灵魂的创新创业教育，要求我们对于创新创业教育想在前、做在前、走在前。南昌职业学院自转为高职统招院校后，一直重视组织引导师生创

新创业，较早地开办了创业中心，开展了许多创新创业活动，曾经先后涌现过数十家师生的自办公司和创新创业实体，产生了一批又一批创新创业骨干先进典型，2014 年曾经得到了江西省教育厅检查组的好评。自国家发出"大众创业，万众创新"号召后，南昌职业学院也行动迅速，组织及时，在全省高职院校开展了创新创业教育，组建了专门作为创新创业的教学二级机构创业学院，引导大学生投入创新创业，并取得了较好的收益。这对于学院促进教育教学深入，提高人才培养水平方面，起到了不可忽视的作用。

再次，有灵魂的创新创业教育，是把创新创业教育与各专业教育教学密切融合。我院把创新创业教育作为必修课，自编了相关教材课本，有典型课程引领，有检查评价督导。努力使创新创业教育成为各院系、各专业教育教学中不可或缺的组成部分。

同时，学院经过反复研究，确定了我院创新创业教育的总目标是：以学生为本，视学生为亲人，让我们的真诚服务，为学生的成功铺路，力争经过努力，达到"创新创业教育工作在全省高职院校名列前茅、在全国院校有一定影响"；同时提出了全面深入推进创新创业教育的近期具体目标。得到了上级教育部门的肯定和广大师生的赞同。

二 做有灵魂的创新创业教育，既要重视理论更要注重实践

创新创业教育理论是创新创业实践的先导，创新创业实践是创新创业理论的落脚点和最终归属。近年来，南昌职业学院围绕"大众创业，万众创新"，在理论灌输上从未放松，在实际践行上更是从不懈怠。

1. 营造创新创业教育的浓厚氛围

一是抓组织，健全创新创业领导小组，院长总负责，分管副院长具体负责，配备了创新创业办公室专职工作人员。各院系也成立了创新创业教育小组，长计划，短安排，提出和制定了工作目标与计划。

二是抓宣传。充分运用大小会议、讲座论坛、微信微博、校报校刊、争取课题等多种宣传工具或机会，传达有关文件；对学生从新生到毕业后的老校友，广泛进行动员；通过大造舆论，实行了创新创业教育全覆盖。学院还派出 3 名副教授和讲师参加与江西省教育厅组织编写、江西高校出版社出版以及现任南昌职业学院院长周金堂教授主编的《大学生创新创业基础》《大学生创新创业案例选编》等教材的编写，成为必修课。

三是抓责任。创新创业教育是全院上下强化教育教学抓好人才培养的共同事业，每个单位都有创新创业教育的义务，每位教职工都有搞好创新创业教育

的责任，在创新创业教育中没有"门外汉"。因此，从学期工作计划到部门工作安排，从课堂教学到课外实习实训，都强调注入创新创业教育的内容，突出以双创带全局发展，并与单位个人的工作绩效考核挂起钩来。

2. 完善创新创业教育的运作机制

在没有更多可借鉴的经验、没有参照系数的情况下，我们边学边干，向着既定目标开拓前行。

一是"走出去，请进来"。学院领导带领有关负责人和骨干教师，先后数十次前往全国各地企业和义乌工商学院等院校、义乌"大学生创业一条街"学习取经；经常派人参加国家与省级培训、研讨、公开课；与义乌佛堂镇政府、全国"网店第一村"——义乌青岩刘村，以及马云创办的阿里巴巴（中国）网络科技有限公司培训部等，签订了共育创新创业人才的"战略合作协议书"并互相授牌。请安义县政府及部门、银行、企业等来校作创新创业宣讲；请知名企业高管和专家来校作辅导讲座；请创业优秀的老校友来学校传经送宝，大大地激发了全院上下积极参与创新创业教育的热忱。

二是组建了创业学院，建设了创客学园。学院明确了作为二级教学单位的创业学院的办学指导思想、目标任务、工作安排；聘请了全国院校电商创业带头人、原义乌工商学院院长贾少华教授担任创业学院院长；学院分管副院长兼任创业学院常务副院长，本院 1 名副教授和电商企业"义乌富高企业管理有限公司"的法人董事长担任副院长，聘请了创业教师，配齐了行政人员，制定了相关教学计划和工作制度。学院专门拿出 100 万元经费设立了"青年大学生就业创业奖励基金"，最近专门新盖了一栋三层面积达 3600 平方米的大楼，作为学院创业教研孵化中心"创客学园"，购置了专用小车，购置了新的电脑和办公设备设施，做到了保障有力。

三是规范操作，有法可依。先后制定下发了一系列工作文件；并将教育部门有关创新创业文件和《高等学校创新创业教育专项督导评估办法（试行）》印发到全院干部和班主任，使大家有压力、有动力、有干劲。去年和今年又把招收创业学院学生正式列入了年度招生工作计划。

3. 讲求创新创业教育的实际效果

现在，南昌职业学院创业学院已经有电商、艺术设计、商务英语专业班级及竞赛团队，共有 6 个班级 261 人全日制参加创业教学，占全院学生总数的2.212%。2017 届创业学院首届毕业生 11 人，已有 4 名留校作了创业"师傅"。另外，据今年不完全统计，全院利用课余开展微商、物流、艺术设计、创意创作及参加各类创新创业竞赛等活动的学生达 2000 余人，占全院学生总数 20% 以上。两年来，每年学院组织大型创新创业竞赛活动在三次以上，各院系也组织了经常性的比赛活动，师生参与面超过总人数的50%。今年上半年，"全国第三届'互联网＋'大学生创新创业大赛"开始，南昌职业学院广大师生踊跃参加，在短期内就组织起了参赛团队项目104个，参赛人数达480余人，支持参赛企业达40多个。学院成功地举办了校级竞赛暨省级选拔赛，评选出一等奖1个、二等奖2个、三等奖3个团队。在此基础上，2个团队项目成功入围了江西省赛暨全国选拔赛，其中1个团队项目路演后荣获了铜奖。

与此同时，创业学院学生的教育教学获得了可喜的收获。2015年10月创业学院开张第一个月就旗开得胜，销售营业额达1019万元；继而创造了"双十一"3900万元、"双十二"729万元的佳绩，学生月均收入1000～2000元。2016年，大家奋力拼搏，销售营业额环比增长25%，绩效环比增长25%；销售指数达到了去年的三倍，利润率提高30%，参赛学生月收入在3000～4000元。

"引领创新，促进创业，带动就业"取得了实质性成果。在江西省教育厅组织的2013～2015年度全省高职院校毕业生就业工作评估中，南昌职业学院荣获"优秀"等级称号。

三 做有灵魂的创新创业教育，要彰显个性体现特色优势

一是在不断深化校企合作中融入创新创业教育。利用就业办组织的我院与两百多家企业建立长期的校企合作关系，让每一家企业都为学院的创新创业教育出谋献策。远至长三角、珠三角地区，近至江西省物流协会、食安云集团、江西省江中集团、南昌市益民大药房、安义古村群管理有限公司，以及与学院一墙之隔的雄鹰铝业、爱依家具、艾丽丝日化等等企业，包括入校合作开办创业学院的义乌富高企业管理咨询有限公司，都融入学院的创新创业教育中。让企业高管、市场专家、创业导师、业务精英来到课堂，手把手、面对面地辅导学生创新创业，使创业学生很快上手，成为有用之才。

二是主动服务地方区域性经济社会发展，积极培养输送具有创新型能力的人才。在近两年的实习工作中，我们实行老师引导，导师引路，推行人才培养注重理论与实践相结合的"2＋1"模式。一方面，由学校派出带队老师，组织应届毕业生到合作企业顶岗实习锻炼，提前进入社会实践；另一方面，由与创业学院合作办学开展创新创业教育的富高企业管理有限公司，吸纳应届毕业生参加电商创业，大学生不出校门就能得到实践锻炼，以增强实践操作能力和社会适应能力，以早日实现创新创业梦想。另外，以服务地方当地区域经济社会发展需要为己任，重点定向面对江西南昌，服务当地经济行业发展需要。至今，南昌职业学院首创的大学生人才集市已经举办了18届，向社会输送了7万多名

合格人才。

三是在加强海峡两岸院校青年大学生创新创业合作交流工作上积极创新。一是积极向有关政府部门靠拢，争取省市台联机构对学院的经常性指导；二是利用章跃进理事长担任江西省台联副主席、南昌市台胞台属联谊会会长，广泛开展台海合作；三是请来南昌市台商投资促进会等，拓宽海峡两岸校企合作的新路子；四是坚持了长期与台湾佛光大学等院校密切联系，组织学院领导与教师互访互学、互派交换生、合作开展教学科研、召开研讨会和教育论坛。特别是今年七月，南昌职业学院又承办了赣台两岸创新创业教育论坛。通过这些活动，既促进了教育教学的深化改革，又推动了两岸师生的友好往来，得到了社会公众舆论的广泛好评。

四 做有灵魂的创新创业教育，必须强调全面而又深入地推进

近年来，南昌职业学院秉承"知识、技能、素质、人文、创新"五项教育功能的办学理念，坚持"以教学为中心，以服务为宗旨、以就业为导向、以特色求发展"的办学思路，主动适应现代社会行业及区域经济发展需要，"用我们的真诚服务，为学生的成功铺路"，努力培养适应我国现代经济社会发展需要的合格人才，为经济建设和社会发展提供人才和智力支持。学院认真总结 20 多年来的办学经历，特别是以编制"十三五"规划为契机，进一步明确了办学目标，即坚持"质量立校、特色兴校、人才强校"战略，不断加强教职工队伍建设，提高教育教学水平，改善实验实训设备，优化管理服务理念，提升人才培养质量，以实现举办一所"我国中部地区有较高教学水平和重要影响的民办本科院校"的战略发展目标。

这一办学理念的实现，创新创业教育就是最好的助推器。

任何的新生事物，都不可能是一帆风顺、一蹴而就的。我们对于创新创业教育，要得到广大师生的深刻认识和普遍认可，还有大量的宣传引导工作要做。为此，今年初，学院出台了《南昌职业学院全面深入推进创新创业教育实施办法》，并出台了一系列具体措施：

一是提出了每个院系和有关部门创新创业的职责和任务。我们提出：创新创业教育，不仅是创业学院的事，也是全院各系各部门的事；不仅限于电商专业，其他专业也能做；不仅是有关部门人员要做的事，也是每位师生要做的事；不仅是学校的事，也是关系到学生家庭、社会的事；不仅是现在的事，也是长远的事。我们要在上级教育部门和学院创新创业领导小组的领导下，建立上下结合齐抓共管的创新创业教育机制。其中包括：要求教务处牵头做好创新创业

教育教学指导，出台调整教学课程、提供学籍转换、实行学分抵免、允许休学创业、教师带领学生创业计课时等具体政策；学工处、团委组织学生广开门路投身创新创业；科研处组织创新创业科研项目；就业办加强校企合作以创新创业促进就业率创业率同步提高；创业学院积极抓好教学，在培养合格创新人才的同时，为其他院系提供育人示范；后勤处对创新创业教育活动的各项保障要及时有力，等等。

二是新建了一栋创业大楼，名为"创客学园"。"创客学园"能容纳 300 人。为了使这一具有特殊意义的建筑更富有特色，艺术设计系和创业学院联合开展了"创业大楼设计装饰大赛"活动，师生们组建了 15 个团队，在分管院领导的直接指导下，集思广益，群策群力，创作了一批颇有创意的策划方案。目前主体建筑已经完工，内装修基本完成；"创客学园"目前登记申请入园的团队项目已经审定，即将入驻。

三是我院经省市台联授予的"赣台海峡两岸青年创业学园"项目已经启动，我们与南昌市台商同胞投资促进会、与部分台湾客商企业，都已经签订了战略合作协议，洽谈了贸易合作创业项目，开展了"互联网＋"电商销售等实质性的合作。

我们总的思路是：要做有灵魂的创新创业教育。我们创业师生的体会是："创新创业，贵在坚持。"我们还有很多的工作要做。在当前乃至今后一个时期内，我院的创新创业教育将迈上一个新的台阶，走上新的发展快车道。

创新创业教育，对于培养造就更多的符合地方经济社会发展需要的应用性、技能型、创新性人才，有着极其重要而又深远的意义，我们将持之以恒地抓下去。让我们为了实现中华民族的伟大复兴，为了把中国建设成最繁荣富强的国家，为了实现伟大的中国梦，做出应有的贡献！

专 业 建 设

新设材料成型及控制工程本科专业的必要性与人才培养模式构想

王高潮

我国是一个制造大国。传统的制造专业领域可以分为"减材制造"和"等材制造"。车铣刨磨等机械切削加工专业属于"减材制造",一般归于机械类;铸锻焊热等材料热加工,亦即"材料成型及控制工程"专业属于"等材制造",归于热加工类;而近十多年发展起来的 3D 打印是属于"增材制造"。[1]当前制造业正在朝着"智能制造"的方向迈进。智能制造源于人工智能的研究范畴。智能制造是基于新一代信息通信技术与先进制造技术深度融合,贯穿于设计、生产、管理、服务等制造活动的各个环节,具有自感知、自学习、自决策、自执行、自适应等功能的新型生产方式。[2]

一 "材料成型及控制工程"专业历史与发展现状

"材料成型及控制工程"专业在制造专业领域占据半壁江山,是一门涉及国民经济发展支柱产业的专业。该专业研究塑性成形及热加工改变材料的微观结构、宏观性能和表面形状过程中的相关工艺因素对材料的影响,解决成形工艺开发、成形设备、工艺优化的理论和方法;研究模具设计理论及方法,研究模具制造中的材料、热处理、加工方法等问题。所以该专业是制造业的核心专业,是先进制造业和智能制造技术的主要专业,也是我国较多工科院校开设的重要专业。从 20 世纪 50 年代起,我国学习苏联的做法,秉承"专业对口""学以致用"的本科教育理念,各学校纷纷设置了铸造、锻压、焊接、热(表面)处理等按行业领域划分的专业。这种做法在当时特定的历史时期,对推动中国高等教育的发展,为国家建设培养人才起到了重要的作用。随着中国高等教育由精英教育快速向大众化、普及化[3]教育发展,专业设置过窄、培养模式单一、学生适应性不强等问题凸显,已经难以适应社会发展的需要。因此,1998 年教育部进行了高等院校本科专业调整,在当时西安交通大学教学改革成果的基础上,将原来的铸造、锻压、焊接、热(表面)处理等专业合并为"材料成型及控制工程"新的本科专业[4]，其范围涵盖了部分机械和材料专业领域，是一个材料热加工的大类专业。目前由于各院校原有的专业基础不同，专业的定位及发展目标也不尽相同，因此在培养模式及培养计划方面也存在着差异。但它们均涵盖铸造、锻压、焊接，以及金属学和热处理等专业基本内容。由于这些专业的实验教学需要的设备类型多，还需要一些大型贵重的仪器设备，建设投资往往较大，在一定程度上制约了专业的发展。与"机械设计制造及其自动化"等专业相比设立"材料成型及控制工程"专业的院校还相对较少。据教育部公开信息[5]，截至2017年5月31日，教育部公布的2017年正规大学名单，全国高等学校共计2914所（江西省有100所），其中设置了材料成型及控制工程本科专业的只有268所（"机械设计制造及其自动化"专业则为532所），江西省有18所，其中民办高校中设立该专业的学校为9所。

二 "材料成型及控制工程"专业的发展前景与社会需求分析

1. "材料成型及控制工程"专业的发展前景

（1）国家政策导向。2015年3月5日，李克强总理在第十二届全国人民代表大会第三次会议上的《政府工作报告》中首次提出实施"中国制造2025"，坚持创新驱动、智能转型、强化基础、绿色发展，加快从制造大国迈向制造强国。工业制造是国民经济的重要支柱，是实现发展升级的国之重器。我国提出"中国制造2025"，实际上是推进"中国制造"的不断升级，努力形成我国经济发展的新动能。随之，国务院于2015年5月发布了中国版的工业4.0规划，即"中国制造2025"[6]，明确提出中国制造业的主攻方向为智能制造，通过互通互联、云计算、大数据这些新一代信息技术，与以前的信息化、自动化技术结合在一起，使工厂内的生产设备和设备之间、工人与设备之间实现纵向集成，整个工厂内部联结成信息物理系统。该系统下的生产方式从资源驱动变成了信息驱动，能够科学地编排生产工序，提升生产率，实现个性化定制生产，还可以调整资源使用，实现低能耗。[7]

（2）社会发展趋势。过去三十多年，中国凭借大规模的基础设施投资和相对低廉的劳动力成本，成功实现了经济快速增长。但中国制造的问题在于大而不强。[8]国务院参事室特约研究员姚景源说："我们的机床占到世界产量的38%，但是我们高档的数控机床基本得靠进口。我们钢铁产量世界第一，但是港口码头上高吨位起重机的钢丝绳得进口。我们的铝产量是世界第一，但是飞机上用的铝我们得进口。"现在，我国的经济发展进入高速发展阶段，我们耳熟能详的大飞机、航天器、高铁、潜水器、轨道交通装备、"一带一路"建设等等，无一不与制造业相关。社会发展的趋势为"新兴产业和新兴业态是竞争高地。要实施高端装备、信息网络、集成电路、新能源、新材料、生物医药、航空发动机、燃气轮机等重大项目，把一批新兴产业培育成主导产业"。如今，工业4.0正在成为制造业转型的新思路，旨在构建新一代的制造工厂。在这个思路下，未来制造工厂有两个最核心竞争力：工厂不再是人的工厂，而是机器生产机器的工厂；拥有监测并追踪工厂内外海量数据的工具，然后归纳分析。

工业机器人就成为实现工业4.0第一步的重要路径。它可以自动执行工作，靠自身动力和控制能力来实现各种功能。这些机器人可以接受人类指挥，也可以按照预先编排的程序运行，也就是接受机器的指挥。美的集团在2017年3月举行的一场国际经销商大会上，以视频连线的方式，向全球市场展现了最新"智能工厂"——100多台机器人、机械臂有条不紊地完成铜管折弯、安放压缩机、部件组装等步骤。通过手机、平板电脑，管理者可对生产全部环节实时监督。但从目前来看，我国国产机器人产业还比较落后，只能配合企业进行一些简单的工作。在整个机器人产业链上，我国无产业链上游核心零部件制造商的支撑，关键零部件仍需从国外进口。而国外进口的机器人，价格高昂。除此之外，还有第二个问题，在企业一掷千金买下众多机器人之后，更严峻的考验则是由谁来操控这些机器人。

2. "材料成型及控制工程"专业的当今社会需求分析

如上文所述，"中国制造2025"需要大量的高端技能型人才，与传统的高技能人才不同的是，他们不仅要有精湛的操作技能，更应具备对智能网络高度的理解与运用、协同、创新、自主学习等综合性能力。当前，我国正值由制造大国向制造强国转化的时期，这些行业需要从事焊接、铸造、冲压、模具、信息等方面的大量人才。但"材料成型及控制工程"专业的领军高端人才不足，高层次人才也匮乏。根据中国人社部人力资源市场信息监测中心近一年半来的数据，从行业需求看，平均82.8%的企业用人需求集中在制造业（34.1%），说明行业需求量大，而且需要的人才层次高。

表1　2016~2017年第二季度高技能岗位空缺与求职人数比率统计

人才类型	2016年第一季度	2016年第二季度	2016年第三季度	2016年第四季度	2017年第一季度	2017年第二季度
高级工程师	2.19	1.75	2.45	2.27	2.35	2.28
高级技师	2.11	1.81	2.11	2.02	2.18	1.99
技师	1.94	1.83	2	1.95	2.08	1.84

资料来源：《各季度部分城市公共就业服务机构市场供求状况分析》，中华人民共和国人力资源和社会保障部网站。

由表 1 可知：2016 年初至今，高技能岗位人才一直供不应求。还有，除 2016 年第二季度外，高级人才的需求缺口均大于中低端人才。我国绝大多数职业院校毕业生取得的是中级以下的技术等级证书，是难以满足目前产业发展的实际需求的。

从江西省、南昌市的情况来看，更需要材料成型及控制工程专业的高级应用型人才。江西省国民经济和社会发展第十三个五年规划纲要提出，实施战略性新兴产业倍增计划，包括进一步培育壮大航空、先进装备制造等新兴产业。围绕打造"潜力方阵"，推动新能源汽车、智能制造装备、集成电路等产业突破式增长，力争部分产品占据市场竞争制高点。航空、新材料及智能制造装备等与"材料成型及控制工程"专业密切相关，电子信息和新型光电等新兴产业也迫切需要"材料成型及控制工程"专业人才。由此可见江西省对"材料成型及控制工程"专业的高端人才的迫切需求。

综上所述，在现阶段开设"材料成型及控制工程"本科专业是符合社会发展与需求的。但对人才的要求更高，不仅局限于能够"减材制造"和"等材制造"，更需要会"智能制造"的复合型高层次人才。

三 南昌职业学院开设"材料成型及控制工程"本科专业的基础、优势和人才培养模式构想

1. 南昌职业学院具有该专业办学基础

南昌职业学院建院 24 年来，校园面积、校园环境、仪器设备和图书资料等办学条件都得到了长足的发展，特别是学院历来十分重视师资队伍的建设，目前在工程系与本专业相关的教师队伍中，有 22 名专任教师，其中 68.2% 以上专任教师具有研究生学历，副高以上职称的教师占 54.5% 以上，已经完全具备本科层次的办学能力。如果仍旧停留在高职专科的办学层次上，其教育功能会导致教研、科研、技术开发、创新人才培养的学术氛围趋于弱化，师资队伍自身的进修、培养和提高受到限制，不但不能对社会做出应有的贡献，也难以"事业留人"，难以保持师资队伍的稳定和发展。现将开设"材料成型及控制工程"本科专业的基础归纳如下。

（1）已经成功开设"材料成型及控制工程"相关专科专业。2002 年材料成型及控制工程教学指导分委员会曾在西宁召开会议，对中国各高校中材料成型及控制工程专业的现状进行了分析，认为目前该专业大体上有三种主要的培养模式，一类是以原热加工类专业为基础，适应国内人才需求的行业特色，采用有专业方向的培养模式；另一类也是以原热加工类专业为基础，但取消专业方

向，进行宽口径的通才式培养模式；第三类是以原机械类专业为基础，涵盖热加工领域，形成机械工程及自动化类型的专业人才培养模式。南昌职业学院现已成功开办模具设计与制造、机械制造与自动化、数控技术和机电一体化技术等高职专业，具有良好的基础和明显的特色。

（2）具有雄厚的专业师资力量。师资队伍建设一直是我们办学工作的重中之重，为了筹办材料成型及控制工程本科专业，南昌职业学院在全国范围内大力引进高端人才。已经形成由我国第一代材料成型及控制工程专业学科带头人，资深教授为首的教学团队，完全有能力在上级部门和领导的支持下办好"材料成型及控制工程"这个本科专业，更好地实现教育部"服务国家、服务区域"的办学宗旨，办出特色、办出水平。

南昌职业学院瞄准江西省航空制造产业和区域经济铝型材生产发展的需要，所引进的人才不仅是材料成型及控制工程专业的教学骨干，还必须是在航空制造工艺及其装备技术、铝型材加工科研方面卓有建树的高端人才。比如从南昌大学引进的博士生导师周天瑞教授就是十多年来一直从事铝型材挤压研究的专家，其所取得的成果"铝型材挤压模具4C一体化技术及应用"项目2010年获江西省科学技术进步二等奖。笔者是本专业的学科带头人，研究航空钛合金超塑成形多年，所完成的研究成果"钛合金最大m值超塑成形理论在航空发动机中的应用"2016年获中国产学研合作创新成果二等奖；编著了《中国材料工程大典》第21卷"材料塑性成型工程"中第6篇"特种锻造"，国家级规划教材《材料科学与工程导论》等多部著作，其中凝聚了笔者多年的科研经验。笔者还担任了中国机械工业教育协会"材料成型及控制工程"学科教学委员会副主任委员。这些都是我们开设并建好材料成型及控制工程本科专业的有力保障。

（3）实验和科研基地条件坚实。我们在专科层次的相关专业建设中已配备万能材料试验机、液压机、冲床、塑料注射成型机、立式加工中心、数控铣床、三坐标测量机及快速成型机等机床设备，这些都是"材料成型及控制工程"本科专业的基础设备，能满足实验教学的需要。该类专业的实践教学环节中，设有物理化学基础实验室8个，还有力学实验室、电子电工实验室、PLC实验室、单片机实验室、金相实验室、钳工实训车间、铸造实训车间、焊接实训车间、冲压注塑车间、机械加工中心、数控加工中心、特种加工中心等28个实验实训场所。2016年南昌职业学院与上海交通大学合作创建了"材料成形C3P数字化制造实验室"，与南昌航空大学合作筹建了"航空发动机关键零部件特种成形研究所"。近年来，学院投入教学仪器设备经费800多万元，实验实训场所用房面积达到10000多平方米。仪器设备总价值1300余万元。实验实训室的各项制度健全，管理科学规范，人员配备合理，各种日志登记清楚，已可以满足本科教学要求。

南昌职业学院工程系为了办好"材料成型及控制工程"本科专业，与省内相关企业建立了许多校企合作办学的实习实训基地，其中比较稳定的有 8 家企业实训基地。比如学校与江西雄鹰铝业股份有限公司这个大型铝型材生产企业仅一墙之隔，而且厂校之间建立了稳定的合作关系，迈开了产学研结合的稳健步伐。铝型材的生产是"材料成型及控制工程"专业最具典型性的学习和研究内容，它的生产包括铝锭铸造、铝合金棒材生产、铝型材挤压、表面强化和热处理等主要工序，这些生产工序都包含在本专业的各个专业方向学习的内容之中。又如，位于赣江新区的高新企业九江金凤凰装饰材料集团股份公司，在与南昌职业学院多年合作办学的基础上，形成了"教学实践再教学再实践"的人才培养新模式，与"材料成型及控制工程"相关的专业的学生，在生产实习和毕业实习等实践环节都可以参与企业的生产实践。该企业集团最近又在安义县工业园区开办了新厂"安义县江西新凤微晶玉石有限公司"，距南昌职业学院仅有 2 公里，为今后校企合作办学创造了更便利的条件。再如，同样距离的安义县江西鑫隆泰建材工业有限公司，是一家制造铝合金幕墙的大型企业，对"材料成型及控制工程"专业人才的需求更为迫切，校企双方已经就合作办学和科技开发等方面达成了战略合作伙伴关系。

厂校之间的紧密合作不仅可为办好"材料成型及控制工程"本科专业创造更为有利的条件，造就社会需求的应用型本科人才，而且也有望在材料成型技术领域的科学研究与技术开发方面取得一些创新性成果，为区域社会和经济的持续发展提供基础。

2. 有实训和毕业生就业优势

（1）南昌职业学院地处南昌市安义县，该县的支柱产业为铝材加工业，建材企业已达 85 家，以节能环保铝型材为主导的门窗型材生产线 810 条，建材年产能达 180 万吨。但是，目前安义县铝材加工企业的专业人才极其短缺，急需"材料成型及控制工程"本科专业人才，如果每年向每家企业输送 1 名应届毕业生，每年也需要 80 人以上。

（2）近年来，南昌职业学院的实训基地南昌欧菲光科技有限公司对工程系毕业生的需求急剧增长，2016 年初，仅工程系大三的学生前往欧菲光参加顶岗实习的人数达到 555 人，其中，与"材料成型及控制工程"专业相关的"模具设计与制造"和"数控技术"专科学生近 200 人。欧菲光集团公司的负责人曾经表示，如果南昌职业学院能够培养"材料成型及控制工程"本科专业人才，可以每年在南昌职业学院招收 50 名以上的应届毕业生。

（3）《2017 年南昌市政府工作报告》提出了大力发展新能源汽车产业，加快实施保利协鑫新能源汽车生产基地、观致新能源汽车整车、江铃新能源汽车三个重大产业项目。加上南昌市区域内江铃汽车集团属下已有的几十家汽车制造企业的人才需求，每年也可以在南昌职业学院招收50人以上的"材料成型及控制工程"本科专业应届毕业生。

（4）2017年南昌市政府工作报告提出了大力发展航空制造产业，加快中航工业洪都商用飞机、瑶湖机场项目、通用航空制造及运营、无人机制造等相关产业项目建设。一个新的航空城已经在瑶湖东岸拔地而起。南昌职业学院工程系有一支具有航空专业背景的师资队伍，在"材料成型及控制工程"本科专业建设与人才培养中将突出航空制造的特色。今后将计划向南昌市以及省内的航空制造企业输出"材料成型及控制工程"本科专业人才20人以上。

从上文分析可见，仅在南昌市区域，"材料成型及控制工程"本科专业人才就有200个左右的就业岗位。

以上事实也说明，南昌职业学院已具备开设"材料成型及控制工程"本科专业的条件与能力，开设该本科专业是可行的、务实的。

3. 南昌职业学院开设材料成型及控制工程本科专业的办学模式构想

经广泛调研和认真分析，南昌职业学院确定培养人才的规格是本科，培养目标是应用型高级工程技术人才。[9]南昌职业学院"材料成型及控制工程"专业要办出自己的特色，其发展趋势如下。

（1）把先进制造技术作为本专业今后的主导技术和发展方向。先进制造技术是传统制造业不断吸收机械、电子、信息、材料及现代管理等方面的最新成果，将其综合应用于制造的全过程，以实现优质、高效、低消耗、敏捷及无污染生产的前沿制造技术的总称。当今制造技术的主要发展趋势是：制造技术向着自动化、集成化和智能化的方向发展；制造技术向高精度方向发展；综合考虑社会、环境要求及节约资源的可持续发展的制造技术将越来越受到重视。铸、锻、焊技术目前正向着近净成型、少无余量加工、精密连接、微连接与微成形等方向发展，并由此构成先进制造技术的重要组成部分。

（2）探索新一代信息通信技术与先进制造技术的融合。培养的人才不仅要有精湛的操作技能，更应具备对智能网络高度的理解与运用、协同创新、自主学习等综合性能力。因此还要设置互通互联、云计算、大数据方面的新一代信息技术课程，让学生了解网络互联的移动化和泛在化、信息处理的集中化和大数据化、信息服务的智能化和个性化。当信息网络发展到实现物与物、物与人、物与计算机的交互联系，将互联网拓展到物端，通过泛在网络形成人、机、物三元融合的世界，进入万物互联时代时能与先进制造技术逐步相融合，打造具有自身特色的智能制造。

（3）宽专业、重实践、强方向是南昌职业学院"材料成型及控制工程"专业人才培养的主要模式。"材料成型及控制工程"专业是一个具有典型材料学科特征的机械类学科，机械和材料两门学科的基础知识构成了本学科的基本知识体系。这一特点决定了材料成型及控制工程专业人才培养必然是宽口径的，而由机械学科和材料学科的基础知识共同构建的材料成型及控制工程专业基础也必然是雄厚的。同时，充分重视企业对铸、锻、焊这些传统专业方向的人才需求，结合安义铝加工业的实际，近期主要在锻压专业方向上办出特色。"材料成型及控制工程"专业人才培养模式必然向宽专业、重实践、强方向发展，并坚持与企业合作共同办学、共同培养应用型人才。具体地说，加强对铝合金型材生产技术和航空制造特种成形技术的学习和实训。相信随着办学层次的提高，在推进产学研结合特别在与科研院所合作方面、在积极拓展与境内外各高校合作办学方面将更加顺畅。对本地区、本省乃至国家的贡献将更大。

（4）探索 MOOC（新型教学模式）与传统教学的有机结合方法。MOOC（Massive Open Online Course），被称为大规模开放在线课程，是一种以网络化开放教育为基础的不受时空限制，共享优质教学资源的新型教学活动模式。[10] 利用 MOOC 的优势可帮助解决人才培养面临的问题。因为 MOOC 平台不仅能提供课程理论部分的在线学习资源，而且对课程的实践教学内容也能做详尽的指导，还能对一些需要硬件设备的实验提供仿真平台进行虚拟实验。对于缺乏实践硬件条件的地方高校来说，利用 MOOC 平台提供的课程实践教学资源，既可以让学校缓解设施设备费用投资大的问题，又可让学生完成要求的各类实验，更好地满足应用型人才培养的实践教学要求。

总之，新设"材料成型及控制工程"本科专业是适应国家、江西经济社会可持续发展的，是必要的。南昌职业学院开设"材料成型及控制工程"本科专业是可行的。我们决心办出自己的特色，为社会需求服务。

参考文献

［1］卢秉恒：《智能制造与增材制造》，《科协论坛》2016 年第 10 期。

［2］工业和信息化部、财政部：《智能制造发展规划（2016～2020 年）》，《机械工业标准化与质量》2017 年第 2 期。

［3］周洪宇：《国家"十三五"教育规划解析》，《山东高等教育》2016 年第 12 期。

［4］陈红：《材料成型及控制工程专业人才培养模式》，《山东工业技术》2017 年第 4 期。

［5］中华人民共和国教育部官网。

［6］国务院：《中国制造 2025》，2015 年 5 月 8 日。

［7］唐伶：《基于"中国制造 2025"的技能人才培养研究》，《技术经济与管理研究》2016 年第 6 期。

［8］郭朝先、王宏霞：《中国制造业发展与"中国制造 2025"规划》，《经济研究参考》2015 年第 31 期。

［9］尹喜云、刘清泉、储爱民、刘俊成：《本科专业人才培养目标的探索与实践——以材料成型及控制工程专业为例》，《当代教育理论与实践》2017 年第 6 期。

［10］曹建芳、郝耀军、王鸿斌：《地方高校理工科应用型本科人才培养模式探析》，《大学教育》2017 年第 2 期。

对日本老龄旅游市场的分析与借鉴

李 丁

一 老龄化社会与老龄旅游市场

人口老龄化是一个全球性的人口结构变化趋势。1956 年，联合国《人口老龄化及其社会经济后果》将 65 岁及以上人口数量占总人口比例超过 7% 的国家或地区列为老龄化社会；1982 年，维也纳老龄问题世界大会将 60 岁及以上人口占总人口比例超过 10% 的国家或地区划为老龄化社会。从全球范围看，老年人口比例达到或超过 10% 的国家有 74 个，10%～20% 的国家有 47 个，超过 20% 的国家有 27 个，其中 19 个为发达国家。老龄化程度最深的国家是日本，已经达到 27% 的程度。

我国亦已步入老龄化社会。国家统计局统计数据显示，2014 年我国 60 周岁及以上人口达到 2.12 亿，占总人口的 15.5%，其中 65 周岁及以上人口占总人口的比重已经达到 10.1%。民政部公布的《2016 年社会服务发展统计公报》显示，截至 2016 年底，全国 60 岁及以上老年人口已占总人口的 16.7%，其中 65 岁及以上人口占总人口的 10.8%。据全国老龄办预计，到 2020 年我国老龄化水平将达到 17%。目前，中国是世界上唯一老年人口过亿的国家。我国的老龄化增长速度也很快，根据联合国数据中心的预测，到 2050 年中国 60 岁以上人口占总人口比重将达到 30%（见图 1）。

人口老龄化是一个严峻的现实，不论是对经济发展还是社会生活，影响极其广泛。人口老龄化必然引起市场结构变化，不论是政府还是企业，都必须清醒地认识到老龄化社会带来的问题和机遇，有的放矢地采取对策，顺势发展。

从进入老龄化社会的发达国家情况来看，先后出现了"银发产业"从星星之火到燎原之势的局面。老年人拥有闲暇时间，在良好的社会保障体制制度下有稳定的收入，对健康维护、环境安全、舒适居住、休闲旅游和追求实现自我价值方面的需求增长，从而使得相关的医疗、饮食、休养、旅游、继续教育等领域不断出现新的银发市场机会。

老龄旅游，也称银发旅游，已成为全球的普遍现象，是银发产业中发展势

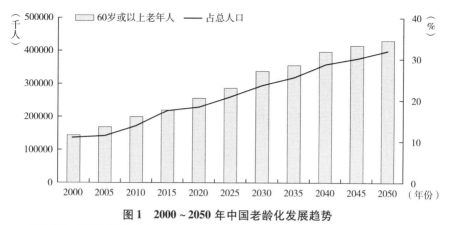

图1　2000～2050年中国老龄化发展趋势

资料来源：联合国数据中心。

头较好的产业。发达国家的老龄旅游市场日趋成熟，形式各异的老龄旅游项目不断产生。如美国的老年人收入较高，热衷于旅游的人口比例大，高端旅游项目较多，老人在旅游中对奢侈品等有较强的购买力；欧洲的老年人热心公益事业的倾向明显，旅游中对自然和文化遗产的兴趣较高；日本的老年人旅游人次能占到全国旅游人次的50%～60%，老年人旅游中对安全和居住条件要求较高，同时具有较强的购买力。

在我国，从人口变化趋势看，在可预见的未来三十多年里老龄化程度将持续增高，银发市场必然随之扩大。再从我国经济发展速度快、社会保障体系日臻完善的角度分析，以大中城市为研究对象，在养老需求有一定保障的情况下，老龄旅游需求也将日益增长。和发达国家相比，我国的老龄旅游起步晚，项目开发尚不够丰富，准确把握老年人的旅游出行心理和采取相应对策方面有一定欠缺。在这方面，我们可以借鉴邻国日本的老龄旅游市场成功的经验，结合我国自身特点，规划出老龄旅游市场的蓝图。

二　日本老龄旅游市场的特点

1. 日本"银发市场"和"银发旅游"需求旺盛

银发市场、银发产业、银发营销等概念产生于日本，是日本社会避开按年龄划分的"老"的市场定位，避其消极一面，取其外贸特征与特色，把老龄市场称为"银发市场"或"高龄市场"，企业相应采取"银发营销"措施。这些提法得到了国际社会广泛认可。

日本自20世纪70年代开始步入老龄化社会，最初的银发市场目标顾客是指65岁以上人口构成的群体。自日本经济进入"停滞的十年"之后，市场整体持续低迷，而银发市场却逆势增长，一些企业和研究机构便逐渐拓宽了银发市场覆盖范围，将55 岁甚至是 50 岁以上的人群也纳入银发市场的研究对象，分析其与传统银发市场的共性与差异性。根据日本总务省统计局的数据，到 2015 年末，日本 65 岁以上人口已占总人口的 25%；预计到 2025 年，50 岁以上人口可达到 50% 以上。

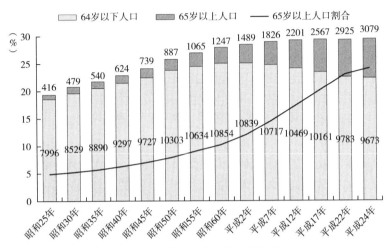

图 2　日本社会的老龄化发展趋势

资料来源：日本三菱集团下属研究机构官方网站。

经历了 20 世纪 70 年代以后一段时期的收入增长、强制养老储蓄和终身雇佣制保障的日本老人有较强的可支付能力。他们对环境安全、生活便利以及"美"的需求增长，从而使得相关的医疗、饮食、休养等领域不断出现新的银发市场机会。比如，日本各地出现了专门招募高龄者的住宅，住宅区配备了医疗机构和专为老人设计的社区中心，增强了趣味性和介护服务结合的相关措施。围绕东京圈也出现许多价格较高的银发住宅建设，健身、娱乐、休闲、购物等设施完备齐全。

55 岁或 50 岁以上的"新银发人群"更是带动了相关产业发展。这一年龄段的银发市场以女性为主，主要指这一年龄段的家庭主妇和刚退休的职业女性。因子女已成人独立，自己又不需承担照顾第三代的责任，因此这个年龄段的女性拥有了充裕的自由支配时间。与 65 岁以上的银发群体相比较而言，新银发群体的价值观有比较大的变化，他们的"第二人生"意识较高，追求享受快乐生活，愿意参加符合个人趣味的文体娱乐活动和旅游项目，消费态度发生明显改变。新银发群体的突出特点是重视健康维护，爱好步行、美食游、体育运动等，由此带动了相关产业发展，在日本出现了自行车保有量增加、自驾游增加、与运动或旅游相匹配的服装零售增长等现象。

日本民众有旅游消费习惯，相应的银发旅游市场规模较大。2000年日本经济报社所做的"银发人口生活与意识调查"结果显示，在60~80岁人口中，不论男女，有45%的人有海外旅行的意愿（见表1）。

表1 日本银发人口海外旅行意愿调查统计

单位:%

是否有赴海外旅游的意愿	有	无
男性60~69岁	52.1	46.7
男性70~79岁	41.1	58.9
女性60~69岁	42.4	57.0
女性70~79岁	38.8	61.3
占总人数的百分比	45.0	54.4

说明：调查结果中男性60~69岁中有1.2%没有回答；女性60~69岁中有0.6%没有回答。
资料来源：日本经济日报社档案馆。

再据日本2016年发布的《旅游白皮书》数据，2013年日本旅游国内消费（含出境游国内消费部分）关联产值总额48.8兆日元，对日本经济的贡献率为5.3%；2014年旅游国内消费22.5兆日元，总收入23.6兆日元（约合160.244亿元人民币），关联产值比上年下降4.1%；日本的目标是到2025年达到100兆日元的规模水平。

相应地，在旅游企业有针对性地开发旅游产品和社会各界的支持推动下，日本的银发旅游需求旺盛。日本观光业协会2015年的一项调查结果显示，2014年50岁以上旅游人口占总旅游人口的35.9%（见表2）。

表2 2014年银发群体占旅游人口的比重

单位:%

年 龄	所占比重
50~59岁银发旅游人口占旅游总人口的比重	17.2
60~69岁银发旅游人口占旅游总人口的比重	13.6
70岁及以上银发旅游人口占旅游总人口的比重	5.1
50岁以上银发旅游人口占旅游总人口的比重	35.9

资料来源：日本观光人口协会公布数据。

2. 日本银发旅游市场的特点

（1）市场开发早，专门的银发短途旅游项目选择余地大

日本三菱所属研究机构于2015年做了"高龄者国内旅游住宿意识调查"，

调研内容极为详尽，主要调研结果显示：

◆ 一年内旅游住宿天数：3~4天最多，6天以内的占60%，1天或2天的占将近30%；

◆ 与上年度旅游出行情况相比：提高的占17%，降低的占14%；

◆ 出游时间和住宿：最多的是10~11月，每次住宿费用支出为2万~4万日元；

◆ 旅途伴侣：夫妇最多，其后依次为朋友、团体，70~79岁女性半数选择与朋友、团体结伴出游；

◆ 旅行目的：保养、娱乐、高级餐食居多，其中首都圈游客注重保养的比例高，关西圈游客对娱乐性追求高；

◆ 旅行目的地：温泉、乡村别墅、神社、名胜游览区，当地美食街等；

◆ 旅行重视的要素：自然、景色、费用、距离、交通等。

此外，该调查结果还反映了高龄旅游者对日本国内地域的选择、2015年当年意欲前往的地区选择、温泉旅游目的地选择、交通工具选择、住宿条件选择、住宿预约方式选择、旅游信息来源等。详尽的调查，为旅游相关企业有针对性地推出银发旅游方案提供了依据。

通过该调研可以看出，日本的银发旅游产品开发项目丰富，可供高龄者选择的余地较大。

（2）市场细分程度高，旅游产品深度开发

日本岐阜县所做的一项专门针对高龄者海内外旅游调查的结果显示，高龄者前往历史遗迹、美术馆等地重复参观旅游者增加，接触大自然、了解历史文化和趣味性等文化要素较高的短途旅游、高档酒店美食游、豪华列车游等旅游项目参加者增加，此外还有以购买特定名品为目的的高档商品购物游，海外住家、长宿休闲等海外短期生活体验游也受到高龄者的欢迎。这项调研数据还显示，在日本国内银发旅游产业收入中，住宿收入所占比重较大，其中70岁以上老者住宿费支付较高。住宿条件和住宿支出是影响高龄者出行的重要因素之一。

日本旅游业对高龄人口的市场细分，除了按年龄和旅游目的等常规的市场细分变量以外，尤其重视针对身体健康程度、支出能力和意愿等进行分析，从中发现市场机会，进一步分别推出适合特定人群的旅游项目。

例如，日本将高龄者按介护程度分为三等，即健康高龄者、需要轻度介护者（如使用手杖）、需要高度介护者（使用助步器、轮椅或他人帮助）。通过按介护程度细分旅游市场，调研人员发现需要介护者对温泉游、自然风光游需求大，出行多以家庭为单位，可支付能力较强，因此一旦提高了出行的便利程度，便成为重要的旅游者。

由日本旅游市场的此项分类可以看出，通过恰当的市场细分，准确进行市场定位，最大限度地挖掘市场潜力，是深度开发老年旅游市场的重要途径。

表3　按年龄细分排查的需介护者的老人出入境统计

单位:%

年　龄	40~64 岁	65~69 岁	70~74 岁	75~79 岁	80~84 岁	85~89 岁	90 岁以上
介护者所占百分比	5.3	7.3	10.4	19.2	22.0	21.0	14.9

资料来源：日本法务省颁布的入国管理局 2003 年外国人和日本人出入国统计资料。

（3）针对日本高龄人群的特点，推出高价舒适的海内外旅游项目

2014 年日本出境游人口结构统计数据显示，国际旅行者（进出国境）总数 1690 万人，其中，访日外国人旅行者 1341 万人（比上年增加 29.4%，历史最高），出境旅行者 349 万人（大幅减少，为 1986 年以来历史最低）。其中，60 岁以上出境游人数占 7.6%，男性为 9.7%、女性为 5.9%。

在总体出境游急剧下滑的情况下，根据日本高龄者相对富裕、有为自己开销意愿的特点，旅游相关企业推出了以高龄富裕阶层为目标顾客的海外旅游项目，如环绕世界的豪华客船游、四国八十八景点的短期游等等。由于豪华游特别打出了面向 70 岁以上高龄人群的营销口号和舒适型旅游方案，受到这一年龄段银发旅游者的欢迎。

（4）社会合力，促进银发旅游市场发展

随着高龄少子化日益严重，以及对日本国内总人口减少的预期，不论是对日本经济还是对旅游业界来说，维持或扩大银发旅游市场都十分重要。

日本 2016 年"观光白皮书"重点针对东京奥运会准备和召开期间接待外国游客提出多项准备措施，其中第三部分第七章第四节专门讨论了高龄者旅游环境完善提高的相关问题；日本国土资源政策研究所做出了《国内旅行市场扩大的可能性——身体衰弱者旅行的环境整顿》专题报告；日本旅行业协会每年做出产业分析，对银发旅游市场加以特别关注；日本各大财团、民间专业机构和旅游企业都有针对银发市场所做的专项市场调研。相关旅游企业不断推出面向高龄者的旅游项目，为他们提供周到细致、有针对性的服务。

总之，从政府到财团，从研究机构到旅游业界，全社会合力重视银发产业开发，促进银发旅游市场发展，才能最大限度地挖掘这一潜在市场，适应老龄化社会的需求。

三　对日本开发银发旅游市场经验的借鉴

我国的社会人文环境、经济基础与欧美国家以及日本不同。目前我国的老龄化社会具有老年人口基数大、增长急速、未富先老、未备先老的突出特点，而且由于我国有相当一部分老年人尚须承担看护或协助看护养育第三代的家务重担，因此开发中国的老龄旅游市场不能照搬日本开发银发旅游市场的措施，而是要借鉴日本社会合力打造银发市场，以及旅游企业开发银发市场的营销思路等方面的经验。

1. 重视"银发市场"开发，提升老龄旅游的服务水平

我国的老龄旅游市场已经形成，潜力巨大。但是我国的老龄旅游市场尚在初级阶段，一些旅行社靠采用低价拼团、零团费出游等不正当竞争行为和信息不透明手段吸引老年游客；还有些旅行社打着老年团的名义招揽游客，但是仍然以传统的旅游方式为老年人提供旅游服务，在医疗保障、旅游的安全性、适老化等方面没有相应地提高服务水平。

针对老龄旅游市场乱象，我国的旅游管理部门应该适时出台老龄旅游服务标准，引导企业，维护老龄旅游市场的公平竞争秩序，为有意愿开拓老龄旅游市场的相关企业排除不正当竞争环境带来的冲击；从旅行社及其他相关企业来看，在开发我国老龄旅游市场时，学习日本经验，针对老年人特点进行市场细分和目标市场选择，打出特色，创出名牌，这对于旅游企业站稳市场具有长期的战略意义。

2. 政府实施政策扶持，要从财政、税收上加大对老年旅游项目的支持力度

与日本国情不同，我国目前已跨进老年的群体大多经历了长期低工资、低福利的计划经济时代，还有相当一部分人在青少年时代上山下乡，回城后没有机会获得有较高收入的工作岗位，再加上社会保障体系正处于逐步完善的阶段，因此老年人在旅游支出方面顾虑重重，我国的老年旅游市场尚须重点培育。

在这样一种环境下，旅游相关企业一方面要积极开拓老年旅游市场，丰富老年人的生活，另一方面必须保障企业收益，因此提升服务质量困难较大。适当的财政、税收优惠，有利于促进老年旅游相关企业的积极性，政府与企业合力拓展极具市场潜力的老年旅游市场。

3. 重视市场细分，实施差异化银发营销措施

尽管从整体来看我国的老年人后顾之忧较多，但是由于我国地域广阔，老年人口规模巨大，需求差异明显，因此，在经济较发达的一线城市和富裕地区，有相当一部分老年人有较强的支付能力和出游意愿，但是由于老年旅游项目开

发不足、旅游各环节衔接不畅，不能满足这部分老年人的旅游需求。

我国的旅游相关企业需要做细致的市场划分，而每一个细分市场都具有较大规模，能够从中获得规模效益。比如，针对有较高支付能力的老年人群设计高端旅游项目，满足他们自我价值追求和旅途舒适的需要；针对大多数有一定支付能力的老年群体设计经济性旅游项目，提升服务质量，积极培育老年旅游市场。

目前世界上有1/5的老年人生活在中国，这是一个巨大的特殊市场，对全球的旅游企业都具有潜在吸引力。如果我们能够抓住市场机会，布局中国的老年旅游市场，将会在未来的全球旅游竞争中占据优势。学习他国成熟的银发旅游市场运作经验，缩短我们的探索阶段，对繁荣社会生活、提高老年人的生活质量，促进人口老龄化相关银发产业发展都有所裨益。

企业商誉现行处理规定的弊端及其改革建议

于长春　王　蕊

一　商誉的本质与功能

商誉是一种不可辨认的无形资产。它是由企业拥有和控制的多种因素所构成，包括所处的地理位置优越而使产销便利，或者品牌卓著、历史悠久而深入人心，或企业文化优秀和管理团队精英能力非凡等因素，导致该企业能够取得超过其他同类企业的经济效益。这些因素为企业所做的贡献难以计量，往往要和其他可辨认资产共同发挥作用，才能创造超额收益。这种超额收益的能力成为各个企业、力争获得的经济资源，即一项不可辨认的无形资产，有别于可辨认的无形资产，人们称之为商誉。

商誉这种能够取得比同行业其他企业都要高的超额利润的能力自然是有价值的。这种超额收益的能力绝不可能凭空而来，而是企业付出一定代价而获得的。比如自创商誉，企业为此付出了研发费用、管理费用等支出；又如合并商誉，企业为得到此商誉也付出了超出被并企业可辨认净资产公允价值的对价。而这种以付出一定的支出来获取一种未来超额收益的能力，便与资产的定义相符合，因此应当将商誉本质看作一项资产。

但是，就其在未来生产经营过程中发挥的功能来看，商誉既不能像存货那样被一次性转化为商品产品的实体，也不能像固定资产那样帮助或作用于商品产品的生产和销售，还不能像其他可辨认的无形资产那样成为生产和销售商品产品的必要条件。商誉不能在生产经营活动中单独发挥作用，而必须与其他生产要素相结合，共同创造和实现企业价值。由此可见，商誉和其他资产一样参加企业资本的循环与周转。

二　商誉的会计规定与争论

改革开放以来至 2006 年，我国企业将商誉归为不可辨认的无形资产列示在资产负债表之内，并且唯有外购商誉的成本才准予列入资产（自创商誉的成本只能费用化，在其发生当期计入损益），对其进行不超过10年期的摊销。2006年财政部发布了新的《企业会计准则》，规定将商誉单独作为一项资产列示，并不再对商誉摊销，而是每年进行减值测试，如有减值，计提减值准备。

而对于商誉会计处理应当摊销还是进行减值测试、计提减值准备，学者的争论一直比较激烈。1993年，国际会计准则委员会（IASB）修正了一项国际会计准则：IAS22——企业合并，根据此准则，规定商誉需确认为资产，并在适用寿命内进行摊销。我国直到2006年新会计准则颁布前，对商誉的处理也比照此准则进行摊销。美国会计准则委员会（FASB）2001年颁布了财务会计准则公告（SFAS）商誉和其他无形资产（FASB，2001a），规定用商誉减值测试的方法取代商誉摊销。国际会计准则委员会（IASB）也随之规定用商誉减值测试方法取代商誉摊销。我国2006年新会计准则颁布后，也是采取了与国际会计准则趋同的方式，以对商誉进行减值测试取代商誉摊销。

对于商誉的后续计量，围绕着"商誉减值准备"的计提，学者对此进行了研究。一些学者支持商誉减值测试的方法，王平（2002）指出："对商誉实行减值测试的计量方法更为科学，理由有二：①符合国际大趋势；②考虑到商誉不一定会减值反而可能会出现增值的情况，对其进行减值测试更符合谨慎性与一致性原则。"但王平也谈到，由于对商誉进行减值测试时的公允价值很难计量，考虑到我国目前情况，从可操作性与可靠性考虑，对商誉在一定期限内进行摊销更为合适。

另一些学者则认为对商誉进行摊销的做法更为合理。宁敏（2002）对系统摊销法以及价值减损法做了比较与分析，提到"系统摊销法与价值减损法各有利弊，采用这两种方法是可靠性与相关性之间的权衡，但考虑到我国目前会计信息失真严重的情况下，可靠性是第一位的，因此采用系统摊销法符合实际情况"。

李启平等（2016）的研究证明合并商誉对企业真正发挥作用的期间恰恰是企业合并后的近期，时间越近，与效益越相关。商誉摊销优于计提减值准备的做法还在于企业的寿命期长短不一，尤其处于行业龙头地位的企业兼并其他企业形成的商誉，如果需要等到企业清算或重组时才一次性冲抵收入，那时可能已经过去十几年、几十年或者上百年，那时往往企业没有收入可供冲抵，一切为时已晚，没有经济意义。

在商誉的会计处理方面，2006年之前，学者对商誉应当摊销还是进行减值测试进行了探讨。一些学者支持商誉应当摊销，其理由是我国目前会计信息失真严重，摊销法显得更为可靠；而一些学者则认为由于商誉不一定会减值反而可能出现增值的情况，对其进行减值测试更符合谨慎性原则。

三　商誉的税法规定与研讨

对于企业并购重组，现行税法（《企业所得税法》及相关公告文件）将其分为一般性税务处理与特殊性税务处理两大类。一般性税务处理视资产在法人之间的转移为购买交易行为，特殊性税务处理将资产在法人之间的转移不视为购买交易行为。税法这一规定的基本原则是，并购重组交易中的价值增值只有在交纳企业所得税后方具有计税基础地位，否则只能按原计税基础计入资产。简言之，只有一般性税务处理承认商誉。并且，税收遵从会计准则不摊销商誉的会计方法，但计提的商誉减值准备却不得税前扣除，只有在企业整体转让或清算时才允许一次性扣除。

针对我国税法的规定，商誉减值应否在税前扣除？学者纷纷发表了不同的意见。一些学者认为商誉减值不应在税前扣除，周兰翔（2015）曾提到："虽然在企业经营过程中商誉价值可能会由于同业竞争、科技进步等因素减少，但商誉减少的价值难以真实确定，若对商誉计提的减值允许税前扣除，不符合税前扣除真实性原则，并且容易成为纳税人调节应税所得的工具。"而另一些学者则认为商誉减值应在税前扣除。马蔚华在《应在税前扣除企业并购商誉价值》中认为商誉计提的减值无法在税前扣除，加大了并购时商誉的税收负担，从而导致企业并购成本上升，此举不利于鼓励企业的并购行为，不利于企业通过行业整合快速提升核心竞争力。

在商誉的税务处理方面，一些学者认为商誉减值不得税前扣除加重了企业并购负担，不利于企业通过并购进行企业转型，所以商誉减值准备应当在税前扣除；而另一些学者则认为由于商誉减值准备的金额难以准确计量，所以商誉减值准备若允许税前扣除则违反了真实性原则，同时使商誉减值成为企业操纵利润、调整税收的方式。

四　商誉的理论分析

1. 经济学理论分析

卡尔·马克思在《资本论》中指出，商品价值 $w = c + v + m$，其中 m 是指商品的剩余价值，而减去剩余价值 m 所剩下的 $c + v$，即生产资料耗费所转移的价值与劳动者自身劳动所创造的价值这两部分。这两部分正是生产商品自身所消耗的部分，商品价值里 $c + v$ 正是对自身消耗的补偿。这一部分就是商品的成本。

根据资本价值循环与周转理论，资产会随着生产经营活动进行价值循环与周转，使得成本得到补偿。资本循环公式 G—W…P…W′—G′，其中 G 表示货币资本，W 表示购买的生产要素，P 表示生产过程，W′表示增值商品，G′表示将商品卖出换取货币资金。按照该公式，资本的循环与周转可以分为三个阶段：第一阶段，资本家作为买者出现在市场，将货币转化为生产要素；第二阶段，资本家将购买的生产要素投入生产环节，生产出增值的商品；第三阶段，资本家作为卖者回到市场，将商品转化为货币，资本实现增值，资本家获取剩余价值。在第二阶段，在生产阶段，生产资料的耗费与劳动者劳动的价值随之转移到商品的成本里，使商品得到增值。在第三阶段，增值的商品转化为货币，以收抵支，即生产资料耗费所转移的价值与劳动者劳动所创造的价值得到抵补。

商誉是企业付出一定代价而获得的一种未来获利的能力，从本质上看是一项资产，就必然具有资产的共同属性，它在企业日常生产经营活动中势必和其他资产一样对生产过程发挥作用。同样，商誉在生产过程中也和其他资产一样会有损耗，损耗的这一部分价值也会随着生产过程转移至成本，并随着经营活动进行资本的循环与周转，进而得到补偿。显然，现行的会计准则与税法的规定都与这一政治经济学理论不符。

2. 收入与费用配比原则分析

无论会计准则还是税收法规都承认并遵循这一原则。根据收入与费用配比原则，在同一会计期间，收入应当与其相关的成本费用相匹配，以便准确地计量损益。商誉作为一项能给企业带来超额收益能力的资产，在生产经营活动中给企业带来超额收益的同时，自身必然产生与收益相配比的损耗。根据收入与费用配比原则，商誉所产生的与其收益相配比的损耗应当与收入在同一会计期间确认，即在商誉给企业带来超额收益的同时，也应当对商誉价值减损额进行抵扣。

3. 税法扣除原则分析

我国《企业所得税法》第八条规定："企业实际发生的与取得收入有关的、合理的支出，包括成本、费用、税金、损失和其他支出，准予在计算应纳税所得额时扣除。"根据此规定可以归纳总结企业所得税税前扣除五大原则：真实性原则（据实扣除原则）、相关性原则、合理性原则、税法优先原则以及凭合法凭据扣除原则。其中，据实扣除原则、相关性原则以及合理性原则是从理论层面对允许税前扣除的项目做出了规定，是所得税税前扣除的核心原则；税法优先原则是针对税法与会计遵从的原则不同而出现的差异进行说明；凭合法凭据扣除原则则是对税前扣除的具体操作方法做出了规定。

（1）据实扣除原则

据实扣除原则是指在计算应纳税所得额时允许扣除的支出必须是实际发生

的，没有实际发生的支出不得税前扣除。而准备金其实质是一种企业根据观察及判断所预先提取一定金额的准备，并不是一项真实发生的费用。按照据实扣除原则，我国税法规定任何根据会计准则提取的准备金（除 0.5% 的坏账准备）均不得在税前扣除。而商誉减值准备也因此不允许税前扣除。

但在 2006 年新企业会计准则发布前，我国会计制度将商誉作为一项使用寿命有限的无形资产进行处理，像固定资产需要折旧一样每年进行摊销；而《企业会计准则》规定商誉不再摊销，只是每年年末对其进行减值测试，如有减值计提减值准备。会计上所计提的准备金，是根据会计谨慎性的原则，基于对未来预期的判断所进行的一种会计处理。由于企业经营管理可能对商誉造成影响，商誉可能因企业经营管理妥善而升值，也有可能因企业经营管理不善而减值，出于谨慎性原则，对于商誉价值的不稳定，会计上则认为最好不对其进行摊销，若确有证据表明商誉减值，则对其计提商誉减值准备。这种做法既考虑了商誉的减损，又可以不对财务成果计量的结果产生影响。会计上计提的商誉减值，是在生产经营活动中所真实客观发生的损耗，只是会计基于其谨慎性原则，才不对其摊销而是计提减值准备。如果说税法上由于商誉减值损失不符合据实扣除原则，那么将其改为商誉摊销就可以税前扣除，这完全违背了实质重于形式原则！

（2）相关性原则

税法的相关性原则是指在计算应纳税所得额时，所扣除的成本费用必须是与取得的收入相关的支出。商誉作为一项给企业带来超额利润的资产，在企业的生产经营中给企业带来收益的同时也在产生损耗，即会计上计提的商誉减值是与企业收入紧密相关的支出，根据所得税税前扣除的相关性原则，应允许商誉减值在税前扣除。税法的相关性原则与本文之前谈到的会计上的收入与费用配比原则相类似，即要以收抵支，以便准确计量应纳税所得额。而会计在谨慎性原则、收入与费用配比原则之间进行衡量取舍，规定对商誉计提减值准备而不进行摊销。可税法遵从会计原则对商誉的处理是"不作为"，不仅违背了税法的相关性原则，而且在税收层面上对企业造成了负面的经济影响。

4. 核心能力理论分析

管理学的核心能力理论是衡量企业可持续发展能力的重要理论。1990 年美国学者普拉哈拉德与英国学者哈默尔在《公司核心竞争力》一书中提出了核心能力理论，该理论认为核心能力是企业最重要的资源，是企业获取超额利润与竞争力的根本，是企业长期发展的源泉。普拉哈拉德与哈默尔对核心能力归纳总结了六个特点，认为核心能力具有整体性，其关键在于协调以及有机组合，共同发挥价值，而不可将其进行单独的拆分；核心竞争力是隐性的，并非显性的；核心竞争力是难以被模仿的。他们认为现代市场的竞争其根本就是企业核心能力的竞争。

商誉是企业拥有的能为企业带来超额利润的各种因素的结合体，如企业拥有优越的地理位置从而使得产销便利；如企业品牌历史悠久，家喻户晓百姓乐于接受；又如企业的管理团队效率高赚钱快等因素。这些因素难以单独发挥其价值，往往与其他资产组合在一起共同发挥作用，这与核心能力的整体性相符合。同时商誉作为"最无形的无形资产"，并不是一种摸得着看得见的资产，与核心竞争力的隐形的特征相符。因此，商誉与核心能力理论中对核心能力的定义高度吻合，商誉是企业核心能力的重要组成部分。

基于上述理论分析，商誉是企业核心能力的重要组成部分，我国税法不允许商誉损耗税前扣除，使税收负担加重，不利于企业通过获取商誉建立核心能力，不利于企业获取长期发展能力与市场竞争力。

五 分析结论及改革建议

综上所述可得到以下结论：①我国现行的会计与税法对商誉的处理中，商誉只计提减值准备，不进行摊销，减值准备不得税前扣除。对此，虽然在会计上减值准备在年终冲减收入，使得费用未补偿不足，利润未被虚夸，但税法上费用则扣除不足，应纳税所得额被虚夸。税法遵从会计的此项举措，虽然使得企业所得税的计税基础增加，征收的税款也相应增多，起到了加重税负的效果，使得企业的现金得不到回收，费用得不到补偿，蚕食了企业的资本，从而对企业的经济活动产生负面的影响。同时资产随着企业生产经营的进行而发生价值循环与周转形成成本与费用，这是一个客观的整体。但我国税法却将此分割为两部分，一部分随着周转得到补偿，而另一部分却不承认其周转，违背了经济学原理。②从企业所得税扣除原则分析，商誉本质是一项资产，其在生产经营过程中，随着给企业带来超额收益的同时，自身也在发生着损耗。这一损耗虽然在会计上被确认为减值准备，但是这一损耗是真实发生的实际损耗，并不单纯地是一种准备。税法遵从会计对商誉的处理，对商誉所计提减值准备不允许税前扣除，违背了税法的据实扣除原则以及收入费用配比原则。③从核心能力分析，商誉作为企业的一项核心能力，是企业最重要的资源，是企业长期发展及获取竞争力的关键。而我国税法遵从会计对商誉处理，使得商誉减值损失不得税前扣除，加重了商誉的税收负担，提高了商誉的成本，不利于我国企业转型，不利于企业建立核心竞争力，不利于企业的长期发展。所以，笔者认为对商誉进行减值测试的方法虽然符合会计的谨慎性原则，但在我国目前的经济环境中摊销法可能更为可靠。《会计准则》规定对商誉进行减值测试从而取代摊销，也是在谨慎性与可靠性中进行权衡的结果。同时，由于商誉减值测试方法的局限性，商誉减值的具体数额难以精确衡量，这也可能会导致商誉在企业生产经营过程中所产生的损耗不能及时得到足额补偿。

为此本文建议，改革会计准则中商誉只计提减值准备的做法，应该允许商誉摊销，摊销期应该不超过 10 年。同时税法也应该允许商誉摊销的费用在税前扣除。或者允许商誉减值损失税前扣除，使得商誉的成本能够补偿完全，同时也可以降低商誉的税收成本，进而鼓励并购市场发展，加快企业转型升级。但考虑到我国商誉减值测试方法可能导致的随意性，从而成为企业逃避税收的手段，本文建议，最好将商誉与其他寿命不确定的无形资产一样看待，确定年限进行摊销，这样既使得商誉的成本能够得到充分补偿，同时也降低了商誉的税收成本，促进企业的发展。

参考文献

于长春：《现行商誉会计处理的困惑与思考》，《财务与会计》2010 年第 9 期。

王平、李明辉：《对我国合并商誉确认及其摊销的思考》，《财会通讯》2002 年第 6 期。

宁敏：《简评商誉的系统摊销法与价值减损法》，《财会月刊》2002 年第 8 期。

李启平、盛晓静、龙海霞：《企业并购商誉影响公司业绩的实证考察：以制造业为例》，《中国会计学会 2016 年学术年会论文集》，2016。

周兰翔：《对企业并购商誉税收问题的认识》，《税务研究》2015 年第 4 期。

潘霓：《政协委员马蔚华：应准许企业并购商誉减值税前扣除》，《证券日报》2009 年 3 月 4 日。

我国 B2C 生鲜冷链物流末端配送探究

——以京东物流为例

肖炜华　陈源城

引　言

"十三五"规划指出"大力发展冷链物流"。的确，我国的冷链物流还是在初步发展的阶段，许多因素制约我国冷链物流发展，但是 B2C 生鲜电商的发展速度却大大地超过冷链物流，出现了需求与供给不对称的格局。C. James 和 J. A. Evans（2006）认为用简单的制冷工具给农产品进行制冷是不行的，为了尽可能保持农产品原有的属性，应该对温度和湿度等进行合理的控制。王勇胜（2014）针对生鲜电商企业类型的不同设计了 B2C 网站与传统企业连锁后相辅相成的配送模式——B2C 平台与社区结合下的共同配送模式。本文针对我国生鲜冷链物流现状和问题，结合实例对京东商城进行探讨，提出末端配送相对应的可行性建议。

一　我国 B2C 冷链物流末端配送模式分析

1. 我国冷链物流末端配送模式

冷链物流是为保证食品安全和品质，各个物流环节处于完全低温环境并实施全程温控的特殊供应链系统。以生鲜冷链为例，我国目前以搭建自营的冷链物流末端配送体系为主，结合第三方冷链物流服务提供商，形成生鲜产品的全程冷链配送体系。主要的冷链物流末端配送模式包括以下几方面。

（1）自营冷链物流配送＋送货上门模式。近年来，生鲜电商的火热带动大量自有农场基地的建立，生鲜电商开始自建冷链物流配送体系，以实现"最先一公里"到"最后一公里"的全程冷链配送。该模式需要建立在生鲜电商有一定资本实力或较大规模的基础上，并且需要足量的订单以维持整个冷链配送体系的运行。京东便是采用了此方法。

（2）社区智能取货箱＋消费者自提模式。社区智能取货柜的出现是协调配送"时间差"问题的解决方案。此种模式需要地方性的投资，在具有一定资本实力的前提下建立社区智能取货柜，由消费者自主取货，完成末端交货环节。

（3）第三方冷链物流配送＋送货上门模式。此模式避免了可能因为成本、区域、时间、产品特殊性、客户要求等因素导致自营配送无法完成的现象，由第三方冷链配送服务提供商将货物交付给消费者。

（4）O2O线下实体店/便利店＋消费者自提/送货上门模式。生鲜电商自营开店投入高，末端配送环节可与之合作的线下店铺便发挥配送点和小型临时仓储中心的作用。

2. B2C冷链物流末端配送模式现状和存在的问题

生鲜市场的发展推动着冷链物流的变革与提升，随着需求越来越大，冷链物流的末端配送问题也不断出现。

（1）冷链运输比例较低，全程冷链名不副实。生鲜冷链物流配送对温湿度，送货速度和条件都有较高的要求。日本等西方国家肉类冷链物流比例高达100％，水果蔬菜已达到95％以上。目前，中国冷链配送比例仅为10％左右。更多的是使用冰、干冰和孵化器等手段，甚至在高温环境下仅使用泡沫箱来运输和分配物流，冷链运输率低。

（2）末端配送设备少，冷链运输缺乏标准。美国每500人1辆冷藏车，专业冷藏车占货车的1％～3％；而我国3万人1辆冷藏车，冷藏车占货车的比例，约为0.6％，冷藏车保有量仅8万～9万辆，其中还包括一部分仅配置制冷设备、能达到一定规模和吨位的专业冷藏车辆。大部分由常温车改装，温度控制无法达标，难以形成统一、规模的冷链物流设施设备。除此之外，各行业部门制定的200多项冷链物流标准难以统一。

（3）自营资金成本过高。末端配送环节，冷藏车购置和配送人员薪舍都需要很多资金，大多数新兴企业不能保证连锁的安全，因融资问题相继倒闭的自建冷链生鲜电商企业就有美味七七、笨鲜生等十几家。

（4）自提模式接受率不高。《2015年中国生鲜电商研究报告》数据显示，客户希望生鲜电商在配送生鲜产品时能送货上门的用户达到71.2％，能够接受或更喜欢自提模式的用户比例不到30％，客户更希望在签收时能够进行验货以保证产品差异性和质量。

（5）区域性生鲜店面多，便利店合作问题多。生鲜电商在社会布局门店时，需要针对市场需求、店铺辐射范围和门店承受能力等因素进行考量，生鲜电商企业与超市便利店的合作协调程度低，且难以进行制度化管理与规范，服务质量难以把控，门店的冷藏空间与订单多少的不可预估容易造成成本浪费，降低了生鲜电商企业的服务质量。冷藏空间与门店空间的协调问题、存储管理人员与宅配服务水平都是需要面对的问题。

二 京东商城物流生鲜配送模式分析

京东商城作为我国最大的 B2C 自营电商平台，通过自建物流体系，凭借强大的物流网络和供应链体系，将产品配送给消费者取得了成本优势。

近日，三门峡市正式成为京东布局生鲜冷链全温层配送的第 82 个城市，京东生鲜冷链覆盖区域进一步拓展，至此，全国有 300 多个城市的消费者可以享受京东自营生鲜配送，其中超过 220 个城市实现了当日达和次日达，京东已成为中国最大的生鲜电商冷链宅配平台。

京东生鲜冷链配送模式如图 1 所示。

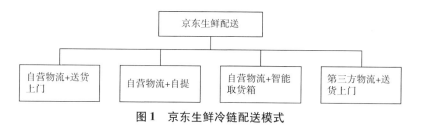

图 1 京东生鲜冷链配送模式

1. 京东商城生鲜配送模式 SWORTS 分析

（1）优势（S）

①硬件基础。为了搭建起高效、高服务质量的冷链物流配送体系，京东不断加快物流中心建设，形成了点—线—面的物流网络。截至目前，全国已经有三百多个城市能够享受京东物流网络所提供的冷链物流服务。但是由于冷链物流发展受限，很多二线、三线城市京东只能使用第三方物流外包的形式，将一些除了主城区以外的订单由第三方完成末端配送环节，没办法全部由京东快递自己完成所有订单配送。从 2014 年京东商城开始着手建设冷链物流以来，先后在北京、上海、广州、深圳等全国一线城市的大部分城区进行冷链配送，同时也不断地开拓在个别二线、三线城市的中心城区的京东冷链物流配送服务。

②软件支持。软件是京东物流得以发展的重要助力。2014 年 10 月，京东商城在上海的"亚洲一号"现代化物流中心试运营了 WMS 5.0 系统，随着该系统的运用京东集团将加快物流体系建设，以现代化的技术进一步提升京东物流的实力。2014 年 11 月，京东物流配送分拣系统——青龙系统 3.0 上线，该系统的推行也首次对外解密"双 11"京东商城处理千万级订单量运营的技术问题，保证在京东商城今后订单服务的质量。京东继续扩大开放京东商城供应链系统，作为京东商城强大的供应链体系，继续不断地扩大供应链的覆盖范围。

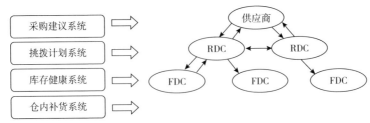

图 2　京东销售预测系统

在订单需求管理和生鲜产品预测方面，京东商场根据现有的系统，能够针对每一个 SKU 进行期限在 28 天内的预估，预测潜在 SKU 未来量并在此基础之上所带动的 RDC 与 FDC 之间的补货和调拨，以保证商品的储存量和消费者的限购率等指标，实现通过人工智能来预估京东仓库的存量。在冷链物流配送体系建成使用后，面对京东商城庞大的消费需求和千变万化的生鲜产品市场，现有的数据和方案不能直接解决目前的所有困难，难以实现供应商和消费者之间的供需平衡，就难以保证供应链顺畅运行。

③供应链模式。京东商城开通生鲜板块以来，生鲜产品所采取的是 ABC 模式，即产品由京东商场通过物流体系由生产基地直接配送到京东的平台体系之内，再由冷链物流配送网络将产品配送至消费者手中，而中间便是冷链物流贯穿整个供应链体系。所以京东生鲜如果想要做得好，京东冷链物流网络必须满足京东商城开拓、发展生鲜市场将带来的订单服务。

图 3　京东商城生鲜产品供应链模式

京东拥有强大的自营物流体系，不论是仓储系统、物流配送系统还是订单处理系统，都处于行业先进水平，使得产品能够高效快速地送到消费者手中，在一定程度上京东自建物流的发展决定了京东生鲜配送的现状，极大地满足了消费者对生鲜产品的需求，当日达的配送时效吸引更多的消费者到京东平台上消费，树立了京东在消费者心中的口碑效应。自营配送京东可全程掌控产品的配送状况，信息更加透明化，减少了牛鞭效应带来的损失。京东宣布开放服务，高效高质的配送效果吸引更多的商家选择京东冷链配送，一定程度上发展了京东物流的规模。

（2）劣势（W）

①冷链门槛高，前期资金投入大，尤其是在物流配送方面，可见的人力、设施设备等成本只是物流成本中的冰山一角，京东每年投入物流建设的费用高达数百亿元。

②售后服务要求高，京东在宿迁、扬州、成都建立了全国客服中心，不仅成立了京东快递客服组，2017 年在扬州分中心设立了针对第三方商家物流配送的客服团队，增加了成本，同时京东尚未对京东第三方商家开放上门取件业务，售后服务需要进一步完善。

（3）机会（O）

政府支持。"十三五"规划提出大力发展冷链物流；党的十八大报告也强调加快现代化农业建设，实现粮食安全和农产品良好供给。农产品物流的发展具有良好的政策环境，而生鲜产品以农产品为主，因此，自建冷链物流配送体系的前景还是非常乐观的。

（4）威胁（T）

①随着市场的发展，京东主要竞争对手之一——阿里巴巴投身建立物流体系的开放平台，已经有非常多的商家资源和物流资源与阿里巴巴达成合作协议，京东商城在以往自建物流模式所带来的优势也逐渐地被阿里巴巴缩小差距甚至不复存在。在新兴的市场上，京东商城必须新建起自己的冷链物流体系，保证自己物流服务质量的同时去争夺资源，重新抢夺优势。

②消费者的需求必然越来越高，提高客户服务水平，对于京东来说，迫在眉睫。

如图 4 所示，京东扬州客服中心生鲜事业部纠纷单样本量共 188 个，其中配送类占比 16%，退换货类占比 23%，配送类纠纷类型主要是配送延迟、超期催单；退换货纠纷类型主要是商品受损、变质。

综上所述，京东商城在发展物流的同时也存在许多不足，京东如果不进行创新、开拓新思路，那么在未来的一段时间很难保持自身的优势。

三 京东生鲜冷链物流末端配送优化建议

目前，京东关键问题归根结底还是因为资金投入大、配送成本高，末端配送掌控能力不强等因素造成的，对此，笔者结合当前形势，给出以下几方面的可行性建议。

1. 推动行业标准化建设，整合京东自身冷链物流配送体系

首先，结合我国政策导向，针对我国冷链物流的现状和问题，对症下药，出台措施，关注 B2C 生鲜冷链末端配送实际情况，建立相应的行业标准。京东

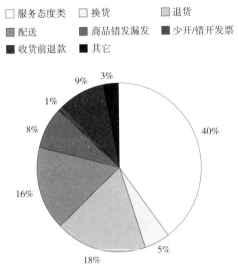

图4　京东扬州客服中心生鲜事业部纠纷占比

商城在整合自身物流体系的同时，也要顺应市场导向，进一步整合自身资源，探索真正与市场需求相吻合，与经济成本相匹配的冷链物流体系，推动建立行业标准，引领我国生鲜电商企业走上顺利发展之路。

2. 推行共同配送模式，多方受益

在完善自身生鲜冷链配送体系的基础上，开展共同配送，可将多个合作伙伴联合起来，共同由一个第三方物流服务公司来提供配送服务，通过横向联合、集约协调、求同存异以及效益共享的作业活动，降低作业成本，提高物流资源利用率。生鲜电商市场下共同配送可以达到以下目的。

（1）降低物流成本，减少投资

以京东生鲜为例，各电商联合发展进行共同配送，利用京东平台可将产地与收货地接近的电商订单进行整理后统一通知物流公司配送，并将多家冷链物流企业的设备、车辆等资源进行整合优化，形成统一的一次性运输，代替了单个电商单次下单后的单次运输，避免零散物流所造成的资源浪费，使生鲜电商的冷链物流规模化，大大提高车辆利用率，有效提高物流运输效率，降低生鲜商品的腐烂率，降低客户投诉及纠纷，同时也降低生鲜电商和电商平台的运营成本。

（2）提高物流服务水平，实现零纠纷

共同配送的完成需要多家企业齐心协力，其中最大的特点便是信息的共享和信息网络的构建。这正是京东及其他 B2C 电商应大胆尝试的新思路。生鲜农商品由于其特殊的产品属性，对信息的时效性和快速反馈要求很高，因此，充分利用共同配送中各物流企业的射频识别技术、物联网技术和 GPS 定位技术等现代化物流技术构建完善发达的信息网络，才能更好地实时传递商品状态，随时更新商品信息以便提供给消费者最佳的购物体验，尽早实现零投诉、零纠纷。

表 1　共同配送模式优化前后对比

项目	优化前	优化后
成本	大量资金购买运输车辆、建立车队、建设冷库等多种冷链物流设施设备	降低企业运营成本，节省大量资金、设备、土地、人力等；与共同配送体系中的其他企业共建信息网络
竞争力	将宝贵的资源投入冷链物流，重复建设，不利于企业在行业中竞争	集中精力发展主营业务，从而以高质量、低成本的优势在行业竞争中占据优势
规模化	冷链物流上下游企业之间缺乏统一规划，导致冷链运输效率低下，不利于整个行业的发展	实现资源整合，从而提升在国内外市场的竞争力；实现高效的客户服务
社会层面	社会车流总量大，冷链车辆的装载率低，社会生活品质不高	优化运输，有效提高冷链车辆的装载率；有利于环境保护

（3）减少资源浪费，减少环境污染

以京东生鲜超市为例，该平台上的生鲜电商数量庞大，若物流业不实施共同配送的方案，由于不同店家的顾客群购买力不同，各个产地的订单也会因此有多有少，这势必会造成部分物流资源的紧张和浪费。例如，有些冷藏车接近超载还无法满足货运要求，有些冷藏车装载率很低却不得不进行高成本运输。若物流业实行共同配送，不仅可以降低物流成本，还可以减少冷藏车的使用数量，在一定程度上可缓解城市的交通拥堵状况，减轻噪声污染和汽车尾气污染等一系列问题。

3. 引进和培养冷链物流人才，不断改进

在任何系统中，人是最活跃的因素，也是最关键的因素。京东的管培生体系一直是其人才培养机制中最重要的组成部分。京东认识到只有依靠高端人才为京东冷链物流的发展出谋划策，才能真正把握发展的契机。引进和培养冷链物流人才的脚步不能停止。

4. 完善配送模式的同时，加强客户服务体系建设

京东商城目前在全国的客户服务中心主要是成都（在线）、扬州（第三方POP 业务）以及宿迁（自营业务）三大地区。随着京东物流子公司的成立，京东物流以独立于京东商城的身份开始进入物流开放服务市场，2017 年初，京东物流成立 BLC 物流客户服务部，保障京东物流客户权益，客户服务体系的建立不仅降低京东物流仓配环节的物流成本，同时提升客户满意度，从客户角度逆向进行革

新改进。以扬州分中心 BLC 物流理赔部第三季度数据为例，第三季度京东物流破损类理赔总金额达到 263 万元左右，较 2016 年同期降低 23.16%。加强客户服务体系建设已初见成效，必须加大力度，成为管控京东冷链物流发展的重要举措。

四 结论

在当前的 B2C 电子商务环境下，生鲜类市场成为各大电商企业相互争抢的蓝海市场。本文通过综合分析，提出完善行业标准、建立共同配送体系、加强冷链人才培养等建议，不仅仅适用于京东，对于解决我国电商企业末端配送存在的问题也是极为可行的。不同的企业需要根据自身的实际情况选择适合自己的模式，而共同配送正是优化现状的明智之举，只有不断优化生鲜电商末端配送体系，并能够有所创新，企业才能取得长足发展。

参考文献

S. J. James，C. James. Modeling of Food Transportation Systems in A Review. *International Journal of Refrigeration*. 2006 1291.

丁雪峰：《我国冷链配送现状与发展对策》，《物流技术》（装备版）2013 年第 6 期。

闸筱蕾：《京东冷链物流成本控制问题探究》，江西财经大学，2016。

符晓洁、王林：《生鲜电商"最后一公里"配送研究》，《物流技术》2016 年第 6 期。

侯敬文：《京东商城物流配送模式改进研究》，西南交通大学，2012。

文晓巍：《共同配送：我国冷链物流配送模式的优化选择》，《现代管理科学》2008 年第 3 期。

张仲雷：《基于 Balbw 二维决策模型的物流配送模式分析——以京东商城为例》，《消费导刊》2016 年第 4 期。

许小亮：《非自营冷链物流模式下视频质量控制研究——以乳制品为例》，天津理工大学，2016。

张中梅：《探究我国 B2C 电子商务的物流配送问题——以京东商城为例》，对外经贸大学，2013。

程丽琳：《我国农产品冷链物流标准体系构建的思考》，《物流工程与管理》2016 年第 7 期。

杨俊峰：《生鲜农产品电子商务配送模式及优化策略》，《物流技术》2014 年第 12 期。

邵海涛：《基于食品安全的中外运上海冷链物流管理体系研究》，湘潭大学，2012。

试论声乐作品《春江花月夜随想曲》的古筝韵味

戴旦旦

一 声乐作品《春江花月夜随想曲》简介与由来

1. 文曲《春江花月夜》

《春江花月夜》是一首诗情画意般抒情的文曲，旋律温婉绵长，清新优美，曲调安宁。全曲描绘了夕阳西下之时，暮鼓敲响、箫声乐声迎接傍晚的明月，文人们泛舟荡漾在春江平静的水面上，两岸青山翠柳，偶尔红花点缀，水面波光粼粼映着月光，船工摇橹缓缓前行……

第一部分写了春江的美景。春天的江水浩荡直奔大海，一轮皓月升起与江水一起涌向大海，月光照着江面闪着粼粼波浪，满江的春水闪着明亮的月光，江水曲折萦绕在花草丛中，月光照耀在树林中好像珍珠在闪烁，沙洲上的白沙和月色融合在一起，江水、天空没有一点灰尘，只见一轮孤月高挂在空中。

第二部分写诗人由景抒情。一个游子坐在江边，看着流动的江水，不由得想起故乡、亲人，月光清澈无边，鱼雁不能传信，江水带着春光将要流尽，斜月西落，距离故乡无限遥远，不知何时能回故乡，思念之情洒满江水两岸……"江畔何人初见月？江月何年初照人？人生代代无穷已，江月年年望相似。不知江月待何人，但见长江送流水。此时相望不相闻，愿逐月华流照君。不知乘月几人归，落月摇情满江树。"

2. 器乐曲《春江花月夜》及声乐作品《春江花月夜随想曲》由来

《春江花月夜》（原名《夕阳箫鼓》）是一首著名的琵琶传统大套文曲，在明清时期就广为流传。因为古人没有较统一的记谱方式，以文字手抄版本记谱为主，造成各流派的曲谱传承分段不一。现流传市面较为主要的是平湖派李芳园1895年所编的《南北派十三套大曲琵琶新谱》。1923～1925年上海大同乐会的柳尧章、郑觐文将此曲改为丝竹合奏曲，同时根据《琵琶记》中的"春江花朝秋月夜"更名为《春江花月夜》，至今犹用此名。

如此优美、典雅的古曲《春江花月夜》由著名作曲家徐景新拓新思路改编成为一首声乐随想曲。歌曲旋律优雅、古韵味浓厚、意境悠远绵长，迅速成为浩如烟海的民族声乐作品中一颗璀璨的新星，并收入音乐学院高年级声乐作品集，被众多著名演唱家作为主打歌曲收入自己的专辑或音乐会作品中。

3. 近现代古曲改编的发展

把器乐古曲及古诗词改编成现代声乐作品的做法越来越流行，例如《阳关三叠》《渔舟唱晚》《枫桥夜泊》等众多作品。由于歌词大多借用古诗词，为了表现古曲的韵味感，旋律走向不会像现代歌曲那样跳跃性大、速率偏快、歌词排列密集，演唱者大多需要含蓄地表达出内在的情感，缓慢且悠长（见谱例1）。

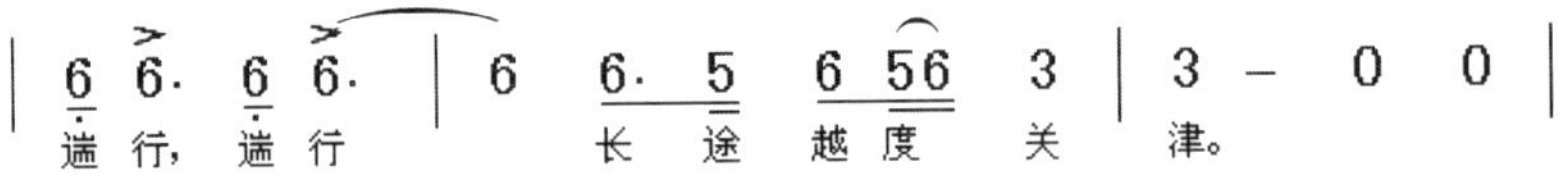

谱例1　《阳关三叠》选段

在谱例2《春江花月夜随想曲》中，我们可以看到它与上述《阳关三叠》谱例中节奏及歌词分配形式体现出惊人的一致性。

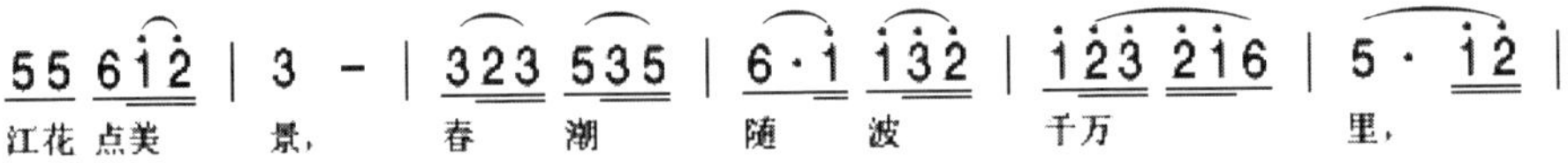

谱例2　《春江花月夜随想曲》选段

又例如现代歌曲谱例3《山里人》中，我们可以看到节奏紧凑急促，与古曲改编的声乐作品形成了极大的反差和鲜明的对比。

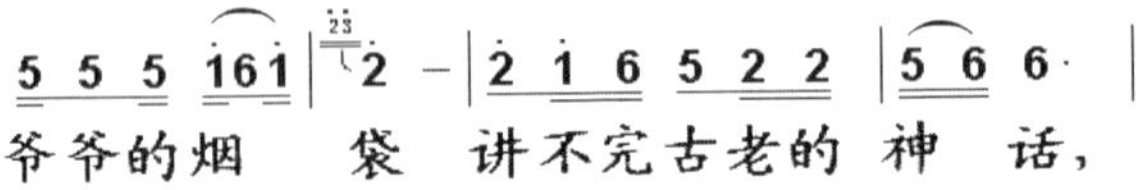

谱例3　《山里人》选段

二　《春江花月夜随想曲》作品剖析

"随想曲"从字面含义上来理解可以理解为随便、随性，由着自己的思路去思考创作，形式松弛，节奏偏散板直观地表达自己的音乐情感。《春江花月夜》这首声乐随想曲就结合西方的随性和古曲的端庄让中西方文化很好地融合在一起。

1. 曲式结构

在曲式结构方面，学术界有着两种不同的声音。有一种理解是歌曲是由三部分组成，是一个带再现的三段式曲式结构。还有一种理解是歌曲既不是西方曲式里的奏鸣曲式，也不是各种多段式结构，而是中国作品特有的"鱼咬尾"模进式的结构。笔者个人认为此首作品从整体结构分析还是采用了一个西方曲式中的再现三段式曲式，但是里面旋律的设计充分展现出"鱼咬尾"的模进式结构。例如谱例 4 中的歌词。

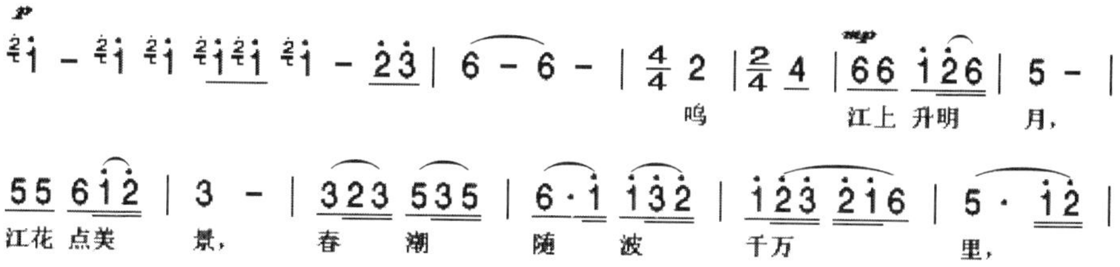

谱例 4 《春江花月夜随想曲》选段

第一部分由前奏加正文歌词为主。先由钢琴伴奏以散板加重复音、倚音等多种形式带入，歌唱者开始演唱虚词"呜"进入，并没有直接进入实词的段落。这种钢琴散板伴奏不拘一格，节奏自然，曲调清新给听众带来一种无限遐想的空间，并且烘托出一种古典、典雅、美妙的感觉，为整首曲子奠定了感情基调，情感铺垫，为后续段落渲染气氛。

呈示部是由两个乐段所组成，属于无再现的二段式曲式。

展开部是一个单三部曲式，由三个乐段构成，分别是呈式、对比、再现，首尾呼应。

第一个乐段由 3 个乐句组成，前奏一大段散板节奏片段引入，后接两个乐句由几个相类似的短倚音引导出来，到了第 3 个乐句做了一个补充，展开部分节拍和速度也与前面的呈示部分形成对比，后面经过了 3 个小节的准备，为下面跳音的旋律又做了准备。

展开部的中段由 5 个乐句构成，但是在每个一句的第三拍都是休止符，第三拍为重音拍，在这个地方设计休止符，就给演唱者留有一定的喘息和换气的时间，乐句情感的表达由欢快、抒情的情绪交叉进行着，使旋律更加简洁明快，同时又运用了民族调式，使歌曲显得明亮、优美、民族化。在情感短暂的宣泄后又进入抒情段，与呈示段形成对比。再现段沿用了呈示段的音调，这里大批量运用花腔技巧，花腔音的运用使音乐更加欢快、活泼、富有张力。

再现部为变化再现，只再现呈示部的第一乐段，将呈示部的音调保留，从而使所描绘的情景更加空旷，最后尾声以弱的力度渐渐远去，从而表现出了江水两岸斜月西落进入一个平静、自然的夜晚。

2. 旋律歌词

旋律最大的特点就是通过运用大量的虚词"啊""呜"带出高难度的花腔

演唱以及大量的华彩片段，把乐曲旋律描述得时而幽静，时而奔放。其中长音和长休止带有古诗词吟唱的感觉（见谱例5、谱例6）。

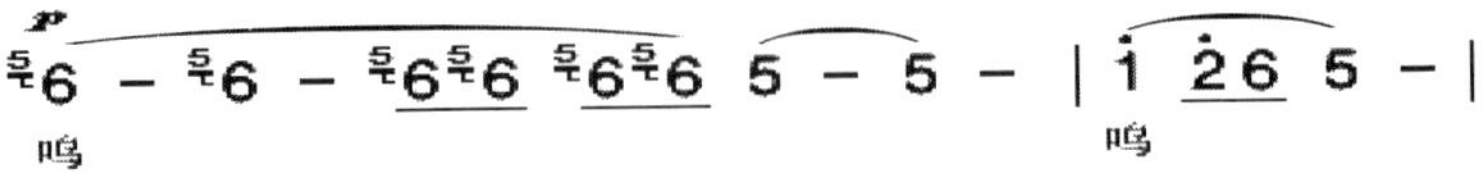

谱例5　《春江花月夜随想曲》选段

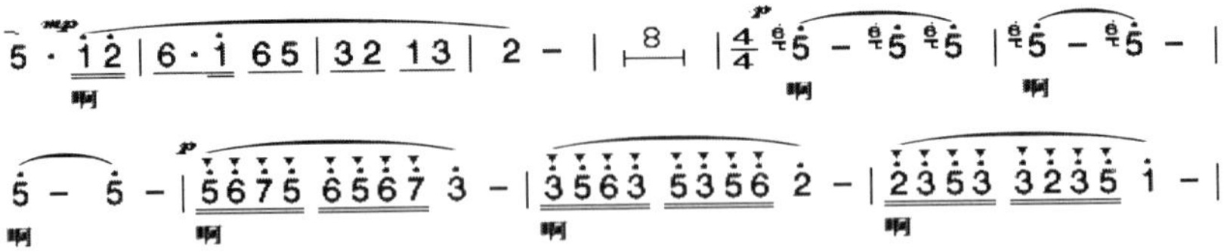

谱例6　《春江花月夜随想曲》选段

当然旋律中除采用虚词"呜""啊"也用到了实词"江山生明月，江花点美景，春潮随波千万里，夜色沁人心"，虽然只有简短的四句，但是它描绘出了一幅月光照耀江山江花的美景。给人一种宁静的美（见谱例7）。

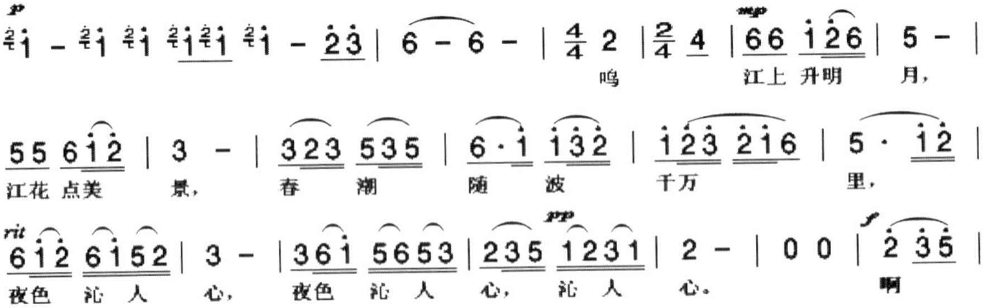

谱例7　《春江花月夜随想曲》选段

3. 和声织体

在和声上，主要运用民族调式，在五声调式的基础上加入偏音，使旋律调式同时拥有五声、六声、七声多种类的调式调性，形象化的钢琴伴奏从引子到尾声模仿出古筝轮指的技巧以及钟鼓的声音，给人营造出江边月色晨钟暮鼓（见谱例8）。

谱例8　《春江花月夜随想曲》选段

也有模仿古筝花指的技巧，给人营造出流水的声音（见谱例9）。

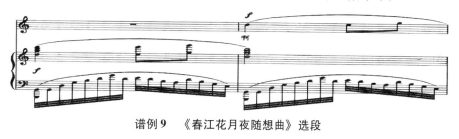

谱例9 《春江花月夜随想曲》选段

三 《春江花月夜随想曲》声乐技巧如何带入古筝韵味

1. 《春江花月夜随想曲》独特的歌词带来声乐技巧的运用

《春江花月夜随想曲》作为一首出色的声乐作品，其中民族气息非常浓厚。在歌词方面全曲几乎有一半的时间只有一个"啊"字来宣泄旋律所需抒发的情感。这种做法在其他声乐作品中比较少见。

一般声乐作品除通过运用声乐本身演唱技巧去表达情感外，另一个更为重要的方面就是通过歌词去表达。在《春江花月夜随想曲》中，歌词比较简单明了，基本以古诗词作为主要部分，大量的旋律部分需要歌唱者自身的歌唱技巧来烘托。

在声乐技巧中，气息的控制是重中之重。长篇幅的无歌词单纯旋律演唱对气息的支撑要求非常高，因为它需要做到一种极致的连贯去表现旋律的走向，其中旋律高低起伏、音程大跳、类似音阶的华彩段落，在曲目中都用一个"啊"字去表达古曲给人带来的古典美。

2. 民族器乐——古筝的独特韵味

作为民族器乐里独树一帜的器乐种类，古筝以其旋律优美又不缺乏激情和绚丽在各个名家手中诠释出各种流派的曲目。其中《春江花月夜》也是其中非常有名的一首古曲。

《春江花月夜》所想表达的景色人物，名家为它设计许多弹奏技巧用来诠释。比如常见的"轮指"，是古筝的一种演奏指法，要求每个手指力度一致均匀，在引子部分，比如在乐曲第一段江楼钟鼓，由清脆嘹亮的滚指连起奏开始，形象地模拟出江楼钟鼓的声音由慢渐快，由远及近（见谱例10）。

花指也是古筝的一种演奏指法，花指也叫作"短刮奏"，它是大拇指从高音部分向低音部分的一个小刮奏，由跟关节带动小关节再到指尖，也要有一定的力度，手腕要放松。指甲触弦不能太深，轻轻地划过就好，像流水一样。比

谱例 10 《春江花月夜随想曲》选段

如在乐曲中用来引出江南风格优美、抒情的音乐主题前都会加入花指，用来烘托气氛（见谱例 11）。

谱例 11 《春江花月夜随想曲》选段

刮奏也是古筝所特有的一种演奏指法，它是通过演奏者手上所带的义甲像流水一样源源不断滑动琴弦而发出的声音，义甲触琴弦不能太深，也不能太浅，比我们平时弹奏的深度稍微浅一点就好，同时也不需要太大力度，手要放松，不能紧张，在琴弦上自然地过渡。一般会在段与段的衔接处，或者是在曲目的结尾处使用这种指法，通过刮奏可以更有力地烘托演奏者的情绪表达，同时当古筝作为伴奏乐时，刮奏也可以把演唱者的情绪带动起来（见谱例 12）。

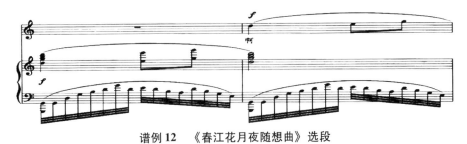

谱例 12 《春江花月夜随想曲》选段

泛音古筝演奏时像滴水的声音，一般是双手演奏的，最重要的是找泛音点，泛音点在前岳山到琴码的 1/2 处，演奏时需要左手小指或者无名指或中指碰触泛音点，右手弹拨，注意左右手要同时触琴弦。当然也可以用一只手来演奏泛音，那就是用大指的小关节找泛音点，其他手指来弹拨，也需要同时弹奏。一般会在引子结束处、段落结束处以及曲子的结尾处使用，给人一种似有似无、若隐若现的感觉，回味无穷（见谱例13）。

谱例13　《春江花月夜随想曲》选段

滑音，分为上滑音与下滑音。一般认为"先弹后按是上滑音，先按后弹是下滑音"，演奏时右手在琴码右侧弹琴弦，左手在同一琴弦的琴码左侧按琴弦，滑的高度一般所弹的那个音上方音的音高也就是下一根琴弦的音高，比如"do"要弹上滑音，那么它发出的音响效果就是"do re"，如果"re"要弹下滑音，音响效果就是"do re"（见谱例14）。

谱例14　《春江花月夜随想曲》选段

颤音，分为大颤和小颤，也俗称揉弦，是右手在琴码右侧弹奏后左手在琴码左边同一琴弦上均匀地上下起伏地按松琴弦，发出音的波动小，密度大，使所弹拨的音得到延长。像阳光照射在水面上，微风吹过水面，星星点点的阳光反射在水面上，波光粼粼（见谱例15）。

谱例15　《春江花月夜随想曲》选段

在《春江花月夜随想曲》中，开始歌者的"啊"字尤为有代表性。无数细小的倚音、颤音，目的就是人声器乐化。用人声模仿古筝的轮指、滑音、刮奏、花指、颤音、泛音等多种技巧，在歌曲中表达出各种音乐感觉（见谱例16）。

谱例16 《春江花月夜随想曲》选段

3. 从"啊"字看人声器乐化

（1）人声器乐化运用的由来。人声器乐化通常指具备自然条件歌唱的嗓音经过专业化训练后拥有宽广音域，连跳自如转换，模仿器乐相关技巧，表达出歌曲的情感，例如快速音节跑动、颤音、花腔等等。

（2）《春江花月夜随想曲》人声器乐化的运用。古筝作为一门本土的民族器乐与同样有名的西方乐之王钢琴相比，它的音域不宽，也没有西方音阶的十二平均律那样多的相对应的音。它有着中国特有的五声调式，fa si 以及其他变音都是要通过按弦改变琴弦的长短或调动琴码位置来做到。但是古筝有着其他键盘类或者拨弦类乐器做不到的地方——就是模仿人声效果出现无音序差别的音高滑落与升高。当弹奏古筝的演奏者用左手开始揉弦的那一刻，所有的音色发生了翻天覆地的变化。音色圆润，音高衔接无差别，不会有很明显的二度音或三度音的变化，但又能很好地让人感觉整个音高在发生细微或者大幅度的圆润的改变。

"啊""呜"作为歌曲中的元音发音是人声抒发情感最便捷优雅、富有感染力的词语。"啊""呜"元音的发生腔体要求后咽壁较为打开，音色通透柔美，与民乐中吹管类乐器音色最为接近，可以表达古曲中幽怨的箫声（见谱例17）。

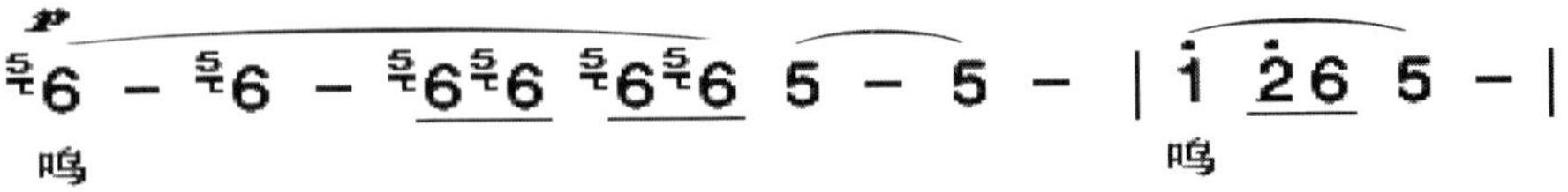

谱例17 《春江花月夜随想曲》选段

　　人声模仿古筝韵味在声乐技巧中的气息、腔体、共鸣、腰腹部力量等方面都有体现。气息是歌唱发声的动力。从身体小腹部开始发力，像注射器一样有阻力式的上推，力量上推的同时，带上腰腹部的力量一起向胸腹部通过喉部到达后咽壁。在气息向上流动的过程中，到达喉部摩擦声带发出声音。气息的稳定性是歌唱技术发挥稳定的根本所在。在《春江花月夜随想曲》中不管是在音域或者旋律的起伏方面都对气息的张力提出了很高的要求。气息的用法是否正确，还会影响歌唱的技巧和连贯程度。比如在演唱曲中"江上升明月，江花点美景，春潮随波千万里，夜色沁人心"这四句主旋律时，气息应该保证平稳连贯，把人带入那美丽的意境中，还要控制气息的运用。

　　在演唱歌曲中的"呜"字段落时，因为整个"呜"字段落模仿古筝的各种技巧突显古曲的韵味。比如在倚音、颤音方面需要气息的完美支持。声音透亮，后咽壁竖立，方向向前，嘴唇放松，让气息流动起来，凸显古曲旋律的流动美。表达江水流动，花红柳绿的江景。给人宽广的遐想空间（见谱例18）。

谱例18　《春江花月夜随想曲》选段

　　花腔作为女高音声部的必备练习技巧，这首抒情的随想曲有很大的篇幅运用了这一技巧。所以在演唱时要认真研究作品中每个乐段的旋律变化，运用正确发声的技术，解决演唱中的连音要连着，跳音要断开，层次要分明，气要稳且少，声音头腔位置高，口角横开，挑眉牙关放松，腔体通透等各类问题（见谱例19）。

谱例19　《春江花月夜随想曲》选段

在演唱歌曲中的"啊"字段落时，其中有平缓的段落，也有激动高昂的花腔段落。在花腔段落中，"啊"字的朦胧感带来的是烟雨朦胧的江南气息，大量的高音区域展现，对唱歌者的声乐技巧要求很高，"啊"字连音的演唱，要连贯空灵又不能太尖锐，平静中又不失奢华。古曲中独段的歌词的段落不多，大量的旋律都是靠语气词填充，旋律中的柔美婉转跳跃都在花腔技巧中得到全面展现（见谱例20）。

谱例20　《春江花月夜随想曲》选段

因为曲目已经从单纯的民族器乐古曲改编成随想曲形式，随想曲的特点就是随性变化中凸显音乐感觉。花腔的多变性，在一定程度上可以说是古曲旋律改编最大的特点。音域的拓宽，节奏的突变给人带来的是迷人的江景，最后一缕斜阳带来的惆怅、离别。

四　结论

《春江花月夜随想曲》作为一首出色的声乐作品，它的民族气息非常浓厚。声乐作品中的倚音、花腔演唱，将人声器乐化表现得淋漓尽致，古筝的花指、泛音、刮奏、颤音、轮指、滑音在作品中的体现，表达出这部声乐作品中的古筝韵味，笔者从小学习古筝，在大学期间又系统化地学习了声乐，当笔者听到《春江花月夜随想曲》这部作品时，发现它将古筝的演奏技巧与声乐演唱技巧相融合，而且十分贴切。

目前，多数人都在追随着复古风，为了更好地传播古乐，歌唱是最理想的形式之一，同期先后出现了《阳关三叠》《渔舟唱晚》《枫桥夜泊》等大量的古曲以及古诗词，而声乐作品《春江花月夜随想曲》将人声与古曲有力地配合起来，其人声器乐化运用的特色及演唱特点非常具有代表性。一般声乐作品除通过运用声乐本身演唱技巧表达情感外，另一个更为重要的方面就是通过歌词去表达。在《春江花月夜随想曲》中，歌词比较简单明了，基本以古诗词作为主要部分，大量的旋律部分需要歌唱者自身的歌唱技巧来烘托。

《春江花月夜随想曲》这首声乐作品开创了人声器乐化的先河。在歌词方面全曲几乎有一半的时间只有一个"啊"字来宣泄旋律所需抒发的情感。这种做法在其他声乐作品中比较少见。

参考文献

王荣：《品〈春江花月夜（声乐随想曲）〉》，《大舞台》2012 年第 6 期。

吴晓：《声乐教学中民族唱法和美声唱法的比较研究》，《黄河之声》2011 年第 1 期。

罗静：《声乐随想曲〈春江花月夜〉演唱分析》，《歌海》2009 年第 6 期。

裴蓓：《西方的美声对民族声乐艺术的影响》，《大众文艺》（理论）2009 年第 19 期。

杨英：《声乐随想曲〈春江花月夜〉的艺术特色分析》，《民族艺术研究》2008 年第 6 期。

邓玲：《论古筝演奏技法的发展与创新》，湖南师范大学，2007。

陈静：《论古筝演奏艺术中的气与韵》，南京师范大学，2007。

郭琳：《古筝演奏之"韵"》，河北大学，2010。

魏玮：《古筝演奏作韵技法的传统表现与当代运用》，南京艺术学院，2009。

杨娜娜：《〈春江花月夜〉的艺术特点和演唱技巧》，《音乐时空》2014 年第 23 期。

物流产业个人信息法律安全保障体系研究

王　铮

一　引言

个人信息的安全保障，是指保护个人隐私、自由、自治，使个人信息公平、合理、高效运转的国家重要战略资源保护模式。而目前"互联网＋"时代的发展，提升了信息的传播速度，信息资源共享全面普及，导致个人信息的安全受到威胁。2013 年 2 月 1 日，我国首个"个人信息保护"的国家标准，即《信息安全技术公共及商用服务信息系统个人信息保护指南》正式实施，使个人信息安全保障工作进入有法可依的阶段。但是，法律约束力的不足，导致个人信息安全问题，没有得到实质性的解决。

2014 年我国新修订的《消费者权益保护法》第 29 条，规定了经营者收集消费者个人信息应当遵守的基本原则及具体条件，该文献进一步完善了消费者信息安全的法律法规，然而该文献规定的是一般的消费行为，对物流环境下，关于物流产业信息安全保障并未涉及。因此，对于我国物流产业个人信息法律安全保障体系，还有待进一步完善和考究[1]。

二　物流产业个人信息法律安全保障现状

2015 年 3 月，全国全面落实快递实名制，物流产业中，对已签订安全保障协议的寄件人，应提供快递服务所需的用户个人信息。对于非协议寄件人，尤其是在流动公共场所收寄的快件严格实行实名制，提示寄件人以真实身份信息填写快递运单，应当比对核实其身份信息后方可收寄。物流产业，实名制的推行，与个人信息安全保护之间存在着冲突。

目前，我国存在规定网络用户个人信息保护的法律规定，包括 2000 年信息产业部颁布的《互联网电子公告服务管理规定》，以及 2007 年商务部印发的《商务部关于促进电子商务规范发展的意见》，都针对物流产业个人信息的安全保障提供了相应的法律条例，同时也倡导了物流企业应当建设信息安全保护制度，重点防范因互联网交易，借用个人信息牟利的违法行为。

虽然，国家制定了众多法律条文，对物流产业个人信息实施原则性的保护。但是，市场调查表明，相对于物流产业的个人信息法律保障体系而言，其法律法规缺乏概念内容抽象，缺乏可操作性，这是目前我国物流产业个人信息安全保护首先要解决的问题。

三 物流产业个人信息法律安全保障体系存在的问题

1. 个人信息权利内容体系不清晰

当前，关于我国个人信息保护的法律中，关于个人信息保护的内容相对散乱，不利于个人信息侵权法律纠纷的解决与对信息主体的权利保护。同时，犯罪分子容易利用这一漏洞，进行对用户个人信息的侵犯，使相关的法律条例无法对用户的个人信息进行实质性的保障。

物流产业用户个人信息的安全，直接关系用户自身的利益安全，甚至涉及社会经济的安全。违法犯罪分子通过侵犯个人信息，限制个人活动自由、暴露个人隐私、威胁个人财产安全。所以，在物流产业个人信息法律安全保障体系中，需要进一步完善个人信息权利内容。

2. 物流产业的消费者个人信息义务不明确

《消费者权益保护法》及《网络交易管理办法》规定了电子商务经营者保护消费者个人信息的相关义务，但是，法律条文内容相对抽象，并且没有具体的执行框架，导致了消费者个人信息义务的模糊性。

法律条例，如果缺乏可操作性，就失去实质性的作用，法律条文形同虚设。这对于物流产业用户个人信息安全保护是非常不利的。

3. 电子商务环境下个人信息保护侵权责任体系尚不完善

在《消费者权利保护法》中，个人信息安全保护这一板块，仅仅只有个人信息安全保护的法律途径，而对于个人信息受到侵害，其惩罚制度并未详细说明，这些会导致法律制度的威信降低，促使犯罪分子知法犯法。

法律惩罚制度的加强，是遏制犯罪行为发生的最有效策略。从思想上改变人们的犯罪意识，预防犯罪行为的发生。所以，在物流产业中应进一步加强网络经营者侵犯消费者的行政和刑事责任，加强法律的威慑力。

四 物流产业个人信息法律安全保障体系完善策略

1. 建立个人信息权利内容体系

构建科学、合理的个人信息权利体系，是保障物流产业个人信息安全的基础。个人信息权作为一种新型的人格权，应当包括信息收集知情权、信息收集选择权、信息安全请求权等内容。

（1）信息收集知情权。目前，在物流产业中，大部分消费者的个人信息是在消费者不知情的情况下收集的，而对于被收集的个人信息，将用于何种渠道，消费者也没有清楚的概念。所以，应建立健全消费者信息收集知情权制度，让消费者不仅有权知道个人信息收集主体的有效信息，而且清楚地知道个人信息的用途范围和表现形式。

（2）信息收集选择权。信息收集选择权，是指"消费者有权利选择是否允许经营者收集个人信息"，一般来说，物流过程中，消费者个人信息的收集内容是与购买行为密切相关的，而对于与购买行为没有关联的个人信息，消费者有权拒绝提供，而经营者不得以此为由，拒绝提供交易。

（3）信息安全请求权。物流产业中，物流产业经营者是个人信息收集的主体，具有保障消费者个人信息安全的义务。当消费者个人信息由于其他因素泄露时，消费者有权利采取合理的措施防止个人信息的进一步泄露。如经营者拒绝，消费者可以根据信息安全请求权向经营者主张赔偿。

2. 明确物流产业消费者个人信息义务

物流产业经营者是个人信息保护法律中的义务主体，其主要承担两个方面的法律义务。

（1）信息收集合法义务。信息收集合法义务，包含目的合法、程序合法、方式合法三项内容。经营者收集个人信息必须是符合法律规定的，并且在消费者同意的情况下进行。反之，如果未经过消费者同意，而是通过木马程序、蠕虫病毒等破坏物流产业的程序来收集消费者个人信息，则视为侵权行为。

（2）完善信息安全保障系统。消费者个人信息的泄露，主要渠道是网络。因此，应在物流经营者的内部网与外部网之间采用物理隔离等安全手段。阻止犯罪分子通过外部网入侵内部网，盗取消费者个人信息的行为。为物流产业个人信息法律保障体系，安装防火墙程序，检测与避免网络侵犯[2]。

3. 完善个人信息侵权法律制度

当前，导致物流产业个人信息安全受到威胁的重要原因在于，个人信息侵权难以受到法律的追究。这一体系的不完善，纵容了个人信息侵权现象泛滥。所以需要通过行政责任和刑事责任两个方面来完善个人信息侵权法律制度。

（1）行政责任方面。在物流经营者侵犯消费者的个人信息过程中，行为比较隐秘。所以，需要成立专职部门查办此案件，明确犯罪行为的目的与行踪，从本质上彻底消除个人信息侵权行为。同时增强调查取证能力，加大对违法行为的打击力度，进一步完善物流产业个人信息安全保障体系。

（2）刑事责任方面。我国现行《刑法》第 253 条规定，出售或非法提供公民个人信息情节严重者要承担刑事责任。而对于情节严重这一说法，没有具体的标准。所以，需要制定具体的标准，追究侵犯个人信息者的刑事责任。通过司法行则，打击犯罪行为，加强了个人信息安全保障的保护墙。

五　结语

随着"互联网 + "时代的到来，信息共享全面普及，公民个人信息安全保护意识相应提高。个人信息保护战略作为国家重要战略，不仅与个人利益密切相关，更影响了法制中国构建进度。所以要完善物流产业个人信息法律安全保障体系，需要通过建立个人信息权利内容体系、明确物流产业消费者个人信息义务、完善个人信息侵权法律制度，进一步规范社会主体行为，确保公民个人信息安全。

参考文献

［1］谢远扬：《信息论视角下个人信息的价值——兼对隐私权保护模式的检讨》，《清华法学》2015 年第 3 期。
［2］赵秉志：《公民个人信息刑法保护问题研究》，《华东政法大学学报》2014 年第 1 期。

新常态下江西省物流企业实施供应链
管理的问题及对策*

喻正义

一 引言

供应链管理（Supply Chain Management，SCM），是指在满足一定的客户服务水平的条件下，为了使整个供应链系统成本达到最小而把供应商、制造商、仓库、配送中心和渠道商等有效地组织在一起来进行的产品制造、转运、分销及销售的管理方法。供应链管理，使企业更加注重活动之间的协调与联系，打破了传统物流孤立管理的格局。2014 年 6 月 11 日，国务院常务会议提出了《物流业发展中长期规划》，这是中央政府面对新的经济形势定位调控、精准发力的重大决策，也进一步推动江西省的物流企业进入发展新阶段。通过以企业自身供应采购为核心来打造供应链管理系统，实现物流、信息流和资金流的协调发展，是企业发展过程中普遍关注的问题。根据目前调查结实，新常态下，江西省物流企业，通过供应链管理的实施，极大限度地降低了企业管理的成本。但是，由于市场经济存在着盲目性与信息不对称的问题，江西省物流企业，在实施供应链管理的过程中也有一定的风险，所以，为提升江西省物流企业供应链管理水平，需要实证分析其存在的问题，找出相应的解决对策，进一步推动江西省物流企业的发展。[1]

二 新常态下江西省物流企业发展现状

当前，江西省物流企业正处于转型升级的关键时期，习近平总书记提出的"新常态"思维，使江西省物流企业的管理结构和增长动力发生了改变。

物流作为服务性产业，它是指物质实体从供应者向需求者发生物理移动。目前江西省的物流企业共计 53 家。受新常态的影响，江西省物流企业结束了过去十

---

* 本文为学校自选科研课题研究论文（课题编号：2017 - 06）。

年增长速度高达 20% 的增长态势，目前增长速度逐步放慢到 9% 。2016 年一季度，江西省物流总额为 47.8 万亿元，同比增长 8.6% ，比 2015 年同期下降了 0.8 个百分点，物流业开始实施温和发展策略，实现转型升级。

新常态下物流的升级，改变了传统物流的运输、仓储等主要特征，通过流程再造、联盟合作等多种方式，加快了功能的整合、信息的整合、平台整合等，资源利用效益和发展效益提升。比如，顺丰推出了快递与电商联盟合作的模式，通过与电商的合作，实现线上线下资源战略共享。而淮矿物流推出平台与基地供应链管理结合模式，提升大众商品流通组织化程度。专业化、一体化、个性化的物流模式创新，引领江西物流企业抢占产业竞争制高点，提升了江西省物流企业的发展水平，但是在实施企业的转型、采用供应链管理的过程中，江西物流企业也出现了管理发展困境，导致江西省物流企业实施供应链管理策略发展缓慢，严重阻碍了江西省物流企业经济的发展。[2]

三　江西省物流企业实施供应链管理的问题

1. 缺乏专业化的供应链物流管理知识和经验

江西省物流企业，实施供应管理处于发展初期，一些企业根据自身资源的整合，探索出一条供应链管理道路，但是在实践的过程中，往往难以用专业化的知识有效解决问题与危机，甚至一些企业缺乏供应链管理的专业知识而破产。我国企业管理模式的封闭与管理思想传播的局限性，使管理者根据自身的经验和主观意识来进行判断与决策，导致供应链的管理与企业实际发展情况出现脱节现象，形成一些不必要的风险。江西省物流企业管理者对新常态下供应链管理方式失去信心，导致江西省物流企业管理呈现外强中干的状态。

2. 供应链信息管理系统与企业发展不相适应

供应链管理的发展与"新常态"指导方针的实施，使供应链信息管理成为参与全球经济竞争的必要发展手段。企业为占有更多的市场份额，加快发展，改变了传统的管理模式[3]。企业利用供应链管理系统，进行物流管理。而根据调查结实，虽然江西的物流企业都积极引用供应链信息管理系统，但是带来的利益却不明显。企业发展流程，难以适应新型管理系统，导致供应链管理的逆反现象。江西省物流企业中，一些企业依赖供应链信息系统的管理，但是实际上不利于数据的维护与可持续发展，反而造成企业成本的提高与资源的耗费，使企业的发展与供应链的管理，出现不协调的现象，导致企业传统管理模式又无法还原，新的管理模式无法实施的局面。

3. 传统物流管理理念和方式根深蒂固

受到传统企业经营模式的影响，一些企业对新型的供应链的管理模式出现抵触现象。不少企业仍旧保持供产销一体化及仓储运输一条龙服务的物流经营模式，物流企业仍旧采用传统的采购和配送模式。传统的管理模式虽然能够提升企业生产的灵活性，但是也极大地提高了企业生产的成本，增加了企业的日常工作量，同时使企业无法适应时代的发展，而出现经营模式的封闭，导致企业生产利润降低，无法承载企业的经营成本，从而被社会淘汰的现象。

四 江西省物流企业实施供应链管理的对策

1. 构建完善的供应链信息管理系统

为确保江西省物流供应链的顺利实施，企业在发展的过程中，通过大数据、云计算、互联网等新的信息科技，针对企业物流发展需求，及时、准确、专业地进行信息传递。需要采用先进化的 ERP 系统、CRM 系统等，对模型进行监控，构建数据整合系统，保障江西省物流企业在使用供应链管理的过程中，企业物流信息的安全性。同时还需要借助 BS 程序构架技术下的监管系统，对物质的物流状态进行实时跟踪，确保物流运输工作的有效进行，提高物流运输管理的效率。此外，通过选择适合企业信息发展和业务流程的供应链信息软件，调节企业数据信息化的问题，从根本上解决江西省物流企业管理者对供应链信息管理专业知识缺乏的问题，使供应链管理给企业带来实质性的收益。

供应链管理的实施，对江西省物流企业来说，是机遇也是挑战。采用全新的管理模式，完全替代传统的物流企业管理模式，对企业管理者来说，是思想与管理对策上的改革，而对于物流企业来说，是运营方式的改变。而要使供应链信息管理系统在江西省物流企业普及，向企业管理者传达准确、专业性的知识是供应链信息管理的第一步。

2. 提升企业管理者的供应链物流管理知识和经验

知识是构建企业管理框架的基础，同时也是物流企业管理者进行供应链信息管理活动的必备条件。企业供应链信息管理人员与供应链信息管理专家，进行经常性的知识交流与管理方式学习，积累供应链管理经验，使企业的每一项决策能够适应企业发展的需要。在丰富自身知识量的同时进一步提升企业的综合素质。

对于江西省物流企业管理者而言，供应链管理知识的提升有很多方式，比如，参与国家相关部门举办的"供应链物流管理交流会"，通过学习成功管理者的经验，并结合有关问题进行集体思考探讨，提升自身的综合管理能力，加强对供应链物流管理知识的掌握。同时还可以通过对优秀企业的实地学习，结合成功的管理模式，为自身企业打造一条专业化的供应链物流管理路径，为企业供应链物流管理工作的优化奠定基础。

3. 改变传统的物流管理理念

新常态下的企业管理理念，是以客户需求为中心，展开一系列的企业管理模式，这需要企业对传统管理模式的改变，同时对新型管理模式的接受，建立满足客户需求的多样化服务。新型供应链管理模式中企业主导物流服务内容的创新和以客户需求为导向。

第一，创新的物流服务内容能有效地解决客户差异化问题，更大程度满足顾客需求，提升客户满意度。

第二，扩展服务类型、增加服务项目、树立服务理念，坚持以客户为中心的原则，以专业化和个性化的服务，争取江西物流企业在全国物流的竞争优势。稳定江西省物流企业的发展。

第三，用信息流控制企业实物流，加强各个物流企业主体之间的合作，使物流企业供应管理策略最大限度地发挥作用，为企业带来利益。同时摆脱传统管理观念的束缚，积极参与客户的供应链管理过程，实现物流、信息流、资金流共同发展[4]，使江西省物流企业能够顺应新常态指导方针，实现稳定、创新发展。

五 结语

在新常态发展趋势下，江西省物流企业利润空间逐步压缩。在投资成本不断增加的情况下，物流企业只有通过创新供应链管理模式，来提升企业的经营管理效益，通过提升企业管理者的供应链物流管理知识和经验、构建完善的供应链信息管理系统、改变传统的物流管理理念等策略，使供应链物流管理方针转化为企业软实力，提升江西省物流企业发展水平。

参考文献

［1］何黎明：《"新常态"下我国物流与供应链发展趋势与政策展望》，《中国流通经济》2014 年第 8 期。

［2］依绍华：《关于我国物流业发展若干问题的思考——对当前降低物流成本减轻企业负担的几点建议》，《价格理论与实践》2016 年第 9 期。

［3］孙晓俊：《我国企业供应链物流管理中存在的问题与对策》，《商场现代化》2013 年第 20 期。

［4］吴宜纯：《论我国企业供应链物流管理中存在的问题与对策》，《全国流通经济》2017 年第 10 期。

中小企业电子商务运营模式与路径探索

刘　萍　章胜江

电子商务是基于现代计算机通信信息技术所产生的一种社会生产经营模式。电子商务运营主要是为了提高企业的生产效率、降低经营成本和优化资源的配置，通过调节现有的企业市场来达到社会财富最大化的目的。

一　中小企业电子商务的发展现状

近年来，随着全球化的"网络经济"发展热潮，大部分国家为了让企业能够适应这股潮流，先后开展了电子商务，希望能够通过电子商务为企业争取未来的一片生存空间。一些大型企业更是投入巨资和大量人力兴建属于自己的电子商务系统。但是，对于中小企业来说，想要像大型企业一样有一个大规模、已成型的电子商务系统还是很困难的，对于众多的中小企业来说，开展电子商务不单单是缺少资金，负责 IT 业建设的专业人才和对电子商务后台的维护经验更是缺少，而且由于较高的失败率也会影响企业的信息建设。

通过调查笔者发现，目前，我国中小企业的数量已经超过 4000 万家，占整体企业的 98% 以上。所以，中小企业是否能够顺利地通过电子商务模式创造出新的价值，以此来拉动我国的 GDP，这是至关重要的。我国的中小企业近几年的交易规模已经达到 1.99 万亿元。其中的内、外贸交易规模分别为 1.13 万亿和 0.86 万亿元，相比 2008 年全国企业的国内商品销售总额和出口总额分别增长 6% 和 8.9%。直接创造了新就业岗位 130 万个，为我国的就业贡献了一分力量。每天的快递需求量也在增加，同时，带动了新的业务，带动了信息服务、物流、支付以及信用等相关产业的发展，大大促进了我国的第一、第二、第三产业经济结构的优化，并发挥了很重要的作用。可以看出，中小企业开展电子商务对于开拓市场、降低企业运营成本，提高自身企业的竞争力等都具有十分重大的意义。在将来，中小企业必会成为电子商务的主力军。

二　我国中小企业在电子商务领域存在的问题

1. 中小企业对电子商务的认识不够深入

很多中小企业对于电子商务的认识还停留在运用电脑、互联网构建网站上，在网站上建立属于自己的门店，发布企业的相关信息和产品，让消费者通过对网站推出物品的了解来采购适合自己的东西。所以导致中小企业网络利用率不高，营销模式过于单一。很少有企业能够拥有自己独立的域名网址，更别说通过电子商务开展其他的网络营销活动。中小企业对网络的优势与潜力认识得还不够，没有充分挖掘其中对自己有利的部分。

2. 资源投入有限，投资结构不严谨

很多中小企业还是把精力大部分放在业务上，没有充分地认识到电子商务给企业带来的便利，这样难以投入资源为企业的电子商务进行信息化的建设。目前来看，还是有小部分的中小企业对硬件的投资占到整个网络信息化建设投资的85%以上，配套软件的投入就更少了。这样不光占用了企业大量的流动资金，更是制约了硬件设备的效率。虽然部分企业建立与自身企业相关的网站，但是由于线下还是过于关注传统的业务模式，大部分精力还是投入线下传统业务模式中，这样就导致了重硬件轻信息化的问题。网站利用率不高，甚至几乎不用，只是空壳，企业的投资回报率不高，导致电子商务名存实亡，最后造成了"高投入低回报"的潜在风险。

3. 企业管理水平有待提高

我国大部分中小企业是采用粗放的管理模式，凭着领导的经验在运行。很多企业想要提高自身企业的价值，想从提高管理水平入手，这就需要企业的领导者下大决心，同时除了安排充足的资金投入外，更重要的是组织的实施。大力地投入资金到信息化的企业，一半以上的精力是花费在设备和技术的更新上，却忽视了与此相对应的管理模式和方法，结果导致企业没有得到应有的回报，甚至出现了负增长的情况。这也是制约企业电子商务发展的重要因素之一。

4. 电子商务人才的欠缺

缺乏电子商务专业人才成为制约企业电子商务发展的首要原因。很多中小企业的规模并不大，想要招聘到技术好的 IT 人员需要支付一笔较高的费用，还不一定能够把人才留住。同时，中小企业因为规模小，不像大型企业分工明确，很多时候需要一名员工身兼数职。而且专业的网络人才都是聚集在 IT 行业中，中小企业很难找到既懂得信息技术同时又懂得企业管理的多方面人才。

5. 高层领导对电子商务的重视程度不高

观念还停留在传统的业务模式是导致高层领导制约企业信息化建设的重要

原因之一。少部分企业的领导满足于现状，认为没有必要随波逐流扩大电子商务模式，不加强信息化的建设，企业一样可以蒸蒸日上，这是对企业信息化建设的重视不够。还有部分企业领导在电子商务发展初期对信息化的建设抱有很高的期望，但是在看到投资费用的增多，企业的短期效率没有很明显的提升时就对电子商务失去了信心。高层领导没有长远的目光，急于短期的发展，这些都不利于企业电子商务的发展。

6. 配套不齐全

电子商务在我国还是起步阶段，许多相关的法律法规并不健全，在信用以及支付上还有很大的欠缺，导致在网上交易存在着很大的风险。

三　中小企业电子商务运用模式和路径的基本情况

中小企业最应该注重的是企业整个商务流程中的价值财富。所以，电子商务未来的发展模式也是基于价值链的盈利模式。从这个角度出发，电子商务模式主要分为三种模式：电子商务应用模式、第三方平台模式、协作平台模式以及电子采购模式。

1. 电子商务应用模式

该模式主要是指企业不再负责与应用系统有关的任何管理工作，而企业将整个信息化系统的建立以及维护工作外包给电子商务运营商。企业只需要通过渠道按约定支付给电子商务运营商租金就可以毫无阻拦地使用信息系统。

2. 第三方平台模式

其主要是依赖第三方提供的公共平台开展电子业务。真正的电子商务是专业化强、具有全方面服务功能、具有公平性与公用性的第三方服务平台。它是制造业和零售终端的服务商，主要的目的是在制造企业和零售端之间建立一个高效的信息交流平台，就像淘宝一样，它是一个卖家与买家交流的场所，网站本身是没有货物的。通过买家卖家双方商定，协商好价格、货物之后，确定下单，买家汇款到网站，网站确认并让卖家发货，在买家已收到商品之后，再由网站把钱打到卖家账上。这样可以最大程度地保护消费者和卖家的利益。

3. 协作平台模式

该模式主要是把企业运营的相关独立实体融合在一起，按照不同的种类对其进行分组。协作平台可以根据市场的需求变化而变化，及时地调整自己的合作伙伴，增加被搜索到的概率。

4. 电子采购模式

该模式主要是一种不见面的网上交易模式，譬如网上招标、竞标等。

四 中小企业电子商务领域问题的解决措施

1. 选择正确的企业模式

企业发展目标是影响企业决策的重要因素之一，将来很长一段时间的发展方向都会影响企业运营模式的选择。

资金：资金是企业发展的根本，中小企业想要有长远的发展就需要把有限的资金用在刀刃上。因此，如何使用资金，对企业的未来发展有着深远的影响。

成本：成本是企业发展时必须考虑到的因素。每个企业都希望能够追求低成本，获得最大的利益，给公司、企业带来良好的收益。所以在模式上一定要充分考虑电子商务的模式会花费企业多少资金，会给企业带来多少收益。

专业人才：一个企业想要有好的发展，招募专业人才是必不可少的。中小企业想要招到一个高端 IT 人才是很不容易的，就算企业招到了优秀的 IT 人才，如果企业的发展空间不够大，技术人员在后期也会选择跳槽。没有专业的人才，电子商务的后台维护以及模式的正常运营就变得很困难。所以在选择电子商务模式时要充分考虑企业有没有足够的能力与技术自行进行维护。

2. 营造良好的社会环境与运营环境

首先，政府要高度重视。在 2005 年国务院就颁布了第一个与电子商务发展有关的政策性文件，提出了如何完善电子商务发展、加快电子商务支撑体系建设等具体措施。其次，需要不断地改善网络环境，通过长期的规划以及规范电子商务盈利发展，培养出具有良好技术素养的员工，共同构建良好的网络环境。

3. 企业根据自身业务的发展，制定相对应的电子商务发展规划

电子商务分初级电子商务、中级电子商务以及高级电子商务。国内大部分电子商务还处于初级发展阶段。这个时候就需要还没有开展电子商务的中小企业在近期以发展初级电子商务为企业规划，结合企业的发展与战略，制定一系列的企业电子商务规划策略。企业电子商务规划的内容主要有：商务网站的设计与建设、网络策划，网页以及网站内容的设计与制作，网站的运营与管理；网络营销与促销；网络采购；网络营销与供应链管理；网络营销与用户之间的关系管理。

4. 加强对电子商务知识的理解，培养复合型人才

企业要积极地探索电子商务人才的教育模式，培养出适应社会经济新发展，适应潮流、懂得经营管理的同时又能够掌握信息技术的高级复合型人才。

5. 加强国际合作，推动企业国际化发展

电子商务是无国界的。电子商务作为适应时代潮流而形成的产物，将会有

更长远的发展。企业想要扩大自己的业务范围，就需要在提高企业管理、信息化建设水平的基础上，大力培养国际化人才，通过与国际接轨，让企业有更好的发展。同时促进了中国电子商务的发展，满足信息化时代对电子商务的需求。

参考文献

郭雪慧：《欧盟视角下的电子商务在线纠纷解决》，《河北经贸大学学报》2013 年第 6 期。

刘嗣睿：《电子商务发展存在的问题以及解决策略》，《计算机光盘软件与应用》2013 年第 11 期。

钱亮亮、傅娟：《电子商务模式对企业管理的影响分析》，《商业时代》2013 年第 2 期。

程序中的函数参数及其运用

谭国律　汪昱君

一　引言

计算模式及其软件技术，发展至今，经历了许多的演变过程[1][2]。我们从中可以看到，函数式的程序设计语言是整个软件技术的基础，从对象、构件、远程调用、网格到服务工程，都离不开函数或相类似的基本程序单元。这里所说的函数，也包括过程和方法等等。例如，在面向对象的程序设计中，类中的成员方法实际上就是函数的形式。函数式程序的一个最本质的特性，就是函数值唯一地由其参数值所确定。只要使用相同的参数值，对此程序的不同调用总是得到相同的结果，这种性质被称为引用透明性，它有助于程序的模块化。这些由函数表达式所表示的程序将更为简明、紧凑和易于维护。函数式程序设计受到重视的原因首先是产生了"软件危机"，人们企图探讨一种摆脱这种困境的新型程序设计方式，函数式程序设计应运而生。另外，超大规模集成电路技术的发展也为发挥函数式程序设计语言的潜在并行性提供了物质基础。随着科技发展和社会进步，具有高度并行性等特点的非诺伊曼式计算机将会出现。随着硬件技术的发展和软件方法的研究以及应用范围的不断扩大，函数式程序设计将得到进一步的发展，并在新一代计算机系统中起重要作用。

在程序设计中采用的模块化设计方法，实际上是一种"分而治之"的思想，把一个大任务分为若干个子任务，这样每一个子任务就相对简单了。这也有利于分工合作，使团队通过共同协作来完成复杂程序设计成为可能。程序中的子任务通常是用函数来实现的，通过函数间的相互调用来完成程序的主要任务。参数是实现函数间信息传递的主要通道，因此掌握参数的传递方式，把握函数间参数的传递规律是进行软件设计所必须透彻理解的首要问题。

一些文献的作者讨论了 C 程序设计中函数参数传递问题[3][6]，本文从软件技术层面进一步讨论程序设计中利用函数参数实现程序通用性及其函数参数的传递问题。

二　利用函数参数实现其通用性与灵活性

程序中的函数可以没有参数，但其实现的功能一般会比较单一。函数参数在函数的设计中起着十分重要的作用，在程序设计中，灵活运用函数参数，能体现程序设计智能性和通用性。例如，用 C 语言函数

$$sum1\ (\ )\ \{return\ (2+3);\}$$

只能计算 $2+3$。如果引入参数，把函数定义为

$$sum2\ (inf\ x,\ int\ y)\ \{return\ (x+y);\}$$

那它将能计算任何整数 x 与 y 的和。例如 sum2（2，3）返回 2 与 3 的和，sum2（2017，57）则返回 2017 与 57 的和。进一步设计成如下形式

$$sum3\ (int\ x,\ int\ y,\ char\ c)\ \{\cdots\}$$

那它将能计算任何整数 x 与 y 的四则运算，其中参数 c 代表某种四则运算符。例如 sum3（2，3，′ * ′）返回 2 与 3 的积，sum3（2017，57，′/′）则返回 2017 与 57 的商（整数），等等。

同样地，在面向对象的程序设计中，巧妙灵活地利用参数，能解决许多的实际问题。例如，下文的 JAVA 程序片段

```
public class Bigfactor {
public static int fact [];
Bigfactor (int n) {
int pos = 0;
int digit;
double sum = 0;
for (int a = 1; a ≤ n; a + +) sum + = Math.log10 (a);
digit = (int) sum + 1;
fact = new int [digit];
}
}
```

来自计算整数的阶乘（n!），当 n 较大时将会是一个很大的整数。用数组（fact []）来存储这个大整数（每个元素存储大整数的一位），其长度就随着 n 的变化而变化。构造方法以 n 为参数，并计算出存储 n! 所需的位数 digit，以产生数组 fact，动态地决定数组 fact 的长度从而使问题迎刃而解。

三　函数参数的传递

通过前文我们已经看到，函数参数在函数的设计中起着十分重要的作用，善于利用函数参数，将会使函数更加通用，效率更高。当主调函数调用被调函数时，就存在着参数的传递问题，在 C 语言中，函数的实在参数对形式参数的传递可以形式地归结为传值和传址这两种方式。

1. 传值

传值传递方式也称为值传递方式，实在参数向形式参数传递时，是把实在参数的值传给形式参数。一旦传递完成，实在参数与形式参数将无任何联系，故又称为单向传递方式。例如，下面的函数就是值传递方式：

void swap1（int x, int y）｛

int temp；

temp = x；x = y；y = temp；

printf（"x = % d, y = % d \ n", x, y)｝

在该函数体中，把 x 与 y 的值进行了交换。当用下面的主函数调用时，

void main（）｛

int x = 2，y = 3；

　swap1（x，y）；

　printf（"x = % d, y = % d \ n", x, y)

｝

打印出来的有如下两行：

x = 3，y = 2

x = 2，y = 3

第一行是在执行函数 swap1 时的输出，说明形式参数 x 与 y 的值的确进行了交换；第二行是回到主函数中的输出，说明实在参数 x 与 y 的值并没有交换。

正确理解还得从内存分配角度去洞察。程序在执行时，内存是分段使用的，虽然在具体的编程环境下略有不同，但一般可分为代码段、数据段、附加段和堆栈段。其中堆栈段用来存放函数执行过程中的各种数据，主要包括形式参数、局部变量和主调函数断点地址等等。顾名思义，形式参数只是形式上，只有当该函数被调用时，系统才在堆栈段中为形式参数分配存储空间，而且调用一旦结束，这些存储空间将由系统收回。

这样，上文程序的输出就清楚了。当在主函数中调用 swap1 时，系统为形式参数 x 和 y 分配存储空间，实在参数 x 和 y 的值分别传递给了形式参数 x 和 y（注意，主函数中的 x、y 与 swap1 中的 x、y 尽管同名，但它们毫不相干！），此时，系统为形式参数 x 和 y 分配存储空间，就分别有了值 2 和 3。执行 swap1 时，形式参数 x 与 y 的值得到交换，从而有第一行的输出。当调用结束回到主函数后，这时的形式参数 x 与 y 也就消失了，实在参数 x 与 y 没有任何改变，故第二行的输出也就不奇怪了。

在传值方式下，实在参数只是把值传递给了形式参数，而形式参数的改变并不能影响实在参数，亦即传递是单向的。

2. 传址

当实在参数向形式参数传递，传递的不是实在参数的值而是实在参数的地址时，就是所谓的传址方式。显然，在传址方式下，形式参数的类型必须是指针类型，也就是所谓的地址类型。例如，下面的函数就是传址方式：

```
void swap2（int *x, int *y）{
int temp;
temp = *x; *x = *y; *y = temp;
printf（"x = %d, y = %d \ n", *x, *y）;
}
```

在该函数体中，把 x 与 y 所指单元的值进行了交换。当用下面的主函数调用时，

```
void main（）{
int x = 2, y = 3;
    swap2（&x, &y）;
    printf（"x = %d, y = %d \ n", x, y）;
}
```

打印出来的有如下两行：

x = 3, y = 2

x = 3, y = 2

第一行是在执行函数 swap 2 时的输出，说明指针类型的形参 x 与 y 所指的地址单元的值的确进行了交换；第二行是回到主函数中的输出，说明实在参数 x 与 y 的值交换了，为什么会这样呢？

这就是由传址方式引起的，当在主函数中调用 swap 2 时，实参向形式参数传递的不是实在参数的值，而是实在参数的地址。这样一来，形式参数 x 和 y

就分别指向了实在参数 x 和 y（注意，主函数中的 x、y 与 swap2 中的 x、y 尽管同名，但它们毫不相干！在主函数中，x 与 y 是 int 型的一般变量，而在 swap2 中，x 与 y 是指向 int 型的两个指针变量），对形式参数 x 与 y 所指单元的操作当然就影响了实在参数 x 与 y。执行 swap 2 时，形式参数 x 与 y 所指单元的值得到交换，从而有第一行的输出。当调用结束回到主函数后，这时尽管形式参数 x 与 y 消失了，但是实在参数 x 与 y 的内容在执行 swap2 时已经被交换，故第二行的输出也就不奇怪了。

在传址方式下，实在参数向形式参数传递的是地址，从而对形式参数所指单元内容的改变当然会反映到实在参数单元的内容上，从而形式上达到了"双向"的效果。

3. 本质上都是值传递

前文已经提到，函数的参数传递只是形式地分为传值和传址这两种方式。无论是传值方式还是传址方式，其实质上都是值传递。为什么这样说呢？请注意：在传址方式下，实在参数向形式参数传递的是地址，从而对形式参数所指单元内容的改变当然会反映到实在参数单元的内容上，从而形式上达到了"双向"的效果。强调的是实在参数与形式参数所指单元的内容改变，而并不是实在参数与形式参数本身的改变。可以这么说，在标准 C 语言环境下，实在参数向形式参数的传递永远是值传递，永远是单向的。看下面的例子：

```
void swap3 （int ＊x，int ＊y） {
int ＊temp；
temp = x； x = y； y = temp；
printf （"x = % d，y = % d \ n"，＊x，＊y）；
}
```

在该函数体中，将形参 x 与 y 进行了交换。当用下面的主函数调用时，

```
void main （） {
int x = 2，y = 3；
  swap3 （&x，&y）；
  printf （"x = % d，y = % d \ n"，x，y）；
}
```

打印出来的有如下两行：

x = 3，y = 2
x = 2，y = 3

第一行是在执行函数 swap3 时的输出，这是由于指针类型的形式参数 x 与 y 的指向交换了，再输出形式参数 x 与 y 的所指单元的内容当然就似乎交换了；第二行是回到主函数中的输出，说明实在参数 x 与 y 的值仍然没有交换，这又是为什么呢？

原因其实也简单，是由于在函数体中，两个形式参数进行了交换，即两个形式参数的指向进行了交换，并没有对它们所指单元的内容进行交换，从而不会影响实在参数，实在参数对形式参数的传递实质上仍然是值传递。看下面的例子就更清楚了：

```
void    swap4 ( int  * x, int  * y) ｛
int  * temp；
temp = x；x = y；y = temp；
printf （ "x = ％ld, y = ％ld \ n"，x，y）；
｝
```

在该函数体中，把形式参数 x 与 y 进行了交换。当用下面的主函数调用时，

```
void main （ ）｛
int x = 2，y = 3， * a = &x， * b = &y；
  swap4 （a，b）；
  printf （ "a = ％ld, b = ％ld \ n"，a，b）；
｝
```

打印出来的有如下两行：

x = 1245048，y = 1245052
a = 1245052，b = 1245048

上面两行的输出可能在不同的环境下有所出入，但无论怎样，x 与 b 的值肯定相同，y 与 a 的值也肯定相同。第一行是在执行函数 swap4 时的输出，是直接输出形式参数 x 与 y 的值，即它们所指的首地址值，第二行是回到主函数中的输出，说明实在参数 a 与 b 的值仍然没有交换，即 a 与 b 的指向没有变化，形式参数 x 与 y 的改变不会影响实在参数 a 与 b。

所以，无论是传值方式还是传址方式，实在参数向形式参数的传递永远达不到双向的效果。

4. 其他形式的参数

函数参数的设置灵活，使用方便。可以说，任何合法的表达式都可以作为函数的参数。比如数组、函数本身以及类都可以成为函数的参数。

　　在程序设计中，经常需要大量相同数据类型的变量来保存数据，若采用简单变量的定义方式，则需要大量不同的标识符作为变量名，并且这些变量在内存中的存放是随机的，随着这种变量的增多，组织和管理好这些变量会使程序变得复杂。对于这种情况，把具有相同类型的若干变量按有序的形式组织起来，这些按序排列的同类数据元素的集合称为数组。数组是有序数据的集合，用一个统一的数组名和下标来唯一确实数组的元素，而且，数组的各元素是存放在内存中的一片连续单元，数组名就是这片连续单元的首地址，因而掌握一个数组，只要知道数组名及元素个数就可以了。这也意味着数组名不是变量，而是一种形式的常量。因此，把数组名作为函数参数，其传递的当然是地址。

　　由于数组名代表的是地址，要把一维数组作为函数参数，此函数对应的形式参数的类型必须是地址形式的。在 C 语言中，数组必须先定义后使用，而且在定义的时候必须指明数组的长度。

　　函数若要接收一维数组的传递，可以用两种方法之一来说明形式参数。

　　其一是有界数组，例如：

func1 （int a ［10］) ｛ …… ｝

　　其二是无界数组，例如：

func2 （int a ［］) ｛ …… ｝

　　这两种说明方法的效果是等价的，它只是说明函数将要接收一个具有一定长度的整型数组。实际上，就函数而言，数组究竟有多长是无关紧要的，因为 C 语言并不进行数组的边界检验，因此，使用后者更为自然。但是，在函数体中一般要处理这个传递过来的数组的元素，在函数中当然需要知道这个数组究竟有多少个元素。因此，把一维数组作为函数参数，其函数的说明一般采用如下形式：

func3 （int a ［］, int n) ｛ …… ｝

　　其中参数 n 用以指明数组的大小，这样将具有更加灵活通用的广泛意义。下文以一个简单的实例进行说明。

```
void  inversion （int a ［］, int n) ｛
  int * p = a, * q = a + n – 1, x;
    while （p < q) ｛ x = * p; * p = * q; * q = x; p + + ; q – – ; ｝
｝
void main （) ｛
```

```
int a [10] = {1, 2, 3, 4, 5, 6, 7, 8, 9, 10}; int i;
for (i = 0; i < 10; i + +) printf ("%d\n", a [i]);
inversion (a, 10);
for (i = 0; i < 10; i + +) printf ("%d\n", a [i]);
}
```

在函数 inversion 中，实现了数组各元素的倒置，其中参数 n 就是数组的长度。注意，在函数调用语句 inversion（a, 10）中，实际参数是直接给出数组名的。

以上是一维数组作为函数参数，在高级程序设计语言中一般允许使用多维数组，而多维数组作为函数参数与一维数组的情形基本类似，但需要掌握多维数组的存储方式。以二维数组为例，在 C 语言中二维数组是以一维数组为元素构成的数组。例如，二维数组 int a [5] [9] 是由 5 个元素构成的一维数组，这 5 个元素分别为 a [0]，a [1]，…，a [4]，而这 5 个元素又都是含有 9 个整型元素的一维数组，比如 a [0] 的 9 个整型数分别是 a [0] [0]，a [0] [1]，…，a [0] [8]。

数组名代表的地址，实际上也是这个数组的第一个元素的地址。比如，上面定义的数组 a 代表的是这个二维数组在内存存放的首地址，也是第一个元素 a [0] 的地址，而 a [0] 又是一个数组名，它是 a [0] = (a [0] [0]，a [0] [1]，…，a [0] [8]) 的首地址，也是元素 a [0] [0] 地址。同样是数组名，a 与 a [0] 的含义就大不一样，a + 1 是 a [1] 的地址，而 a [0] + 1 是 a [0] [1] 的地址。在 a 的基础上加 1 就跨过了一行，而在 a [0] 的基础上加 1 只跨过一个元素。这样，把 a 作为实在参数和把 a [0] 作为实在参数，其意义就不相同了。

与一维数组类似，以二维数组为形式参数的函数，在设计时一般应指明各个维数，以方便函数对数组各元素的处理，且一般配以指针将更为灵活，以下例说明。

```
void ddarray1 (int * * a, int n, int m) {
int i, j;
    for (i = 0; i < n; i + +)
    { for (j = 0; j < m; j + +)
        printf ("%d", * ( [ (int *) (a + m * i) +j)];
    printf (" \n");
    }
```

```
}
void main ( ) {
int a [3] [2] = {1, 2, 3, 4, 5, 6};
ddarray1 ( (int * *) a, 3, 2);
}
```

在函数 ddarray1 中，形式参数（int **）a 是用二级指针来代替二维数组，参数 n 和 m 同样是代表二维数组的行数和列数，且对元素 a [i] [j] 的访问要以 * ((int *) (a + m * i) + j) 的形式进行。这样，用指针来处理二维数组参数就方便而且灵活多了。另外，在调用 ddarray1 时，传递给形式参数 a 的实际参数最好要进行强制类型转换，不然的话，编译时就可能会出现警告性报错（当然不会影响程序的运行）。例如：

ddarray1 ((int * *) a, 2, 3);

还有，把调用写成

ddarray1 ((int * *) a, 3, 2);

或

ddarray1 ((int * *) a, 1, 6);

也都能得出各元素的正确结果，只是形式的行数和列数不同而已，这也从另一个侧面说明了函数 ddarray1 的灵活性。

由于数组在内存中其各元素是连续存放的，故只需把握它的首地址及元素个数就把握了整个数组。这样，对二维数组也可以像对待一维数组那样来处理，只是形式地把它看成 n 行 m 列而已，比如：

```
void ddarray2 (int * a, int n, int m) {
int i, j;
   for (i = 0; i < n; i + +)
   {  for (j = 0; j < m; j + +)
       printf ( " % d", * ( (a + m * i) + j));
   printf ( " \ n");
   }
}
```

在主函数中用 ddarray2 (a [0], 3, 2) 或 ddarray2 (& (a [0] [0]), 3, 2) 的方式调用也可达到同样的效果。

以上对二维数组的认识以及作为函数参数的情形可推广到更高维的数组，这里不再赘述。

在程序运行中，函数代码是程序的算法指令部分，它们和数组一样也占用存储空间，都有相应的地址，这个地址称为函数的入口地址，也简称函数地址。与数组名一样，函数名就代表了这个地址。可以使用指针变量来指向函数代码的首地址，指向函数代码首地址的指针变量称为函数指针。可以通过函数名来调用函数，当然也可以通过函数指针来调用函数。

函数指针的定义格式为：

函数类型（＊指针变量名）（形式参数列表）；

例如：

double（＊p）（double，int）；

就定义了一个函数指针，它能指向这样一类函数，这类函数的返回值为 double 型，含有两个形式参数，第一个为 double 型，第二个为 int 型。

由于函数名代表了函数代码的首地址，因此，直接将函数名赋给函数指针就表示该函数指针指向了这个函数，从而可以通过函数指针来调用函数。例如：

```
int f (int x, int y) {
    return ( (x > y)? x: y);
}
main ( ) {
    int a = 5, b = 9;
        int ( * p) (int, int);
    p = f;
printf ( "The Maximum Number of % d and % d is % d \ n", a, b, ( * p) (a,
b) );
}
```

就是利用函数指针 p 来调用函数 f，并作为 printf 的参数之一。

再者，函数指针也可通过宏定义的方式来定义，这样会更灵活通用。

在面向对象程序中，类也可以作为函数的参数，比如，function（new Bigfactor（n）），就是把类 Bigfactor 的由构造函数生成的一个实例作为函数 function 的参数。

四 小结

函数式程序设计是计算机软件技术的基础，清晰地掌握函数参数及其传递规律是进行软件开发设计的必备条件。以上分析讨论了函数参数及其参数的运用，指出参数的传递本质上是值传递，对函数参数的分析和设计具有通用的广泛意义，有利于设计出清晰且高质量的程序代码。

参考文献

[1] 王映辉、王英杰：《计算模式的演变与大规模软件构架技术》，《计算机工程与应用》2003 年第 18 期。

[2] 浦江：《网络计算模式的演变与发展》，《电子技术》2001 年第 1 期。

[3] H. M. Deitel, P. J. Deitel. C. , *How to Program*，机械工业出版社，2000。

[4] 赵娟、樊超：《C 语言函数参数传递规律》，《现代电子技术》2010 年第 4 期。

[5] 刘海见、徐东、刘艳良：《C 程序设计中函数参数传递的探讨》，《信息通信》2013 年第 3 期。

[6] 汪红兵、姚琳：《C++语言中函数参数传递方式的图示说明》，《计算机教育》2010 年第 4 期。

对高职院校经管类专业实践教学体系的探析

夏　云　李凤莲

一　引言

随着我国经济的不断快速发展以及经济全球化的加剧，一方面，各个行业对经济管理专业复合型人才的需求急剧上升；另一方面，随着各大高校近年来招生呈不断扩张的趋势，毕业生就业的压力亦越来越大。据统计，2017届高校毕业生逼近 800 万，高职院校要取得更好的就业率，在教育中应充分体现出以培养技术、技能应用型人才为目标，实现毕业生与企业"零距离"对接。由此可见，教学实践环节是实现这一目标的重要环节。然而，目前在实践教学方面，职业院校普遍没有形成一套比较完整的教学体系，而作为偏理论性的经管类专业在实践教学方面显得更为薄弱，也暴露出一系列问题。

二　经管类专业实践教学现状

1. 对实践教学重视程度不够

目前高职院校对经管类实践教学重视程度不够主要体现在两个方面，一是大部分高职院校认为实训教学应以工科类专业为主，着重培养工科学生的动手实践能力，而文科类学生，特别是经管类学生，主要靠口才，毕业前去企业实习三个月就可以"工作"，因此无须学院投入大量的人力、物力、财力等资源开展实践教学；二是经管系在教学培养计划中，仍重视理论教学，忽视实践教学。以我院经管系为例，经管系课程分为公共基础课程、专业基础课程、专业核心课程以及专业选修课程，专业核心课程的实用性比较强，表 1 为南昌职业学院经管系 2016 级培养计划专业课学时与实践学时的相关数据及比例，从数据统计结果可以看出，实践课程学时在总学时中占的比例普遍偏低，最高为报关与国际货运专业，比重为 30%；专业核心课实践教学平均学时占专业核心平均学时比重最高的专业为工商企业管理，比重为 35%。由此可以看出，在教学过程中并没有充分体现出实践教学的重要性。

表1　经管系各专业实践学时占总学时及核心课程学时比重

专业类别 （专业名称）	会计电 算化	市场营销	物流管理	旅游管理	报关与 国际货运	工商企 业管理
实践课程门数（门）	21	13	8	20	22	9
实践学时（个）	561	380	190	595	870	302
总学时（个）	2211	2540	1860	2370	2895	2640
实践学时/ 总学时（%）	25	15	10	25	30	11
专业核心课 平均学时（个）	66	64	70	55	74	68
专业核心课 实践教学平 均学时（个）	13	21	0	11	24	24
专业核心课时 实践教学平均 学时/专业核心 课平均学时	20	33	0	20	32	35

2. 实践形式、考核方式过于单一

目前高职院校经管类专业实践教学主要分为实训和实习两部分，有些院校有少量的实验教学。实习即为毕业前在企业进行的顶岗实习，实训则是在校内进行的实践教学。在实训教学中，普遍缺乏针对性和实战性，教学模式以老师讲授为主，师生之间缺乏互动、缺乏交流，导致学生只是机械地跟着老师做，缺乏对实践结果的思考；在校外实习即顶岗实习过程中，经管专业的学生在企业中所做的工作大部分与自己所学专业无关，学生无法按照自己所学专业的人才培养要求进行实训，校外实训流于形式。

实践考核方主要以期末考试或实践报告的形式进行，这种单一的考核形式只注重学生对专业知识的运用，却忽略了对学生实践能力和创新精神的培养。

3. 没有系统的教学计划，缺乏"双师型"教师

教学计划是课程设置的整体规划，是根据一定的教学目的和培养目标所制定的教学和教育工作的指导文件。教学计划、教学大纲和教科书互相联系，共同反映教学内容。因此，教学大纲、教学手册、教案等教学档案通常作为理论教学的参考资料，然而在实训教学过程中，却很少有一套比较完整的实训教学大纲以及实训指导计划。实训教学计划往往在理论教学计划中被一带而过，使得教务处在教学检查时无法核实教师的实训指导情况，进而导致教师逃避检查，实训教学就只剩下一个形式。

就教师而言，高校大多倾向于引进大量博士、硕士，这些教师大多数是所谓的"三门"教师，即从家门至大学门至高职院校门，他们的理论知识固然很扎实，但由于没有企业工作的经验，在实践教学中遇到问题难以解决。在高职院校中，集专业知识和技能于一身的双师型教师的缺乏亦是实践教学难以达到满意效果的重要原因。

三　针对实践教学问题提出几点建议

1. 加强对经管类专业实践教学的重视

高职院校实践教学的重要性是由专业的职业性所决定的，比如会计职业要求从业人员具备技术技能、智能技能、沟通技能、团队技能及专业技能（美国八大事务所，1989），市场营销工作要求从业人员具备语言表达技能、沟通技能、应变技能、团队技能及专业技能等。而这些技能的培养大部分来源于高职教育实践性教学。因此，要从思想上提高认知程度，加大对实践教学的重视，实践教学与理论教学两者既相互联系，又相互独立，又相互促进。

2. 基于工学结合培养模式，以就业为导向，构建实践教学体系

所谓工学结合培养模式，一般理解为学校学习和岗位工作交替进行的培养模式，两个过程交替进行，使学生的理论学习与实践操作有机结合起来。基于此培养模式，构建实践教学体系可从以下几个方面着手。

首先，调整教学计划，增加实践教学课时数，提升实践教学在整个教学体系中的地位。其次，在实践课程建设上，以就业为导向，改革和设计课程结构和内容。实现毕业生与企业"零距离"对接。

针对实践教学形式单一的问题，高等职业学院应建立多元化实践教学形式，比如分析型实训，通过让学生接触各种案例培养学生分析问题，解决问题的能力；演示型实训，培养学生的基本技能；还有模拟实训、校外实习、社会调研、项目设计、撰写报告等。相比较单一的教学形式，多元化的实践性教学方式可以更大地提高高职院校经管类专业学生的实际操作技能和职业适应技能，从而达到高职院校人才培养的目标。

适当的考核方式对提高学生自主学习能力有较大的促进作用，单一的考核方式一方面容易让学生走过场，另一方面会导致学生缺乏学习的兴趣。因此，在考核方面，实践教学考核方式要多样化，比如职业资格考核，经管类专业比如会计、金融、国贸等都有相关的职业资格证书，分别有会计从业资格证、证券从业资格证、国际商务单证。学生若通过这些资格考试取得合格证书可视为相应实践课程合格通过。还有答辩项目考核，在实践课程结束后，教师可以要

求学生根据实践内容形成相应的实践报告、案例分析报告等，并以答辩的形式将作品展现出来，检验学生对该实践课程实际掌握情况，在提高学生自主学习能力的同时也使其加深了对知识的认识。

3. 加大实践教学投入，改善实践教学环境

要想把实践教学办好，硬件必须跟上，因此，高职院校经管专业应在实训室建设上加大投入，应有专门的实训楼。一方面应聘请一批双师型的教师来担任实训室老师，专门负责实践教学和管理；另一方面，在软件上，引进与专业相关的情景模拟试验系统，模拟与专业相应岗位的真实工作环境，不仅能帮助学生熟悉该岗位的业务流程和操作程序，而且能提高其分析和解决实际问题的能力，比如物流模拟操作系统、证券模拟操作系统等。同时，为学生提供更多的实践平台，比如各种竞赛、创业比赛等。建立校外实训基地，让学生直接接触社会，提高学生综合素质。

总之，高职教育的目的就是培养出技术应用型人才，实践教学的重要性是显而易见的。因此，经管专业实践教学体系的改革应刻不容缓，摒弃成规，拓展新路，办出其有自己专业特色的实践教学！

参考文献

苟建华：《基于校企深度合作的高职经管类专业实践教学体系的改革探讨》，《经济研究导刊》2010 年第 17 期。

王中林：《对高职经管专业实践教学改革的探讨》，《科技资讯》2007 年第 31 期。

刘洋、雷娜、卞艳艳：《对高职院校经管专业实践教学的探析》，《理论观察》2015 年第 6 期。

苟建华、董华英：《高职经管类专业实践教学考核方式的改革探讨》，《杨凌职业技术学院学报》2010 年第 4 期。

张兴华：《基于就业导向的高职营销专业实践教学体系构建》，《科技信息》2013 年第 17 期。

探索高职实践性教学模式的构建与实践研究[*]

孙美娇

实践性教学是指："注重社会实践，在巩固理论知识的同时加强学生对专业知识的理解，提高动手能力，培养学生的创新意识，让学生真正深入并完成实践教学活动"。近年来，很多高职院校在不断地探索实践性教学模式的构建。因为高职院校实践性教学涉及很多部门和专业，且教学对象流动性较大，所以在构建过程中面临着许多困难。根据目前国内高职院校实践性教学发展模式的构建情况，如何通过"实践教学模式"这一创新渠道，形成科学实用的教学模式，对于提升高职院校学生服务社会的能力和就业实践能力具有重大意义。

一 高职实践性教学模式构建过程中的问题分析

1. 缺乏实践性教学意识

我国高职教育起步较晚，发展缓慢，导致了高职院校教师在实践性教学的过程中，缺乏实践性教学意识。而导致高职院校教师实践性教学意识薄弱的原因主要表现为三个方面。首先，国家缺乏资金的投入，形成了本科院校和高职院校待遇不同的现象。2016 年教育部颁发的《高职教育年度报告》显示，2016年，国家对高等教育经费总投入为 101110 亿元，其中高职教育的投资数额为 1828 亿元，仅占教育总投资的 1.8%。除北京和西藏之外，其余 29 个省份公办高职院校年生均财政拨款均低于 9000 元。国家对本科院校的资金投入，很大程度上高于高职院校，导致实践性教学缺乏发展动力，高职教师对实践性教学重视程度下降。其次，高职教师对实践性认识不足，将实践性教学作为理论性教学的辅助形式，缩减实践性教学的课时并没有完成实践教学的任务，使实践性教学没有得到充分展示的平台。最后，高职实践性教学过程中缺乏服务意识，根据教育部对我国各个省份高职教育经费支出的调查报告，2016 年，全国有 23个省份呈下降趋势，只有 8 个省份呈现小幅度的上升，其中江西、湖南、浙江等地，在 2014 年、2015 年均呈现下降趋势。国家和政府对高职教育在学校招

* 本文为学校自选科研课题研究论文（课题编号：2017 - 04）。

生、毕业生就业、助学贷款等专向服务意识的缺乏，降低了实践性教学质量，破坏了实践性教学的环境[1]。

2. 缺乏健全有效的实践性教学模式

高职院校实践性教学模式包括："目标模式、内容模式、监控评价模式、保证模式"四个方面，各个模式之间相互联系、相互影响。但是根据目前的发展状况分析，实践性教学模式存在着目标定位不准确、实践教学内容无法满足实践课程需求等问题。所以构建实践性教学主要强调"能力为本"的原则，以职业能力为核心，理论贯穿实践，形成多层面的实践性教学内容。这就要求我们不但要做好德育教育，帮助学生树立世界观、人生观、价值观，更重要的是要有很好的职业道德，要具备基本的专业技能和专业胜任能力。目前我们这些方面的工作还很弱。而在实践教学监控评价模式中，师资不均衡和管理力度不大，导致了教学模式监控不完善。以会计专业为例，会计基本技能训练能力、出纳岗位能力、银行柜台服务能力、珠算与点钞能力，手工做账的能力等能力的培养与我们的师资有直接的关系，与我们的管理也是分不开的，需要我们进一步思考和完善。所以实践性教学模式需要构建一个完整的管理框架，使实践性教学模式融入高职教育过程中。为高职院校实践性教学提供一个标准化执行体系。

3. 师资队伍建设相对滞后

在高职实践性教学的过程中，对教师的要求与高校教育教师存在着一定的区别。高职教育的教学过程是实践与理论相结合的过程。因此，需要高职教师在具备教学方法和教学理论的同时，还需要掌握某一项专业技能，即"双师型"教师。根据中国教育网的数据，中国双师型教师仅占高职教师总数的27%，而西方国家双师型教师已经达到50%以上，而四川、浙江、湖南等地双师型教师占比甚至低于20%。

双师型教师队伍不稳定，青年教师流动性大，激励政策不明显等因素导致目前许多高职院校教学呈下降趋势，所以教师队伍的水平是影响高职院校实质性教学质量的关键因素，随着高职教育社会影响力的提升，高职教育的师资群体在数量和质量两个方面都无法满足职业教育发展的需求。同时，高职教师在学力、职称、知识、技能等方面与教师职能要求不协调。部分高职老师毕业后，直接参与高职教育体系中，缺乏企业实践经验，导致职业教育过于理论化。而师资群体的专业知识水平和实践教学能力的不足，成为高职院校实践性教学模式构建的瓶颈[2]。

二 高职实践性教学模式构建

1. 合理制定教学大纲和教学计划

第一，制定教学大纲和教学计划的目的，是完成教学目标，提高实践课程。利用科学理论的方法，对不同职位的技术型人才进行分析和设计，构建以培养实践能力为主体的教学目标。根据教学培养的目标，高职院校针对性地编写教学大纲和教学计划，使专业课程与实践性教学相互协调，优化高职教育实践性教学模式。在编写实践性教学大纲的过程中，除了包括理论教学和实践教学之外，还应该加入实践考核机制和实践活动，加强学生对实践性教学的考核。通过对学生实践过程的表现进行考核和对实践活动综合评价，更好地锻炼学生的职业能力，职业素质和资格证书的考试能力等，从而改变实践性教学在高职教育过程中属于辅助课程的现状。

第二，在修订教学大纲和教学计划的同时，需要进一步地完善教学模式与教学方法。采用"学科型"为基础的教育模式，结合"创新型"的教学方法，提升教学质量，促进高职实践性教学模式可持续发展。

表1　部分省份高职教育辅修实践课程状况

单位：天，%

教学课程安排 省份	总课程	基础理论课程	实践课程	占比
湖　南	10	7	3	30
浙　江	8	6	2	25
江　西	10	7	3	30
四　川	11	9	2	18

根据调查，我们发现湖南、浙江、江西、四川等地的高职院校数量较多，实践性教学课程安排占总课程的比例仅仅在18%～30%，与国家规定的高职院校实践性教学占比相差甚远。在2016年高职教育年度报告中，国家政府部门规定，高职院校实践性教学占比要达到55%。

2. 重视和加强实训实习基地建设

在"十三五"教育规划中，加大对校内实训的建设和投入力度，建立与社会企业工作环境和流程相同的仿真实训基地，引入现代企业管理模式，使校内实训基地具备培养"专业人才"的条件，为实践性教学提供发展性平台。

首先，加大校内硬件基础设施的建设力度，在高职教育实践性教学的过程中，专业课程的实践设备在实践性教学过程中具有重要意义。例如，机电专业的学生，在实践教学的过程中，需要组合式机电液器实验台、机电一体化实训装置等设备，而化工专业的学生，需要专业的化学实验室和化工器材。通过完善实践教学过程中硬件设施的建设，强化实践教学的发展动力。

其次，软件设施的完善和改进，在实践性教学过程中，软件设施是指创新型的教学模式和全新的教学理论。实践性教学与培养社会专业技术型人才密切相关，而实践性教学的目标是"为社会提供符合市场发展需求的专业型人才"。因此，软件设施的创新显得更重要。

最后，实施"校企合作，共建共享"的"产学研"模式，高职院校通过与企业的合作，建立校内受校外实训基地，使高职学生在实践教学模式运行的过程中，以校外企业为平台，在接受课堂理论知识的同时，学会企业实践知识同时也为当地经济做出贡献。学生在校期间提升社会服务意识，加强社会实践能力，推动高职教育发展的同时，为企业输送更多高素质、高技能专业人才，实现高职教育与企业共同发展，从而提高学生就业率。

3. 提高教师实践能力

首先，在教学模式中，高职教师是基础的管理框架。实践教学的培养目标，决定了教师要承担各种角色。在课堂理论教学时，教师但任着讲师和传授师；而在学生实践培训时，教师是培训师、工程师的角色。教师角色的多样性，增加了教师教学过程的难度。所以需要建立教师培训制度，利用计算机网络，通过多样化的教学手段，展示专业先进的教学方法。同时，定期邀请企业工程师和社会技术人才，给学生开展专业知识讲座，也可以让学生到企业参与实践学习，多样化的学习方式真正让学生学会并运用。另外，还可以利用高科技与国际接轨的形式，使教师群体学习并掌握最新、最专业的国际教育理念与管理机制。

其次，在提升教师理论知识的同时，还需要积累教师本身的企业实践经验。建立教师企业实习锻炼制度，使教师深入先进企业实践，提升教学能力。同时，还可以联合不同院校，进行教师与教师之间的专业技能比赛，使同专业的教师进行教学方法和专业知识等方面的交流，相互学习。以江西省大学生科技创新与职业技能大赛为例，该大赛集合江西所有的高职院校参加同层次、同专业同技能的比赛，不但可以反映教师的实践能力，而且可以更好地检验教师教学成果，更是同学们展现个人综合能力、业务能力、专业技能的平台。

最后，提升高职教师的待遇和增加教师的薪酬，建立专业的评审、选拔、激励等制度，根据专业的不同划分不同的专业教研室，建立专门的师资队伍，针对特殊专业特殊人才采取柔性引进政策，在专职老师不足的情况下也可以引聘结合，更好地完善教师队伍。有计划地选送优秀教师到企业参加顶岗实践，更大地提高教师的积极性。人事部门针对不同的岗位制定不同的薪酬政策和激励政策，多层次多方面地激励教师教学的积极性，建立专业资格的评审、岗位的选拔晋升，奖金的激励等多方面的政策并进一步完善，还可以吸引企业高级工程技术人员参与高校职业教育，扩大实践性教学教师群体[3]。

三 高职实践性教学模式实践策略

1. 完善组织管理机构

为确保实践性教学模式的实施，应加强组织管理机构，结合企业单位和相关人员建立三级领导管理制度。首先，生活组织管理，在实践性教学的过程中，校级领导部门需要遵守以人为本的发展原则，在保障学生生活质量和教学环境质量的前提下，再进行教学模式的提高。其次，教学组织管理，主要是通过教学评价体系，对教师的教学质量和学生实践性教学质量实行教学互评监督制度。最后，通过领导分级管理制度，展开调研并分析结果，从而对教学质量进行适当的改变。

组织机构的完善，使实践性的教学工作真正落实下去。提升教师和学生的实践性教学意识，让实践性教学模式从思想层面上融入高职教育体系。

2. 健全管理监控制度

建立健全管理监控制度，做到"教有所依，学有所本"，对实践教学的过程采用管理监控制度，进行实时监督和管理。通过监督过程中遇到的实质性问题寻找解决问题的有效方法，进一步推动实践性教学的发展。

在管理监控制度全面实施的过程中，主管部门的监控范围为："教师的稳定性、教学经费的消耗程度、校内实训基地，校外实训基地生活环境的监控"。作为高职教育实践性教学的重要运营部门，如果在运营过程中发现运营问题，就要及时采取措施，确保实践教学高速运转，促进教学质量的提高。

监督管理制度的建立，确保了高职教育实践性教学的安全性。高职实践性教学模式，涉及多个部门乃至多个企业。实践性教育模式进程与高职学生的就业率息息相关。只有学生通过实训学习和实践，学到了专业技能，考取了相应的专业技能证书，或者在实践教学中培养了职业素质和职业能力，那么学生的专业能力、社交能力、创新能力才能提升，才能做到校内校外资源不浪费，才能充分发挥校企合作、共建共享的作用。所以，严格的监督管理制度，是实践性教育模式发展的前提。

3. 建立评价考核体系

评价考核体系应体现客观公正、公开、公平的原则，根据高职教育的实践专业性、受教育者的特性，结合教学模式体系的要求，制定针对不同专业的评价体系，做好合理的实践教学环节成绩评定机制，按比例完成实践课程的考核。对高职学生是否顺利毕业获取毕业证书，进行基础性的考核。其考核内容分为两个方面，一方面是在对校理论知识的考核，另一方面是实践实训的考核。

首先，理论知识的考核，是考核学生对课堂知识的掌握程度，包括对学生的品德考核。高职实践性教学的过程中，课堂理论知识的学习为学生实践打下了文化基础，而品德决定着学生能够参与社会实践，适应社会的发展。

其次，实践实训的考核，是对学生实践课程的操作能力、社会岗位技术性的考核。根据学生在实践过程中的考核成绩，颁布实习资格证和技能资格证书等考核证明，并将实践各个环节成绩汇总，可以实施学分制管理，全面反映学生的业务能力，最后通过学分的高低来判定该学生能够顺利毕业，并参与到社会实践。

建立考核评价体系，有利于对学生在实践性教学过程中的行为监督。在实践教育过程中，使老师与学生共同发展，共同监督，共同进步，共同提升高职教育质量[4]。

四 结语

综上所述，只有通过合理制定教学大纲和教学计划，重视和加强实训实习基地建设，提高教师实践能力，来构建高职实践性教学模式，推进实践过程中，高职院校必须完善组织管理机构、健全管理监控制度、建立评价考核体系等制度，使三者相互联系，实践教育过程相互监督，才能充分发挥实践教学在高校实践教育模式改革中的重要作用。只有把实践性教学的内容贯穿于各个教学环节中，全方位地完善教学体系，才可以真正地促进高职院校实践性教学模式的发展。

参考文献

[1] 蒋丽君：《高职院校财经类专业三位一体实践教学模式构建探索》，《中国高教研究》2013 年第 2 期。

[2] 鲁璐、张峰玮：《高职动漫专业双线教学模式的构建与实践》，《温州职业技术学院学报》2014 年第 1 期。

[3] 《李小琴：高职"工作坊"教学模式的探索与实践——以宁波职业技术学院为例》，《职教通讯》2016 年第 9 期。

[4] 周嘉瑞：《高职建筑装饰专业工作室制教学模式的探索与实践》，《科技经济市场》2016 年第 10 期。

经济法视野下消费者知情权保障研究

王 乐

一 引言

消费者知情权是指："消费者享有知悉其购买商品、使用商品或者接受服务的真实情况的权利"。由国家政府机关颁布的《消费者权益保护法》明确指出："经营者在商品交易的过程中，有义务向消费者提供商品的价格、产地、生产者、用途、性能、规格、等级、主要成分、生产日期、有效期限、检验合格证明、使用方法说明书、售后服务，或者服务的内容、规格、费用等有关情况。"

但是，综合国力的提高和经济水平的发展，丰富了交易主体的数量，导致消费者接受的商品信息与商品的真实信息不对称。同时部分经营者为提高商品的价值利益，使商品信息无法全面、真实、客观地传达给消费者。形成消费者知情权受到经营者侵犯的局面普遍存在。经济法对社会主义商品经济关系进行了全面、综合的调整，使消费者可以通过国家法律的武器，对知情权进行维护。因此，我国顺应这一指导方针，着重改善此类现象，从根本上保护消费者的权利[1]。

二 经济法视野下保护消费者知情权的必要性

1. 营造良好的市场氛围

根据目前的市场调查情况分析，如果消费者知情权受到经营者的侵犯，那么就会有更多经营者为了获取最大利益做出违反法律法规的事情，形成市场恶性竞争的局面。为了改善这一复杂的市场现象，维护消费者的根本权益，需要建立一个完善科学的经济法律体系。通过经济法律维护经济市场的公平，同时，消费者可以通过法律武器维护自身利益最大化。

因为我们无法改变经营者追求利益的目的，所以只有通过法律保障在产品交易过程中的公平交易，才能遏制市场恶性竞争的局面，营造良好的市场气氛，维护消费者的根本权益。

2. 保护群众基本劳动利益

社会作为一个有机整体，所产生的财富，是劳动人民共同创造的产物。在商品交易的过程中，如果商品经营者没有告知消费者完整正确的商品信息，则可视之为对公民劳动权利侵犯的行为。因此，从国家发展层面来说，制定完善的经济法律，除了可以保护群众基本劳动利益外，还可以保障国家经济稳定发展。

三 经济法视野下保护消费者知情权所面临的困境

1. 媒体对经营者监督障碍

消费者知情权与媒体信息的公开息息相关。消费者通过媒介获取商品的信息，了解产品和服务存在的问题，缺乏媒体公开这一环节，消费者的知情权就无法得到保障。而根据市场发展现状分析，媒体对经营者的监督和信息反馈存在着发展障碍，导致无法实现消费者知情权保障。首先，当媒体收集的信息涉及政府部门利益时，媒体会选择"失声"或者是"报道视角"，形成了监督渠道单一化的局面，造成社会信息沟通不畅。比如，众所周知的"三鹿奶粉事件"，因为主流媒体报道时间的延迟，封闭了信息传输渠道，使消费者知情权无法得到保障[2]。

媒体在监督的过程中，会面临侵权诉讼，导致法律纠纷，使媒体监督承受各方面的压力。而新闻报道具有即时性和真实性的特点，所以，媒体在没有了解事情真相和掌握之前会选择沉默。

2. 政府监督制度不严谨

在政府监管制度中涉及多个部门，但是部门之间存在着利益纠葛，导致监管岗位缺失，监督制度不严谨。而在众多地区，企业与当地政府的利益相互联系，使企业与当地的 GDP 和政府官员的政绩密切相关。所以，当企业产品出现问题时，当地政府会采取包庇策略，使消费者不能及时了解商品存在的问题。同时，利用政府的影响力，进行媒体信息垄断，侵害消费者的知情权。

所以，应加强政府的监管制度建设，并制定相应的惩罚策略，使政府部门在消费者知情权保护的过程中，发挥正面能量，而不构成负面影响。

3. 消费者协会社会监督职能无法发挥

根据《经济法》相关条例规定，消费者协会和其他消费者组织是依法成立的对商品和服务进行依法监督和保护消费者合法权益的社会团体。而根据目前我国的发展现状，我国对于消费者协会等民间团体的控制比较严格，限制了消费者协会的管理权利，使消费者协会无法在消费者知情权保障的过程中发挥监督作用，无法实现协会本职工作[3]。

四 经济法视野下保护消费者知情权策略研究

1. 建立和完善消费者知情权法律体系

要实现我国消费者权益得到进一步保障，需要完善消费者知情权法律体系，补充与消费者知情权相关的内容。目前我国的消费者法律体系与西方国家的法律体系来说，存在着明显的差距，因此可以借鉴西方国家消费者知情权的保障体系，进行法律条例的完善。

法律制度的完善是一个漫长的过程，需要根据我国国情，根据我国市场经营状况和消费者之间的联系，以我国基本国情为发展核心，借鉴西方法律制度的优势，制定符合本国特色的消费者知情权保护法。

任何一项消费者行使的职能，都是建立在国家法律的基础之上的，针对性的法律条例，有利于从根本上解决消费者所面临的问题，改善市场经济发展状况，促进国家经济与消费者协调发展。

2. 强化政府职能

消费者法律体系完善之后，需要加强政府的宏观调控。因此，需要政府加强发挥本职功能，对消费者知情权保护高度重视。同时，政府监督部门人员应秉承廉洁办公的政治作风，杜绝包庇经营者，侵害消费者知情权现象。

在产品生产方面，制订抽查计划，对抽检产品不合格者进行相应的惩罚并进行思想教育。同时建立经济法律篇章，组织开展经济法律效益工作，提升消费者自身权利保护意识。

对生产管理者实施全面的管理制度，建立奖罚机制，改善市场经营状况。形成全民监督的社会现象。

我们应当充分利用消费者这一监督主体。消费者知情权保障机制与消费者利益密切相关，所以，对于监督工作，消费者能真正做到公平、公正。确保消费者知情权保障法律有效执行。

3. 化解知情权与商业秘密的矛盾

部分经营者以商业机密为由，向消费者隐藏商品信息。这属于间接地侵害消费者的知情权。所以，在市场经济发展过程中，需要用明确的法律条例，来规定商业秘密的范围，使商业秘密与消费者知情权之间划分清楚的界限，有利于国家和政府机关实施消费者知情权法律条例。防止经营者以保护商业秘密为由，侵犯消费者的知情权。从明确知情权概念角度来保护消费者知情权，消费者知情权的保障，无论是对经营者还是消费者来说，在利益和安全方面都具有提升作用。同时，有利于市场经济的良性发展，加强国家经济效益，改善人们生活水平与市场环境[4]。

五 结语

经济发展，是我们国家社会发展的重要渠道，同时也是国家可持续发展的根本所在。而消费者是经济的基本元素，是经济发展的重要组成部分。因此，在经济快速发展的大背景下，为维护经济建设的稳定，需要重视对消费者权利的保护。通过建立和完善消费者知情权法律体系、强化政府职能、化解知情权与商业秘密的矛盾三个方面加强维护消费者知情权，进一步促进我们国家经济发展和经济市场建设，确保社会的稳定和谐发展。

参考文献

[1] 沈思：《基于经济法视野下的消费者知情权的有效保护》，《法制博览》2017 年第 2 期。

[2] 张硕：《论经济法视野下消费者知情权的有效保护》，《现代营销》（下旬刊）2016 年第 5 期。

[3] 郭兆强：《基于经济法视野下的消费者知情权的有效保护》，《中外企业家》2017 年第 6 期。

[4] 胡文涛：《理财产品销售中金融消费者知情权的法律保护——以商业银行的民事义务为视角》，《上海政法学院学报》（法治论丛）2014 年第 1 期。

瑞利波现场试验研究

赵 彦

一 瑞利波探测技术原理

1. 系统组成

瑞利波探测系统［YTR（A）］分为井上室内系统和井下系统两个部分，其中井下系统由瑞利波探测仪和加速传感器构成，井下系统设备设计为矿用本安型，并进行了相关行业机构的防爆性检测处理；井上室内系统由主频2GHz以上的兼容性微型计算机、电源专用充电系统、打印机及资料处理分析软件构成，井上室内系统可以进行数据的采集处理并进行信号处理分析，主要将井下工程施工采集的数据进行分析计算处理、存储、显示，并以图表或数字量化的形式输出数据。瑞利波探测系统结构如图1所示。

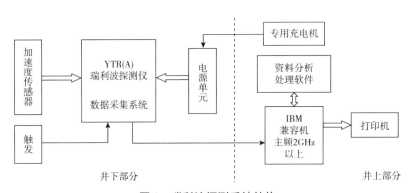

图1 瑞利波探测系统结构

2. 勘探原理

瑞利波探测系统采用面波频谱分析法即瞬态法，通过采集人工地震波并进行反馈分析处理从而得到地层地质结构。通过人工敲打固定在地层表面的圆形底座产生振动信号，不同频率的瑞利波叠加在一起以脉冲的形式向前传播，测点和圆形底座布置在一条直线上，在与底座不同距离处布置六个"信号接收传感器"，将振动信号采集到瑞利波探测仪，利用快速傅里叶变换及频谱分析技术，通过相干函数的互功率谱相位展开谱，以前两个"接收传感器"作为分析对象（其他四个传感器原理同前两个传感器），得到两个记录振动信号，频率不同而导致时间滞后而在传播过程中产生的相位差，由相位差可以得到传播速度和时间。根据两个接收传感器距离求得不同频率传播信号的相对速度，得到所测点频散曲线。瑞利波探测仪探测原理如图 2 所示。

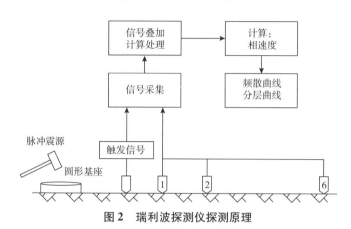

图 2　瑞利波探测仪探测原理

3. 施工方法及技术

面波频谱分析法在勘探过程中在放炮地点瞬间产生冲击振动，该点作为勘探的震源，产生不同频率的瑞利波，并在一定范围内传播，不同振幅和频率的瑞利波进行叠加并以脉冲的形式向前传播，震源和传感器布置在同一条直线上，在与圆形基座 Δx 距离处布置第一个传感器 A，并以间距 Δx 布置 B、C、D、E、F 传感器，一般来讲，间距 Δx 越大，能够接收到的在低频范围的瑞利波频谱分布范围越广，并能够勘探深层的地质情况。若间距 Δx 过小，那么能够接收到的在低频范围的瑞利波频谱分布范围很窄，得到的振动信号由于频率不同而导致时间滞后从而在传播过程中产生的相位差不充分，无法进行数据分析处理。考虑到现场施工的条件，间距 Δx 的大小应该根据实际施工场地来确定，一般情况下间距 Δx 布置大约在 100 厘米。圆形底座与第一个传感器的距离 Δx 也大约为 100 厘米，施工布置示意如图 3 所示。

二　观测方案设计

1. 测线布置

根据观测目的，同时考虑到煤层赋存条件与现场施工条件将观测地点选在

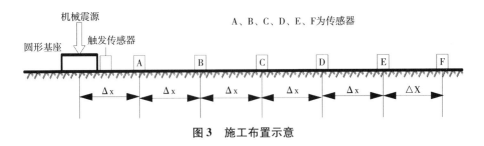

图 3　施工布置示意

巷道稳定的地段，计划布置两个测区，分别为 I 测区（1026 风巷）和 II 测区（1026 机巷），测线布置如图 4 所示。

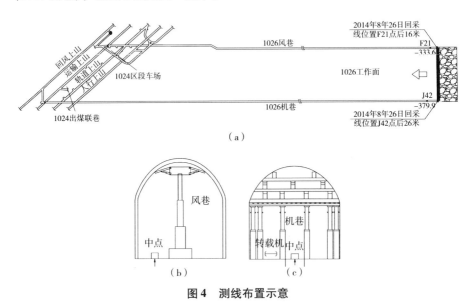

图 4　测线布置示意

2. 测点布置

瑞利波探测观测点与测线布置方式和其他探测方法一致，要根据探测地点的地质构造及地形条件、施工现场、探测目标、生产目标等条件选择。本文探测测点测线布置在巷道底板位置，测线上布置六个信号接收传感器，传感器间距设为 1 米，同样第一个传感器距离震源也设为 1 米，整个测线布置长度设为 6 米。

（1）布置测场。①根据实际探测的要求，将测区布置在 1026 机巷与风巷中，每个测区各布置 12 个测点，共计 24 个测点。在距离工作面 10 米处布置测线的中点位置，并用卷尺测量，以 10 米为间距布置测线中点，为了避免采动对震源造成影响，震源点应在距离工作面较远位置布置，测点布置如图 5 所示。

②用铁锤将钢钎砸进设置好的测点位置，并保持钢钎与底板平面垂直，实现钢钎与底板的紧密耦合，确保其不松动。③连接瑞利波探测仪的控制面板、触发传感器和加速度传感器，并将触发传感器和加速度传感器固定在钢钎上，保持稳定。

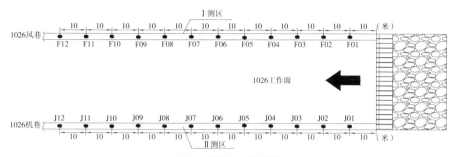

图5　测点布置示意

（2）设置参数。将瑞利波探测仪主机开机，进入控制面板操作界面，设置相关的仪器参数、工程参数。其中采样间隔设置为 0.25 毫秒，样点个数设置为 2048 个，时间级别设置为 3，测点炮数设置为 5 炮，探测模式设置为深层次探测。前六道传感器将前放增益设置为 20、20、22、22、24、24。

（3）噪声测试。为了避免施工采动产生的噪声对探测结果产生影响，在即将开始探测时，应该进行瑞利波探测仪的噪声测试，如果操作界面上出现了明显的时域曲线，应当适时停止施工，以保证探测结果的准确性。

（4）点炮。在一切正常情况下，开始正式测试。

三　现场观测数据

连接通信电缆到仪器面板上的"通信"插座，将数据复制到存储设备中，并用专用的瑞利波勘探数据处理系统对数据进行分析。瑞利波处理采用深层曲线进行分析，以每 6 个测点为一组，绘制深度曲线。计算每一个测区的平均破坏深度，通过 AutoCAD 软件在每组深度曲线上绘制出 6 个测点的底板破坏深度变化曲线以及平均破坏深度曲线，并将曲线加粗，以便进行下一步的数据分析处理。

1. I 测区

I 测区 1#～12#测点深度曲线如图 6 所示。

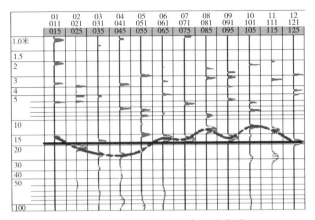

图 6 Ⅰ测区 1~12#测点深度曲线

2. Ⅱ测区

Ⅱ测区 1#~12#测点深度曲线如图 7 所示。

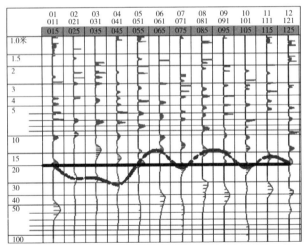

图 7 Ⅱ测区 1~12#测点深度曲线

四 观测结果分析

1. Ⅰ测区分析

（1）通过Ⅰ测区 1#~6#测点深度曲线可以看出，Ⅰ测区 1#~6#测点底板平均破坏深度为 21.6 米，Ⅰ测区 1#~4#测点曲线呈现出缓慢下降的趋势，说明底板破坏深度随着工作面的不断推移，在距离采空区最近的位置即随着距离开采工作面渐远的位置，其深度是逐渐增大的，最深达到了26.3米。4#测点后，曲线开始呈现出上升的趋势，底板破坏深度逐渐变小，Ⅰ测区底板破坏深度平均为18.4米，在5#、6#测点之间的曲线呈现出了短暂的峰值，在峰值处底板破坏深度处于平均深度18.4米以下。

（2）通过Ⅰ测区7#～12#测点深度曲线可以看出，Ⅰ测区7#～12#测点平均破坏深度为15.2米，Ⅰ测区7#～12#测点曲线出现缓慢波动起伏，底板破坏深度变化不大，基本在15.2米上下波动。其破坏深度全部在一测区底板破坏深度18.4米以下，说明在距离工作面一定距离时，底板破坏呈现出较稳定的趋势，其破坏深度基本维持在某一数值，相对于1#～5#之间7#～12#测点底板破坏深度要小很多，这部分处于超前支承压力范围之外。

（3）表1反映了Ⅰ测区底板破坏深度，由表1并结合图8可知，Ⅰ测区在距离工作面前方50米的范围内，底板破坏深度比较大，平均深度为21.6米，说明这部分处于超前支承压力范围，在35米处达到峰值26.3米。50米之后，底板破坏深度曲线出现缓慢波动起伏，底板破坏深度变化不大，基本在15.2米处上下波动。所以距离工作面前方50米的范围内，处于工作面超前支承压力范围，底板破坏深度比较大。

表1　Ⅰ测区底板破坏深度

测点	1#	2#	3#	4#	5#	6#	7#	8#	9#	10#	11#	12#
破深坪深度/米	15.7	22	26	26.3	23.2	16.6	17.2	13	16.4	12.3	13.3	18.8
平均值/米	21.6						15.2					
	18.4											

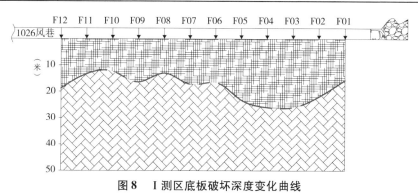

图8　Ⅰ测区底板破坏深度变化曲线

2. Ⅱ测区分析

（1）通过Ⅱ测区1#～6#测点深度曲线可以看出，Ⅱ测区1#～6#测点底板平均破坏深度为22.5米，大于Ⅰ测区的21.6米。Ⅱ测区1#～4#测点曲线呈现出缓慢下降的趋势，底板破坏深度随着工作面的不断推移，在距离采空区最近的位置即随着距离开采工作面越远的位置，其深度越大，最深达到了30.7米。4#测点后，曲线开始呈现出上升的趋势，底板破坏深度逐渐变小，Ⅰ测区底板破坏深度平均为20.3米，在5#、6#测点之间的曲线呈现出了短暂的峰值，在峰值处底板破坏深度处于平均深度20.3米以下。

（2）通过Ⅱ测区7#～12#测点深度曲线可以看出，Ⅱ测区7#～12#测点曲线出现缓慢波动起伏，底板破坏深度变化不大，基本在18.1米处上下波动。其破坏深度全部在一测区底板破坏深度20.3米以下，说明在与工作面一定距离时，底板破坏呈现出较稳定的趋势，其破坏深度基本维持在某一数值，相对于1#～5#之间底板破坏深度要小很多，这部分处于超前支承压力范围之外。

（3）表2反映Ⅱ测区底板破坏深度，由表2并结合图9可知，Ⅱ测区在距离工作面前方50米的范围内，底板破坏深度比较大，平均深度为22.5米，这部分处于超前支承压力范围，在40米处达到峰值30.7米。50米之后，底板破坏深度曲线出现缓慢波动起伏，底板破坏深度变化不大，基本在18.1米处上下波动。所以距离工作面前方50米的范围内，处于工作面超前支承压力范围，底板破坏深度比较大。

表2　Ⅱ测区底板破坏深度

测点	1#	2#	3#	4#	5#	6#	7#	8#	9#	10#	11#	12#
破深坪深度/米	19.6	26.6	25.7	30.7	18.6	13.9	21.5	15.5	15	21.5	16.6	18.6
平均值/米	22.5						18.1					
	20.3											

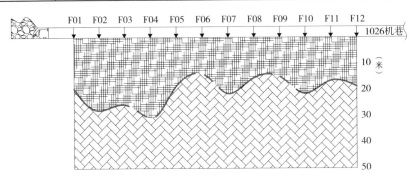

图9　Ⅱ测区底板破坏深度变化曲线

五　结论

（1）经过分析可知，1026工作面前方50米的范围为超前支承压力的影响范围，支承压力的峰值在工作面前方 35～40 米。

（2）超前支承压力影响范围内，Ⅰ测区破坏深度相比Ⅱ测区破坏深度小。超前支承压力范围以外，Ⅰ测区的破坏深度也比Ⅱ测区破坏深度小。整个测区内，同样Ⅰ测区的破坏深度比Ⅱ测区的小。由此可见，位于较深部的 1026 机巷底板破坏比浅部的 1026 风巷底板破坏更深更严重，深部巷道的受力更大。

（3）通过图 10 可知，1026 机巷底板破坏深度曲线与 1026 风巷底板破坏深度曲线相比，不管是在超前支承压力范围内还是超前支承压力范围以外，机巷的破坏深度曲线波动较大，充分说明了深部巷道的受力更为复杂。

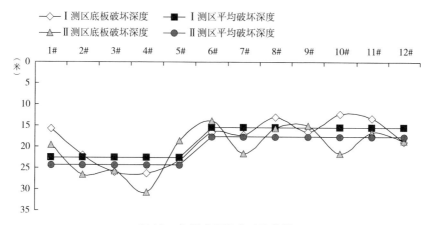

图 10　底板破坏深度对比曲线

参考文献

杨成林：《瑞利波勘探》，地质出版社，2013。

李锦飞：《防爆型瑞利波探测仪研究及应用》，煤炭工业出版社，2013。

刘云祯、王振东：《瞬态面波法的数据采集处理系统及其应用实例》，《物探与化探》2013 年第 1 期。

夏唐代、陈云敏、吴世明：《匀质软夹层地基瑞利波弥散特性》，《振动工程学报》2013 年第 1 期。

夏唐代、吴世明：《流体 - 固体介质中瑞利波特性》，《水利学报》2014 年第 1 期。

赵东、王光杰、王兴泰：《用遗传算法进行瑞利波反演》，《物探与化探》2010 年第 3 期。

杨文采：《神经网络算法在地球物理反演中的应用》，《石油物探》2011 年第 2 期。

崔占荣、张世洪、张俊喻：《瞬态瑞利波勘探中一些问题的讨论》，《物探与化探》2012 年第 5 期。

说"是"

蒋意春

"是"字在现代汉语中，是唯一的一个系词。从语法的角度看，它是一个起联系作用的动词。它在判断句中联系逻辑上的主词和宾词，从逻辑的角度看，可以把它叫作判断词。例如：

刘杰是教师。

从语法的角度看，这是个判断句，"是"字是系词。从逻辑的角度看，"刘杰"是主词，"教师"是宾词，"是"是判断词。这就是"是"字在现代汉语中所担起的作用。

在古代汉语中，特别是在秦朝以前的书面语言文字中，"是"的用法远不止于此，《说文》云："是，直也从日正，凡是之属皆从是。"可见"是"本作"昰"其本义是"正确"。例如：

1. 夫礼者，所以定亲疏，决嫌疑，别同异，明是非也。 （《礼·曲礼》）——礼，是用来规定亲疏，解决嫌疑，区别同异，明辨正确与不正确的（道德规范）。

2. 偃之言是也。（《论语·阳货》）——偃的话（是）正确的。

在秦朝以后这种用法还是可以见到的。例如：

3. 王公（导）每发言，众人竞赞之，（王）述于末座曰"主非尧舜，何得事事皆是"。《世说新语·赏誉下》——王导每次讲话，大家都竞相争着赞扬他说得对，坐在后面的王述说："王公不是尧舜，他的讲话怎能每一句都是正确的呢。"

4. 若定是非以教吾子，仆材不足。（韩愈《答韦中立论师道书》）——假如要确定了正确与不正确以后才能教育我的儿子，（那么）我的才能是不够的。

直到今天，我们还有"实事求是""一无是处""说得是"的讲法，这些"是"字都含有"正确"的意思。此外，"是"字又有"认为正确"的用法。例如：

5. 国君之所是，必皆是之。（《墨子·尚同上》）——国君认为正确的，一定都是正确的。

6. 自以为是。(《孟子·尽心下》)——自己认为是正确的。

由于语言的发展和表达的需要,"是"字由"正确"和"认为正确"又进一步发展为"使之正确"。例如

7. 及刘光禄于汉成世,始更考校,是正疑谬。(汉·韦昭《国语解叙》)——等到汉成帝刘骜时期,开始考正校订(国语注解),使得它可疑的地方和谬误得以纠正。

8. 诏谒者刘珍及五经博士,校定东观五经、诸子、传记、百家艺术、整齐脱误,是正文字。(《后汉书·安帝纪》)——奉诏谒见的刘珍和五经博士,共同校定东观所藏的五经、诸子、传记和百家艺术等书籍,使(这些书的)文字正确,文体完整,消除其中的谬误。

应当指出的是,"是"字的上述几种用法,都带有虚指的成分,它们所指的都是抽象的人、事、物,如例1中的"明是非也"之"是"指的是"道德规范的正确与否",例3中的"何得事事皆是"之"是",指的是"每一件事都是正确的",例4中的"若定是非以教吾子"之"是",指的是"肯定每一件要说的事物正确与否"。

随着语言文字运用的发展,"是"字由这种指代事物,慢慢过渡到指代具体的事物,从而演化成近指代词,例如:

9. 终而复始,日月是也。(《孙子兵法·势》)

10. 是鸟也,海韵则将徙于南冥。(《庄子·逍遥游》)

11. 是吾剑之所从坠。(《吕氏春秋·察今》)

例9中的"是",是指一种复指的用法,指的是"日月"(有关复指用法,下文还将讨论)。例10中的"是"字指的是"鸟",可译为"这只鸟"。例11中的"是"字,指的是剑坠入水中的方位,可译作"这里"。"是"字在上述3个例句中指代的都是具体的事物(日、月,鸟和剑坠入水中的方位)。"是"字充当这种指代具体事物的近指代词,在古代语言文字中是一个典型的用法。例如:

12. 嗟尔君子,无恒安息,靖共尔位,好是正直。(《诗·大雅·小明》)

13. 吾何快于是,将以求吾所大欲也。(《孟子·梁惠王上》)

14. 是女子不好,烦大巫为入报河伯,得更求好女,后日送之。(褚少孙《史记·滑稽列传补》)

15. 是岁江南旱,衢州人食人。(《白氏长庆集·秦中吟十首·轻肥》)

"是"字用作代词,还有一种复指的用法,其目的是起强调作用。它既可以强调前面的主语,例如例9,又可以把宾语提前,从而起到强调宾语的作用。这种用法在《左传》中较为常见。例如:

16. 岂不谷是为？先君之好是继。（《左传·僖公四年》）——（这）难道是为了我？是为了继承先君以来的友谊。

17. 将虢是灭，何爱于虞？（《左传·僖公五年》）——（晋国）将要连虢都灭了，对虞还爱什么呢？

18. 率师以来，唯敌是求。（《左传·宣公二十年》）——（我们）率领军队到这里来，就是为了找敌人（打仗）的。

我们应当看到，凡作指示代词的"是"字，在句中都是表示肯定的意思，特别是用作复指的"是"字，这种表肯定的意思则更强。例如：

19. 狭太山以超北海，语人曰："我不能"，是诚不能也。为长者折枝，语人曰："我不能"，是不为也，非不能也。故王之不王，非挟太山以超北海之类也，王之不王，是折枝之类也。（《孟子·梁惠王上》）

20. 桀溺曰："子为谁？"曰："为仲由。"曰："是鲁孔丘之徒與？"（《论语·微子》）

21.（曾子）曰："桑欲速贫，死欲速朽。"有子曰："是非君子之言也。"（《礼记·檀弓上》）

从句法角度讲，古汉语的判断句有"……是……也"或"……此……也"的格式，而其中的"此""是"都是指示代词。它们或指具体的事物，或复指前文叙述了的一件事或一句话（或者是复指前面的主语），但它们却都含有判断的意思。例如：

22. 若事之不济，此乃天也。（《资治通鉴·赤壁之战》）

例22中的"此"指的是"事之不济"；例2中的"是"字是复指"偃之言"这件事；例9中的"是"是复指"日、月"；例12中的"是"是指"靖共尔位"这件事；例20中的"是"则指"仲由"这个人；例21中的"是"指的是"桑欲速贫，死欲速朽"这句话。"是"的这种用法，在现代汉语的判断句中还保留残迹，例如"钢笔是写字的"中的"是"字，其实它也带有指代的因素，复指前面的主语，可看成"钢笔（这）是用来写字的工具"。

"是"字由指代开始向系词转化发展，最早大约是从战国晚期开始的。我们目前看到的最早的例子是马王堆三号汉墓出土的《占书》（它大概是战国晚期楚国人的作品）中的句子：

23. 是是帚彗。——这是扫帚状的彗星。

24. 是是竹彗。——这是竹子状的彗星。

这两个句子里，第一个"是"字还是近指代词，第二个"是"似乎是由重复指向系词转化了。这种情况，到了汉代继续发展，到东汉接近完成，它的标志是已经能前后联系两个名词了。例如：

25. 鬷夷氏是其后也。(《论衡·龙虚》) ——鬷夷氏是它的后代。

到了南北朝,"是"字作为系词,用作判断,则更为普遍。例如:

26. 问今是何世,乃不知有汉,无论魏晋。(陶潜《桃花源记》)

27. 不知木兰是女郎。……安能辨我是雄雌。(《木兰辞》)

28. 帐然遥相望,知是故人来。(《孔雀东南飞》)

由此看来,"是"字作为系词,用作判断,到了南北朝已经定型,和现代的用法基本没有什么区别了。

参考文献

白化文:《古代汉语的指示代词》。

基于"互联网+"的车货匹配平台发展现状与思考

谢代国

一 引言

改革开放以来，物流业的飞速发展给中国国民经济的增长带来了新的动力，但居高不下的社会物流成本也制约了经济的进一步发展，特别是最近几年，物流成本上涨过快，严重影响了商品的流通效率，引发物价上涨等一系列影响民生的社会问题。

根据《中国物流年鉴2016》数据，物流运输费在国家社会物流成本中所占的比重最高，是社会物流的主要组成部分。其中公路运输占全部运输比例的75%以上（见图1），其运输效率在很大程度上决定了我国经济的运行效率，因此如何降低公路运输的费用无疑是降低我国物流成本亟待解决的问题。除此之外，近年来，我国公路运输不断涌现出资源浪费现象，车找不到货、货找不到车的情况在运输市场普遍存在，为了降低物流成本，减少不必要的社会资源浪费，许多企业在互联网的大时代背景下开始探索新的路径，思索如何整合社会运力资源，加快货物流通。由此可见，促进我国公路货运物流的信息流通，实现高效率的车辆和货物配载，降低车辆空载率，对于促进环境友好社会具有重要的社会意义。为了解决物流行业面临的上述问题，众多方便车主和货主缩小信息不对称的车货匹配信息平台纷纷成立，成为物流行业发展的新态势。尽管车载匹配平台的出现给物流业的发展带来了新的发展机遇，但由于处于发展初期阶段其仍然存在许多不足之处。

二 物流车货匹配信息平台

1. 车货匹配信息平台定义及主要功能

车货匹配信息平台，简单说是在"互联网+"的背景下，充分利用在线平台实现运输环节的去中介化，通过互联网技术提高信息检索能力和匹配效率，

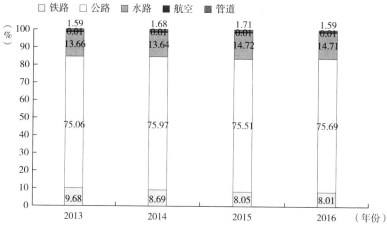

图1　2013～2016年中国各类运输货运量占比

减少因信息不对称造成的种种问题，达到去中介化的目的，提高车辆满载率。其主要功能主要表现为以下几方面。

业务功能：平台可提供各类车源及货源信息，包含各类车型、货源类型和线路信息的详细内容，同时可获取周边货源信息，掌握车辆位置和联系方式。

在线支付功能：基于"互联网+"背景的车货匹配平台部分可支持使用网银、支付宝以及银行的担保支付交易平台来支付信息费、运费和货款等，方便客户线上支付，降低平台货源方和司机的支付风险。

货物在途管理：在车货匹配平台上交接的货物，货源方可以依托GPS/北斗系统随时跟踪货物运输情况，掌握货物在途信息。车源方可随时登录定位平台，掌控车辆运行及位置信息。

交易评价功能：大部分的平台在交易界面设置了车货双方信用互评功能，通过保存交易评价记录，实现司机服务的透明化和公开化，从而给其他货主提供交易参考。

延伸服务功能：延伸服务功能主要指除平台交易以外的附加功能，比如为所有用户提供的天气状况、路况信息和行业资讯等；专门为货主端准备的车辆定位、调度和管车控车等服务；同时还有为方便司机生活的饭店、加油站、维修点定位服务等。

2. 车货匹配平台主要模式

（1）纯平台模式。纯平台模式是指提供用户一个在线信息查询的交易平台，用户可通过该平台找到适合自己的车源货源信息并进行交易，在我国出现较早的中国配货网、中国物通网以及近几年出现的货运APP等都属于这种类型。

（2）线下+线上模式。线下+线上模式大致可理解为通过在全国范围内布网，在各个地区设立服务网点，以点带面整合该地区运力资源，从而形成可控的线下运力资源网络，相当于一个巨大的运力池；线上利用互联网技术开发移动客户端平台的 APP，与线下实现完美结合。

3. 车货匹配信息平台作用

（1）满足公路货运双方旺盛的物流需求。车货匹配平台，其所呈现出的最大特点是可以使货运信息更加透明化，减少车货双方信息不对称而导致的成本浪费，实现车货的智能匹配，在短时间内促进车主和货主的联系，促使交易成功，满足我国公路货运市场旺盛的需求。

（2）节省供需双方时间及成本。车货匹配平台的出现能够降低车货双方委托中介配货的成本，实现去中介化，同时有利于避免车货配载市场不合理的乱收费现象。另外，基于"互联网+"背景，通过在线发布货源和车源信息，供需双方通过在线平台进行沟通，在一定程度上节省了双方的工作量。平台提供物流供需智能匹配功能，节约了供需双方人工寻找匹配对象的时间及成本，提高经济效率，有效地为车货双方企业节省时间及人力成本。

（3）整合物流资源，使得货源企业及车源企业集中精力于核心业务。灵活运用新技术，智能地实现供需匹配，降低成本。通过智能便捷的功能吸引更多的用户入驻平台，有利于平台产生增值服务，提高平台效益。

（4）推进节能减排，改善环境。最大化地利用车货匹配平台能提高车货供需匹配的效率及成功率，实现交通运输资源的优化配置，能够大大降低货源车辆的空载率，减少二氧化碳的排放，节约油耗，响应政府部门节能减排的号召，进一步推进节能减排顺利进行，改善环境。

三 车货匹配信息平台发展现状及存在的问题

1. 我国车货匹配信息平台发展现状

随着公路运输的不断发展，在互联网的带动下，车货匹配平台在资本、政策、技术等多重因素推动下发展迅猛。据相关数据统计，自 2014 年起，货运平台 APP 已高达 200 多个，另外除了移动 APP 外，各类推送货源信息的网站和微信公众号也不计其数。车货匹配平台数量众多，经过不断的发展，呈现出不断整合的发展趋势，主要包括公路港型，主要代表企业有天地汇、传化物流；长途干线型，主要代表有运满满、运策网、物流小秘等；同城型，主要代表有云鸟配送、一号货车等；长途整车型，主要代表有福佑卡车、好多车等。根据相关资料整理出主要典型的车货匹配平台，如表 1 所示。

表 1　不同类型代表平台对比

类别	功能定位	目标客户	融资轮次	主要业务
运策网	整车货运	货主、车主、物流公司	A 轮	通过互联网来调动社会上的货车资源，为发货方提供涵盖议价、找车、货物运输、运费支付等一系列物流服务的平台
物流小秘	长途专线	专线—司机	A 轮	主要服务为调用熟车、生车、一键下单、智能匹配。向司机推送匹配订单，向货主提供整车、零担、回程等相关推送服务，货主端用户是承担真正物流服务的小微物流企业
云鸟配送	同城货运	货主、司机	C 轮	整合海量社会运力资源，以信息技术为支撑，实现运力与企业配送需求精确、高效匹配，为各类客户提供同城及区域配送服务
天地汇	第四方物流平台集成服务商	中小物流企业和社会车辆	—	通过实体平台与信息平台联动的 OTO 方式，在整车物流和零担物流领域，打通上游货源信息、中游物流服务信息和下游车源信息的物流价值链，实现车、货信息高效匹配并实现撮合交易

　　由表 1 可以看出，平台大多靠融资发展起来的，仅有一些老牌企业是依靠自身力量发展。大部分平台所做的工作是在整合社会闲置物流资源，利用手机 APP 或 PC 端为用户提供便利交易，实现交易的撮合。平台前期大量地融资烧钱，采用各种推广方式吸引众多用户注册使用，但受限于平台服务意识不足，没有抓住物流的痛点，它们似乎并没有达到预期的效果。

　　2. 我国车货匹配信息平台存在的问题

　　（1）服务与诚信问题。货运平台运营商为拉拢用户，采用地推方式进行扩张，并对地推人员加以奖金激励，这就易造成地推人员只在乎数量而忽视注册用户质量，使得没有任何资质审核的用户进入平台。同时为了留住客户，采用积分换充值卡活动，平台上任何用户都可以发布货源信息，然而运营商对货运信息的真实性没有任何审核，平台虚假信息的泛滥严重影响了用户的留存。

　　（2）对资本的高度依赖，盈利模式不清晰。从相关财经新闻报道来看，同城货运的 APP 软件"快货运"，上线仅 5 个月就获得 1000 万美元的风险投资。2016 年 3 月，"货车帮"获得腾讯、高瓴、钟鼎、DCM 数亿元的 A 轮融资，8 月再获数亿元 A＋轮融资，12 月 22 日又完成了 1.15 亿元 B－1 轮股权融资。平台不注重长期的发展，不注重用户的体验和平台支付的安全性，而是大量地融资烧钱，平台很难成长起来，必须有适合自己的盈利模式，才能实现平台的持续经营。

　　（3）平台缺乏可靠的支付方式，用户流失大。平台信誉不好主要体现在用户对平台的不信任，大部分的车主和货主因为支付方式不可靠，而对该平台失去信心，货主担心车主卷货逃走，车主害怕送货后不能马上拿到运输费，支付方式长期得不到解决将会严重影响用户对平台的体验，造成用户流失。保障交易的安全支付在一定程度上也是服务意识的展现，这是提高用户黏度的有效措施。

（4）行业标准化低，市场推广难。结款方式、服务流程、运输价格、支付方式的不统一，加之装车卸车等环节的不规范，使得货运平台的交易不能像一般的运输一样提供运单凭证，各平台的作用仍旧停留在提供信息上。平台交易环节缺乏第三方监督，无法为交易双方提供信誉保障，用户对平台的不信任加剧了推广的难度。

（5）信息系统不完善。一方面，受专业物流人才的缺乏及资金不足等问题困扰，目前仍有较多的车货匹配信息平台信息化水平低下，资金的短缺在很大程度上影响平台实现对货物的全程追踪及查询服务功能；另一方面，大部分的车货匹配平台缺乏智能化的供需匹配体系，这在一定程度上需要花费较多的时间和人力进行权衡决策。信息化和智能化程度低下严重制约车货匹配平台的进一步发展。

四 车货匹配平台发展对策

1. 建立车货信任体系

严格执行实名认证：在推广阶段，严格按照实名制采集入驻平台的车主货主真实信息，对于缺少相关资质的车辆和货源企业限制进入平台。比如运满满，对进入平台所有的司机货主实行线下认证、拍照、人工审核，人工审核确定后才准许用户注册，同时构建关系图谱，以用户交易对象、常跑线路、个人信用、评价信息作为考量因素，筛选出信誉好的个体。

引入保险机制：针对市场混乱问题，通过引入保险机构或赔付金制度，建立陌生人之间的信任关系。

2. 平台要创新盈利模式

现在的平台大多依靠收取会员费来盈利，盈利模式单一，收益低，长期如此不利于平台长远发展。平台运营商可根据平台发展的不同阶段采取不同的盈利模式，如在地推阶段，通过"补贴"形式吸引用户入驻平台，各项服务基本免费；在发展中期阶段，由于积累了一定的客户流量，平台可从中赚取运费差价和订单抽成；在成熟阶段平台可开发物流金融服务、保险、二手车汽配汽修等辅助性的车后服务市场。比如罗计物流充分利用大数据实现对用户数据的分析，挖掘其中的规律，找到既能满足用户又适合平台的盈利模式，这才是最终的目的。

3. 建立平台在线支付模式，增加用户黏度

平台要想吸引用户，必须以用户为核心提升平台的信息化水平，交易的安全性严重影响用户留存，俗话说打铁还需自身硬，平台要不断分析用户需求，开发适合的平台界面和交易方式，比如可借鉴引入类似支付宝的第三方支付平台，监督车主和货主之间在线交易，实现双方交易的安全，从而达到留住用户目的。另外也可提供各种物流金融服务和开发车后市场来便利司机生活。

4. 推进车货匹配过程标准化建设

首先，实现信息传递的标准化，利用互联网技术和大数据对平台信息数据实行采集、分类、有序归类，实现平台快速在线配货和集成，利用标准化提升匹配效率；其次，推进装车卸车环节的规范化，节约装卸时间，可通过规范货物车型、车重、车长等基本运力来实现；再次，实现运输价格的标准化，根据各地区不同时段，通过预测去程返程配货概率，制定依据实时供求关系的价格形成机制、价格明细公开制；最后，实现知道付款方式和结款方式的标准化和智能化，采用智能化的交易模式，用户只要注册平台便可享受便利的支付和结款，同时利用信息技术对交易过程全程监督，实现透明化。

五 总结与展望

车货匹配平台说到底是一个信息终端，背后支撑它的仍然是线下的资源整合和服务能力，而不是平台的开发技术。货运平台的人性化设计毋庸置疑能带给客户优质的体验，但同时也该认识到平台的核心在于服务，物流是一项由复杂环节构成的系统工程，并不是一款 APP 就能解决问题。

我们有理由看好车货匹配平台的未来，其对于解决物流信息不对称、降低车辆空载率、实现运力资源整合是不错的方式。但是市场的火暴、资本的热捧很容易让人心浮气躁，一味地烧钱融资扩张并不能解决实际问题，必须从我国货运市场的实际出发，认真思考，破冰前行。

参考文献

刘兴景、戴未、杨东援：《物流共用信息平台系统分析》，《交通与计算机》2001 年第 1 期。

董千里：《区域物流信息平台与资源整合》，《交通运输工程学报》2002 年第 4 期。

王婷：《"互联网＋"时代公路运输车货匹配平台的发展》，《综合运输》2015 年第 12 期。

丁兆威：《行业洗牌 O2O 货运市场转入持久战》，《中国公共安全》2016 年第 12 期。

罗文丽：《骡迹物流：货运业的滴滴打车》，《中国物流与采购》2015 年第 3 期。

吴宏：《融合发展是正道》，《中国物流与采购》2016 年第 16 期。

喜崇彬：《运满满：用移动互联技术推动货运行业变革》，《物流技术与应用》2016 年第 5 期。

李翔：《四川对"互联网＋"公路货运物流的探索与实践》，《中国发展》2015 年第 5 期。

电信业实施"营改增"政策效应的测算分析

罗　筱

2014 年 6 月 1 日开始，我国电信业正式实施"营改增"政策，本文选取中国三大电信运营服务商的财务报告，进行"营改增"政策效应的测算分析，由于电信业实施"营改增"的时间较短，又考虑到"营改增"之前的税负相对稳定，所以本文截取 2012~2015 年的财务报告进行分析就可以达到预期效果，需要指出的是财务样本只考虑电信企业母公司的财务数据。

一　电信业流转税税负的测算

1. 测算指标的选取

本节选取的测算指标是中国电信、中国联通、中国移动（以下简称三大电信运营服务商）的流转税税负率，指标数据的时间跨度为 2012~2015 年，从 2014 年下半年电信企业开始实施"营改增"政策，而"营改增"之前实施营业税，流转税税负相对稳定，所以"营改增"之前的数据选取 2012 年至 2014 年 6 月的数据，可以达到对比效果，"营改增"之后的数据只能取到 2015 年。

2. 流转税税负率的描述性统计

经过对三大电信运营服务商的财务报告的整理，本文运用 EXCEl 软件计算出"营改增"前后 2012~2015 年它们的流转税税负率，统计性结果如表 1 所示。

表 1　三大电信运营服务商"营改增"前后流转税税负率描述性统计

单位：%

运营商	2012 年	2013 年	2014 年上半年	2014 年下半年	2015 年
中国电信	3.30	3.30	3.30	5.85	5.65
中国联通	3.30	3.30	3.30	6.07	5.10
中国移动	3.30	3.30	3.30	5.49	4.77

（1）上述测算结果运用流转税税负率的测算公式测算出来，其结果可能和现实结果有微小差距。

（2）2012 年至 2014 年上半年，三大电信运营服务商实施营业税政策，流转税税负率都为 3.3%，从实施"营改增"开始，电信企业的流转税税负率都有相应地增加，但是，增加的幅度不同。

（3）从 2014 年下半年的流转税税负率情况可知，"营改增"对中国联通的影响最大，中国电信次之，中国移动最小。

（4）对于 2014 年下半年和 2015 年电信企业流转税税负率的比较，可知随着"营改增"政策的推进，电信企业的流转税税负率有一定程度的下降。且中国联通下降的幅度最大，中国移动次之，中国电信最少。

3. 流转税税负率变动因素测算分析

由以上分析可知，在企业性质和"营改增"之前的流转税税负率相同的情况下，面对"营改增"政策的实施，三大电信运营服务商的流转税税负率呈现出不同的变化幅度，再结合第三章的理论分析，可知流转税税负率的变化和营业收入、税率和可抵扣成本比例有关，以下结合三大电信运营服务商的具体情况进行分析。

为了进一步分析电信企业的营业收入、税率和成本的可抵扣比例的变化对流转税税负率的影响程度，在此引入敏感因素分析法。

敏感性分析，主要是分析有关的参量值的变化对目标值的影响程度，其计算公式：敏感系数 = 目标值变动的百分比 ÷ 参量值变动的百分比。

由于 2015 年的相关数据相比于 2014 年下半年的数据，距离改革的时间相对较长，在政策完善和企业应对措施方面更优，本文选取 2015 年三大电信运营服务商的相关财务数据，利用上述方法计算，在各个因素增加 10% 的情况下，进行敏感性分析，具体分析各因素的变化对企业流转税税负率的敏感程度。具体结果如表 2 所示。

表 2　三大电信运营服务商各因素敏感性分析

单位:%

运营商	因　素	营业收入	税　率	可抵扣比例
中国联通	因素变动 10% 后流转税税负率	5.61	6.18	4.52
	目标变动率	10.07	21.30	−11.28
	敏感系数	1.07	2.13	−1.13
中国电信	因素变动 10% 后流转税税负率	6.24	6.50	3.38
	目标变动率	10.52	15.00	−40.23
	敏感系数	1.05	1.5	−4.03

运营商	因　素	营业收入	税　率	可抵扣比例
中国移动	因素变动 10% 后流转税税负率	5.77	5.15	3.88
	目标变动率	20.87	7.90	-18.59
	敏感系数	2.09	0.79	-1.9

关于中国联通的营业收入的敏感系数的计算解释如下，由于税率和可抵扣比例的计算过程和营业收入相同，在此不重。

（1）假设税率和可抵扣比例不变，2015 年中国联通的营业收入增加 10%，计算出流转税税负率为 5.61%。

（2）目标的变动率利用敏感系数公式计算得到，具体计算为：

$(5.61\% - 5.1\%) \div 5.1\% = 10.07$，其中，敏感系数 = 目标变化率 ÷ 10%。

根据表 2 分析，可以看出除中国移动的税率的敏感系数小于 1 之外，其他两家电信运营服务商的税率的敏感数据都大于 1，说明营业收入、税率和可抵扣比例对企业流转税税负率都有一定程度的影响，并且在各个电信企业之间的影响程度不同。

对于中国联通，流转税税率的变化是造成企业流转税税负率变化最主要的原因，而在中国电信和中国移动，最主要的因素则分别是可抵扣比例和营业收入。由于企业的营业收入视企业的经营状况而定，在此只讨论流转税税率和可抵扣比例对流转税税负率的影响。

1. 税率变动影响分析

在实际的测算中，发现电信企业的增值税税率并不唯一，各种类型的电信业务对应一定的增值税税率，且三大电信运营服务商的情况各不相同，具体情况如表 3 所示。

表 3　三大电信运营服务商营业收入类型

运营商	营业收入类型
中国联通	基础电信业务（通话费、宽带、数据及互联网收入、月租费、网间结算收入、电路及网元租赁收入、装移机收入）
	增值电信业务（增值服务收入）
	其他（销售通信产品收入）
中国电信	基础电信业务（固网语音、移动语音、通信网络资源服务及网络设施出租）
	增值服务业务（互联网、增值服务、综合信息应用服务）
	其他业务收入

运营商	营业收入类型
中国移动	基础电信服务
	增值电信服务
	销售产品及其他收入

由于各种收入对应的税率不同，为了实际测算的方便，本文根据各种类型的收入对应的具体数值和适用税率，折算成单一增值税税率①。折算结果如表4所示。

表4 三大电信运营服务商折算成单一税率的增值税情况

单位：%

运营商	2014 年下半年	2015 年
中国联通	12.24	10.84
中国电信	8.84	8.47
中国移动	9.38	8.86

从表4的折算结果来看，三大电信运营服务商从2014年下半年到2015年，增值税税率都有下降，这和各项收入的比例变化有关系，正是由于税率的下降，使得流转税税负率有一定的下降。

但从流转税税负率测算的结果来看，可见电信企业在"营改增"之后，相比于"营改增"之前，都有流转税税负率增加的现象。本文仍以2015年三大电信运营服务商的财务数据为依据，在其他条件保持不变的情况下，对"营改增"之后的税率重新进行测算，以测得此时增值税税率应该设为多少才能使企业的流转税税负率回到"营改增"之前的水平。测算的结果如表5所示。

表5 三大电信运营服务商达到"营改增"之前税负率的税率设计

单位：%

运营商	2014 年税率	2015 年税率	税率设计
中国联通	12.24	10.85	8.95
中国移动	8.81	8.47	7.98
中国电信	9.39	8.87	7.50

---

① 折算方法是用当期增值税总的销项税额除以总的增值税应纳税所得额。

从测算的结果可知，要达到之前的流转税税负率水平，适用的增值税税率都要比现在的增值税税率低，但根据各个企业的具体情况，测算的结果有所不同，在 7.5% ~9%，其中中国电信的适用税率最小，中国移动次之，中国联通最大。

5. 可抵扣比例影响分析

由于三大电信运营服务商的营业成本类型不同，成本中可抵扣进项税的适用税率也不同，具体情况如表 6 所示。

表6　三大电信运营服务商可抵扣成本情况

运营商	营业成本类型
中国联通	网间结算支出
	网络运行及支撑成本
	销售通信产品成本
	新增通信设备的固定资产
中国电信	网络运营成本
	资本项目增加额
	销售及管理费用
中国移动	电路租费
	网间互联
	销售费用
	其他运营支出和资本项目增加额
	销售产品

与营业收入的情况相同，三大电信运营服务商营业成本各项目中对应的增值税进项税税率不同，为了分析和测算的方便，本文把它们折算为一种成本对应一种进项税税率①。折算结果如表7所示。

表7　三大电信运营商服务商可抵扣成本折算情况

单位：%

运营商	项　　目	2014 年下半年	2015 年
中国联通	成本可抵扣比例	47.40	52.63
	进项税税率	10.22	10.10

---

① 折算的方法是用总的可抵扣成本除以总的营业成本，税率的折算是用总的进项税除以可抵扣的成本总额。

续表

运营商	项　目	2014 年下半年	2015 年
中国电信	成本可抵扣比例	30.94	37.55
	进项税税率	7.80	7.84
中国移动	成本可抵扣比例	44.45	45.46
	进项税税率	8.60	8.84

从流转税税负率测算的结果来看，电信企业在"营改增"之后，相比于"营改增"之前，都有流转税税负率增加的现象。三大电信运营服务商从 2014 年下半年到 2015 年，可抵扣成本比例的增加是导致流转税税负率略有下降的原因之一。

根据表 7 中的数据可以发现，三大电信运营服务商的可抵扣成本比例均低于理论测算的临界值。本文仿照之前增值税设计的做法，仍以 2015 年三大电信运营服务商的财务数据为参照，在其他条件保持不变的情况下，对"营改增"之后的各大电信企业的成本可抵扣比例重新进行测算，以测得此时可抵扣比例应该达到多少才能使企业的流转税税负率回到"营改增"之前的水平。测算的结果见表 8 所示。

表 8　三大电信运营服务商可抵扣成本比例设计

单位：%

运营商	2015 年可抵扣成本比例	2015 年可抵扣成本比例临界值
中国联通	52.63	78.23
中国电信	37.55	73.10
中国移动	45.46	70.75

从测算的结果可以看出，"营改增"之后，三大电信运营服务商的流转税税负率比"营改增"之前高的原因之一，在于成本的可抵扣比例均比临界值低，且三大电信运营服务商的测算临界值不同，其原因在于营业收入和营业成本的类型和适用的税率不同。

二　电信业所得税税负的测算

1. 测算指标的选取

本节选取的测算指标是三大电信运营服务商的所得税税负率，指标数据的时间跨度为 2012~2015 年，电信企业从 2014 年下半年开始实施"营改增"政策，而"营改增"之前实施营业税，所得税税负相对稳定，所以"营改增"之前的数据选取时间为 2012 年至 2014 年上半年，可以达到对比效果，"营改增"

之后的数据只能取到 2015 年。

由于本文是从营业收入和营业成本的角度去测算分析,在此不考虑其他费用的扣除,假定除成本之外再无所得税扣除项目。

2. 所得税税负率描述性统计

经过对三大电信运营服务商的财务报告的整理,本文运用 EXCEl 软件计算出"营改增"前后 2012~2015 年三大电信运营服务商的所得税税负率①,统计结果如表 9 所示。

表9　三大电信运营服务商"营改增"前后所得税税负率描述性统计

单位:%

运营商	2012 年	2013 年	2014 年上半年	2014 年下半年	2015 年
中国电信	2.56	2.48	2.42	3.74	2.81
中国联通	2.75	2.62	2.77	3.86	2.96
中国移动	2.12	2.14	2.09	2.56	2.37

(1)上述测算结果根据前面章节,运用所得税税负率的测算公式测算出来,其结果可能和现实结果有微小差距。

(2)从表9的结果可以看出,2012 年至 2014 年上半年,三大电信运营服务商实施营业税政策,所得税税负率相对比较平稳,其中中国电信和中国联通的所得税税负率在 2.5%~2.75% 范围变化,中国移动所得税税负率相对较低,但从实施"营改增"开始,中国电信的所得税税负率都有相应的增加,增加的幅度不同。

(3)从 2014 年下半年的所得税税负率情况可知,"营改增"对中国联通的影响最大,中国电信次之,中国移动最小。

(4)对于 2014 年下半年和 2015 年中国电信企业所得税税负率的比较,可知随着"营改增"政策的推进,电信企业的所得税税负率有一定程度的下降,但仍高于"营改增"之前的所得税税负率。

3. 所得税税负率变动因素测算分析

由以上分析可知,面对"营改增"政策的实施,三大电信运营服务商的所得税税负率呈现出不同的变化幅度。结合上文的理论分析可知,所得税税负率的变化和成本率、税率和可抵扣成本比例有关,以下结合三大电信运营服务商的具体情况进行分析。

为了进一步分析电信企业的成本率、税率和成本的可抵扣比例的变化对流转税税负率的影响程度,同样按照之前的敏感因素分析法进行分析。

---

① 由于这里不考虑除流转税外其他税费和其他扣除项目,测算结果会比现实结果略大。

由于 2014 年下半年，距离改革的时间相对较长，在政策完善和企业应对措施方面更优，本文仍选取 2015 年三大电信运营服务商的相关财务数据，利用上述方法计算，在各个因素增加 10% 的情况下，进行敏感性分析，具体分析各因素的变化对企业所得税税负率的敏感程度。具体结果如表 10 所示。

表 10 三大电信运营服务商各因素敏感性分析

单位：%

运营商	因　素	成本率	税　率	可抵扣比例
中国联通	因素变动 10% 后所得税税负率	1.99	3.15	2.96
	目标变动率	-32.70	6.52	10.20
	敏感系数	-3.27	0.65	1.02
中国电信	因素变动 10% 后所得税税负率	2.11	2.94	3.22
	目标变动率	-25.06	4.54	14.70
	敏感系数	-2.51	0.45	1.47
中国移动	因素变动 10% 后所得税税负率	1.71	2.57	2.61
	目标变动率	-27.90	8.30	10.06
	敏感系数	-2.79	0.83	1

从表 10 可以看出，在影响电信企业所得税税负率的各个因素中，成本率的敏感度在三大电信运营服务商中都是最高的，其次是可抵扣成本比例，最后是增值税税率，成本率敏感系数的绝对值均超过 2，说明企业的所得税税负率对成本率的变化是极其敏感的，成本率是影响所得税税负率变化的最主要的因素，而增值税税率是影响最小的因素，敏感系数小于 1。接着本文重点来分析成本率对企业所得税税负率的影响。

企业的成本率和企业所得税税负率成反向变动关系，从表 10 中敏感系数为负值也可以说明这个问题。表 11 是三大电信运营服务商 2014～2015 年成本率和所得税税负率的基本情况。

表 11 三大电信企业所得税税负率与成本率情况

单位：%

运营商	2014 年下半年所得税税负率	2015 年所得税税负率	2014 年下半年成本率	2015 年成本率
中国电信	3.74	2.81	67.32	73.85
中国联通	3.86	2.96	69.41	70.27
中国移动	2.56	2.37	72.66	74.83

在企业正常经营的条件下，成本率会保持一个相对稳定的状态，在实施"营改增"之后，电信企业的营业收入和营业成本都发生了一定的变化，导致成本率比"营改增"之前有一定程度的下降，2015年成本率略有上升使得企业的所得税税负率下降，成本率与企业的所得税税负率成反向变动关系。

当然，企业的成本率不是越高越好，在保证企业自身利润的同时，需要兼顾成本率水平的变化，这样才能保证电信企业的所得税税负率保持在一定的水平。

三 实证结论

本文主要是对电信企业实施"营改增"政策的实际效应进行测算，基于理论分析，结合我国三大电信运营服务商的具体财务情况，本文对电信企业的流转税税负和所得税税负进行测算分析。

在流转税税负测算方面，选取流转税税负率作为测算指标，先就三大电信运营服务商的流转税税负率进行分析，发现"营改增"之后，电信企业的流转税税负率有不同程度的上升，为了进一步分析税负率上升的原因，本文采用了敏感因素分析法，揭示了企业流转税税负率主要受营业收入、税率和可抵扣比例的影响，接着采用一定的折算方法，对电信业的增值税税率和可抵扣比例进行重新设计，研究发现"营改增"后电信业增值税税率的适用范围为7.5%～9%，可抵扣比例的适用范围为70%～78%。

在所得税税负测算方面，同样选取所得税税负率作为测算指标，发现与流转税的情况相似，所得税税负率在"营改增"后也有一定程度的上升，但其上升的幅度明显小于流转税税负率的变化幅度。在影响因素分析方面，电信企业的成本率是影响所得税税负率变化的最主要的因素，"营改增"使得电信企业成本率发生波动，从而影响其所得税税负率，且成本率的变化与所得税税负率成反向变动关系，所以电信企业要在提高利润水平的同时兼顾成本率的变化。

基于以上的分析，发现"营改增"之后流转税税负与所得税税负都有上升，整体税负上升，但对2014～2015年的数据进一步分析，发现随着"营改增"的进行，企业不断进行调整，使得税负出现下降的趋势，所以在短期内，税负的上升是暂时的现象，从长期来看，"营改增"政策逐渐完善，会达到使企业减负的目的。

参考文献

李文新：《电信业营改增问题研究》，河北经贸大学税收学院，2014。

杨婕：《我国电信业垄断的法律规制》，华东政法大学法学院，2013。

赵慧芝：《电信业"营改增"新政六大看点解析》，《政策解读》2014 年第 8 期。

刘慧娟：《"营改增"改革下企业流转税负担探析》，《中国集体经济》2014 年第 6 期。

林高慧：《"营改增"对电信业的影响及应对措施》，《半小企业管理与科技》2014 年第 30 期。

政府干预、财政补贴与企业投资方向

——来自我国 A 股上市公司的经验数据

周　萍

一　引言

现有研究多是围绕政府干预的动机、政府干预的途径以及政府干预的绩效展开的，而有关政府通过财政补贴这一形式干预企业投资方向的研究却相对较少。财政补贴作为一种稀缺的政府资源，在我国转轨经济的特殊背景下不能且无法实现均分和绝对公平，政府补贴划拨过程中必然有选择性地进行。政府干预企业的目的在于政治与经济指标的双重考核，具体就体现在地区生产总值、财政收入、就业水平、社会稳定等方面，获取财政补贴的企业在进行投资决策时也不得不受制于上述政治与经济考核指标。从企业投资方向层面分析，企业投资主要包括固定资产投资、无形资产投资和对外投资，其中仅有固定资产投资是可以快速满足上述双重考核的有效途径。那么，政府给予企业的财政补贴增加如何导致企业固定资产投资的比例增加而使对外投资以及无形资产投资的比例减少，最终达到干预企业投资方向的目的呢？

本文的主要贡献有：①理论分析并实证检验了政府干预与企业获取补贴之间的关系，并对两者进行了量化，丰富了政府干预的研究；②以政府干预对企业获取财政补贴影响的事件理论分析并实证检验了财政补贴对企业投资方向的影响，具体表现为财政补贴与企业固定资产投资、无形资产投资以及对外投资之间的关系，丰富了政府补助的经济后果性研究。

二　理论分析与研究假设

由于完全自由市场自身存在无法克服的缺陷，以及市场机制自发调节的局限性，政府不仅要起到一个"守夜人"的作用，还要对市场经济进行一定的干预。然而，政府这种干预行为给企业带来的是促进作用还是抑制作用，一直是学术界争论的焦点。企业获得政府干预的同时，必定会付出一定的成本代价，且政府干预程度越高，企业所要承担的社会任务就越多，那么为此付出的成本也就越高。倘若企业为此承担了过度的政策性目标，却没有获得政府相应的支持，在市场经济重复博弈的原理下，企业寻租或付出政治成本的动力将被极大削弱甚至拒绝干预。换言之，政府干预的程度越高，付出的政治成本越多，而企业却没有获得相应的财政补贴、融资便利和税收优惠等利益，企业将固定减少甚至取消政府干预的投入。因此，笔者认为，由于政府资源的稀缺性，以及面临着"粥少僧多"的局面，在政府的干预下，只有当企业向政府付出了更多的成本和代价，政府才会理性地给予更多的财政补贴作为回报和补偿。基于此，提出本文的假设 1 如下。

假设 1：政府干预程度越高，企业获取的财政补贴也越多。

政府可以通过发放财政补贴的方式干预企业的投资行为，以此实现经济的快速增长，提高区域经济发展的效率，企业投资也就成为衡量贡献的重要标准之一。但出于对创新性技术投资各方面的考虑，如风险较高、经济回报周期长、就业吸纳程度低，政府更愿意对固定资产、垄断资产等有形资产进行资本投入。此外，对于企业而言，投资也可以分为对内投资和对外投资。对内投资是指企业把资金直接投向企业内部，形成各项流动资产、固定资产、无形资产和其他资产的投资；对外投资是指企业间接投资于其他主体，例如以购买股票、债券等有价证券方式向境内外的其他单位进行投资实现收益等。显然，对外投资不符合政府的目标，政府干预下的企业投资活动一般很难实现对外投资。换一个角度来看，企业的税收是地方财政的主要来源，尤其是在分权制改革以后，财政收入对政府来说显得尤为重要。不仅如此，地方政府为了提高地区的竞争能力也会想方设法地留住企业，抑制企业的对外投资机会。所以，政府以财政补贴方式干预企业投资，引导获取财政补贴的企业增加对固定资产的投资，同时会一定程度上减少无形资产投资以及对外投资。基于上述分析，指出本文的假设 2 如下。

假设 2：财政补贴与企业固定资产投资正相关，与无形资产投资和对外投资负相关。

三 数据来源与研究设计

1. 样本选取与数据来源

本文选取自 2012 年 1 月 1 日至 2014 年 12 月 31 日，在沪、深两市交易的 A 股上市公司为研究样本。为提高本研究结论的有效性，还依据以下标准对初始样本作了进一步筛选：①剔除保险和金融行业的上市公司样本；②剔除样本期间内被 ST 和 PT 的上市公司样本；③剔除样本期间内数据不全或变量数据缺失的样本。通过上述标准的筛选，最终本文得到满足要求的样本 2731 个。

本文使用的财政补贴数据以及上市公司特征数据来源于国泰安（CSMAR）数据库；上市公司政府干预程度数据则根据樊纲等出版的《中国市场化指数》一书中市场化指数手工整理而成。在后续的数据处理和计量分析，本文主要通过 STATA 和 EXCEL 等软件予以实现。

2. 模型设计与变量定义

为研究政府干预对企业获取财政补贴以及财政补贴对企业投资方向的影响，本文构建了模型 1 和模型 2，分别检验政府干预程度与财政补贴以及财政补贴与固定资产投资、无形资产投资以及对外投资之间的关系。

模型 1：

$$Sub = \alpha_0 + \alpha_1 Govinv + \alpha_2 Size + \alpha_3 Lev + \alpha_4 Growth + \alpha_5 Cashflow + \alpha_6 GDP + \sum Year + \sum Industry$$

模型 2：

模型 2a：

$$Fixed = \beta_0 + \beta_1 Sub + \beta_2 Size + \beta_3 Lev + \beta_4 Growth + \beta_5 Cashflow + \beta_6 GDP + \sum Year + \sum Industry$$

模型 2b：

$$Wuxing = \beta_0 + \beta_1 Sub + \beta_2 Size + \beta_3 Lev + \beta_4 Growth + \beta_5 Cashflow + \beta_6 GDP + \sum Year + \sum Industry$$

模型 2c：

$$Duiwai = \beta_0 + \beta_1 Sub + \beta_2 Size + \beta_3 Lev + \beta_4 Growth + \beta_5 Cashflow + \beta_6 GDP + \sum Year + \sum Industry$$

模型 1 中，Sub 为被解释变量，代表上市公司当年获取的财政补贴程度，解释变量 $Govinv$ 为根据樊纲指数度量的政府干预程度。若变量 $Govinv$ 的相关系数 α_1 显著为正，则说明本文所提假设 1 得到验证，表明上市公司政府干预程度越高将获得更多的财政补贴。本文还选取了公司规模、资产负债率、成长性、自由现金流量以及当地政府 GDP 等变量作为控制变量。ε 为误差项，$\alpha_0 \sim \alpha_6$ 和 $\beta_0 \sim \beta_6$ 分别为模型 1 和模型 2 中对应变量的估计系数。模型 2 中，$Fixed$、$Wuxing$、$Duiwai$ 分别为模型 2a、模型 2b 和模型 2c 的被解释变量，表示上市公司当年固定资产投资、无形资产投资以及对外投资的程度代表了上市公司当年的投资方向。其中，鉴于对外投资界定以及度量的复杂性，本文是参考潘越（2009）以及许罡等（2014）的研究，采用可供出售金融资产、交易性金融资产、长期股权投资以及持有至到期投资四项投资之和作为对外投资的替代变量，并将对外投资净增加额除以年初总资产予以标准化。解释变量 Sub 的相关系数 β_1 在模型 2a 中显著为正，而在模型

2b 和模型 2c 中显著为负,则本文假设 2 得到验证,说明上市公司获取的财政补贴与企业固定资产投资正相关,与无形资产投资和对外投资负相关。其他变量和符号定义与模型 1 一致。此外,本文还选取了 *INDUSTRY* 和 *YEAR* 两个哑变量,用以控制行业和年度因素的影响。具体变量的定义及描述见表 1。

表 1　变量选择与变量定义

变量类型	变量名称	变量代码	变量定义
被解释变量	财政补贴	*Sub*	上市公司当年所获财政补贴净增加额/年初总资产
	固定资产投资	*Fixed*	上市公司当年固定资产投资净增加额/年初总资产
	无形资产投资	*Wuxing*	上市公司当年无形资产投资净增加额/年初总资产规模
	对外投资	*Duiwai*	(上市公司当年可供出售交易性金融资产净增加额 + 持有到期投资净增加额 + 长期股权投资净增加额)/年初总资产净
解释变量	政府干预程度	*Govinv*	樊纲等(2011)编制的《中国市场化指数》一书中的"政府与市场关系"分指数
控制变量	规模	*Size*	上市公司年末资产总额的自然对数
	资产负债率	*Lev*	资产负债率 = 年末负债总额/年末资产总额
	成长能力	*Growth*	主营业务收入增长率
	现金流量	*Cashflow*	年末经营活动现金流净额与年末总资产之比
	所在地 GDP	GDP	所在地区的国内生产总值取自然对数
	行业控制变量	*INDUSTRY*	根据上市公司行业分布构建相应个数虚拟变量
	年度控制变量	*YEAR*	根据上市公司年度分布构建相应个数虚拟变量

四　实证检验结果及分析

1. 描述性统计

表 2 列示了各变量的描述性统计。

表 2　各变量的描述性统计分析

变　量	样本容量	均　值	标准差	最小值	中位数	最大值
Sub	2731	0.0008	0.0077	− 0.1417	0.0004	0.0763
Govinv	2731	7.5403	2.8522	− 12.9500	7.2664	10.6900
Fixed	2731	0.0063	0.0385	− 0.2711	$2.81e - 11$	0.6404
Wuxing	2731	0.0051	0.0271	− 0.7636	0.0000198	0.4254

续表

变　量	样本容量	均　　值	标 准 差	最 小 值	中 位 数	最 大 值
Duiwai	2731	0.00118	0.0338	− 0.1446	0.0001353	0.4445
Size	2731	21.9653	1.3368	15.5773	21.7504	30.4020
Lev	2731	0.4337	0.2175	0.0091	0.4152	0.8019
Cashflow	2731	0.6516	0.5606	0.0125	0.5334	1.5188
Growth	2731	0.2778	0.4952	− 1.5166	0.1254	1.6941
GDP	2731	10.2795	0.6596	6.5526	10.2557	11.1245

从表 2 可知，变量 *Sub* 在样本期间的均值和中位数分别为 0.0008 和 0.0004，表明多数样本公司获取的财政补贴数额处于增长状态。而变量 *Govinv* 的均值和中位数分别为 7.5403 和 7.2664，表明样本中的多数上市公司来自经济相对发达、市场环境相对完善的地区，受到的政府干预程度也相对较低。*Fixed*、*Wuxing* 和 *Duiwai* 三个变量的均值（中位数）分别为 0.0063（2.81e − 11）、0.0051（0.0000198）和 0.00118（0.0001353），由此可知固定资产投资在许多样本公司中的占比都高于其他类型投资，其中固定资产投资净增加额占总资产的比重以及无形资产投资净增加额占总资产的比重变化幅度较大。其他变量方面，样本资产负债率（*Lev*）的均值和中位数分别为 0.4337 和 0.4152，表明多数样本上市公司资产负债率处于一个合理范畴。而变量现金流量（*Cashflow*）和变量成长能力（*Growth*）的均值（中位数）分别为 0.6516（0.5334）和 0.2778（0.1254），说明样本公司总体上成长性和盈利能力较好。

2. 样本的多元回归分析

表 3 分别报告了模型 1 和模型 2 的多元回归结果。

表 3　样本的回归结果

变量	模型 1		模型 2	
	Sub	*Fixed*	*Wuxing*	*Duiwai*
Govinv	0.0002901 *** (3.93)	—	—	—
SUB	—	0.377517 *** (3.32)	− 0.2025404 *** (− 4.50)	− 0.245644 *** (− 5.18)
Size	0.0000004 (0.00)	0.0017085 ** (2.24)	0.0012797 * (1.91)	0.0002893 (0.38)

续表

变量	模型 1		模型 2	
	Sub	*Fixed*	*Wuxing*	*Duiwai*
Lev	− 0.0015587 ***	− 0.0000428	− 0.0029056	− 0.008207 *
	（ − 2.85）	（ − 0.02）	（ − 1.03）	（ − 1.92）
Growth	− 0.0000007	0.000007 ***	0.0000004	− 0.000002 **
	（ − 0.24）	（3.40）	（0.39）	（ − 2.48）
Cashflow	− 0.0001172	− 0.0044495 ***	− 0.0024732 ***	− 0.0020535 *
	（ − 0.44）	（ − 3.43）	（ − 2.87）	（ − 1.74）
GDP	0.0000147	0.0021084	− 0.0000497	− 0.001592
	（0.05）	（1.45）	（ − 0.05）	（ − 1.41）
Year	控制	控制	控制	控制
Industry	控制	控制	控制	控制
常数项	0.2969043	− 0.0560484 **	− 0.0187676	0.0249078
Adj_R2	0.0170	0.0605	0.0120	0.0251
F 值	5.90	14.43	5.82	14.63

说明：括号内为 t 值，***、**、* 分别表示在 1%、5% 和 10% 水平上显著。

从表 3 可知，第 1 列为模型 1 关于政府干预程度与企业获取财政补贴之间的回归结果，变量 *Govinv* 的估计系数为 0.0002901 并且在 1% 的统计水平下显著，表明在其他条件不变时，倘若上市公司政府干预程度每增加一个单位将会使上市公司财政补贴占当年总资产的比重增加 0.029 个百分点，也就意味着政府干预程度越高企业获取的财政补贴也就越多，本文假设 1 得到验证。表 3 的第 2、3 和 4 列分别列示了财政补贴与企业固定资产投资、无形资产投资以及对外投资的回归结果，变量 *Sub* 与 *Fixed*、*Wuxing* 和 *Duiwai* 三者之间的估计系数分别为 0.377517、− 0.2025404 和 − 0.245644，且均在 1 个百分点的统计水平下显著，表明当上市公司财政补贴增加额占总资产的比例每提高 1 个百分点，将会使其固定资产投资增加额占企业总资产的比重增加 0.377 个百分点，而无形资产投资增加额以及对外投资增加额占企业总资产的比重将减少 0.2025 个百分点和 0.2456 个百分点，说明财政补贴程度的增加与固定资产投资正相关而与无形资产投资和对外投资负相关，企业财政补贴的变化会影响企业投资方向，本文假设 2 得到验证。此外，企业规模（*SIZE*）、资产负债率（*Lev*）、成长性（*Growth*）以及现金流量（*Cashflow*）等变量均呈现出一定的相关关系，说明可能上市公司自身特征和经营状况等因素也是影响企业获取财政补贴和企业投资方向的重要因素。

3. 稳健性检验

为进一步佐证本文的研究结论，增强结论说服力，本文还进行了如下的稳健性检验：①更换变量财政补贴（Sub）标准化处理的方法，而采用财政补贴的相对增长率的计算方法，结果结论一致；②将变量政府干预程度（Govinv）按照中位数设置为政府干预程度的虚拟变量，回归结果仍然显示政府干预程度高的样本组将获得更多的财政补贴；③更换或调整部分控制变量，重复操作前文的实证步骤，模型回归结果与前述研究结论一致，假设一和假设二仍然得到验证，证明本文的研究结论是稳健的。

五　研究结论与政策建议

本文以 2012 年 1 月 1 日至 2014 年 12 月 31 日我国深沪两市的上市公司为研究对象，理论分析和实证检验了政府干预对企业获取财政补贴以及政府通过财政补贴这一形式干预企业投资方向的影响。本文得出实证分析结论如下：①由于经济目标和政治目标等政策性要求，政府财政补贴等政府补助形式在各国普遍存在。但是财政补贴作为政府掌控的稀缺资源，政府通常会将财政补贴授予能够受其影响利于政府完成政府目标的企业，有些企业为获取财政补贴甚至主动示好寻求政府干预。因此，政府干预程度越高，企业获取的财政补贴也越多。②企业获取财政补贴后，必然需要承担政府的政治目标和经济目标，而进行固定资产投资是迅速扩大企业规模以及提升当地各项经济指标的有效途径。但相反，企业的无形资产投资通常不能迅速产生经济效益，甚至短期内还会影响企业对当地经济的促进作用，而政府也更不希望获取财政补贴的企业将资金进行外部投资，即对外投资也会相应减少。因此，企业获取的财政补贴越多，企业固定资产投资占比也越大，而无形资产投资和对外投资占比却相应减少。上述研究结论，支持了政府干预程度会影响企业获取财政补贴的额度，而且政府也会通过财政补贴这一手段影响企业的投资方向。

针对以上研究结论和所揭示的问题，本文提出如下政策建议：①政府方面，应改进现行政绩考核制度，避免不科学考核指标下短视化的政府干预行为，引导企业科学化投资，杜绝重复投资等非效率投资造成的资源浪费。②企业方面，在积极参与政治响应政府号召争取财政补贴等政府补助的同时还应建立健全与政府的公关机制，明确政企边界。③完善有关政企合作关系的立法，建立健全社会公众监督机制。此外，还应该制定有利于社会公众参与监督的法案，建立便于群众检举揭发政企关系突破边界的机制，形成第三方舆论监督的制衡机制。

参考文献

冯延超：《中国民营企业政治关联与税收负担关系的研究》，《管理评论》2012 年第 6 期。

郝颖、刘星：《政府干预、资本投向与结构效率》，《管理科学学报》2011 年第 4 期。

许罡、朱卫东、孙慧倩：《政府补助的政策效应研究——基于上市公司投资视角的检验》，《经济学动态》2014 年第 6 期。

张洪刚、赵全厚：《政治关联、政治关联成本与财政补贴关系的实证研究——来自深、沪证券市场的经验数据》，《当代财经》2014 年第 4 期。

张祥建、农卫东：《中国民营企业政治关联的成本、收益与社会效率》，《天津社会科学》2011 年第 3 期。

CAD/CAM 技术的现状及发展方向的探究

王丽丽

最早应用 CAD/CAM（计算机辅助设计与制造）的行业是航空和军事，1989 年 CAD/CAM 技术被评为最杰出的工程技术成就之一，随着计算机技术和信息技术的发展迅速普及，其应用在制造业尤其明显。CAD/CAM 技术的发展是提高制造水平的关键，这对于改变中国制造业的现状及提高国际竞争力具有深远意义。

一 CAD/CAM 技术的现状

CAD/CAM 技术的发展与计算机技术密切相关，在计算机辅助设计方面，从最初的 2D 绘图到直观的 3D 描述功能及与其他软件包的接口，再到目前设计与加工集成化，它反映了 CAD/CAM 技术集成的进展。在计算机辅助制造方面，广泛应用图形转换、数控编程和加工模拟。在人机交互中，图形菜单、参数表、动态导航、智能识别、实时响应等方式使交互性能更好 。现在一些大型研发公司开发的 CAD/CAM 软件还提供了开发工具，用户可以进行再开发，如 Pro/EN-GINEER、UGNX 和 CATIA 等。

当前，CAD/CAM 技术的信息源头是三维在计算机辅助设计中的应用和数字化应用，不但为数控加工提供了实体模型，而且实体模型在装配时还能进行智能检查、在机构运动时进行运动轨迹分析等，这些优秀的比较流行的 CAD/CAM 软件已经占据主导地位。例如：（1）Pro/Engineer 它使用一个单一的数据库，以参数化的、基于特征的、完全相关的概念来集成产品设计和生产过程。应用时每个模块之间互相影响，并且能够建立和实现产品协同管理和生产管理。

（2）UG NX 是 UGS 公司开发的，功能覆盖了产品开发到生产的全部过程。它是从二维绘图、三维造型、曲面造型、数控编程等方面发展起来的，是一个比较完善的集成系统，尤其是自由曲面的特征和 CAM 功能。

（3）CATIA 是一款绘图与加工一体的软件，它的特点是 CAD/CAM 一体化。此款软件具备绘图、编程、计算分析等功能，可以方便地实现 2D 和 3D 间的转换，在空间上具有运动模拟和轨迹分析功能。

二 CAD/CAM 技术研发存在的不足

CAD/CAM 技术的发展在我国起步较晚。与发达国家的技术水平相比，CAD/CAM 技术并没有得到广泛的应用。原因比较复杂，例如企业资金紧张效益不佳，没有太多的资金购买设备或软件；有的企业没有有关技术人才等，CAD/CAM 技术得不到普遍使用。由于 CAD/CAM 软件研发和使用的人才技术水平参差不齐，导致一直没有形成与国际市场竞争的软件系统，使得我国的 CAD/CAM 研究和开发技术水平还基本停留在三维特征建模技术和数据库上。CAD/CAM 技术和国外技术相比不足之处主要表现在以下几方面。

1. CAD/CAM 技术的软硬件方面

CAD/CAM 软件技术依赖于计算机硬件技术的发展，早期常用的 CAD/CAM 软件有 Pro/E 、UG、MasterCAM 等，在当时是计算机辅助设计界的佼佼者，无论是软件还是硬件核心技术都掌握在国外技术公司的手上。进入微型计算机时代后，我国和其他国外的起点相差并不太远，各国在这个新的领域开发 CAD/CAM 技术基本处于同一个水平，如北京华正研发的 CAXA 系列，从设计到加工模拟与国外软件功能接近；PICAD 在特征点和特征坐标上有突出优势；Lonicera（金银华），Gao Hua、gs - cad 98、CAD 等软件，也有其自身的特点。

2. CAD/CAM 技术在集成方面

CAD 和 CAM 之间的数据交换与共享是 CAD/CAM 集成技术的关键。CAD/CAM 集成系统既要求输入数据，又要产生许多数据输出，这就需要很多数据标准化，然而在我国现在的条件下还是有一定困难的。最初的 CAD 和 CAM 技术是各自独立的，随着 CAD 和 CAM 技术的迅速发展，人们开始考虑两者的集成，即使产品从设计到制造在一个系统中完成，只要将 CAD 和 CAM 结合成一个集成系统，就能够实现 CAD 和 CAM 之间的数据共享，也就能大幅度地缩减费用，提高效率。现在大部分工程软件是集设计与制造于一体的，如 UGNX、CATIA、CAXA，也有专业做加工的软件，如 edgecam，hyper mill 等，能直接读取数据。

3. CAD/CAM 技术发展模式方面

随着计算机应用技术的飞速发展，产品更换周期也在缩短。在快速应变能力和判断能力上我国与发达国家相比很差，计算机技术受到宏观调控和行业政策的短期行为干扰，使得软件的功能、质量及推广也随之受到影响，极大地落后于世界先进水平。再加之各个企业软件开发从立项、投资到应用都是保密的，行业之间很难进行技术交流和切磋，模块功能重复现象比较严重，使有限的软件开发人员和资金更加浪费，CAD/CAM 技术的发展并没有大的起色。

4. CAD/CAM 技术研发人员方面

CAD/CAM 技术研究开发人员主要分布在应用部门和高校。这里的技术人员的主要任务是使用计算机进行管理、科研和生产等活动，大多数为技术服务的性质，处于辅助地位。基本上在各自单位的使用范围内，不会与其他单位进行技术交流。他们在技术方面的工作，基本是为了满足本单位生产、管理的需求。不同行业和企业之间的软件使用环境存在差异。大多数开发的软件很难进入市场，作为一种商品软件，只能满足自己使用的单位。在大学 CAD/CAM 技术的开发中，虽然掌握了多种信息，但也对国外 CAD/CAM 技术的发展有所了解，理论水平有较大的优势，但很多高校存在着很大的局限性，如设备、经费、人员、规划和政策等方面还很不足，大多数科研人员最后只作为一家研发公司的廉价劳动力进行开发工作，从而限制了其技术水平的发挥，不能处于积极主动的地位。此外，我国软件开发还没有强有力的法律保护。虽然已经出台有关计算机软件保护的相关规定，但没有得到很好的贯彻，导致很多研发人员的成果和应有的权益失去了保护，某些方面多多少少挫伤了他们的积极性，影响了CAD/CAM 技术的发展。

三　CAD/CAM 技术的发展方向

近年来，我国传统的制造业受到世界经济的影响，很多企业由于技术达不到发达国家的要求，出现质量下降、订单锐减，资金链断开，被迫退出这个行业的现象。近日，李伯虎[①]在举办的"中国制造 2025 + 互联网"智能制造万里行——走进中关村"中发智造，智造未来"高峰论坛上做出表述：制造业正面临全球新技术革命和产业转型的挑战。产品激烈的市场竞争，迫使企业利用先进的制造技术改变生产方式，于是先进的 CAD/CAM 技术在制造业中首先得到了追捧。

那么，相关的 CAD/CAM 技术在制造业中应该做出哪些改变来应对技术和产业的变革呢？研究人员从 CAD/CAM 技术的基本特征出发，提高产品质量及生产效率，降低生产成本，设计更为人性化的操作系统。这就要求 CAD/CAM 技术从软件、硬件同时进行完善，为制造业提供技术支持，为产品设计和生产水平的发展提供根本的准备，具体表现出以下特征。

---

① 李伯虎，计算机仿真与计算机集成制造专家，中国工程院院士。

1. 功能的高度集成化

高度集成化会成为 CAD/CAM 技术发展的方向。集成主要包括数据集成、产品设计过程集成和产品设计功能集成三个方面,集成 CAD/CAM 技术来控制提取过程,实现了不同的信息交换和共享。为了让系统内部的信息畅通并有效地运行,在一开始设计系统时,就将系统即将要用的功能都考虑进去,并把所有功能全集成到一个系统中,因此不会有任何连接的痕迹。

2. CAD/CAM 技术数据接口的标准化

随着 CAD/CAM 技术人员的不断发展,一些有代表性的 CAD/CAM 系统得到了发展,这些系统各有其独特的优点。但在 CAD/CAM 的技术集成方法中,基本使用私有接口。为解决不同的 CAD/CAM 系统间的数据交换,必须采用统一的、唯一的标准来实现相应的操作。为此 ISO 于 1983 年制定了国际标准 STEP①。目前,CAD/CAM 系统应用最广的是 IGES 图形数据交换标准,国际知名 CAD 系统基本支持 IGES② 接口,但 CAD/CAM 系统通常只有一部分数据能够转换成 IGES 数据,在读入的时候会忽略一部分数据,又由于 IGES 文件的语法结构问题,同一数据会给出不同解释造成转换失败,所以数据标准的一致性和完整性将是我国研究者研究的重要方向。

此外,发达国家已经成功研究很多的数据交换标准,如法国标准、德国 vdafs 标准、欧洲标准 CAD＊I 等。

3. CAD/CAM 技术的智能化设计

随着制造业市场竞争的加剧,操作者的工作环境得到改善,工作强度降低;提高作业质量和工作效率,智能化操作技术的优势在实际操作和应用中慢慢显现出来,一些制造业也有了智能化需求。因此 CAD/CAM 技术的智能化就朝着智能制造与虚拟制造方向发展。其实 CAD/CAM 技术的智能化就是人机一体化系统,它可以进行分析、推理、判断和构思等活动,有效地实现人与系统的融合。目前,CAD/CAM 技术的智能化主要集中在人机界面智能化、知识工程的引入和发展专家系统上,智能化也是高度集成化的关键。以 OwerMILL、NC、Delcam 为例,它们在加工过程中具有特征提取自动化、自动化系统和 CAM 编程的特点,当模型发生变化时,只要对原工艺进行再计算,即实现自动修改。CAM 编程现在已经实现处理器和字段分离。

4. CAD/CAM 技术的网络化

如今计算机网络已经全球化,所有产品制造过程可以通过网络有效地实现

---

① STEP 产品模型数据交互规范《ISO 10303——产品数据的表达与交换》。
② IGES 初始化图形交换规范。

资源共享和相互技术交流合作。过去的单人、单机设计难以实现资源共享，现在可以通过网络将数据进行交换、共享和集成。随着全球企业的信息交互日益增多，CAD/CAM 技术网络化是一个必然趋势。

目前计算机在各个国家的发展都比较成熟，很多企业采用了分布式 CAD/CAM 系统，即以智能工作站计算机为中心，每个工作站都可以独立工作，也能够共同使用。所有网络能与大型、巨型的计算机相连在一起，共同解决复杂的问题，实现异地共同研究和技术交流。

5. CAD/CAM 技术中的虚拟现实技术

目前，虚拟现实技术已经开始出现在世界的每一个角落。先进制造技术已成为制造业的目标，虚拟现实技术已开始应用于 CAD/CAM，对于降低企业风险起到了重要的作用。CAD/CAM 技术的虚拟化主要体现在仿真上，但这种仿真不是场景的仿真，是真正用于生产的仿真。它结合用户和数据库的功能，建立仿真系统。可以采用 B/S 和 C/S 两种体系结构，与 ERP 和 MIS 系统相连接。

利用虚拟现实技术、多媒体技术及计算机仿真技术，让设计看起来更直观。其实就是将数据转换成的图形和图像在屏幕上显示出来，使得文字、语言、图像、动画融为一体，由此激发人们的创造力。

四　对我国 CAD/CAM 技术发展的几点建议

第一，不能重"硬"轻"软"，对软件开发的企业给予适当的政策扶持，必要的时候给予一定的资金支持，让人们认识到软件开发工作的重要性，还需要相关政府部门为技术研发人员提供良好的社会环境，尽快更新我国的 CAD/CAM 技术。

第二，科研与生产相结合，加快科研成果商业化。然而，中国在科研与生产相结合方面是一个薄弱环节。研发者必须从"自我"的小天地走出来，全面地思考问题。

第三，需要在法律方面得到支持，如果我们希望 CAD/CAM 技术尽快发展，就必须借助行政手段帮助软件开发部门进行合理分工和技术合作。减少重复科研经费，组织科研、高校和生产应用部门对重点项目进行技术攻关，推出优质产品。同时，制定更加严格的法律，维护开发者的合法权益，为软件开发创造良好的环境。

第四，重视 CAD/CAM 技术开发人才的培养，CAD/CAM 技术是理论与技能密集的综合性高科技行业，关于 CAD/CAM 技术的开发，在发达国家是很受重视的，政府积极地为技术人员提供有利的环境和条件。因此我们要想软件产业快速发展，须加大对技术研发的投资，扩大人才队伍的培养。

五　结语

一般说来，CAD/CAM 技术的发展深刻地改变了传统的设计和制造方式，但要想与世界先进技术接轨，我国 CAD/CAM 技术的研发力量还很薄弱，CAD/CAM 技术的发展必须有政府的大力支持，各大高校也需着重在 CAD/CAM 技术方面培养人才。结合我们现有的技术，开发有自己特色的设计与制造软件。

参考文献

宋宪一：《我国 CAD/CAM 技术应用现状及其发展趋势》，《CAD/CAM 与制造业信息化》2004 年第 10 期。

高慧：《CAD/CAM 技术及应用对我国机械制造业的影响》，《机械管理开发》2007 年第 4 期。

范伟：《浙江省中小企业 CAD – CAM 技术应用调查》，《内蒙古科技与经济》2008 年第 14 期。

杨洪旗：《CAD/CAM 技术引进应注意的几个问题》，《中国机电工业》1999 年第 2 期。

李尔斌、张志远：《CIMS 技术及其在我国推广应用》，《机电新产品导报》1995 年第 7 期。

陈宏亮：《国外 CAD/CAM 的发展和新战略》，《微型机与应用》1993 年第 7 期。

路全胜：《试论我国机械工业 CAD/CAM 技术的现状及发展策略》，《机械科学与技术》1993 年第 2 期。

唐荣：《CAD/CAM. 技术》，北京航空航天大学出版社，1994。

王玉新：《数字化设计》，机械工业出版社，2003。

宁汝新：《赵汝嘉主编 CAD/CAM 技术》，机械工业出版社，1994。

彭程：《机电产品的虚拟装配系统研究与设计》，大连海事大学，2010。

韦有双、杨湘龙、王飞：《虚拟现实有系统仿真》，国防工业出版社，2004。

李伯虎：《数字化企业》，http：//cloud3d. e – works. net. cn/Info/20702. html。

单件铣斜面专用夹具设计

邓 平

一 绪论

1. 机床夹具的概念

夹具是用来作为确定机床上工件和刀具位置的一个辅助设备，是不能缺少的。它的作用是将所要加工的工件夹紧在机床上，它的存在直接影响工件的加工精度、产品的生产成本、劳动的生产率等方面，因此机床夹具的设计在产品的设计当中有着很重要的位置。

2. 机床夹具的功能

机床夹具的主要功能是装夹工件，是为了把加工的工件在夹具中定位和夹紧，对刀和导向是它的主要功能。但是因为各种各样的机床的加工方式不同，有些机床还有一些它们所拥有的特殊的功能，因此机床夹具是千变万化、各式各样的。

3. 机床夹具在机械加工中的应用

将工件进行加工时，结合实际加工的条件和各个方面的因素，其使用的夹具的侧重点也有所不同。夹具在机床上的主要目的包括以下几方面。

（1）保证加工精度：在现实的产品工件加工中，每道工序都必须有夹具的配合才能完成工件的加工，而夹具的作用是对工件在加工中的定位，保证该工件在加工进行中不被移动而导致工件的偏移，致使零件的加工精度达不到要求，所以，机床夹具能够保证加工精度。

（2）提高劳动生产率：在机床上运用夹具之后，能够很快速地把加工工件定位和夹紧，这样做就很明显地减少加工过程所需要的时间，提高劳动生产率。

（3）改善工人的劳动条件：当运用夹具的时候，很容易将工件装夹在夹具中，但如果使用气压、液压这些夹紧装置，就可以减少工人操作时所耗费的气力，降低工人的劳动强度，保证工人的生产安全。

（4）降低生产成本：在机械加工大规模生产使用夹具的时候，因为它提高了劳动生产率，所以对使用夹具的技术工人要求低，这样就大大地减少了生产成本。

（5）保证工艺纪律：在生产过程当中，使用夹具可以有效地保证生产周期，维持了正常的工艺秩序，使生产能够顺利进行。

（6）扩大机床工艺范围：在一些中小型企业当中，由于生产技术条件有限，所以通常他们运用夹具来进行机床改造，这样能够弥补因条件不足无法生产所造成的缺陷。

4. 机床夹具的组成

机床夹具的组成部分有定位元件、夹紧装置、夹具体、连接元件、对刀与导向装置以及其他的元件或装置。

5. 机床夹具的现状和今后的发展趋势

在现代化制造技术高速发展的今天，夹具已经从一种辅助的工具逐渐发展成为门类齐全、功能完善的工艺装备，而且在制造过程中对夹具的需求也越来越大，对夹具的要求也日趋苛刻。

机床夹具的现状：据有关部门统计，目前中小批工件使用的夹具种类已经占工件种类总数的85%左右。随着市场需求增大和市场竞争激烈，产品的更新速度飞快，夹具也要随之改变。但是由于机床的购买价格高昂，一般的企业难以跟上产品的更新步伐，它们仍然大量地采用传统的专用夹具；另外，在多品种的现代生产企业中，几乎每隔4年就要更新淘汰80%的专用夹具，而夹具的实际磨损率仅仅为15%，这样就造成了很大的浪费和经济损失。

最近十几年来，数控机床（NC）、加工中心（MC）、成组技术（GT）、柔性制造系统（FMS）等新加工技术的大量应用，对机床夹具提出很多新的要求。现代机床夹具主要往柔性化、精密化、高效化和标准化等四个方向发展。

二　对本次所要加工的工件说明

1. 工件的生产规模

本加工工件是中小批量的生产，年产量为5000～10000件。

2. 工件的加工部分

工件所要加工的部分是杠杆零件上的两个斜面，工件的形状不规则，要求设计一个铣床专用夹具来进行装夹，工件如图1所示。

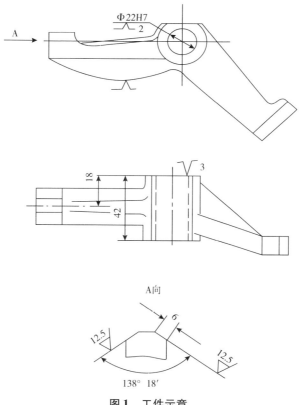

图 1　工件示意

3. 切削力和夹紧力的估算

由于本次所加工工件的位置是斜面，根据刀具的选择原则，用高速钢端铣刀，$\Phi 22mm$，$Z = 10$。根据《机床夹具手册》的铣削切削力计算公式为：

$$F = C_p a_e^{0.83} f_z^{0.65} a_p Z d^{-0.83}。$$

式中 Cp 为高速钢铣刀铣削时，考虑工件材料及铣刀类型的系数，a_e 为铣削宽度（指平行于铣刀轴线方向测得的铣削层尺寸），f_z 为每齿的进给量，d 为铣刀直径，Z 为铣刀的齿数，α_p 为背吃刀量。

其中 $a_e = 40mm$，$a_p = 3mm$，$f_z = 0.08min$，$d = 22mm$，$Z = 10$，查《机床夹具手册》可知 Cp 值为 294，所以：$F = 294 \times 40^{0.83} \times 0.08^{0.65} \times 3 \times 10 \times 22^{-0.83} = 2450N$。

当用两把铣刀铣削时，铣削力为：$2F \times \cos 69°09' = 1744N$

在计算夹紧力的时候，通常将夹具和工件看成是一个刚性的系统。根据工件所受到的切削力、夹紧力的作用情况，按照静力平衡原理计算出理论的夹紧力。为了保证夹具的安全可靠性，实际所需的夹紧力应当考虑到安全系数，所以夹紧力计算公式为：

$$N = k_1 k_2 k_3 k_4 F_1$$

式中 k_1 为考虑工件材料及加工余量均匀性的基本安全系数，k_2 为加工性质系数；k_3 为刀具钝化程度系数；k_4 为切削特点系数，连续切削和断续切削。

根据《机床夹具手册》查表得，式中：$K_1 = 1.5$，$K_2 = 1.1$，$K_3 = 1.1$，$K_4 = 1.1$，

于是：$N = 1.5 \times 1.1 \times 1.1 \times 1.1 \times 1744 = 3482N$

因为铣床还有水平的切削力，所以为了克服水平的切削力，实际夹紧力应为：$N / (f_1 + f_2) = 3482 / (0.25 + 0.25) = 6964N$，其中 f_1 和 f_2 为夹具定位面及夹紧面上的摩擦系数。

4. 工件加工应注意的事项

在加工前，将工件装夹在夹具中，准确定位后，采用两把铣刀同时对工件的斜面进行加工。夹具上的对刀块与定位元件定位销的台阶面和工件的中心轴线有尺寸联系，而且定位销的轴线又与安装在夹具体槽的定位键的侧面垂直，所以用塞尺进行对刀，这样就可以使夹具对机床和刀具能够获得正确的位置，保证夹具的加工精度要求。

三　铣床专用夹具设计

1. 设计主旨

因为所要加工的杠杆零件要求加工两个斜面，而且工件的形状不规则，为了提高劳动生产率，降低劳动强度，保证加工的质量，需要设计一个专用夹具。夹具通过底座的两个定位键和铣床工作台配合，采用两把铣刀同时对工件的两个斜面进行加工。

2. 设计要求

（1）铣床要求

因为铣床夹具的精度要求比较高，而铣削的时候会产生振动，所以在设计夹具时要注意以下要求：①在大批量生产中使用夹具的时候，要缩短加工和辅助时间，提高生产率；②要保证加工工人在操作时的安全，还要便于操作；③因为在铣削的过程中不是连续的，并且加工时余量较大，所以这就要求切削力较大，而且切削力的大小和方向可能随时都在发生变化，导致在铣削的过程中振动，因而铣床要有足够大的夹紧力，夹紧机构有良好的刚性。④为了提高铣

床夹具的刚性，工件的待加工表面尽量不要超出工作台，在保证夹具有足够的排屑空间的情况下，尽量降低夹具的高度，通常宽与高的比为 1.25∶1。为安全起见，必要的时候还可设置防护装置、挡屑板等安全装置。

（2）确定定位方案及夹紧机构

在设计定位元件时，我们先要考虑加工工件应该采用何种定位，以及要先确定好定位基准，本次设计所需加工的杠杆，需限制 6 个自由度，需要保证工件的完全定位。杠杆工件的定位的尺寸为 $\phi22h7$，通过精加工过的孔 $\phi22h7$ 和工件端面在台阶定位销上的定位，工件的五个自由度受到限制，又在工件的圆弧部分用可调支承进行定位，限制工件的一个自由度，从而实现了工件的完全定位。如果在加工的时候需要加工的工件毛坯是同批铸造，那么只需要将可调支承每批调整一次就可以进行加工。

在工件圆弧部分支承用的圆柱头可调支承设计如图 2 所示。

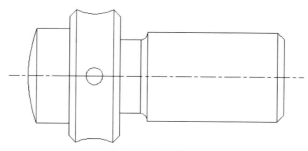

图 2　圆柱头可调支承

这次夹具设计的工件夹紧机构是以钩形压板为主的，其剖面结构如图 3 所示，另外在加工表面的两端设置一个浮动的辅助夹紧机构，这个夹紧机构以两个卡爪为主。在加工前拧紧辅助夹紧机构的右端螺母时，左边卡爪固定在夹具体上保持不动，右卡爪与左卡爪对向移动，这样同时也将工件夹紧在卡爪中，在右卡爪的末端开了三条轴向的槽，构成了三个簧瓣，当继续拧紧螺母时，锥套迫使簧瓣张开，把它锁紧在夹具中，然后再拧紧右卡爪外面套筒上面的螺钉，防止簧瓣变动，这样增强了夹紧的刚度，防止在铣削过程中产生震动。

钩形压板的剖面如图 3 所示。

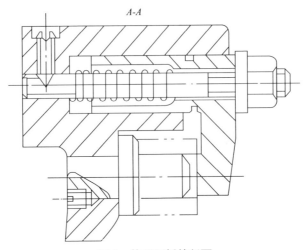

图3 钩形压板的剖面

（3）定位误差分析

本次夹具所设计的主要定位元件是定位销，而加工工件的已精加工面与定位基准重合，定位销与工件内径的间隙配合为 $\Phi22h7/g6$ 。

计算三个端面上的孔加工后与各基准的误差，其中定位销与工件内径的最大误差为 $\triangle$ max $= 0.06$ 毫米 $-$ （ -0.07 ） $= 0.13$ 毫米，由于该定位销与工件内径的间隙配合为 $\Phi22h7/g6$ ，最大间隙为 0.034，在其误差值允许的范围内。

（4）夹具体的设计要求及原则

夹具体是夹具的基体骨架，夹具体与机床的连接方式通常有两种：一种是安装在工作台上，另一种是安装在机床主轴上。夹具体的基面和机床连接，其他的元件和装置也装配在夹具体上，构成夹具体的总体。在加工的过程中，夹具体还会受到各种力的作用，包括切削力、夹紧力、惯性力以及这些力所造成的振动冲击作用。所以夹具体是加工量大、消耗材料多、加工要求也相对较高的零部件。

设计夹具体时要满足以下条件。

①应该具有足够的刚度和强度：由于在加工的过程中，夹具体要承受的切削力和夹紧力较大。为保证工件能够在稳定的条件下加工，并且夹具体不会产生变形或者振动，夹具体就应该有足够的强度和刚度。

②夹具的结构工艺性要好：夹具体制造、装配、检验和维修都要很方便地进行，同时保证夹具体与工件之间要留有足够的间隙，当夹具体和工件都是毛坯面时，间隙大小可取 8~10 毫米；而当夹具体是毛坯面，工件是加工面时，间隙大小取 1~4 毫米。这样两者间留有间隙可以保证夹具体与工件之间不受

干涉。

③要求夹具体的结构简单以及装卸工件能够方便：在保证好足够的刚度和强度的前提下，尽量保持夹具结构体积小、重量轻、便于工件装卸。尤其对于手动、移动和翻转夹具，要求夹具的总重量不超过 10 千克。

④夹具要易于排除切屑：在夹具体的设计过程中，考虑切屑的排除是十分必要的。当加工产生的切屑不是很多的时候，可以适当加大定位元件与夹具体之间的距离，增加容屑的空间。当加工产生的切屑量较大时，则最好能在夹具体上设置排屑斜面，以便于自动将切屑排出夹具体外。

⑤保证夹具在机床上安装稳定不会松动：夹具在机床上的安装都是通过夹具体上的安装基面与机床上相应表面的接触或者配合实现的。当夹具在机床工作台面上安装时，夹具体的重心应尽量低，整体的重心应落在支承面内。

⑥要能够保证夹具的精度和尺寸的稳定性：夹具体上的安装定位元件的表面、安装对刀或导向元件的表面以及夹具体的安装基面等重要表面，应该有合适的尺寸和形状精度。

⑦在设计夹具的时候要尽量运用那些已经标准化的元件，以缩短夹具的制造周期和减少制造成本；要能保证夹具的使用寿命。

本设计的铣斜面夹具体采用铸造工艺，因为铸造工艺的工艺性好，容易获得形状较复杂的轮廓，并且强度、刚度都能达到要求，抗震性能也不错，缺点就是单件制造时的费用较高，制造的周期长。

在夹具体上的两端分别设置一个耳座，方便夹具固定在工作台上，耳座的结构如图 4 所示。

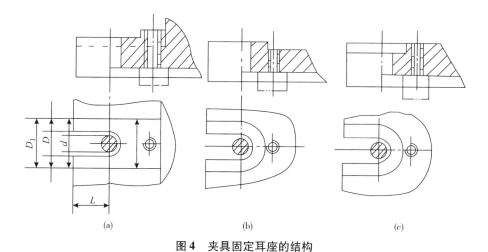

图 4　夹具固定耳座的结构

（5）其他元件或装置

应当根据机床的加工能力、工件的材料性能、加工顺序、切削用量等多个方面正确地选用刀具。刀具的选择总体原则是：适用、安全和经济。由于加工该工件时要铣削斜面，所以采用高速钢端铣刀进行铣削。设置一个对刀装置，能够迅速准确地确定铣刀与夹具的相对位置。对刀装置由对刀块和塞尺组成，形式要根据加工表面的情况来选择。在对刀的时候，选用的铣刀不能直接与刀块的工作表面接触，而应当先通过塞尺来校准它们的相对位置，然后再安装刀具，以免损坏刀刃，造成对刀块的过早磨损。常见的塞尺有平塞尺和圆柱塞尺两种。设计时，夹具总图上应标明塞尺的厚度及对刀工作表面与定位元件之间的尺寸和公差。本次设计所用的塞尺是平塞尺。

为了保证夹具在工作台的位置准确和垂直度要求，在夹具体的底面的纵向槽中设置定位键，定位键的侧面要与定位销的轴心线垂直。两个定位键在同一条直线上，应当适当地使两个定位键相隔远点来提高它的导向精度。本次设计中，两个定位键与工作台上的 T 形槽配合。定位键采用 A 型定位键，标准零件，基本尺寸为 20 毫米，极限偏差为 $h8$，其结构及尺寸如图 5 所示。

D Cap-Screw hole

图 5　定位键

3. 夹具总体上的尺寸、公差和技术要求

（1）夹具的最大轮廓尺寸为 400 毫米、300 毫米、200 毫米。

（2）影响工件定位精度的尺寸和公差为工件内径和定位销的配合尺寸，为 $\Phi22h7/g6$，$\Phi30h8/f8$，$\Phi45h7/f7$ 以及工件所加工面与定位基准面的尺寸为 18 ± 0.1。

（3）影响夹具精度的尺寸公差为对刀块的位置尺寸为 3 毫米 ±0.1 和 36 毫米 ±0.1。

（4）影响夹具在机床上安装精度的尺寸和公差，定位键与铣床工作台 T 形槽的配合尺寸为 20h8。

在使用夹具时，造成表面位置的加工误差主要包括以下四个方面的因素。

△A：夹具位置误差，

△D：定位误差，定位引起的工序基准的位置误差。

△T：刀具相对夹具的位置误差，即对刀导向的误差。

△G：与加工过程中的其他因素有关的误差，包括机床的误差、刀具误差及工艺系统的受力变形、高温变形、磨损等因素造成的加工误差。

为了保证工件的加工要求，这些误差的总和不能超出工件的加工误差 δk，由于各种误差都为随机的变量，通常用概率法计算，即

$$\sqrt{\triangle A + \triangle D + \triangle T + \triangle G} \leq \delta_k \leq \delta k$$

夹具误差 △A：工件内孔与定位销的尺寸配合为 Φ22H7/g6，最大间隙为 0.023；连接轴与卡爪的尺寸配合为 Φ30h8/f 8，最大间隙为 0.055；连接轴与簧瓣的间隙配合 Φ45h7/f7，最大间隙为 0.046，所以

$$\triangle A = \sqrt{0.023^2 + 0.055^2 + 0.046^2} = \sqrt{0.00567}$$

定位误差 △D：根据工件要求可知，工件的已加工面选为定位基准面，并且也是工序基准，所以 △D 为 0。

对刀导向误差 △T：因为对刀块的位置尺寸为 3 ± 0.1 和 36 ± 0.1，所以 △T = 0.2

加工方法误差 △G：具有很大的偶然性，一般难以计算，通常取 δk/3 作为估算的范围。现在假设 △G = 0.02，则

$$\sqrt{0 + 0.00567 + 0.02^2} \approx 0.025，比 \delta k = 3 \times 0.02 = 0.06 小。$$

所以加工精度符合要求。

其他的技术要求详见夹具装配图和零件图。

四　结语

夹具设计，首先要对夹具有一个整体的了解，然后再深度分析所需设计的夹具的类型、用途、加工要求等。定位元件，笔者选择了定位销和一个辅助的可调支承，而夹紧装置笔者选择了构形压板，这种定位和夹紧方式有优点也有缺点，在实际生产中运用得非常普遍。对刀装置，笔者用了一个平塞尺来避免铣刀过早磨损和便于对刀。夹具体上也设置了耳座，方便夹具在工作台上固定，

既能够使夹具安装稳定，也能够提高夹具的精度要求。

参考文献

陈明：《机械制造工艺学》，机械工业出版社，2005。

薛源顺：《机床夹具设计》，机械工业出版社，2000。

曹岩、白瑀：《机床夹具手册》，化学工业出版社，2010。

李军：《互换性与测量技术》，华中科技大学出版社，2010。

关慧贞、冯辛安：《机械制造装备设计》，机械工业出版社，2009。

何铭新、钱可强：《机械制图》，高等教育出版社，2004。

张久成：《机械设计基础》，机械工业出版社，2002。

王茂元：《金属切削加工方法与设备》，高等教育出版社，2003。

兰建设：《机械制造工艺与夹具》，机械工业出版社，2004。

电气自动化控制中人工智能技术的应用分析

范国华

一　引言

经济技术在高速地发展，科学技术的运用也越来越广泛。在电气自动化的控制当中，传统的人工控制已经不能满足社会的需求，人工智能技术的应用应运而生。人工智能技术掀起了电气自动化的技术创新，影响电气自动化的发展。人工智能技术带来的技术革命，不仅解放了大量的劳动力，而且提高了工作效率。当前，如果电气自动化控制要实现长效的发展，那么必须运用人工智能技术。鉴于此，研究电气自动化控制中的人工智能技术便是目前电气自动化的首要任务。

二　电气自动化控制中人工智能技术的应用

人工智能技术在电气自动化控制中的应用十分广泛，文章主要介绍人工智能在电气化中的五个应用。

1. 人工智能在电气设备中的应用

电气设备的设计是一个复杂的过程，它的设计与很多学科知识相关，例如涉及电机、电路、电力电子技术等。社会在不断地进步，人们对电气设备的要求也在不断提高，因此，必须优化电气设备。传统的电气设备设计主要是人工设计，有经验的设计员工利用自身的经验对电气设备进行设计，经验再丰富的设计人员也会对资源造成一定的浪费。但是，人工智能技术的应用便很好地解决了资源浪费的问题，从而使电气设备的运行更加安全稳定。可见，在未来，人工智能技术的运用对电气设备的发展有着战略性的意义。

2. 人工智能在电气控制方面的应用

电气控制在整个电气设备中十分重要。人工智能技术在电气控制中的应用可以使电气设备的工作效率得到提升，从而使电气设备的投入降低，节约人力资源，提高企业的收益。人工智能运用于电气控制方面已经取得丰硕的实践成果，例如人工智能技术对系统控制的作用、对网络控制的作用等。这些都证明了我国的人工智能技术对电气控制的作用。只有电气控制稳定，电气自动化设备才能更好地发挥作用。

3. 人工智能技术在电力系统中的应用

电力系统影响着我们的日常生活，它的安全运行十分重要。在电力系统中，人工智能技术的应用将会使电力系统发挥更大的作用。目前，我国人工智能技术主要运用于电力系统的以下几个方面：神经网络、专家系统等。其中运用最频繁的是专家系统。专家系统主要用于判断电力系统在运行过程中出现的问题，以便做一些简单的处理。它主要依靠经验丰富的专家的电力系统知识，并把这些知识运用到系统之内，然后根据这些知识处理相应的问题。电力系统处理问题的原则是：只要满足条件就会自动运行，并且该系统还会与时俱进，进行适当的变化。只有这样才能弥补系统在运行的过程当中的不足，提高系统的运行效率。

4. 人工智能在故障诊断中的应用

故障诊断对电气自动化控制十分重要。而人工智能的作用十分明显。主要应用于专家系统、模糊理论和神经网络。其应用对象有：发电机、变压器和电动机。一旦这些电力部件出现了任何的问题都可以采用人工智能技术进行检测并对其进行简单的处理。以上三种方法相辅相成，互相作用。三种方法的共同作用，更加维护了电气自动化控制系统的安全与稳定。人工智能技术的发展推动了电气自动化控制的发展。

5. 人工智能在数据控制与优化中的应用

在对电气自动化控制运行的时候，必须先对其数据进行采集与处理。人工智能技术的应用可以采集与处理所有的数据。这样便大大节省了人力与物力。同时，人工智能技术运用于数据控制与优化中，能够显示系统所运行的真实画面，并且对相关数据进行处理，形成相关的影像。因此，在系统发生故障的时候，便可以通过人工智能技术对该影像进行记录与分析，处理故障，并且防患于未然。可见，专家系统和神经网络对电气设备的故障诊断十分重要。

三　电气自动化控制中人工智能技术的应用优势

电气自动化控制中人工智能技术的应用，可以很好地解决电气自动化控制的不足，更好地让电气实现自动化，真正发挥电气自动化的优势，让电气自动化得到长效的发展。与传统的人工控制相比，人工智能控制有许多优势。

1. 人工智能技术节约了人力资源

传统的人力手工劳动存在速度慢、效率低的缺点。与传统的人工控制相比较，现代的人工智能技术很好地解决了这些问题。人工智能完全摆脱了人工的运用，从而极大地解放了劳动力，节约了劳动成本。电气设备的操作过程十分复杂，其间需要耗费大量的人力。但是人工智能的应用，便节省了人力。人工智能技术全方位的智能控制，使得电力设备在一个几乎无人力操作的情况下实现全方位的自动。这样，便将人类从复杂的劳动中完全解放出来，人工智能技术的应用极大地节省了人力资源，降低了人力资本。人工智能技术的应用将掀起人员解放的狂潮。

2. 人工智能技术提高了操作的准确性

之前的人工控制主要是依靠操作人员的工作经验，而与之相比，人工智能技术完全是依靠计算机程序来完成自动化的操作。因此，在操作的过程中，计算机程序不会发生意外，并且计算机程序可以实时地对操作进行跟踪，当出现问题时，也能及时依据程序进行处理，避免了以往人工操作出现的故障和意外，降低了因为人力而造成的误差。另外，由于全程是计算机操作，误差会比较小，准确率比较高。

3. 人工智能技术减少了对对象模型的控制

电气自动化控制中存在很多不确定的因素。因此必须通过建立控制对象的模型，这是人工控制需要注意的问题。然而，人工智能技术的应用，便很好地解决了建模的问题。在电气自动化控制中，人工智能技术主要是通过计算机程序，因此全过程都不会出现那些不确定和复杂的问题，从而，加强了电气自动化控制的精确度。

4. 人工智能技术统一了产品的规范与性能

人工智能技术应用于电气自动化控制中，使得电气自动化控制更加规范。人工智能技术是通过统一的运行模式来运行电气。因此，在操作的过程当中，机器所设定的程序与标准都是统一的，机器所运行的模式也是统一的，生产也都是依照一定的程序而进行的。因此生产出来的产品都是统一规范的。只要程序得当，生产出来的产品就一定是规范的，从而为企业的发展提供了良好的产品，促进企业的发展。

此外，人工智能技术可以通过时间和语言来设计，并且具有容易对数据进行更改和调整的优势，从而提高自动化控制的有效性。

四 结语

总之，电气自动化控制中应用人工智能技术不仅能节约成本而且能够提高工作的效率，从而使电气自动化实现真正意义上的自动。现代科技在不断地发展，人工智能技术在电气自动化控制中的应用也越来越广泛，它的发展潜力是十分巨大的，当然在发展的同时，也面临着许多挑战。因此，在未来的发展中要看到人工智能在电气自动控制中的应用优势，也要考虑到它的应用困境，积极努力地对人工智能进行研究和完善，让人工智能技术更好地为电气自动化控制服务。

参考文献

毕宏涛：《电气自动化控制人工智能技术的应用论述》，《企业文化》（下旬刊）2015年第 8 期。

杨启涛、张裕林：《电气自动化控制中的人工智能技术探讨》，《电子制作》2015 年第 18 期。

郑成武、李鹏术：《浅析人工智能在电气自动化控制方面的应用》，《大科技》2015年第 15 期。

信息图表设计中的色彩设计

龚　婷

信息图表隶属于信息设计范畴，是指一系列数据的图像化演绎，以直观、凝练、清晰的视觉语言帮助人们快速地识别不同的信息。这是一个开始于设计者，延续到受众心理活动的思维过程。例如各类标识、地图、说明书等。此外，信息图表在计算机科学、数学以及统计学领域也有广泛应用，以优化信息的传递。

具体来说，信息图表的设计方法是根据人类在生理与心理上对图形、色彩等视觉元素的信息差异，以造型和色彩在空间中相互组合的关系求得视觉传达上多层次的信息表现。所以在选择图表设计中的色彩时，我们必须做出视觉判断，因为色彩感知总是相对的，色彩的色调、明度、饱和度的对比放在不同的背景颜色上就会产生完全不同的效果。

保罗·克利说过："色彩的不同组合所表达的意思会千变万化……从最细微的阴影到五彩缤纷，其中所表达意思也不尽相同。这些意思所体现的视角又是各种各样。"在艺术设计中，色彩作为最重要的造型要素之一，创造性的色彩设计与五彩缤纷的自然世界交相辉映、相得益彰。色彩与形式的完美统一更是愉悦着我们的视觉，丰富着我们的生活。

因此，在信息图表设计中对色彩的处理方式很多，不能单纯地根据外观效果来决定色彩的搭配。下文笔者尝试对其中与色彩有关的主要问题与准则来进行分析。

一　色彩与视知觉原理

1. 色彩的相似性原则

格式塔心理学派认为，人总是会把相似的元素组合为一个感知单元。而色彩的相似性恰好形成了这样的一个感知单元。在图1中设计师将汽车的发展分为几个阶段，每个阶段用不同的色彩表示，而受众也会将相同色彩的元素结合起来识读。因此，具有相同特征的元素，可以用相同或相似的色彩来组合，可以帮助观者在一个整体而统一的背景中来观察这些元素的变化。

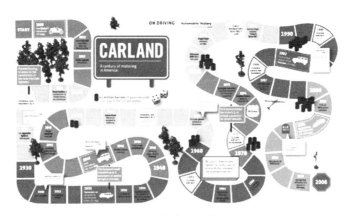

图 1　汽车 100 年

2. 色彩的背景原则

格式塔的背景原则是思考如何让内容清晰地呈现于背景之上。背景原则表现的途径是对比，色彩的对比度高就会被理解为前景，而对比度低就会退后成为背景。图 2 是海洋渔业环保主题的信息图，作者在处理前景和背景关系时恰到好处，使得信息的分级和传递都很到位。

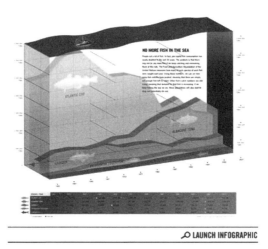

图 2　海里没鱼了……

3. 色彩的方向原则

色彩存在方向感，具有明确的视觉导向作用。色彩的色调、明度、饱和度的变化都可以控制受众的视线流动，让信息的传递更明确。如图 3 所示，色彩的运用不同，一下子把受众的注意力从下往上移动，形成了视线的流动。在格式塔的方向原则中，应尽可能地主动发挥画面元素的方向引导作用，形成视线有组织的流动，方便信息有先有后地传达，而对于视线流动的习惯也应在尊重规律的基础上合理创新，这样才能发挥方向原则的积极作用。

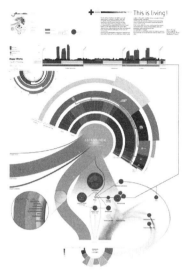

图3　这就是生活！

4. 色彩与面积

根据色彩的面积大小，受众在观看时会产生变化。从色彩平衡的角度来讲，明度和纯度较高的颜色一般适合小面积的使用，与较大面积的低明度和低纯度色彩搭配实现视觉稳定。这类颜色也适合作为关键色，起到画龙点睛的作用。如图4所示，如果明度和纯度较高的颜色搭配效果强烈，就会引起视觉疲劳，会让人感到烦躁、不安定，所以这类颜色不适合大面积地使用。

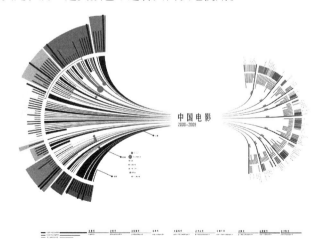

图4　中国电影

5. 色彩与错视觉

错视觉是指人的眼睛感受到的色彩效果与客观存在的色彩实体之间存在着一定的差异。例如原本静止的图形，看上去却在旋转或者产生波浪的效果。如图 5 所示，人们可以利用错视觉让静止的画面动起来，产生刺激并增加新鲜感。

图 5　错视觉

错视觉产生的原因有生理、心理等很多因素。在这里仅作初步分析。

应尽量避免红蓝重叠和红绿重叠，因为这样会引起我们视觉的深度错觉，如红蓝重叠，蓝色色块看起来像是显示在红色的上方。

背景颜色的不同也会对知觉有影响。比如左右相同颜色的 X，但由于背景不同，对色彩的知觉出现了明显差异。在设计作品中，设计者利用错视觉获得很多有趣的效果，并利用色彩的搭配效果可以让画面动起来，使观者产生刺激感、新鲜感。

二　信息图表设计中的色彩设计原则

1. 信息的易读性

图表设计的终极目的就是要提高信息的易读性，就是要把一些与主题无关的信息抛弃掉，这样才能让那些真正重要的信息被受众所摄取。从图 6 可以看出，实景地图过于繁杂而给人以不易分辨的印象，把信息进行梳理，将环线和各个弯角"平滑化"处理，简化和柔和形状，用色彩把街道区别开来，提高图表的识别性和醒目性。

在具体设计实践中，我们可利用色彩面积的调整来加强信息的易读性。如果使用过多的色彩在同一个画面中的话，会分散受众的注意，使其无法快速地找到目标。

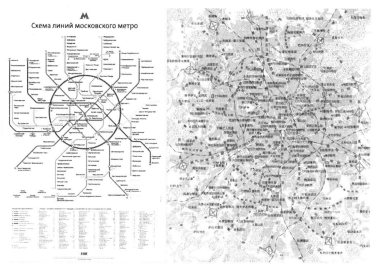

图6　地图设计与实景地图的比较

比如在作品中，颜色使用太多，让受众对应起来会比较困难，而如果在颜色和形状上都有所变化，那么受众可以更容易地进行区分。而当必须使用5种以上的颜色时，可以变化图形的形状。

2. 信息的注目性

当人们观察物体时，视觉神经对色彩反应最快，其次才是形状，最后才是表面的质感和细节。从色彩的色相、明度与纯度的角度进行区分，使用色彩对比的手段来强化设计主题，加强色彩的视觉导向与指引，突出设计主题。过于强烈的色彩不宜受众长时间的注视与观看，会让受众产生抵触情绪；反之，过于暧昧的色彩搭配，受众又很难从中获得有效的色彩信息，会让大家提不起兴趣。最简单就是："深底浅色"和"浅底深色"这两种方式。

同时，在信息图表设计中，色彩与文字的搭配关系会极大地影响信息的注目性与吸引性。那么，如何使文字在色彩的帮助下变得更为易读呢？具体而言，文字的易读性有两个原则：一是文字与底色的对比要明显；二是背景颜色要单一。比如同样粗细的字体，白颜色的字看起来就比黑颜色的字更粗一些。此外，还应避免红字蓝底或蓝字红底的情况出现，因为其不利于视觉对信息的解读。

在图7中，我们可以看到相关文字与底色匹配度的对比实验，其可以为我们的设计实践提供有效指导。

前景色	背景色							
	黑	白	粉	蓝	青	绿	黄	红
黑		good			good	good	good	
白			good	good				good
粉		good					good	
蓝		good			good	good	good	
青	good			good				
绿	good			good				
黄	good			good				
红						good	good	

图 7　文字与底色搭配匹配度的对比实验报告

3. 信息的艺术性

图表是为了把数据进行视觉化处理从而使其变得清晰易懂的东西，所以图表的外观很重要，它要让受众更容易了解其中的内容。色彩搭配的处理是引起受众兴趣的重要因素，如图 8 所示，通过颜色来创造图表的视觉愉悦感，让信息更清晰。

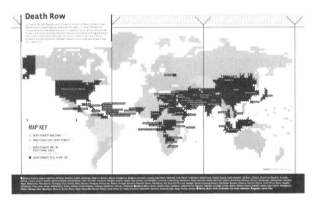

图 8　死刑世界地图

在图表设计中，设计者应利用色彩的艺术表现力赋予设计作品特定的情感和内涵。在具体设计中，我们可以用色彩对比来提高信息的艺术审美性。其主要包括色调对比、明暗度对比与饱和度和亮度对比三种方式。

首先，色调对比。两种颜色在色环上的位置可以帮助确定两者之间的对比度——在色环上的分隔距离越远，对比度就越大，反之越小。互补色——色环上位置相反的两种颜色，对比度最大。类似色——色环上位置相邻的两种颜色，对比度最小。

色环上颜色分段之间的距离可以指示色调对比度。由于色相的差别很小，所以产生的变化很模糊，通常被看作同一色相的明度或纯度的对比。这种对比和谐、统一容易调和，但有时显得简单、呆板、没有生气。

其次，明暗度对比。色彩间明度差别的大小决定明度效果的强弱。把色彩中的黑、白两色进行差别排列，由黑到白分为 11 阶，形成明度列，0～3 为低明度、4～6 为中明度、7～10 为高明度。3 个色阶之内的色彩组合成为短调，是明度的弱对比；5 个色阶以上的色彩组合称为长调，是明度的强对比。

最后，饱和度和亮度对比。饱和度是指颜色的纯度。纯度高、饱和度高的颜色非常鲜艳。它们可以通过加白（浅色）或者加黑（深色）来调节饱和度。颜色的亮度可以通过调和其互补色来改变（通过互补色可以使颜色变成中性或者暗褐色）。将亮色和中性色配对会达到强烈的对比效果，使信息的表达更为引人注目。

三 影响色彩表达信息的因素

信息设计着眼于最终受众的需要，因此设计师有必要深入了解受众对颜色的感知。身体因素、环境因素、文化因素、性别因素等，都会对我们观察和理解颜色产生影响。

1. 身体与色彩

人类存在普遍视力缺陷问题。随着年龄的增长，我们的视力都或多或少会有些缺陷。这些缺陷因素所造成的结果都会影响我们对于颜色的感知。由于设计师无法预知每一个受众的视力状况，因此群体视力能力和必要条件的综合评估都可以改变设计决策。

首先，老花眼现象。大多数的分析称视力退化是从中年开始的，也就是 40～50 岁。老花眼在弱光环境中会看不清楚，对颜色的分辨也有差异。当我们逐渐变老时，也就逐渐失去了清晰辨别颜色的能力，并且会出现散光的问题。因此，设计语言的选择应体恤这类人群的特点。如图 9 所示，这一套机场标识考虑到了这些视觉缺陷的因素，使用强烈的色彩对比、明暗度对比和适当清晰的字体，让这类型的受众更好地识别信息。

其次，"色盲"现象。"色盲"一词通常是指在区分红色和绿色方面的障碍，而不是指辨别不了所有的颜色。大致来说，每 20 个人中就有一人表现出不同程度的色彩视力缺乏（俗称色弱）。男性患色盲的比例大大超过女性。男性为 8%，女性为 0.5%。患色盲的人通常会通过形状来辨别事物，而不是通过颜

图 9 机场标识

色，这使他们更擅长在单色调环境中寻找目标，或者从伪装中辨别物体（见表1）。

表 1 色觉障碍分析

色沉障碍	原因	颜色视觉	概率（%）
—	—	能够看到所有颜色	男性：92.0 女性：99.6
红绿色弱	L–cone 缺失或不足	– 能看见大部分颜色，除了蓝色与黄色 – 混淆红色与绿色	男性：2.00 女性：0.04
红绿色弱	M–cone 缺失或不足	– 能看见大部分颜色，除了蓝色与黄色 – 混淆红色与绿色	男性：6.00 女性：0.39
蓝黄色弱	S–cone 缺失或不足	– 能看见大部分颜色，除了红色与绿色 – 混淆蓝色与黄色	男性：0.004 女性：0.002
全色盲	L–，M–，S–cone 缺失	不能看到任何颜色	男性：0.003 女性：0.002

我们在设计过程中，需要注意这一点，尽量避免使用者由于色盲原因而无法感知重要的信息。

2. 环境与色彩

光对于颜色的感知效果有着巨大的影响。毫不夸张地说，光（也就是自然光线和人工照明）在白天和晚上很不一样。当颜色被强光照射的时候会变淡，而被弱光照射时同样的颜色则会看起来很暗沉。重要的是设计师应该花些时间来想清楚自己的作品将在何时、何地、如何被观看。光照的细节对于设计展示来说有着特别大的影响。

天气变化对于颜色的感知效果也有重大影响。想想你在下大雨、下雪或者浓雾的时候试着看清路标的经历吧。如果设计作品会直接面对这些情况，或者遇到弱光或低能见度的情况，一定要将颜色对比结合起来考虑达到最佳的效果。

如图 10 所示，英国的某些救护车使用的是亮黄和亮绿的格子图案，保证在大雾或者弱光的条件下也能清晰可见。与美国救护车相比，英国的救护车的配色对比更强烈，更加醒目。许多验光师已经注意到橙绿色是一种高度可视的颜色，因此建议在紧急情况中使用。在工作环境中，颜色常被作为一种表示不同功能的快速指示物使用。在紧急按钮上使用国际通用的颜色编码可以创造一种更安全的工作环境。在多种环境中，使用对比鲜艳的颜色标明边缘和界限可以帮助确保安全。

图 10　英国救护车

3. 文化与色彩

我们对于颜色含义的理解与文化有很大关系。然而由于民族风俗、地理环境、宗教信仰、民族心理、政治经济等文化背景的差异，人们对色彩的感受和表达不尽相同。例如，不同的文化中的婚纱礼服和丧服的颜色也不同；在美国，红色和蓝色以前被提及时通常与政治有关；中国人用蓝色庆祝女孩的诞生；伊斯兰文化把绿色和天堂联系起来；在美国，绿色则是美元的颜色，也表示环境运动和低热量食物。

表 2　各国颜色的文化内涵

颜色（Color）	文化内涵
红色（Red）	在中国，红色是好运的象征，红色和白色同时使用将加强这种意味，相对于蓝色，很多女性更偏好于红色
蓝色（Blue）	在许多东方国家，蓝色代表永恒；犹太人认为蓝色非常神圣；在印度蓝色代表克利须那神。总的说来，蓝色在世界范围内都是一种被尊敬的、表示崇高的颜色。男性更喜欢蓝色，而不是红色
绿色（Green）	在美国，绿色让人联想到金钱；在爱尔兰，绿色代表天主教。与男性相比，女性可以分辨出更多的绿色
橙色（Orange）	在美国有这样一种包装设计上的惯例，即用橙色表示其中的物品较便宜。所以在用橙色设计商业网站之前，我们必须考虑到这个问题。在爱尔兰，橙色表示新教
黄色（Yellow）	在亚洲人眼里，黄色是神圣的。与橙色相比，女性更喜欢黄色，因为它让人联想到温暖和乐观。
紫色（Violet）	紫色会让欧洲人联想到悲哀，它也与新生代和新信仰相关，所以紫色的使用也一直备受争议。自然界中紫色相对来说比较少见，仅在某些花以及一些咸水鱼身上出现
褐色（Brown）	对于任何文化背景和性别的人来说，褐色都是一种中立的颜色
黑色（Black）	在多数西方国家以及很多其他国家中，黑色都表示悲恸和死亡
白色（White）	在大多数亚洲国家中，白色表示悲恸和死亡。但在西方社会中却表示贞操、纯洁

颜色有着丰富的文化内涵，为了达到清晰的信息传递和交流的目的，设计师有必要了解最终受众的需求、文化习俗和态度。因此，无论是为新的客户、市场，还是为全球范围内的活动而设计，对颜色的不同文化观念进行调研都是十分必要的。

4. 性别与色彩

色彩因性别的不同而存在巨大的差异。不同性别的人群对色彩的选择与区别极为明显。2003 年，Joe. Hallock 开展了一项针对颜色偏好的专项调查（样本量 230），如图 11。

5. 年龄与色彩

色彩因年龄的不同也存在巨大的差异。实验心理学的研究表明，人们在不同年龄阶段对色彩有不同的喜好。儿童大多喜欢极鲜艳的颜色，如 4～9 岁儿童最喜爱红色，9 岁的儿童又喜爱绿色，7～15 岁的学生中男生的色彩爱好次序是绿、红、青、黄、白、黑，女生的爱好次序是绿、红、白、青、黄、黑。随着年龄的增长，人们的色彩喜好逐渐向间色与复色过渡，向黑色与灰色靠近。

Joe. Hallock 的研究发现，随着年龄的增长，人们对蓝色的喜好非常稳定，越来越多的人不太喜欢橙色。

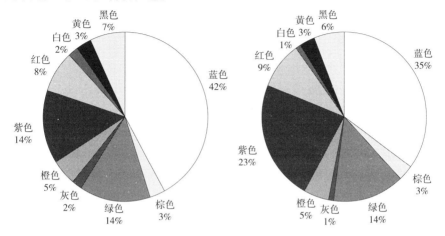

图11a　总体人群最喜欢颜色的差异　　　图11c　女性最喜欢颜色的差异

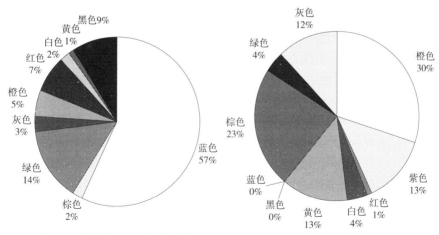

图11b　男性最喜欢颜色的差异　　　图11d　总体人群最不喜欢颜色的差异

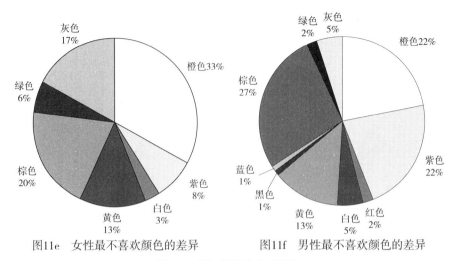

图11e 女性最不喜欢颜色的差异　　图11f 男性最不喜欢颜色的差异

图11 颜色偏好的专项调查

6. 情绪与色彩

色彩和情绪之间的关系与色彩偏好紧密相关，而色彩偏好和某种色彩是否会引出积极或消极的情绪有关。通常儿童趋向把积极情绪（例如高兴、强大）与亮颜色（例如蓝色、绿色）联系起来，把消极情绪（例如悲伤、愤怒）与暗颜色（例如黑色与灰色）联系起来。颜色的色调、饱和度和明度的运用对情绪有非常重要的影响。随着明度和饱和度的增加，人们对颜色的喜好程度也随之增加，同时情绪也会向积极的方向转化。

世界上没有不好看的色彩，只有搭配不好的色彩。一个成功的色彩设计，在创造市场价值的同时，也创造了视觉之美，这种美可以感染受众情绪，深化设计主题。

作为艺术设计师来讲，我们必须深入认识与理解色彩，把握色彩与视知觉、色彩与环境、色彩与受众之间的心理特征。不断提高对色彩的感受能力，加强对色彩的分辨能力和判断能力，建立衡量色彩优劣的评价标准体系，锻炼对色彩第一时间的反应与记忆，真正做到理性而合理地运用色彩，提高色彩设计的质量。

色彩在图表设计中起到了不可替代的作用，信息图表设计在国内越来越受到关注，而色彩的运用则是信息图表设计中一门重要的学科。色彩并不是装饰，它同时也传递着重要的信息，色彩在图表设计中的运用成为视觉传达艺术最有效的手段之一。

参考文献

〔英〕奈特、〔英〕格拉:《新图表设计》,郭鸿杰、李丽等译,上海人民美术出版社,2011。

廖宏勇、张小纲:《信息编排设计》,北京大学出版社,2011。

〔瑞士〕约翰内斯·伊顿:《色彩构成》,杜定宇译,上海人民美术出版社,1985。

西蔓色研中心:《关注色彩》,中国轻工业出版社,2004。

梁宁建:《当代认知心理学》,上海教育出版社,2003。

吴振韩:《色彩设计》,南京师范大学出版社,2009。

古大治、傅师申、杨仁鸣:《色彩与图形视觉原理:关于看的艺术与科学》,科学出版社,2000。

〔美〕简·维索基·欧格雷迪:《信息设计》,方瑢译,凤凰出版传媒集团,译林出版社,2009。

Edward R. Tufte. *The Visual Display of Quantitative Information*. America:Graphics Press,2007 – 08.

莉雅翠丝:《色随心动:发掘真正属于你的情绪色彩》,中信出版社,2011。

浅谈口袋在休闲服装中的设计与创新

刘艳春

一　概述

在服装应用设计中，服装的美首先取决于它的实用性。在人类发展的历史上，服装作为人的"第二层皮肤"① 一直帮助人们免受外围环境的侵扰，随着社会发展，服装在人们日常活动中，功能性和多样性逐渐增强，比如口袋体现了服装的携带等作用。随着人们审美需求的变化，服装的认知功能和审美功能也日趋成熟。在服装艺术设计中，遵循形式美法则，对口袋加以修饰强调，可使其分布协调合理，从而适应审美的需要，满足人们不断追求美、创造美的求新求变心理。

一个设计完美的口袋，可以让一件服装的美感提升，这些服装细节的设计既考虑了布局的合理也体现了服装零部件的功能作用，更加映衬服装审美的协调。因此，口袋是服装的实用功能和审美功能相结合的载体。如图1所示，口袋周边配以夸张的悬垂褶设计使得灯笼裤略微蓬松，轻盈的纱绸散发浪漫的温柔气息，淡雅的湖蓝色低调却又极其优雅简洁。图2中设计师通过口袋袋盖以及装饰线运用别开生面的拼贴、解构、组合等艺术手法，设计水到渠成，丝毫没有勉强的成分。

口袋常居于服装的明显部位，它不仅具有装物放手的功能，也具有装饰的作用，对服装的整体布局起着一定的作用，所以口袋的装饰会对服装的整体风格和艺术品位有相当大的影响。设计师也经常运用口袋的造型、大小、款式、位置来完善自己的设计，使其艺术性更趋于完美。

口袋随着时间的推移也在不断地发生着变化，随着服装的发展而不断发展。在更加长久的未来，我们没有办法准确地知晓事物具体的发展特征，但是我们可以根据现有的状态和现象以及线索来推测发展的趋势，研究口袋的古近代发展史和现今状态来判断口袋未来的发展方向。因为口袋的携带功能是口袋起源

---

① 吴卫刚：《服装美学》，中国纺织出版社，2010。

图 1　Amuleti J　　　　图 2　Chanel 2014 秋冬巴黎时装周

的本质特征，在长久的发展过程中口袋这项功能不但没有被摒弃，反而通过这项功能延伸了更多的实用功能和装饰功能，我们能够有效地判断口袋在今后的变化过程中仍然是实用功能占据主导地位。

二　口袋的定义和基本类型

1. 服装口袋的定义

在百度百科的注解中，"口袋"是指缝在衣服上用以装东西的袋形部分，衣兜或一种装物用具，一般用布、皮等做成的装东西的用具，也可以代指钱包。

2. 口袋的基本类型

现代服装中，由于服装越来越注重其功能性，口袋的地位也越来越重要，经过多年的演变，口袋形式越来越多样化。

口袋主要分为贴袋、挖袋、利用破缝线的插袋。贴袋如图 3 所示，又分为外贴口袋、立体贴袋、明褶裥贴袋和中山装贴袋，一般用在衬衣、T 恤、休闲裤、大衣、功能性服装、儿童装等中；挖袋如图 4 所示，分为单嵌线和双嵌线以及有无袋盖的挖袋、手巾袋和斜向箱形口袋，一般出现在西裤、西服、大衣等中；如图 5 所示，插袋分为内插袋、侧缝上的插袋、斜向裤插袋，一般在牛仔裤、夹克等服装中出现。此外还可根据口袋的用途进行分类，比如卡袋、眼镜袋、手巾袋等。

图3 贴袋

图4 挖袋

图5 插袋

三 口袋的历史演变

1. 我国古近代服装的口袋发展史

在我国古代服装发展史上，比较成熟的口袋是不存在的。古代服饰主要分为常服、礼服、戎装等功能性服装，常服作为一种应用普遍的服饰被人们喜爱。从秦汉至明代，服装的基本形制一直延续，只是在细节和特点上有所不同。

古代服装多宽衣博带，而古代人出门需要携带的东西并不会很庞大，因此袖子可以作为一种特殊的"口袋"储藏东西，正所谓"清官两袖清风"。除了袖子还有腰带，以及腰带上系的香囊和荷包都可作为袋用。另外，古人服装多交领斜襟，如图6所示，古代人里外穿着好几层，腰间系上腰带后，日常往怀里揣东西就很顺手，这也是另一种形式的口袋。

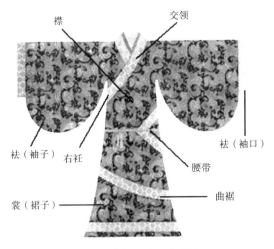

图6 曲裾深衣（汉代）

在近代服装史中，随着西风东渐，真正意义上的口袋才出现了，比如在中山装以及 20 世纪 50 年代流行的"列宁服"等都出现的斜插袋（见图 7）。图 8 的列宁服亦称"列宁装"，新中国成立前解放区、根据地的干部经常穿着的一种服装，新中国成立初期也非常的流行。它的外观是双排扣、西服领、双襟中下方均带一个暗斜口袋。它具有中西合璧的鲜明特点，是中西合璧的产物。尽管这是一种具有中性化特点的服饰，但是在当时可是最时髦的服饰。它体现出劳动是最美的本色及其时代风尚。

图 7　中山装

图 8　列宁服

2. 国外传统服装口袋发展史

在古代西方，人们最初也是将口袋系挂于腰间，特别是在罗马时代，在腰带上流行垂直挂一个用丝绸或皮革制作的小口袋，叫作奥摩尼埃尔（见图 9），口袋里可以装着零钱、钥匙，甚至装食物。在巴洛克时期的法国风时代的男服中出现了明显的口袋，如捷斯托考卢——大衣前身在衣襟的两边，左右各有一个大口袋便于放置东西，以及丘娄特——小马甲下襟左右各有一个小口袋，有的有袋盖。

在随后的历史发展中，口袋开始体现它的作用和功能。比如骑马服中的口袋，长背心中用于装怀表的口袋，马裤中的插袋等等。但是 18 世纪 60 年代之前，女装衣上几乎没有出现过口袋，这就有了手提包的出现，并得到了良好的发展和流行。而在这之后出现了各种仿男式的前开型大衣，随之各种口袋出现在女装当中。

随着历史的推移，口袋的位置也经常发生变动。服装从优雅烦冗向简洁与机能化方向发展，口袋的造型也随之变得十分的简洁（见图10）。西方服装发展史上，口袋的造型随服装的主流造型一起经历了从夸张华丽到朴实实用的变革（见图10）。

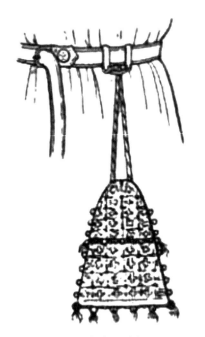

图9　奥摩尼埃尔

图10　Chanel

3. 现代服装口袋

进入现代，服装快速发展，逐渐向着简化的趋势发展，这一点在男装上体现得极为明显。口袋已经逐步完善了它的功能，也得到了人们的广泛应用和设计师的关注，更有甚者通过口袋的储藏、携带功能设计仿口袋造福人类。

现今的口袋形式多种多样，具体功能也是五花八门，但是仍有大有文章可做。如图11所示，将口袋与某种具体的事物进行结合，可以将口袋进行抽象化想象，比如，将童装上的口袋与小猫进行组合，将口袋想象成一个篮子或者小窝等，而可爱的小猫探出头来，使衣服童趣更浓，可爱、童真的气息扑面而来，使得口袋的实用性和装饰性进行了完美的结合。图12所示，在服装中进行了色块的拼接，这个小小的袋盖在褐色色块中的出现与同色色块产生了呼应，诠释了你中有我、我中有你，使服装的洒脱、帅气的风格呼之欲出。

图 11　童装上的口袋 　　　　　　　　图 12　色块的拼接
资料来源：网络。　　　　　　　　　　资料来源：淘宝。

四　口袋在休闲服装中的应用设计

在服装造型设计中，服装的款式再繁复都是万变不离其宗的，都要依据点线面的综合应用。袋口可以分为各种垂直水平甚至弧形倾斜的形状，服装具有各具特色的视觉冲击效果，也可以烘托出着装者更加完美的身材比例。

服装线条的变化动态是随着人体运动而产生的，不同的方位会产生奇妙的动态美感和韵律，所以线性的口袋对服装起到分割作用。以面出现的口袋，则可以根据千姿百态的口袋去勾勒服装的风格和特征。

1. 功能性口袋的应用表现

（1）口袋外形及颜色对服装的影响

在服装功能性研究当中，口袋主要体现其功能性，虽然形式比较简练，但是它合理设计与恰到好处的结构运用，也给我们带来许多审美感受。

"细节决定成败"，口袋外形能反映服装的细节造型。一套服装的整体美感与其局部细节的设计是密不可分的。图 13 所示 Chanel 2014 秋冬巴黎时装周中 Chanel 注入更多的运动元素，上衣加裤子搭配运动鞋，优雅中增添一些阳刚帅气。而口袋在该设计创作中恰巧协调了运动元素和经典元素的融合，巧妙地把握好了整体的比例关系，平衡了整体轮廓和布局，使之整体的风格更加明显。图 14 所示 Burberry Prorsum2012 秋冬时装秀中立体的箱形口袋的对称运用将服装的风格表达得更加饱满和充盈，略带褶皱的口袋使衣服的层次更加分明，就好像在简单的长筒大衣上增加了些许繁复的褶边，让衣服的格调不再单纯，而是具有多个鲜明的风格融合在一起，使其更加具有内涵。

图 13　Chanel 2014 秋冬巴黎时装周　　　图 14　Burberry Prorsum2012 秋冬时装秀

同时，口袋颜色对服装风格也会产生必要的影响。由于颜色给人的感受是最直接的，也令人印象深刻，所以当口袋颜色与衣身进行色彩对比时，更具戏剧、冲击的视觉效果。如图 15 所示，2014 年纽约时装周的——Altuzarra2014 秋冬时装发布会中，这件米白羊羔皮外套的表达效果奢华而不失简约美丽，以棕色皮革拼接口袋与镶边。第一眼望去中规中矩，触摸后，感觉完全不同。着装者在享受舒适感的同时也透露着优雅和美丽的气息。

（2）口袋位置对服装的影响

口袋位置方向对服装风格也具有一定的影响。通常口袋位置在腰部、臀部等位置，当对口袋位置发生变化时，服装的整体风格也发生变化。图 16 所示，Chanel 2012 春夏高级定制时装发布秀中设计的插袋是一大亮点。模特们可以非常舒适地将手放在垂直的口袋中。而将低腰延伸至大腿根部，正如设计师所说，当模特们将手放在插袋里走出来的时候，她们看起来就像穿着快要滑落的牛仔裤一样的洋溢着男孩青春散漫，展现出来的感觉是流线型的、欢快的、前瞻性的。

图 15　Altuzarra2014 秋冬时装秀

图 16　Chanel 2012 春夏高级定制时装发布秀

（3）口袋的不对称对服装的影响

口袋的数量及对称对服装风格的影响。由于服装的设计通常是对称的，所以口袋通常是成对使用的，两个相同的口袋放在衣服相同的位置可以使服装的外观对称，对称的设计可以修饰人体。

当仅仅使用一个口袋或三个的时候，就成为强调服装某一侧的不对称设计，要通过精妙的平衡才能使设计获得成功。图 17 所示，2014 年纽约时装周的 Alexander Wang 秋冬 RTW 时装发布中，简约潇洒的直筒大衣和一双耐走的长靴勾勒了都市生活的明快，再配以小巧精致的口袋，以及立体贴袋用来放小本子、手机、打火机和唇膏等。图 18 所示，Kanga ROOS 2012 时装发布会中口袋袋盖的不对称设计及色彩的强烈对比，使人有了活泼跳跃的视觉感受。口袋的存在以及不对称设计使得服装洒脱、节奏明快，效果更佳。

图 17　Alexander Wang2014 秋冬时装秀　　图 18　2012 时装发布会（Kanga ROOS）

2. 装饰性口袋的应用设计

口袋对于服装整体来讲，首先是有其实用性，而在一些装饰风格较强烈的服装中，口袋的装饰作用也是十分抢眼的。口袋作为一种装饰元素被运用到服装上，极大地丰富了服装造型的视觉层次感，也可以使原本平面的服装更具立体、动感的效果 。

装饰面料材质的灵活运用可以缔造具有创造性的表现力。图 19 所示，2014 年巴黎时装周的 Chanel 春夏高级成衣时装发布会中利用同色、同面料进行口袋开袋的设计，同时在袋口处进行装饰线的修饰，形成了紧密、低调、随性的风格，表现出女性柔和、优雅的气质，使得服装简约而不单调。

图 19　2014Chanel 春夏高级成衣时装发布　　图 20　Topshop Unique 2012
秋冬服装发布

在 Topshop Unique 2012 秋冬服装发布会中，利用同色系、同面料的色块进行拼接。多个小巧的口袋色块分割用整体衣身色块来形成明度的色彩动感对比，使具有浓郁生命力的墨绿色服装展现出沉稳、静谧的气息。而直筒的线条、腰线的下移以及将口袋的位置设计在臀围附近，这种着装很适合身材高挑和喜欢利落感觉的人群。图 21 所示，Kanga ROOS2012/2013 品牌时装发布会中利用同种面料不同色彩来强调口袋的轮廓，流畅的线条感增强视觉动感和美感。另一款中，个性的口袋设计，增加了服装的新潮性。色彩块面的拼接设计让服装更具有色彩冲击力。

（1）口袋图案

口袋图案可以是某个具象的事物，也可以在口袋表面另加装饰。如对口袋进行贴花、图案、镂空、压褶等装饰设计。图 22 所示，Chanel 2012 春夏高级定制时装发布秀中对口袋进行串珠、压褶、饰钉、镂空等，使衣服整体上更加华丽。图 23 所示，将口袋变化成一个手套分别缝制在衣服的左右两侧，在穿着时，口袋不仅仅具有使用功能，同时也对服装进行了装饰，使得这款童装显得更加的调皮活泼。

图21 2012/2013 品牌时装发布会（Kanga ROOS）

图22 Chanel 2012 春夏高级定制时装发布秀

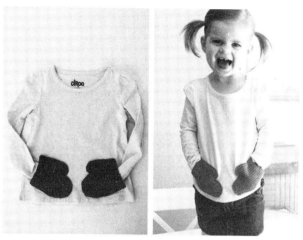

图 23　袋形图案

（2）袋口装饰

　　除了在口袋外加装饰设计，还可以进行袋口的其他装饰。图 24 所示，Phil-lip Lim 2014 秋冬时装秀中，此次冬季装束给人一种活力，口袋以及面料进行明亮的拼接剪裁和活泼柔和的色彩搭配，让人有一种积极乐观的心态和旋律，而深色系给人心情的沉重感使整体又多了一层诗意，丰富了衣服造型，使衣服表现更为丰满。

图 24　Phillip Lim 2014 秋冬时装秀

五 口袋的发展前景

在科技高速发展的今天，服装和它的部件也在不断地创新，科学技术与美学艺术的结合，让服装有更深层次的突破与发展。随着消费市场的不断扩大，休闲服的款式也层出不穷。而其口袋的设计也在不断地变化，并且不断地被超越。设计师通过对口袋功能的理解和诠释重新定义口袋的分类。设计师通过对口袋的解读得到了口袋的装饰性，这无一不在说明口袋的重要作用。当然口袋和服装是密不可分的。口袋不仅仅出现在休闲装上，职业装也有口袋的装饰。如图25所示，口袋被应用在服装的每一个角落，在包包设计上口袋可以作为外观设计进行装饰，也可以进行功能设计被应用在包包内部用于储藏；口袋被用在鞋类产品的外观设计上进行装饰；口袋被用在围巾产品上，增加围巾的存在性和呼应服装的完整性；在一些连衣的帽子上也会出现口袋的影子。可以说口袋对于服饰的装饰无处不在。有人说"口袋是用来装钱的"，可见口袋的存在是多么的具有价值和意义。

图 25 口袋的应用

六 结语

本论文研究工作进一步探索口袋的应用装饰设计。在现代服装设计当中，各种口袋不断被研究设计出来，也影响了一代服装的流行，同时得到了服装设计师的重视和应用。

　　口袋依旧在创新的道路上前进着，人们从用口袋进行储藏、携带，到用口袋进行装饰，产生艺术和审美。运用口袋局部的部件进行服装的装饰，甚至通过在口袋上进行装饰来强化服装的风格特质等。

　　口袋作为服饰的配角，不仅仅是在服装界有所成就，也逐渐延伸到了其他方面。设计师通过对口袋功能新的诠释和解析，进行了仿生设计，比如保暖衣的局部加厚处理，又比如在老年人服装中对膝部等关节部位的保护处理，在军事界有口袋阵法等理论，像包包的出现在一定意义上是口袋的化身等，人们对休闲时间的重视，对自身物质环境的要求提高，对口袋的要求也逐渐提高。因此口袋一直在贡献着自己最大的力量，其意义及价值也必将得到更深层的阐释与发挥。

参考文献

陈政涵：《牛仔裤的后袋分析》，《山东纺织经济》2012 年第 6 期。

李当岐：《西洋服装史》，高等教育出版社，2012。

孙莉萍：《服装设计中口袋的设计视点》，《美术教育研究》2014 年第 20 期。

范晓轩、黄明园：《浅议服装整体美展示与局部处理》，《四川丝绸》2008 年第 1 期。

李培洁：《趣说古人衣装上的"口袋"》，《开封教育学院学报》2002 年第 2 期。

冀宏丽、田伟：《户外运动裤装的口袋设计》，《西安工程大学学报》2012 年第 5 期。

人像摄影布光技巧

常晓文

自人类诞生就有了各种各样的需求，通过不同的绘画工具来记录当时的生活场景和人物的形象。当然人像画面也随之出现在绘画当中，一直到 19 世纪初期，肖像以油画的形式出现，越来越被人们认同，肖像创作的方式也日益多元化，创作的肖像绘画作品越来越成熟，优秀的作品越来越多。没过多久，摄影术诞生，达盖尔被誉为"摄影之父"。从此人像开始在摄影领域出现，因为当时的摄影技术条件有所局限，对人像的拍摄还处于萌芽状态。经过了几个世纪的发展，随着摄影技术的变革和人们对艺术追求观念发生转变，直到今天，人像摄影才有了翻天覆地的变化。如照相感光材料的发展经历：感光物的发现及其实验、日光胶版法、达盖尔银版法、典化银相纸负像摄影法、胶棉湿版法、明胶乳剂的出现（胶片）、新型感光材料的诞生，让单个摄影师在 24 小时内可为多个被摄者拍摄完成一些高质量的人像杰作，极大地提高了摄影师的工作效率。

一 人像摄影

所谓人像摄影，即通过摄影的形式，将被摄人物在照片上以鲜明突出的形象描绘和表现被摄者相貌和神态的作品，它是被摄者自己的影像写真。人像摄影和一般人物摄影有所不同，人像摄影主要以刻画所被摄者的相貌形态和神态为主线进行创作任务，尽管有的人像摄影作品也含有某一个特定的故事情节，但主要以表现被摄者的相貌为中心，当然，也有相当比例的人像摄影作品传递被摄者的形象时，失去了具体的故事情节。就人物摄影而言，主要体现的是被摄者所参与的某项事件或者活动情况，即主要以具体情节的表现为重心，而不是基于被摄者的相貌和神态为主要任务，这即是二者的区别之处。人像摄影的要求是"形神兼备"。一幅优秀的人像摄影佳作，是相当多的成功因素综合之结果：神态、形态、构图、曝光、前期沟通、中期拍摄、后期制作均能达到一定的境界，方能游刃有余地把各部分塑造成一个完美的整体。

二 人像布光

就目前而言，人像摄影所用光主要有顺光、侧光、前侧光、侧逆光、逆光、顶光、底光几种，不同的光线在布光时有不同的方法和技巧，在不同的环境下，要因地制宜，合理使用，方可得到人像摄影佳作。就人像摄影而言，应从以下几种布光来分析。

1. 顺光的布光

顺光也叫作"正面光"，是指光线的投射方向和拍摄方向相同的光线。在顺光照射的状态下，被拍摄对象正面受到了均匀的照射，被摄对象的阴影让自己遮挡，导致出现的影调相对柔和，从而说明这样的光线具备反差小，没有明显的投影情况，如图1所示，顺光的布光易表现年纪偏小的少女和少年儿童稚嫩的皮肤，赋予被摄者活泼可爱的情调，给予受众的感觉清新明朗。把这类光线应用在人像摄影当中，也取决于被摄者所固有的线条、形象以及装扮的色彩。不过，使用顺光也有一定的不足之处，因为此类光线明暗反差较小，产生的画面过于单一，严重缺乏层次感，为此不适宜塑造空间感和立体感。

图1 顺光人像

资料来源：常晓文摄。

2. 侧光的布光

侧光：来自照相机一侧（左侧或右侧）与镜头光轴构成大约90°夹角照明光线叫作侧光。它的特点是被摄者的面部和身体一半受光，而另一半处在阴影中，此时面部和身体部位的立体感最强，有利于表现被摄者面部和身体的起伏状态。由于侧光照明使被摄者面部和身体的阴影面积增大，整个画面的影调不像顺光和前侧光那样明快，但色调并不沉重。

侧光布光应注意以下几方面。

①特别要注意景物受光照射面与阴影遮挡面在整个画面中各自所占的面积，通过调整拍摄点的位置或故意等待合适的取景拍摄时间，依据光源（包括自然光源或人工光源）投射方向与照相机所取景拍摄方向之间的角度所带来的变化，去调节景物自身受光面积和阴影面积之间的面积关系，它们两者之间的角度一般在30°~60°。

②特别要注意适当控制光的反差，主光与辅助光之比不宜太大，尤其是拍摄人像，光比以1∶2或1∶3为妙。也就是说人物脸部明亮的部位比暗的部位小一级或二级光圈。

③在侧光照射下拍摄特别要注意，若存在光的反差较大，所取景构图的背景色彩杂乱无章，最好选用大的光圈，短的景深，将焦点对准被照射的主体，让焦点上的物体明显，色彩鲜艳。让处于景深范围以外的景物达到虚化，色彩淡一些。同样使用长焦距镜头和大光圈，达到虚化背景的作用，可有力地突出人物的形态，并通过虚实对比表达空间感和主题感。

3. 前侧光布光

从照相机后方一侧（左侧或右侧）大约与镜头光轴构成30°~60°夹角的方向投向被摄者的照明光线叫作前侧光。它的特点是被摄者的面部和身上大部分受光，产生的亮面大，形成较明亮的影调；被摄者身体小部分不受光，而产生阴影，表现出被摄者的明暗分布和立体形态，如图2所示。这种采光方法的特点是被摄者的立体形态表现得比顺光拍摄更好，而且影调又比较明朗。

图2　前侧光人像

资料来源：常晓文摄。

4. 侧逆光布光

来自照相机的斜前方（左前方或右前方），与镜头光轴构成120°～150°夹角的照明光线叫作侧逆光。它的特点是无论是自然光还是人工光，只要采用侧逆光拍摄，被摄者面部和身体的受光面积只占小部分，阴影面积占大部分，所以影调显得比较深重，如图3所示。采用这种照明方法，被摄者的立体感比顺光拍摄好一些，但影像中阴影覆盖的部分立体感仍然较弱。在这种情况下拍摄，对任务阴影面影调的控制和调整尤为重要。一般说来，阴影面曝光不宜过少，以免影调太深太重。而且频繁需要使用反光板、电子闪光灯等辅助照明工具适当提高阴影面的亮度，修饰阴影面的立体感层次。

图3　侧逆光人像

资料来源：常晓文摄。

5. 逆光的布光

逆光：逆光是来自照相机迎面，与镜头光轴构成170°～180°夹角的光线。它的拍摄特点是被摄者绝大部分处在阴影之中，影调显得比较沉重，阴影面的立体感也较弱，如图4所示。在大部分情况下，用逆光拍摄人像需要利用辅助照明手段对被摄者的阴影面进行修饰，或通过额外增加曝光量保留被摄者阴影面的层次。采用逆光照明，有时可以在人物的头发上、肩上或在脸上形成明亮的光斑和轮廓，而被摄者面部处在阴影中。采用这种光线拍摄，最好是选用暗调子的环境作为人物的背景，以衬托被摄者明亮的轮廓，并把人物从环境中烘托出来。

逆光使用能够增加引起受众的视觉冲击力。在逆光拍摄人物的过程中，由于人物暗部比例增大，绝大部分细节被阴影所遮挡掩盖，导致被摄体以简洁的

图4 逆光人像

资料来源：常晓文摄。

轮廓线条或很少的受光照射面积凸显在被取景画面当中，出现的大光比、高反差会给人以非常强烈的视觉冲击，达到十分强烈的艺术造型效果。总的来说：①逆光能使被摄体的背景处在背光之中，达到曝光不足，让所取景构图的背景得到干净利索的画面，从中达到主体突出的作用；②逆光能很好地勾勒出被摄体清晰的轮廓，让被摄主体与背景有所分离，还可凸显被摄体的外形起伏状态和线条，重点强化被摄体的主体感；③逆光能着重地刻画被摄人物性格，因为整个人物画面的受光面积小，被摄人物面部与身体的大部分面积处在阴影当中，形成以深色为主的浓重低调画面，非常有助于表达传递出人物深沉、肃穆、含蓄或忧郁的性格特点。在此种环境状态下，因为影调反差的对比度十分明显，明暗光线强烈，都能让人物面部原有的某些欠缺借助强光加以冲淡，也能利用背光的暗影适当予以隐匿，以取得扬长避短的效果。

6. 顶光的布光

顶光：是指来自被摄者上方的照明光线，即来自顶部的光线，与景物、照相机成90°左右的垂直角度。如酷暑中正午的光线情况，如果在中午时分拍摄户外人像，由于太阳处在被摄者当顶，使得面部上亮下暗，眼窝深陷，鼻影、嘴影重而长、颧骨突出，呈现顶光效果，一般说来，不利于被摄者的造型，如图5 所示。[3] 从头顶照射的主光线，对拍摄肖像等是最不适合的光线。用银反射板或频闪灯光，将正面光改作辅助光使用，不合适情况立即消失，造成一种反常奇特的形态。因此，一般都避免使用这种光线拍摄人物。但假若被摄者属仰视姿态，这种光线便不会对被摄者面部产生很长、很重的投影，所以也可用。

图 5　顶光人像

资料来源：常晓文摄。

7. 底光的布光

底光也叫脚光，是指光线投射方向来自被摄体下方。我们经常在恐怖片中看到底光的使用，可见底光营造出的是阴森恐怖的视觉效果。在户外拍摄人像，有时也会遇到投射光线低于被摄者的情况，如来自水面的反光，蒙古大营篝火晚会的篝火以及放置很低的反光板等，都能形成脚光照明效果。在这种情况下，被摄者往往出现反常的照明效果：凡是向下的平面显得亮，而向上的平面则处在阴影中。这种照明效果，除去能够表现一定的环境特点外，一般在人物摄影中很少使用。

三　光线的性质

1. 直射光

就自然光而言，在阳光明媚十分晴朗的天气，当阳光直接照射到被摄者身上，使受光面产生了明亮的影调，而不直接受光面却形成了明显的阴影，并且投影十分明显。这种光线，我们称它为直射光。在这种直射光照明光线下，因为被摄者受光面与阴影面之间有一定的明暗反差，非常容易表现出被摄者的立体形态，特别是光线的造型效果显得较硬，当然也有人称之为硬光。在硬光的环境下，往往会出现明显的影调，如图 6 所示。另外，在薄云遮日的天气，因为白云能够扩散一部分阳光，让直射光的照明反差有所降低，也适于拍摄人像，其光线性质仍像晴天的阳光，也属直射光。

图 6　直射光人像

资料来源：常晓文摄。

2. 散射光

在阴天的情况下，天空中直射的阳光会被云朵遮住，不能向被摄者直接照射，被摄者要依靠天空中云朵所反射的散射光线来照明，才不会出现较明显的受光面和阴影面，当然也不会出现明显的投影，且光线的效果相对比较平淡柔和，此种光线，被称为散射光，也被称为软光。如果在没有聚光设备的情况下，人工光源发出的光，或者在灯具上安装了可以使人工光线达到散射的设备（如滤色片、反光伞、柔光纸、散光屏），这样射出的光线就是漫射性质，也被归属为散射光。在平时拍摄人像的时候，若使用散射光或者直射光，能达到不一样的造型效果。此时散射光所拍摄的影像线条和影调十分柔和。而直射光拍摄的影像线条和影调较硬、较锐；为此，依据哪些因素来选择投射光线的性质？主要从两个方面考虑：一方面要依据被摄者形象的需要，选择照明光的性质。另一方面根据摄影者的意图而进行确定，在散射光的环境下，能营造出柔和的效果，如图 7 所示。

图 7 散射光人像

资料来源：常晓文摄。

总之，在人像摄影当中，无论是过去传统的胶片摄影（传统照相机），还是现在的数码摄影（数码照相机、智能手机、平板电脑），都可以游刃有余地完成人像摄影的拍摄任务。关键是在布光（用光）的过程中，只有摄影者认真理解推敲各种光线的特性，才能把握好布光的技巧，达到事半功倍的作用，让未来的人像摄影技术更好地应用到生活的各个领域。

参考文献

杨尧：《人像摄影的技巧与后期处理》，《科技信息》2010 年第 18 期。

任雅聪：《论构图与用光在摄影创作中的作用》，《语文学刊》2011 年第 15 期。

邢亚辉：《人像摄影魅力光线之顶光》，《照相机》2013 年第 8 期。

周娟、吴霞：《人像摄影技巧·品牌》，2015。

张益福：《人像摄影》，辽宁美术出版社，1995。

平面构成的关系元素对室内设计的影响

李艳云

随着城市发展的需求，室内设计要求也在提高，更加注重对氛围的营造。室内设计的前提是遵守空间实用性原则，其次才是考虑形式感的装饰效果。设计师根据室内空间需求来满足审美意识，而不是强加设计师本身所喜好的审美取向。室内整体的效果要做到和谐统一，室内局部效果变化多样，局部效果应服从整体效果。一方面考虑人们的方便、舒适感，另一方面人们在生活中体验美、享受美，这样的室内设计才能被人们认可，才能被公众称为成功的设计作品。

一 平面构成中框架元素对室内设计的影响

平面构成的框架就是室内设计的总面积，框架的多样性丰富了艺术设计的表达方式。平面构成的框架意味着设计者对画面组织结构的一种决策。为了表现作品的主题思想和美感效果，可在一定的空间内安排、处理各个元素，把个别或者局部的形象作为表现的整体。平面构成框架通过研究形态对整个室内设计面积配置表现各种情绪，其配置方法如下。

（1）室内布局紧张的情绪表现。在室内布局的整体配置中，若各元素组成的形态所占面积较大，所留空间较小，会减少实用性，产生情绪上的拥挤、紧张感。

（2）室内布局平稳安定的情绪表现。在室内布局整体配置中，若各个元素组合比较集中，所留空间较大，且家具大小、尺寸适中，排放位置合理，则可产生平稳安定的视觉效果。

（3）室内布局不安稳的情绪表现。在室内布局整体配置中，室内面积较大，所运用的各个元素偏小，位置摆放不合理，则产生不安稳的感觉。

（4）室内布局轻松的情绪表现。在室内布局整体配置中，面积较大并集中于某个主要区域，周边留有较大活动面积的空间，会产生轻松舒适的感受。

二 平面构成中骨格元素对室内设计的影响

平面构成中的骨格是图形的骨架与格式，是为了将图形元素有秩序地进行排列而画出的有形或者无形的格子、线框。设计中把基本图形元素置入设定的骨格中进行各种编排即可得出丰富搭配的形式。骨格一般分为两大类型：一种是规律性骨格，是指构成图形的组织格式是严谨、有秩序关系和有数字关系的骨格线。主要包括重复、渐变、近似、发射骨格形式，特点具有规整、庄严、有趣、动感。另一种非规律性骨格，是指较自由的，不太受约束框架方式进行排列，特点是灵活、多变、动感，但不是毫无章法的，也是必须遵守一定的美学原则。主要包括特异、对比、密集、自由骨格。

骨格在室内设计中，有时只是纯粹概念上的骨格，起到编排作用，地面一般应用到重复骨格，在背景墙上一般会用近似骨格、特异骨格、对比骨格，顶棚一般可以用到发射骨格、重复骨格、渐变骨格。灵活熟练地运用骨格，可以丰富设计作品的功能效果。比如：集体办公类型的室内设计一般会应用重复、渐变、特异、对比骨格形式，主要根据办公类型来定。不管是公装室内设计还是家装室内设计都要根据不同功能需求与喜好来定不同的骨格形式[1]。

三 平面构成中空间元素对室内设计的影响

平面构成中的空间元素具有多重性，有平面空间、幻觉空间、矛盾空间等形式。在室内设计中塑造空间，主要掌握和运用透视学知识。其次是要了解基本形态由于大小、方向、形状、位置、光影之间的关系所产生的空间延伸效果。线的纵深运用具有强烈的室内空间的深度，光影的明暗变化能够产生空间的立体效果。[2]

具有舒适感、符合现代需求的室内设计作品，其空间尺度大小，空间的纵深、空间的虚实不同，都会带来不同的视觉冲击和心理体验。

（1）空间的尺度不同，会使人产生不同的心理感受。高尺度的宏伟空间令人产生敬畏、肃穆感；比较低矮的空间则使人感到压抑。

（2）空间的疏密程度不同，影响着人们的情感体验。空旷的空间给人带来心旷神怡或寂寥的感觉；狭小的空间则产生亲密感或挤迫感。

（3）深度的空间吸引观看者的视线走向最深处。

（4）空间的虚实效果可以丰富画面的语言，增强画面的神秘感。

四 平面构成中层次元素对室内设计的影响

层次元素在室内设计中起到丰富画面的作用，也能起到延伸室内空间的作用。室内设计中常用于平面构成中形成层次的方法有以下三种。

（1）覆盖，是指一个空间隐藏另外一个空间，被隐藏的空间不可显现。覆盖能够表现前后效果，是表现层次关系的一种重要的表现方法。

（2）遮挡，是指一个空间遮挡另外一个空间，室内常用的屏风、隔帘主要起到遮挡空间的效果。

（3）透叠，是指透过一个空间遮隐另外一个空间，被遮隐的空间呈透明状态，能够显现空间的基本形态，透明现象给人的感受是灵活而富有情趣的，具有幻觉性。

一般而言，室内设计中一个空间不能设计太多的层次效果，最多以 2~3 个层次展开，既要使空间很大，又要有强烈的神秘性或隐藏性的设计要求，最多不超过八个层次，否则会因层次过多使空间使用不便。每个室内整体效果保持统一，同时也要有层次感。[3]

五 平面构成中深度元素对室内设计的影响

深度是室内空间的一种表现形式，能够体现由远及近、由前至后的空间距离。从平面空间到室内空间表现空间深度的方式很多，主要是依据透视学原理，色彩原理通过层次来表现。

深度的表现方式对室内设计的影响主要表现在三方面：一是处于空间中的物体，将其距离延伸，最终都要消失于一点，这样大多表现在走廊、大厅、会议室当中，这也是室内常用的手法。二是空间中的物体由前到后的大小变化，色彩明度高的物体比明度低的物体更有前进感表现深度，同时也可以通过光影的位置、大小决定物体的空间深度。三是当室内空间的深度特征确定之后，又要确定在此范围内层次的数目。也就是说要对复杂的深度层次进行简化、归纳、组织，以尽可能少的画面层次表现无限的深度效果，室内效果简洁、层次分明、空间深度却很强。[4]

六 平面构成中重心元素对室内设计的影响

重心是设计室内空间统一与和谐组合方式在一起的主要元素，具有明显重心的设计空间，能直接吸引视线，突出主题。在设计中也要注意影响重心的因素，比如，两个相同大小的面积出现在空间当中，接近中心产生小于远离空间的重力感。重力感强的位置就是画面重心所在。色彩明度高的比明度低的重力大，纯度高的比纯度低的重力大，暖色比冷色重力大。还有所具有的方向感是影响重心的一个重要因素。具有方向感的元素隐含着一种作用力，能够影响其周围的重力。

说起重力对室内设计的影响，就不得不考虑到画面的平衡。室内空间中的平衡是从视觉角度来感知，有动态平衡或心理平衡，是面积、大小、轻重、空间上所达到的视觉平衡。重心在室内空间的首要位置时，物体元素具有对等的形与量，产生一种等量等形的视觉平衡，给人一种规则、秩序、庄严，显示出规范、严谨的美。但要是处理不好就容易产生呆板、无生气的视觉感受。[5]

重心脱离主要空间时，需要对空间的所有元素进行排列、组织，以达到视觉上的平衡，由位置的对称转为量的对等。在室内设计中，要对应用元素的位置、形状、色彩、大小、数量等有深刻的了解，使画面元素达到均衡。这也是可以根据设计主题的需要，将重心确定在视线最先看到的地方。[6]

本文主要通过对平面构成中关系元素来分析室内空间设计的影响。构成中关系元素——框架、骨格、空间、层次、深度、重心在室内设计中转换，应用元素之间的处理也要遵循构成法则。空间的重心、空间的格局与分布、空间的风格均以元素应用范围为基本原则，这些方法主要起到一个指导作用，不是完全不变的原理。这样也可以为我们解决空间体积感、空间动态和空间意境中的问题，可以解决空间之间的协调统一，为满足室内设计需求提供一定的参考思路。

参考文献

［1］彭凌玲、赵巧红：《平面构成》，南京大学出版社，2011。

［2］朱金华：《平面构成在园林设计中的实施关键问题探析》，《科技展望》2015 年第 1 期。

［3］张红：《平面构成形式语言在室内设计中的应用》，《美术教育研究》2014 年第 14 期。

［4］郭剑：《平面构成方法在室内界面元素构成中的转化》，《美术教育研究》2014 年第 13 期。

［5］张翔：《从平面构成元素解读室内设计语言》，《江西建材》2016 年第 24 期。

［6］龚宁、薛青：《论平面构成要素在室内设计中的运用》，《美术大观》2010 年第 7 期。

高职院校设计色彩教学之我见

赵俊华

设计色彩是艺术设计类各专业学生必修的一门基础课程。通过该课程的教学，学生了解并掌握色彩与设计色彩的基本理论和基本技能，提高科学地观察、分析、理解和归纳、表现色彩的能力，为以后的专业设计打下扎实的基础。该课程对于学生掌握色彩知识，了解设计色彩与绘画色彩的异同，做到从绘画色彩到设计色彩的自然转换，掌握设计色彩基本规律和方法等都具有重要意义和作用。因此，如何上好设计色彩课，如何在有限的课时内，有效地提高教学质量，达到较好的教学效果，这是我们每一位相关任课教师应该认真思考和重视的研究课题。

多年前，笔者因主编高职院校设计专业教材《设计色彩》（江西高校出版社），曾对江西省内多所高职院校设计色彩课程开设情况作了较为深入的了解和追踪调研；近几年，又在与一些高职院校同行的学术交流活动和个别交谈中了解到，部分院校在设计色彩教学上存在着较大的问题，虽有一些教师提出了正确意见和改革呼吁，但没有引起足够的重视，成效不大。迄今，仍然存在以下问题：一是有不少任课教师尤其是青年教师，对设计色彩与绘画色彩的概念和区别比较模糊，分不清楚；二是由于师承关系，多数任课教师长期受绘画色彩惯性的影响，表现出在设计色彩教学上仍然沿用绘画色彩的教学方法；三是学生美术基础普遍较差，教师教学方法单一。由于以上问题长期没有解决，导致高职院校设计色彩教学上出现偏差和短板，严重影响了设计色彩课程的教学效果和教学质量。那么，怎样才能有效地解决上述问题？

首先，所有担任色彩教学课程的任课教师，必须正确理解设计色彩的概念和特点，真正清楚设计色彩与绘画色彩的区别。要知道，所谓设计色彩就是以绘画色彩为基础，通过高度概括、归纳、提炼、夸张、变化等多种手段表现出来的一种色彩艺术语言。其最大特点是不受物象固有色、光源色、环境色的影响和限定，而是将自然和客观的色彩按设计者的理想和产品设计需求进行调配运用。设计色彩与绘画色彩的最大区别在于：绘画色彩是作画者将观察到的自然中的客观色彩，结合画者的主观意图通过绘画作品再现出来，重在传递自然物象和表达情感。其表现的是作画者对自然美、客观美的一种审美感觉和艺术创造，讲究随性、自然。设计色彩则是设计者将客观色彩经过主观和理性的筛选、梳理、提炼、变化体现出来，应用于设计作品上。它更注重色彩的理想美、秩序美、形式美等。简言之，绘画色彩是客观的、感性的、空间的、真实的；设计色彩则是主观的、理性的、平面的、理想的。设计色彩教学的最终目的是培养学生的色彩感知能力和设计色彩的归纳及应用能力。

任课教师只有真正清楚和搞懂了上述概念，才能正确地指导教学，在设计色彩教学中做到有的放矢，不出偏差。这是上好本门课的前提和关键。

其次，任课教师彻底改变在设计色彩教学上所沿用的绘画色彩的教学理念与方法，创新教学思路，探索教学方法。长期以来，我国大多数高校的美术师资基本是由美院或师范类艺术院校和一些综合类艺术院校培养出来的。由于20世纪50～60年代我国美术教育受苏联美术教学体系影响较大，反映在美术基础教学上的理念和方法也大致雷同、如出一辙。随着大学扩招，开设美术或艺术设计专业的院校如雨后春笋般涌现，短时间内，高校基本开设了美术或艺术设计类专业。因而合格师资也就显得捉襟见肘，滥竽充数者有之，且为数不少。而现在高职院校艺术设计各个专业的教师多半毕业于扩招以后的一些高校，一部分人由于师承的惯性，他们的教学理念、教学思路仍然习惯于绘画色彩，自觉或不自觉地在设计色彩教学上沿用老师教给他们的绘画色彩教学的老方法；另一部分人除了自身美术功底和艺术修养先天不足外，后天又不愿意努力进取，教学上也不愿意深入钻研，对于设计色彩教学的知识和理念停留在过去式和一知半解上，其教学效果和教学质量也就可想而知了。要想从根本上解决以上问题，所有相关任课教师，必须彻底改变观念，创新教学方法。少数教师还应在专业上加强修养，提升自我，在教学上刻苦钻研，提高水平。在设计色彩教学训练步骤上，依据笔者多年的教学经验和体会，建议分三步走：第一步，色彩临摹训练阶段，课时约占1/4，本阶段通过教师指导学生临摹优秀色彩作品，使学生了解色彩基础知识，理解色彩的一般规律，学习和掌握基本的色彩临摹技巧和方法；第二步，色彩写生训练阶段，课时约占1/4，本阶段通过静物或风景写生，锻炼学生捕捉自然色彩的能力，学习并掌握基本的写生技巧与方法；第三步，设计色彩训练阶段，课时约占2/4，本阶段是重中之重，包括归纳色彩训练、意象色彩训练、抽象色彩训练等。重点训练和培养学生的主观色彩的归纳、提炼和创作能力。教学中要结合学生实际，精讲理论，注重实训，临摹和写生结合，习作与创作并举；通过模仿、借鉴、想象、创作等系列方法完成作业训练，先易后难、循序渐进。只有这样，才能使我们的学生在有限的课时内，多学习、多掌握一些设计色彩知识和技法，达到提高设计色彩素养之目的。

最后，针对学生美术专业基础普遍较差的实际，我们任课教师既不能丧失教学信心，更不能对学生放任自流，应以极大的教学热情，尽最大努力去调动学生的学习兴趣，提高学生的学习自信心。要引导和指导学生利用一些课外时间多做些基础训练，补一补造型基础课。在课堂教学上，任课教师一定要因人而异、因材施教，对基础不同的学生应采取不同的教学方法，提出不同的作业要求。比如，同样写生一组静物，基础好的学生要求可高一些，对基础差的学生要求可适度放低一些。造型基础稍好的学生在写生时，可造型和色彩训练同时抓，而造型能力较差的可暂时放低造型要求，重点抓色彩感觉训练。对学生每一个阶段的进步和成绩都应及时给予肯定和鼓励，促使他们不断进步。此外，要善于发现和挖掘学生中专业较好的"种子选手"。我们知道，每个班级，总有几个美术基础相对较好的学生。任课教师要牢牢抓住这些"种子选手"，教好他们、用好他们，经常展示他们的优秀作业，发挥他们的榜样和引领作用，充分调动他们的积极性，让他们在课外学习小组中担当小老师，每个人负责帮助 3~5 名同学。这样，就能起到以点带面地带动全体学生的学习积极性，有效提高教学效果和教学质量。

总之，设计色彩是设计类专业十分重要的一门基础课程，对于学生将来所从事的设计专业起到至关重要的奠基作用。毫不夸张地说，它可能影响学生的整个设计艺术的一生。因此，作为任课教师，我们没有半点理由敷衍塞责。只有在教学上潜心钻研，热心讲授，耐心示范，悉心辅导，尽心尽力上好这门课，为学生打好扎实的设计基础。只有这样，才能对得起你所教的学生，无愧于"人民教师"这个称号，无愧于"人类灵魂的工程师"这个美誉。

参考文献

张培：《浅谈设计色彩的表现方法》，《湖北函授大学学报》2009 年第 3 期。

王学俊：《论设计色彩及其表现方法》，《艺术教育》2008 年第 8 期。

余继平：《装饰色彩是架设在绘画与艺术设计间的桥梁——装饰色彩教学研究》，《艺术研究》2003 年第 4 期。

《挪威的森林》文学世界的双重色彩

——青春哲学与摇滚音乐

吴海顺

一 一个关于爱情、青春和生死哲学的世界

王安忆说:"小说不是现实,它是个人的心灵世界,这个世界有着另一种规律、原则、起源和归宿。"[1]那么《挪威的森林》是怎样的一个世界呢?

青春的时光里邂逅了爱情,并在爱情的词典里见证了生死。

《挪威的森林》(以下简称《挪》)有很强的后现代的味道。后现代主义是一种持"针对元叙事的怀疑态度"[2],正是这些怀疑态度解构了以往的意义,很难在这个世界寻找真正的意义,现成的意义在这个森林中被遗弃了。故事中,木月遗弃了生死;永泽不停歇地追女孩,他遗弃了爱情;直子生活在过去无法面对现在,她遗弃了现实;绿子和直子是相反的,她拥抱现实遗弃合理,合理的生活既荒诞又虚无,所以她会在她父亲的灵位前脱掉全部衣服让她的老爸看看他生养的女儿。这个世界,所有人在寻求建立新的意义,每个人物的思想奇特而充满趣味,他们行为举止也非常地怪,可以说这是一个怪咖森林,这个森林诠释了当下人们的生存状态,工业化社会的细胞—人—内在的人性(人味)变得越来越稀薄,《挪威的森林》就像村上春树所钟爱的摇滚乐一样,它是一种发自内心的呐喊。那么这种呐喊可否看成与现实的对抗,吴炫说:"'好作品'不是因为'对抗现实'而显示文学意义,而是'不同于现实'而让人心灵获得区别于现实的价值依托而显示意义。"[3]因此,除了呐喊,《挪威的森林》的意义还在于为我们在后现代的废墟中建立了一些新的东西,下面让我们从三个方面来看看这个世界给我们建立了什么?

1. 爱情

爱情到底是什么,有关爱情的小说汗牛充栋,《挪威的森林》中的爱情是什么呢?

渡边与高三女生的初恋是他的第一次爱情寻觅,寻找不到任何新鲜的东西,那女孩只想他留下来和他过平常的日子,但是渡边内心想要的并不是这种感觉。

于是他继续寻觅爱情，第二个对象便是直子。直子是他朋友木月的女朋友，而且是青梅竹马的那种，木月自杀后渡边便将寻觅爱情放在了直子身上，这是一次痛苦的寻觅，通过直子他还认识了玲子，与此同时，他还碰到了绿子，这是他的寻觅旅程中的另一个收获。

第一次的恋爱经历对渡边来说更多的是生理的冲动，他感觉这肯定不是他的终点，于是第二次经历便出现了，这一次给爱情设定的条件比较复杂，他的好朋友木月死了，他感觉到自身有责任保护木月的女朋友直子，在和直子交往的过程中他爱上了直子，在直子20岁生日那天他和直子发生了关系，但是这件事情却牵扯出另外一件事，那天渡边发现直子和木月没有发生过关系，这让他十分纳闷，便询问了直子，直子承认了。这件事情让直子很伤心，她愿意将自己交给木月，她和木月的确是相爱的，但是她和木月无法发生真正的男女关系，在这个设置中，木月和直子的爱情取消了性的因素，性本是爱情的、物质的组成部分，这种成分的缺失让木月和直子感到无奈。另一方面，木月死后，直子仍沉浸在对木月的爱中，可是却和渡边发生了真正的关系。到这里，爱情是什么？性又是什么？在这里作者将爱情和性分开了，木月和直子两颗心是连在一起的，两个人都深信不疑，但是有一件事却深深地困扰他俩，那就是他们无法发生男女关系，在这里性是作为一种手段存在的，具体的讲就是交流的手段，性的终止象征木月和直子无法实现爱的交流。但是直子却和渡边发生过一次，这里要强调的是，只有这一次，这也是作者特意安排的，直子渴望与爱的人发生性关系，实现真正的交流，却可望而不可即，但这种真正的交流不是没有过，正因为有过那么一次所以才特别的耐人寻味。直子自杀前和玲子描述了他和渡边发生关系的具体细节，她表现出因为性的交流真实发生了兴奋，但是又说："我只是不希望任何人进到我那里边，不想让任何人扰乱我"，说明直子最后的自杀与她无法和外界交流有关，在这场游戏中，直子最终选择了放弃交流的机会因为她"不想让任何人扰乱"。所以说在这里爱情是直子寻觅温暖的对象，性的发生代表了交流的发生，可是在直子这里却总是不能成功，其实作者要探讨的不是具体的性，而是通过性的中断说明直子无法和外界发生交流。

渡边通过与不同的女孩子交往，以爱情的方式与这个世界接触，爱情在《挪威的森林》中更多地表现为精神的交流、性的交流，通过人物的对话、心理活动等呈现这种交流，也就是说，《挪威的森林》在呈现这样一个关于爱情的逻辑：爱情是出于交流的需要才发生的。

比如这段：

"打算搬进寄宿宿舍？"我试着问。"不不，不是那样的。"直子说，"只是想想，想集体生活是什么样子，我是说……"直子咬起嘴唇，搜寻合适的字眼，但终究没有说出来。她叹了口气，低下头，"我想不明白，算了。"[4]

两个人在进行交流，《挪威的森林》呈现了许多这种心理的交流，爱情就是随着交流一点点进行而发生的，从这段对话中可以看出，他们都试图表达清楚自己内心的想法，可是语言非常的无力，直子后来干脆就放弃了。除了语言的交流，还有性的交流，性的交流就是身体的交流，这方面的交流直子是有障碍的，前文有提及，这里就不再赘述了。爱情的发生就是以交流为手段的，爱情中表现的交流是最深刻的交流，《挪威的森林》要表达年轻人内心的迷茫就要从交流着眼，而以爱情为背景的交流又是最真诚的、最直达内心的。

除了以上几个比较正式的交往姑娘，渡边还和其他一些人发生过纯粹是生理上的关系，首先是永泽带他去"泡"的一些女孩，就是为了解决生理上的需要，这些姑娘给渡边带来了不少的困惑，因为完事后他又会因为自己的行为感到愧疚，这些描写倒没什么独到之处，现实生活中人们也同样会持有这种想法。作者将这种纯粹是生理的满足和渡边与直子发生的那种爱情进行了一个对比，渡边和直子的爱情是寻求内心的交流，安置迷茫的青春，然而"泡女孩"则没有内心的交流，忽略了交流的性使得渡边感到厌倦，然而永泽却乐此不疲，可是永泽不是完完全全那种不追求交流的人，他和初美的爱情就是追求交流的爱情。此外渡边和玲子的关系非常值得寻味，渡边通过直子认识玲子，直子死后玲子去东京找渡边，两人一块举行了一个祭奠直子的仪式，在仪式上玲子弹奏了51首曲子，最后和渡边很自然地发生了关系，如果说他们之间有爱的话，那也是不能排除直子的，直子死后玲子是因为直子去找渡边的，在这里如果用爱情来套他们之间的关系就显得不合时宜了，这里已经取消性的神秘性，直接就是一种交流了，当然这只是就小说谈小说，不能用现实中的常规来看待小说的世界。

2. 青春

什么是青春？青春给我们留下的全是美好的回忆吗？大众文化市场有太多的"忆青春"主题的电视剧了，但是《挪威的森林》这个世界却是遍布荆棘，主人公用自己的生命行为解释青春，小说是围绕渡边展开的，渡边周围的人好像是森林里的一棵棵树，有许多评论说《挪威的森林》写的是青春期的迷茫，笔者认为还可以在此基础上进一步分析。

在《挪威的森林》的小说世界中，人物可以分为两派，一派是在青春中彻底迷失了的一些人，例如木月（17岁自杀）、直子的姐姐（17岁自杀）、直子（21岁自杀），这些人都是在正值青春的时期选择死亡的，这一派中还有一个人，那就是初美，她后来和永泽分了手，找了一个安分的人嫁出去了，可是最终还是选择了死亡。另外一派就是走出了青春这片森林的人，包括渡边、永泽、绿子、玲子等。到了这里笔者要做一个总结，作者对人物的这种安排折射出了《挪威的森林》的世界中关于青春的逻辑，青春就是一个去与留的故事，直子等人的死是必然的，青春就是以她们所代表的纯真的消亡为代价的，也就是说，直子等人只能生活在青春期及以前，青春之后便不会再有她们了。青春之后留下的是永泽，他沉醉并且适应社会，尽管他明白青春最宝贵的是什么，但是他还是选择了放弃初美，继续在现实的生活中"往上爬"，留下的是绿子，她是渡边在生活中遇到的和直子迥然不同的女孩，她能够在现实中很好地生活，虽然她的生活逻辑非常奇怪。

渡边这个人物徘徊于这两派之间，最后在小说结束的时候，绿子问他在哪，他觉得他迷路了，不知道在哪。所以迷茫的青春这个定位没有错，但是还可以进一步探讨青春的问题，玲子这个人物的设置非常好，正是因为这个人物的存在才使得《挪威的森林》的境界上升。玲子在这个世界出现的年龄是 38 岁，已经走出青春时期，脸上已经有了明显的皱纹，但是"有一种超越年龄的青春气息"，所以青春在玲子这里还存在，但是此时的玲子和直子在一块，在疗养院，玲子角色的设计又透露出一点关于青春的事情，玲子被当成病人的时候，具有青春的气息。

还有一个人物也需要单独列出来，那就是初美，可以说玲子和初美这两个人物拓展了青春的内涵，走过生理青春的玲子身上还有精神青春，这种青春的存在使得她只能逗留在森林中，继续迷茫。初美离开了永泽，但是她的青春之心还在永泽身上，当她和别人结婚生子后，却发现她只是肉体上离开了青春，那颗真爱之心还留在青春里，最后初美选择了死亡。

我们也可以看出，生死是一种选择，青春里最美好的东西会死亡，代表这些东西的人物都会死去，主人公渡边说，死不仅是生的对立面还是生的一部分，人走过青春，青春的本色也就失去了，但是这段青春记忆永远是整个人的一部分。下面就来谈谈生死。

3. 生死

在《挪威的森林》中，什么属于生？什么属于死？让我们以渡边为参照点来思考这个问题，渡边是故事的中心人物，我们跟随渡边游览了"挪威的森林"，首先木月用死亡将渡边带向了死的一面，直子比渡边陷得更深，"我"一边寻求解决的方法一边又陷入直子的生活中，后来我遇到了永泽和初美，但是用永泽的话说，他俩在本质上是同一类人，换言之，初美和直子也是同一类人，结果也证实了这一点，渡边和永泽生，直子和初美死，后来在这个森林中，渡边又遇到了绿子，这是他的生命中出现的一个重要人物，她的任务就是要把渡边从直子这边拯救出来。

那么生是什么？绿子这个在邻街起火的情况下都能够大声唱歌，她是一个在父亲的遗像前都可以裸露身体的女孩，她是一个"把玩"生活的人，把玩这个词是林少华在《挪威的森林》的中文译本的序言中提出的，他是说村上在"把玩"生活，《挪威的森林》是 37 岁的渡边写的回忆性文字，这个时期的渡边明显已经站在生这一边，这个时候他已经和绿子无限地靠近了，他们都从《挪威的森林》中逃了出来，渡边逃出来的方法是从绿子这里学的，于是 37 岁的渡边（他有村上春树的影子）便和绿子一样"把玩"生活了，那么这样一个逻辑就显现出来了："把玩"是青春这场游戏的退场券，认真执着于这场游戏的人代表的是死，生属于"把玩"的人。

如果这样就了结了，那我们就会弄错作者的真正想法，"把玩"的人是获得了重生，但是说到底这是一种逃避，那些死的人才真正面对了青春，所以"把玩"是一种悲哀，到这里就透露出作者的一种对人的怜悯，这里的人包括所有人，是整个人类。

"我"经历木月的死之后明白了"死是生的一部分"，木月停留在 17 岁，和木月在一起的时光随着木月的死都走了，但是这是渡边生命的一部分，这与存在主义的一些观点不谋而合。在另一个层面，死亡存在于日常生活中，木月突然的死亡，直子和初美的死亡讯息对渡边来说都是突然来临的，这些死亡发生在日常生活中，这种无常显露了生活的荒诞，正是这种荒诞和虚无才产生了"把玩"的心态。

二 再来让我们借助音乐窥探这个心灵世界

音乐和文学的"真性"热舞——列侬之于《挪威的森林》，这座奇幻的森林，充满了列侬的身影，满含摇滚的气息。

中国诗论的开山之作《尚书·尧典》中有一段关于诗歌、音乐与舞蹈三者关系的论述，即"诗言志，歌咏言，声依咏，律和声，八音克谐，无相夺伦"。音乐和文学归属于不同的艺术门类，但作为一种诉诸人类思想感情的艺术形式，能够从两者中找到共通的地方。

约翰·列侬是村上春树喜爱的摇滚领袖，在《挪威的森林》的后记部分，作者毫不讳言地说自己受到了列侬的影响。约翰·列侬和他的摇滚乐深深地影响了作者的写作风格，村上春树的《挪威的森林》透露着一种列侬式"摇滚"的气息。

《挪威的森林》主要围绕渡边和两个女孩子（直子和绿子）的爱情展开，在复杂的爱情中"我"也实现了自我成长。故事发生在资本主义高度发达的日本，高度发达的商品经济给人们带来了物质的丰裕，但是高度工业化使得人越来越"工具化"，人们逐渐地变成了社会经济发展的一个零部件、一件工具，部分丧失了作为完整的人应该具有的精神生活。对人的工具化、扭曲化的厌恶和对真善美的渴求成为社会的新诉求，以约翰·列侬为灵魂的披头士乐队的真实的摇滚来了，音乐的滋润，种下了携带摇滚基因的种子，最终被村上春树播撒在文学的土壤上，那么，村上春树是如何通过《挪威的森林》这部作品将约翰·列侬独具特色的摇滚气质继承下来的呢？

1. 第一人称音乐与第一人称小说，歌唱和书写"自己的事"

列侬说："我一直以来都是写关于自己的事，我不喜欢写第三人称的歌，写那些住在水泥公寓里的人的生活，我喜欢第一人称的音乐。"[5] 同《挪威的森林》使用的第一人称叙事不谋而合，那么"自己的事"是指什么呢？

第一，自己切身的想法和感受，自己和他人是有区别的，"自己的事"强调主我的真实感受，而与此相对的"他人的事"则是受到社会规训影响的客我对社会其他人的感受。约翰·列侬的摇滚要表现的就是个人的主观感受，要阐发的就是自己真实的一面。村上春树在《挪威的森林》一书的"后记"中说："我把这部小说献给我死去的朋友以及活着的朋友们。"说明他在写他自己的生活和个人感受。

第二，"自己的声音"是一种自我拯救的声音。列侬在一首歌词里这样写道，"什么都别想，放松，随着水流向着下游飘去/我还没死"，以此来劝慰大家别把自己太当回事，别活得太累。而文中的述说者"我"历经青春的茫然若失，苦苦求索人生的真谛，作品向我们展示的是一种自我对话式的抗争与妥协，有时候，"我"偏向了消极的直子这一头，有时候，又被拉到积极的绿子这一头，"我"在自我拯救。

第三，"自己的声音"是私人性的语言。"对 20 世纪 60 年代年轻人来说，摇滚乐表达了他们欲吐未吐的心声"[6]。村上春树评价《挪威的森林》说："这是一部极其私人的小说"，通观整部小说，无论是内容还是形式都非常接近隐私，内容多是心理层面的，形式上，书信、电话对话、挚友对话等都是非常私人的形式，甚至于，属于极具隐私性质的"床头耳语"也被呈现在作品中，这些声音一般来说都私藏于人物内心的最深处的，平常是不会流露在"外人"面前的。

2. 空灵的音乐和幽默的文字，唱响和写出人性的回归

20 世纪 60 年代，以约翰·列侬为灵魂人物的披头士的队员们，颠覆性地使用不正规的和弦和充满了嘻哈俏皮风格的歌词，这种接近人性的歌风，打破了当时社会盛行的靡靡之音。《挪威的森林》的语言是一种让人不断发现惊喜的

奇异文字，这些语言的惊喜是它的"苦涩的幽默，压抑的调侃，刻意的潇洒，睿智的比喻"[7]。

不规整和弦的奏鸣与俏皮打趣的歌词作用在一起，而谈及的话题就是一些日常生活中的"儿女情长"，*Hei Jude* 是暖人的劝慰，*love* 则生动传神地唱出了一颗在爱情中遨游的怦怦直跳的心，让我们触到了人性的暖流。在谈到摇滚的重要意义时他说："你会从那里面辨认出某些纯真（true）的东西，就像所有真正的艺术一样。"纯真的东西就是人性的光辉，摇滚将这种纯真从"水泥盒子"中召唤回来。

村上春树的《挪威的森林》就能让读者读到纯真的东西，在《挪威的森林》中有这么一段，绿子在邻居家房屋发生火灾的情况下，却和渡边喝起了酒，并且编造奇怪的歌，歌是这样写的，"想为你做一道菜，但是我没有锅子。想为你编一条围巾，但是我没有毛线。想为你写一首诗，但是我没有笔。"这首诗充满幽默和调侃，即兴地表达了其内心的想法。

3. 接近心跳的节拍和催人心跳的文字

约翰·列侬的摇滚乐的节拍是 4/4 拍，是心跳的声音，现实的生活偏离了心跳，摇滚乐的到来重新让人找回心跳的感觉，村上春树的《挪威的森林》能让读者读到生活的气息，读到那种暖人的人文关怀，因为他的文字清秀新颖、关注内心活动，这些都是源于生活。

列侬那种纯真的摇滚，热衷于抒发内心的苦闷、惆怅或是缠绵悱恻，将内心的东西悉数"打包"呈现给我们。《挪威的森林》通过那精细而不唠叨、微妙而不琐碎的文字，描绘出了一颗颗怦怦直跳的内心。

为什么我们需要这种心跳的声音和文字？弗洛伊德认为，文艺本质上是被压抑的性本能冲动的一种升华，也就是说文艺作品要能够为作者和读者弥补生活中的缺失。现代社会物质文明高度发达，可是人与人的关系日益疏远，内心产生了巨大的空虚，年轻人在这种社会下孤独、寂寞、无奈，生活的空气中弥漫靡靡之音，缺乏一种"真"，文艺就有必要调补这种缺失。

约翰·列侬是摇滚乐的一面旗手，通过他独到的创新给音乐带来了新天地，也给村上春树的《挪威的森林》带来了深刻的影响，而他们的出现是响应了时代的号召，也即是在缺少人性真的生存"盐碱地"进行了一场真性热舞。

参考文献

［1］王安忆：《小说家的十三堂课》，上海文艺出版社，2005。

［2］《导言：后现代状态：关于知识的报告》，赵一凡等译，载《后现代主义》，社会科

学文献出版社，1999。

［3］吴炫：《什么是真正的好作品》，《文艺争鸣》2007 年第 5 期。

［4］〔日〕村上春树：《挪威的森林》，林少华译，上海译文出版社，2000。

［5］〔美〕扬·温纳：《列侬回忆：约翰列侬的"独立宣言"》，陈维明、马世芳译，广西师范大学，2006。

［6］叶岗：《〈挪威的森林〉与摇滚音乐》，《作家作品》2002 年第 3 期。

［7］林少华：《村上春树作品的艺术魅力》，《解放军外国语学院学报》1999 年第 22 期。

探究音乐教育多元价值的内涵、问题及策略

房　婷

一　引言

多元化音乐教育是指"古典音乐、现代音乐、中国传统音乐、世界各国民族音乐等相互交流与融合的教育模式"。多元化音乐教育的发展过程中，充分利用了世界各国的音乐资源，进行同质化和异质化的融合，拓宽学生的审美视野，提升学生音乐学习接受能力。

2014 年，习近平总书记提出"一带一路"战略指导方针，推动了全球经济协调发展，实现了全球经济多元化。同时，为教育多元化发展提供了新的机遇和挑战。近年来，我国多元化教育逐渐成为教育行业关注和研究的热点话题。多元文化教育，让不同的国家和民族之间增进沟通和交流，促进各国文化健康发展。同时通过全球文化的融合，在经济全球化过程中产生的文化冲突也会缓解。

为了顺应这一战略指导方针，我国音乐教育也开始引入多元化教育理念。为我国音乐与国际音乐提供了相互交流的平台，推动我国音乐教育走上国际化发展道路。

二　音乐教育多元价值的内涵

1. 创造价值

音乐教育多元化的核心价值是："以乐益智"，即可以促进智能的开发和思维的创造，它是人们感知音乐后，所内化为个人思想和行动的高级形式。音乐教育的多元化和灵活性，使人们的联想和想象不受限制。它不需要语言的表达，也没有思想的边界，这种自由性使音乐不断更新和创造，也使人的思维更加活跃。

音乐作为一项艺术，音乐教育的过程，也是创作艺术品的过程。音乐教育多元化使不同种类的音乐相互交流与融合，为受教育者提供更多的灵感来源。因为，

人们的创作灵感不是凭空想象，而是建立在成熟作品艺术之上的。所以，音乐教育的多元化，有利于提升受教育者的创造价值[1]。

2. 社交价值

音乐教育在社会中能促进人与人之间的交流。因为，在音乐教育过程中，受众的形式一般为群体式，如齐唱、齐奏、合唱、合奏、重唱、重奏以及歌舞表演等，这种相互配合的群体音乐活动，同时也是一种以音乐为纽带进行的人际交流。音乐多元化教育，扩宽了受教育者的群体范围，提升了受教育者的合作意识，凸显了音乐多元化中包含的社交价值。

同时，音乐教育多元化，使音乐教育的地点不局限于课堂，而是往社会大环境中发展。不同种类的音乐融合和教育环境的改变，有利于提升受教育者的实践能力和社交能力。

3. 文化价值

音乐是人类文化传承的重要载体，也是中国传统音乐文化的智慧结晶，不同的音乐形式风格迥异，如江南曲韵的轻柔婉转、西洋管弦乐的厚重交叠、民族弹拨乐的清脆利落、美声唱法的浑厚饱满、民族唱法的甜美高亢等，不同的音乐蕴涵不同的文化底蕴。受教育者通过了解不同国家、不同民族的音乐，体验不同的音乐魅力，汲取不同的音乐文化知识，有助于提高音乐文化素养，推广国际主义精神，提升文化价值。

三　音乐教育多元化面临的发展困境

1. 音乐教育多元化发展思想认识不全面

多元化音乐教育模式有四种：主流中心模式、民族附加模式、多民族模式、民族国家模式。我国目前多元化音乐教育，是以主流中心模式和民族附加模式为主。从目前教学设置和教学内容可以看出，多元化音乐教育理念和思想没有充分体现。在我国音乐教育课堂中，曲式分析、和声、练耳、钢琴等课程为主流教育内容，而其他民族音乐课程寥寥无几，阻碍了多元化音乐教育的发展。多元化音乐教育的发展基础是"音乐形式的多元化"，在音乐教育的过程中，音乐种类传播的减少，导致教师和受教育者缺乏音乐教育多元化发展的思想意识，使中国的音乐教育模式，一直停留在模仿西方教学模式的发展阶段，阻碍了音乐教育的发展。

2. 西方音乐教育模式占主导地位

笔者通过研究中国音乐教育的发展历程，总结出，中国为寻求治国发展之路，将目光转向工业发达、技术先进的西方国家。无论是经济发展还是教育发展，皆采用西方国家的发展理念和思想。正是如此，也影响了我国音乐教育的发展。在西方教育理念的指导下，中国的音乐教育模式，以欧洲的音乐教育模式为主流。新中国成立以后，我国的音乐教育目标由欧洲转为苏联，导致音乐教育苏联化。

截至目前，我国音乐教育的内容，依然以西方国家的音乐内容为主流。在钢琴演奏的学习内容中，大部分是西方知名音乐家的作品，而音乐评价标准也以西方国家的音乐评价标准为参照，导致我国多元化音乐发展，核心内容上不协调。我国多元化音乐发展理念是："以中国传统音乐为发展核心，结合各国民族音乐，多元化发展"。因此，核心理念的错误，导致了多元化音乐发展缓慢[2]。

3. 多元化音乐教育实施过程中师资和教材的完善

教师是多元化音乐教育过程中传达音乐知识的主体，但是目前我国的音乐教材编排的内容，以西方国家的内容为主，对我国民族音乐和世界各地音乐涉及甚少，导致音乐教育理念中精神实质的缺失与不足。

音乐教材作为音乐教育中重要的传媒工具，直接影响音乐课程的性质和教学效果。但是，引入外来的教材不符合我国的发展国情，所以，实现音乐多元化发展的第一步，是音乐教材的改革。

四　音乐教育多元化发展策略

1. 树立多元化音乐教育理念

从文化的角度来看待音乐教育，是音乐教育发展的正确思路，在文化理念中，欧洲音乐教育模式，只是众多音乐种类中的一种。所以我们应该建立多元化音乐教育理念。首先，需要营造多元化音乐氛围，通过聘请不同的专家和学者，进行音乐知识的讲座，让受教育者了解多元化音乐文化的理论知识，激发受教育者的学习兴趣。其次，教师应该改变传统的音乐教育理念，结合网络新媒体，构建多元化音乐教育理念，为音乐教育多元化提供发展平台。同时教师应该从自身出发，学习和了解不同的音乐文化，将不同的音乐文化传达给受众，扩宽学生的音乐知识范围，打破音乐教育多元化发展过程中音乐知识种类的局限性。

2. 完善我国音乐教育多元化教育体系

完善我国音乐教育多元化教育体系的前提，是协调中国传统音乐文化和世界音乐文化的关系。我国有 56 个民族，多元化民族为多元化教育体系的建立提供了坚实的基础。所以，我国在完善多元化教育体系的同时，需要结合一直被边缘化的本土文化，通过加以研究，使本土文化发展至多元化教育体系的核心，从而取代欧洲教育体系的地位。

通过传统音乐文化与传统音乐教材的结合，改变"有音乐无教材"的发展现状，彻底摆脱西方教育理念对我国音乐教育多样化的约束，建立具有以中国音乐特色为核心的多元化教育体系[3]。

3. 加强师资群体建设

音乐教师的多元化教学能力是推动音乐教育多元化发展的重要力量。所以，需要加强音乐教师师资群体的建设，同时提升教师的教学水平。根据目前教师发展情况，高校音乐教师在承担音乐教学任务的同时，还担负着一定的科研压力。但是他们思维灵活，善于学习，对于国内外最前沿的学术动态保持着一定的敏感度，这一群体自我改革和创造能力很强，只要国家提供一定条件支持，他们就能轻松掌握音乐教学方法和音乐教学理论知识。

加强教师与社会的接触，使教师能够接触民间音乐艺人和传统音乐的传承者，教师可以以此类群体为传播媒介，将传统音乐文化融入音乐多样化发展进程。

五　结语

综上所述，音乐教育多元化发展有利于提升音乐教育的创造价值、社交价值、文化价值。而根据目前音乐教育多元化发展现状，我国音乐教育需要通过树立多元化音乐教育理念、完善音乐教育多元化教育体系、加强师资群体的建设等三个方面，才能实现音乐教育多元化全面发展，提升我国音乐教育发展速度，使音乐多元化在音乐教育发展中发挥实质性的作用。

参考文献

［1］王璐佳：《从多元智能结构理论看音乐教育的育人价值》，《音乐时空》2015 年第 2 期。

［2］郭微谨：《高校音乐教育中开展多元文化音乐教育的价值》，《黑河学院学报》2015 年第 4 期。

［3］余敏：《论音乐教育的多元价值：内涵、问题与对策》，《中国地质大学学报》（社会科学版）2015 年第 6 期。

大数据时代移动端广告营销的新特点

徐　园

从 1902 年世界第一部无线电话在美国诞生到现在，手机已经历经 100 多年的发展。从当初简单的通话功能到现在文字、图片、音频、视频等多媒体形态与休闲、娱乐、购物等多功能的大融合。特别是近年来，随着技术的发展进步，手机内容形式不断丰富，功能日益健全，已经从一个单纯的通信工具演变成人们生活中不可或缺的一部分。在传媒领域，以智能手机为代表的移动端成为继报纸、广播、电视、网络之后的时代新媒体，而一个在手机媒体引领下的受众市场已经形成。中国互联网络信息中心（CNNIC）发布《第 40 次中国互联网络发展状况统计报告》数据，截至 2017 年 6 月，中国手机网民规模达 7.24 亿，网民中使用手机上网的人群占比由 2016 年底的 95.1％ 提升至 96.3％，手机已然成为人们上网的首选平台。[①] 如此庞大的手机用户群，给广告商接触和扩展新的用户群提供了契机，手机作为极具吸引力的媒介终端，为移动广告产生和发展提供了载体。

大数据时代的来临，使信息传播的方式、渠道、内容和速度都发生了前所未有的变化。精准化的营销新模式、个性化的产品服务，以及满足用户个性化、多样化、体验式需求的传播方式，都对传统广告的运营模式进行了颠覆性的挑战。在窄众化的市场细分、多屏时代移动终端的影响下，用户参与度的提升以及广告营销发展空间的扩大都给移动广告业带来了新的发展机遇。

一　蓄势而发，手机广告现状分析

在移动运营商主导下，很多发达国家覆盖广告主、移动手机用户的广告产业链已初步形成，市场规模正在不断扩大。根据 eMarketer 的新数据，2016 年全球移动广告市场将出现两个重要的里程碑：移动广告支出将超过 1000 亿美元；移动广告在数字广告支出中的份额将首次超过 50％，全球移动用户的增长推动

---

① CNNIC 发布第 40 次《中国互联网络发展状况调查统计报告》，2017 年 8 月 4 日。

广告从 PC 端向移动平台转移。① 以手机广告领衔的全球移动广告呈现出蓬勃发展之势，广告行业又一支新兴的力量正在崛起。

在我国，手机网民的数量达到 7.24 亿，超过美国，居世界首位，其规模还在不断地扩大。艾媒咨询（iiMedia Research）发布的《2014－2015 年中国移动广告行业观察报告》数据显示，全球移动广告市场规模为 402 亿美元，其中谷歌市场份额超过 40%，位居第一；阿里巴巴、百度的市场份额分别为 6% 及 5% 左右，分别位居第三和第四。在总体趋势上，中国超过英国，跃居全球第二大移动广告市场。② 虽然我国移动广告在整个广告市场所占份额还比较小，但未来市场潜力非常大，需要进一步挖掘。

二　大数据时代，移动广告的机遇

1. 移动广告的传播价值特点

如今，随时随地使用手机、平板电脑等移动终端接入互联网已成为人们日常工作、生活中习以为常的现象。移动终端的便捷性和强大的功能应用，使其有着其他广告媒体所不具有的传播价值特性。

（1）移动性，便于携带，使用率高。智能手机、平板电脑等移动终端，因其轻巧便利的优势成为人们日常随身携带和使用的物品之一。公众场所随处可见的低头一族足以证明用户对移动终端的依恋程度之高。这在一定程度上也大大提高了用户接触移动广告的概率和频率。

（2）交互性，信息扩散快，到达率高。随手编辑、一键点击、发送，似乎成为时下人们分享信息和交流信息最常用的方式之一。通过互联网平台发送的信息数量成倍增加，信息的传播范围不断扩大，实现了信息的即时传播和分享，这在一定程度上大大提高了信息的阅读率。广告商可以根据用户浏览的痕迹来了解用户的习惯和需求，实现广告的精准推送，从而提高广告的效果。

（3）个性化，专属性服务，针对性强。像手机、平板电脑这类移动终端，具有个人化、私密性的特征，对这部分用户进行广告宣传当然不能像大众传播媒介那样采取广而告之的方法，应该更多地了解各类群体的习惯、爱好等，进行属性分类，基于自身的产品特点进行定位，给具有购买需求的用户提供个性化、针对性的产品信息服务，从而提高广告的到达率和阅读率。明晰产品或服

---

① eMarketer：《2016 年全球移动广告支出将超过 1000 亿美元》，199IT. 2015－04－07. http：//www.199it.com/archives/337867.html。

② 艾媒咨询：《2014～2015 年中国移动广告平台行业观察报告》，2015。

务的受众群，不仅可以提高广告传播的精确度，降低广告的成本，也可以减少对非目标用户的干扰，避免引起反感。

（4）APP 应用，多元化平台，线上线下联动。随着智能移动终端技术的发展，满足用户多样化需求的 APP 不断被研发出来，用户可以根据自己的需求下载各种各样的 APP 应用程序，可以进行娱乐、购物、旅行等活动。而各大银行提供的在线支付业务和第三方支付平台的运用，实现了线上线下的双向联动。智能手机的高渗透率为 APP 应用程序的下载提供了广阔的市场，同时各种 App 程序的广泛应用也为移动广告的传播提供了多元的传播载体，通过对用户 App 程序下载的信息收集、分析，为广告商进行广告的精确投放提供了精确有效的依据。

2. 4G 时代，未来移动广告发展的技术支撑

中国移动、中国电信、中国联通三大运营商于 2013 年 12 月获得了工信部正式发送的 4G 牌照，4G 网络更快的传输速度，更丰富、更多样化的多媒体业务，为用户提供了更好的服务和体验，也为广告商带来了更加广阔的市场空间和利润空间。

4G，即第四代移动通信技术（TD－LTE），它能以 100Mbps 的超高速度进行数据的传输，基本能够满足用户对于无线服务的要求。相对于第四代，第一代只能实现基本通话功能，比如我国改革开放初期出现的"大哥大"手机，这类手机现如今已基本退出历史舞台；而现在还占一定市场的第二代移动通信技术，增添了短信、彩信和一般性上网等功能；3G 是我们当下使用范围最广、占据主要市场的通信技术，除了一代、二代所具有的功能外，它还拥有了相当固定宽带上网速度和一定的移动上网速度；上网的高速化，网络覆盖区域内上网地点的不受限成为 4G 时代最大的特点，也标志着高速移动上网时代的来临，为未来移动广告时代的到来提供了技术支持。随着 4G 进入规模商用阶段，速度更快、体验更加极致的 5G 技术正在研发当中。

三 大数据时代，全新的广告理念和营销方式

1. 互联网思维，体现用户至上理念

2013 年 11 月 3 日，央视《新闻联播》头条播出《互联网思维带来了什么》的专题新闻报道，"互联网思维"这个互联网领域词汇在全社会广泛传播开来，引发全民对"互联网思维"及其对人们今后生活影响的关注。而基于信息交互、知识分享的互联网思维又会给移动广告传播带来怎样的改变？

当今社会，供需关系已经发生根本性的转变，产能过剩和缺乏核心竞争力

成为许多企业的发展软肋。而互联网思维对传统的商业价值坐标体系和参照物都进行了颠覆，消费者开始反客为主，拥有了消费主权。而这一权利重心的变化，赋予每个消费者改变世界的力量，主动邀请顾客参与到从创意、设计、生产到销售的整个价值链创造中来。[1]移动互联网也颠覆了价值创造的规律，回归到商业的本质，真正找到用户的痛点，找到用户的普遍需求，为客户创造价值。只有专注客户的价值才会带来财富。[2]

从雕爷牛腩成功案例中，我们可以寻找到些许互联网思维应用的痕迹，值得我们分析探讨。互联网思维的运用最重要的一点是围绕用户需求，注重细节，把产品体验做到极致，把用户、消费者当作自己的衣食父母，才能获得他们的认可。雕爷牛腩定位"轻奢餐"，专注做好12道菜，道道经典、细致，顾客无须过多思考，商家将各方面因素都考虑到了。对于餐厅用餐排队问题，雕爷牛腩通过手机号排队的方法进行解决，一方面减少顾客排队的时间和降低排队的焦虑感，并通过短信或语音的方式通知附近的顾客回店用餐，减少客源的流失；另一方面对排队顾客信息的记录可以持续积累客户资源，通过对这些数据资源的分析商家可以了解每天顾客的进场率和流失率，同时跟进对顾客进行回头关怀、推送优惠活动等服务。

2. 大数据时代下，精准推荐成为可能

1998年，万维网联盟的蒂姆·伯纳斯－李（Tim Berners－Lee）基于现实的一些技术提出了语义网的概念，而大数据时代的到来，将语义网的发展向前推进了一大步。语义网把WEB、移动、定位等联系在一起，符合大数据的标准，是异构数据的聚合；另外，它又代表着从WEB的P2P到移动互联网的Html5的前沿，是自组织自协调的社会网络计算；语义网采用给内容加入标记的方式构筑WEB环境，相当于将广告屏之内和广告屏之外的界限打破，语义网将会使用户每个网络活动都成为一次智能的广告行为。[3]它是对未来网络的一个设想，也可以理解为一种智能网络，是Web 3.0时代的一个重要特征，以实现信息交流更有效率和价值为主要目的。

（1）基于用户属性分类，拥抱RTB。传统广告营销就如在纷纷攘攘、人头攒动的市场上歇斯底里地叫卖，而大部分声音会淹没在这个嘈杂的环境当中。在大数据时代，作为广告主，应该充分拥抱RTB（Real Time Bidding，即实时竞价广告），抛弃原来以广告位为基础的传统广告购买理念，而开始以"人群"作为投放和购买广告的根基。[4]RTB与传统形式比较起来，广告批发市场（Ad Exchange）上卖的不是传统意义上的广告位，而是访问这个广告位的具体用户。[5]手机作为个人拥有、私密化的移动终端，在使用过程中反映出个人不同的性格、喜好和意愿。只有对纷繁复杂的个人信息依据性别、年龄、喜好、上网浏览习惯等属性进行整理分类，才能获取广告投放的有效点，这是广告实现精准投放的前提。而庞大的手机用户群，每天会产生海量数据，通过第三方专业技术公司基于云计算和"大数据"处理与分类技术挖掘之后获得具有市场价值的用户数据，才能最终实现广告的精准投放。

（2）基于 LBS 服务，商机无处不在。手机等移动终端的定位功能，同样也能为广告商进行广告推送提供机会。广告商通过对手机定位信息的收集不仅可以了解用户的上网浏览习惯、个人爱好及生活轨迹，还可以实现近距离、实时的产品信息推送。英国 Renew 广告公司曾开发了一款能通过 Wifi 采集路人随身携带移动终端的型号和信号等相关数据的智能垃圾桶"Renew Orb"。该智能垃圾桶配有大屏幕广告系统，能够根据从移动终端采集到的信息播放有针对性内容的广告。虽然后来该软件因被质疑侵犯隐私而被移除，但这款被誉为"世界最先进垃圾桶"的尝试，让未来手机广告的精准投放成为可能。

（3）原生态营销，直击用户心理。根据用户的喜好和潜在的爱好推送广告，无疑可以提高用户对广告内容的接受概率。以手机为代表的移动终端的高使用率已经明示着社交方式的转变，其所带来的互动性也是其他传统媒体所无法比拟的，移动广告的营销也必然要和这一特性相结合，让广告内容契合时下用户的媒介使用习惯，近距离了解用户，产生心理上的默契，这就是"原生态营销"。在语义网基础上，对用户的浏览信息进行统计和分析能准确地探析用户的真实需求，同时进一步开发和培养用户的潜在消费需求，这种直击用户心底的广告才是精准有价值的，企业品牌和文化的进一步传播也在用户的广告接受中得到了认可。

四　结语

广告研究是一种针对人行为的研究。在大数据时代，人的行为与数据结合，通过数据反映人的行为特点和变化，而移动广告更是要求对人的个性化需求、喜好、习惯更加深入细致地研究。在科学数据的支撑下，移动广告的投放将实现精准化，效果转化率也将得到提高，广告主那一声"我知道我的广告费有一半浪费了，但遗憾的是，我不知道是哪一半"的叹息也将有可能不再发出。

移动广告在大数据时代迎来大力发展的机遇期，呈现出一股蓬勃发展的气势，但是在移动广告平台的技术优先发展模式下，与之相配套的内容、渠道、媒体的整合还要加快推进。一套成熟、系统的商业模式，也需要进一步探索形成。移动广告的效果评价标准需要加快建立，以适应市场的发展需求。而对隐私权的侵犯问题社会各界依然在争辩，如何做好平衡，亟待解决。

参考文献

［1］颜艳春：《打开"互联网思维"的 5 把金钥匙》，《IT 市场》，2014 年 1 月 6 日。

［2］宗宁：《告诉你什么是互联网思维》，《IT 市场》2013 年 12 月 30 日。

［3］余小雨：《传漾 SameData：从网络广告透视大数据商业密码》，《互联网周刊》2013 年第 5 期。

［4］黄晓南：《互联网广告 RTB 视野下的大数据时代》，《声屏世界·广告人》2012 年第 8 期。

［5］姜奇平：《从精准到推荐：大数据时代重构网络广告商业模式》，《互联网周刊》2012 年第 20 期。

浅谈舞台艺术实践教学在音乐表演专业学习中的重要性

王　欢　肖艳艳

音乐表演是深受人民群众喜爱的一种艺术表现形式,是艺术家、音乐家将人间生活百态与世间情感通过音乐表演的形式夸张或含蓄地展现给观众。这需要表演者要有非常扎实的专业技能和表演技巧。"台上一分钟,台下十年功"是对音乐表演专业学生长期艰苦学习的最好描述。如何将这种长期教育的成果更趋完美地呈现出来,是所有音乐教育工作者孜孜不倦的追求。在一代代音乐大师的探索与实践中,舞台艺术实践教学成为音乐表演专业教学的第二代名词。

舞台艺术实践教学是将学生在理论课堂上所学的知识运用到舞台表演上,实现知识和技能的转化。学生在不断的舞台艺术实践中寻找更为专业、更加娴熟的表演手法和技巧,形成独具特色的表演形式与方法。在日常教学中,加强对学生注重舞台艺术实践教学的引导,鼓励学生多参加舞台艺术实践,提高对音乐表演的认知和掌控能力。实践证明,舞台艺术实践教学在音乐表演学习中的作用极其重要。

一　课堂理论教学是舞台艺术实践教学的基础

音乐文化博大精深,将这种文化精准地表现出来,需要一个长期、复杂的学习过程。课堂理论教学就是将这种音乐文化的历史、创作背景、人文地理、表现手法等系统地传授给学生,让学生在学习中了解、认知并熟练掌握。只有能够熟练地运用这些知识,学习者才能将它们通过舞台艺术实践转化为属于自己的专业技能和表演技巧。如果没有通过系统、扎实的课堂理论学习,学生很难领会音乐作品的精髓,更不可能通过舞台展现出作品所要表达的中心思想。

同样,在课堂理论教学中,各校均会依据专业的教学计划及目标要求,制定出相应的专业必修课供学生学习。如声乐专业的学生在理论教学的课堂上会系统地学习到气息运用、发声、吐字等演唱技巧以及对作品的情感处理,器乐专业的学生会学到不同乐器的基本演奏手法和演奏技巧。

这些最为基础的教学工作为后期的舞台艺术实践打下了坚实的根基，同时提供了极大的保障和支撑。

二 开设舞台艺术实践教学的必要性

在很多专业课考试和汇演中，我们都会遇到在平时被老师们视为专业水平不错的好学生，他们上台后目光呆滞、表情凝重、动作机械僵硬、队员之间没有任何的沟通和交流，只是自己顾自己，就盼着快点考完、演完，何谈可看性和艺术性！要改变这种现状，就需要我们加强对舞台艺术实践教学的重视。

1. 舞台艺术实践教学能够将理论知识转化为实践能力

舞台艺术实践为学生提供了展示自我专业技能的平台。应要求学生走出教室、走出课堂、走出琴房、走向舞台，将教师教授的理论知识运用到舞台艺术实践上，将优秀的艺术作品完美地呈现给观众。

2. 舞台艺术实践教学可以让学生积累更多的舞台经验

舞台经验是一个长期积累的过程。其包括表情、台风、演唱演奏的技能与技巧；音响、灯光、服饰、背景的和谐统一；队员之间的配合、交流以及对突发事件的应急处理能力等。丰富的舞台经验只有通过不断地上台实践才能获得。

3. 舞台艺术实践教学可以培养学生对舞台的掌控力

舞台艺术实践教学在无形中给予了学生压力和动力。压力是要完成舞台艺术实践的表演任务，动力是可以将自己优秀的一面展现给大家。学生们会自己走上舞台，寻找舞台感，努力克服自己内心的彷徨与恐惧。通过一次次的舞台艺术实践，学生了解和发现自身的不足。更多的学生学会关注和聆听来自老师、同学、朋友的意见和建议，融会贯通，从而学会以声、以形、以情来更加精准地演绎出作品的精髓，打动自己和观众。登台表演多了，学生就会有舞台满足感和对舞台的掌控能力。这种能力能够让学生随时掌控并引领全场观众的情绪，也能轻易解决舞台上遇到的各种尴尬和故障，乃至瞬间化解危机，完美救场。

4. 舞台艺术实践教学可以提升学生的自我价值

舞台艺术实践可以让学生积累舞台经验、培养自信、带来掌控力。也让同学们在实践中提升了自我价值。学生通过自己的一次次舞台表演，会发现自己与其他优秀的同学之间的差距，从而努力学习以弥补自己的不足，刻苦钻研自身薄弱的环节，全身心地投入专业舞台实践中去。在舞台艺术实践过程中，同学们互相激励、互相帮助、互相指导，这样就形成了一个良性循环。

5. 舞台艺术实践教学可以让学生树立牢固的团队精神

舞台艺术实践教学能培养学生之间的默契感、认同感以及团结互助的集体荣誉感。同学们为了通过舞台艺术实践教学计划要求，策划组织文艺汇演。这项工作牵涉的知识面很广，如节目策划、编排、演员选拔、剧务、调度等，台前幕后，任务繁重。这需要同学们互相沟通、分工合作，大家为了一个共同的目标而奋斗，在整个活动的组织过程中不知不觉地培养出相互协作的团队精神。

三 舞台艺术实践教学的主要途径

舞台艺术实践教学的途径有很多，教师、学生可根据学校的实际条件情况灵活地教、学。

1. 参加学院专业艺术团体

每所高校会成立专业艺术团体，音乐表演专业的学生一定要积极参加，参加专业的艺术团体对提升专业技能水平有着非常明显的作用。

（1）艺术团体一般会配备专业教师，定期教授学生专业舞台知识。

（2）艺术团体会有固定的排练时间和排练计划，学生在排练过程中可以学习到课堂理论教学中不曾涉及的专业舞台知识与技巧，同时也能通过排练学会教学、节目编创和编排。

（3）艺术团体会有很多的演出机会，同学们可以抓住每一次演出机会，积极参演，时刻为自己积累舞台经验而努力。

2. 参加舞台实践教学专业选修课

为了更好地完善教学计划，培养出优秀的音乐表演人才，每所开设音乐专业的高校都会配备舞台艺术实训基地或实训中心，成立多个实训室。如剧场、演播厅、练歌房、合唱合奏实训室、录音棚、音乐沙龙、模拟舞台、MIDI制作室等。学生可以报名参加相关实训室、相关专业知识的选修课进行实践学习和操作，扩展自己的专业知识。

3. 举办个人音乐会

经过舞台艺术实践教学的磨炼，学生在自身专业技能和综合能力达到一定水平时，要积极筹办个人音乐会。学生通过筹办个人音乐会来提高自己的综合艺术素养，更加深刻地认知舞台艺术实践教学的作用。

4. 校外实习实践

鼓励学生积极参加校外社会公益活动。通过活动学生能多与社会接触，这样既锻炼自身的实践能力，又能拓宽眼界，增长见识。

在市场竞争日益激烈、改革不断深化的今天，社会对优秀复合型人才的需求正在不断地扩大。舞台综合能力强的音乐表演专业人才在市场中供不应求，将更多音乐表演专业的学生培养成创、编、排、演、教等技能集一身的优秀人才，是每一位音乐教育工作者努力的方向。如何精准地将舞台艺术实践教学融合到音乐表演专业教学中，充分发挥她的作用与魅力，终将是我们探索前行的追求。

参考文献

袁微娜：《试论音乐表演专业舞台实践教学的重要性》，《北方音乐》2015 年第 16 期。

邱鑫：《试论音乐表演专业舞台实践教学的重要性》，《戏剧之家》2017 年第 6 期。

王东方：《浅谈音乐表演专业舞台实践教学的重要性》，《新乡教育学院学报》2008 年第 9 期。

吴彬：《音乐专业舞台艺术表演实践教学探索》，《黄河之声》2012 年第 2 期。

立足文化传承，关注高职院校本土音乐教育

张姗姗

一 树立区域传统音乐传承的观念

众所周知，高职教育以培养学生的实践能力、就业能力、创业能力为主要目标。对于音乐专业的高职学生，其培养目标以具备一定的音乐表演和艺术表现能力，能从事演唱、演奏和管理的高素质技能型人才为主，其就业方向多为各级各类艺术团体与中小学和社会音乐培训机构。因此，在三年的学习中，学校为了让学生能够快速适应业务工作，不免会将专业理论知识与一定的专业技能作为主要培养目标，无暇顾及传统音乐的传承教育问题。即便高职院校认识到继承和弘扬传统文化是文化发展的需要，但仍苦于没有思路，不知从何处入手。换言之，如果一味地对学生大量灌输传统文化知识，对于学生来说，只能学到皮毛，针对性却不强。他们若响应国家与社会的号召，把传承传统音乐的工作落实到位，学校必须找到适合的方法。

综上所述，树立区域传统音乐传承的观念便有望成为传承传统音乐文化的落脚点。笔者认为，在强调技能学习的高职院校，引导学生认识到技能学习与传承传统同样重要，是高职院校进行区域传统音乐教育的关键。高职教育在提高学生专业技能的同时，也应该把人格教育、素质教育摆在十分突出的位置。"兴于诗，立于礼，成于乐"是孔夫子在两千多年前告诉我们的教育规律。人格的养成是音乐学习与其他所有学习形式共同的目标。因此，技能的学习固然能成为学生走向社会的立足之本，但是也不可否认传统音乐文化对学生人格的熏陶与培养作用，而且人格的养成才是社会和谐的根本。教育不仅是知识的教育，还是包含人格的教育，在高职院校加强传统音乐文化的教育是非常重要且必要的。从大的方面来说，中国若想与世界接轨，必须在多元文化的当今世界重新审视中国本土传统音乐的价值；从小的方面来说，学校作为教育的主阵地，针对幅员辽阔的祖国大地拥有种类如此繁多的音乐形式，也必须找到当地的文化特色，重新审视本地本区域的传统音乐价值，力所能及、高效率、有针对性地去传播文化，而高职院校也必须与其他各类学校一样，为传承中国传统音乐

做出自己的贡献。

江西的各高职院校可以将农田歌、采茶歌、放排歌、工匠歌、爱情歌等引进课堂。江西山多，过去交通不便的年代造就了"江西地不平，十里九样声"的现象，各地民歌均以各地方言演唱，不同的语言特点造就了不同的音乐风格。学生在学习演唱江西各地民歌的基础上，便可从风趣幽默的歌词中体会当地的乡土社会风情。如此一来，江西籍学生会更加了解与热爱家乡的传统音乐文化，产生传播区域本土音乐文化的使命感，而非江西籍的学生通过三年的学习也会对江西的音乐文化产生浓厚的兴趣，回到自己家乡后，因为喜欢上传统音乐这一类型，继而对自己家乡的传统文化进一步进行研究与传播。高职院校不仅为社会培养了掌握技艺的劳动者，也向社会输送着文化的继承者。

二　开设区域传统音乐相关课程

高职学生正处于青春期，青少年往往喜欢现代流行音乐而忽视甚至歧视传统音乐。他们认为古典音乐是高雅的音乐，民间传统的音乐是"落后"的音乐。因此，在课堂上，学生学习古典音乐的相关技能与音乐理论；在课堂下，学生聆听着流行音乐。在某些青少年看来，所谓的传统音乐只是中国传统音乐鉴赏课或是与中国音乐史相关的一门枯燥的理论课，并且专门为老年人准备，与青年人无关。要想改变这些对传统音乐冷漠、抵触的态度，高职院校势必要在课程设置上多下功夫，系统化的教育才是扭转学生对传统音乐文化态度的关键。

树立区域传统音乐的传承理念，开设适合本地本区域的传统音乐课程，首先要明确教学内容、课程开课方式以及考核方式。内容上，笔者认为具有典型性与代表性的本区域传统音乐文化均可进入课堂。课程开课方式可以考虑讲座式、鉴赏式、讲授式、实践式等。课程考核方式，则是需要学校根据实际情况进行调整。高职院校历来将技能型培养放到首位，便可以考虑将课程的考试方式定为表演考核。例如在江西省的高职院校，可将武宁打鼓歌、九江山歌、兴国山歌、于都唢呐、永修吴城排工号子等传统民间音乐引入课堂，让学生学习江西方言，用民间俚语表演传统音乐，亲身体会人民群众的日常生活，感受本区域传统音乐的魅力。再如广东省的高职院校，可将潮州大锣鼓、粤剧、潮剧、岭南古琴等引入课堂，让学生亲自参与学习，考试时以舞台表演考核作为结课方式，重点考查学生对本区域传统音乐的表演能力。

接受了区域传统音乐熏陶的高职院校学生，若毕业后进入各演艺团体或各中小学，他们一定能够积极响应中小学"传统文化进校园"的号召，在整个教学活动中，会根据自己的专业特点对学生进行针对性的培养，能够做到正确地引领中小学生进行本区域传统音乐学习；除了指导教学外，还能够给学生树立起榜样和做出示范，引发学生积极效仿。可以想到，若对高职院校学生进行本区域传统音乐课程的培养，那么其一定会做到高职院校与中小学形成对接，从而保证整个区域传统音乐教学朝着一个良性的、可持续的方向发展。

对于一些在高职院校进行三年本区域传统音乐课程学习，但毕业后不从事音乐相关工作的学生，相信他们在学校中树立的区域音乐学习观念，会使他们离开校园后也会将对传统音乐的兴趣和爱好保持下去，去感染身边的人关注和热爱传统音乐。

三 体验、参与式教学——利用第二课堂
为学生搭建学习的桥梁

毫无疑问，每一位进入高职院校的学生都是经过长期的声乐、器乐、视唱练耳以及乐理等课程的训练，在全国统考之后进入大学的。受欧洲音乐体系的长期训练，又经过各式各样流行音乐的影响，这样培养出来的学生，从审美态度、价值取向、音感、乐感、音乐思维等方面自然习惯于欧洲音乐，很难对古老的传统文化产生浓厚兴趣。而进入大学之后，常规意义上的传统音乐文化教学多为教师机械地讲述、灌输式教学，目的是帮助学生了解中国传统文化的音乐类型与音乐风格，在一定程度上抑制了学生学习的积极性，学生必然会觉得传统音乐枯燥和索然无味。加之，书本上学到的传统音乐文化与现实生活不发生联系，走出教室，知识便被抛至脑后，再次拿起书本也只是为应付考试勉强死记硬背，更加使得青年人无法喜爱传统音乐文化。但究其原因，是我们忽略了传统音乐教学中最重要的一点，即传统的音乐不是割裂的、孤立的，传统音乐不仅仅只有音乐，其经常伴随着仪式，与民俗、历史、语言、宗教、舞蹈、农业等一切事物都有着千丝万缕的联系。想要改变高职院校学生对本区域传统音乐的态度，就必须考虑到区域传统音乐的教学问题，切忌枯燥，而最恰当的解决方案就是尽量为学生搭建一个桥梁，将学生带入传统仪式，拉近学生与传统音乐的距离，促使高职院校学生在参与民俗节庆活动的过程中全面把握本土音乐文化的历史内涵、文化背景、生存环境，了解传统音乐文化传承的现实意义。考虑到安全性、便捷性的问题，教师带领学生就近参加当地本土的民俗音乐仪式不失为一个选择。

例如，江西的高职院校可以充分利用地缘优势，带领学生参加江西省的民俗节庆活动，如，西山万寿宫庙会、上坂关公灯、安义开大炉踩金砖、婺源抬阁、石城灯会等活动。以"全丰花灯"为例，若在课堂上简单讲述"全丰花灯"，学生只能有一个概念性了解，而带学生走入民俗活动现场，学生便能亲自看到生、旦、丑三个行当在台上的表演，并且学生会受到现场艺术氛围的感染，

与观众一起为演员喝彩助兴，如此更能激发学生共鸣。再如，想让学生了解"赣南哭嫁歌"，单纯在课堂播放影像片段，学生无法真正感受其深刻的文化内涵，但如果带领学生亲自参加赣南婚俗仪式，相信学生一定会对婚俗场面产生共鸣。总之，引导学生亲自走向田野，用已有的音乐知识和技能去了解、感悟传统音乐不仅可以激发同学们主动探索传统音乐的兴趣，同时解决了学校传统音乐教学中没有专门的场地和充足的教学设备问题。教师经常将学生带入民俗活动中，引导学生在文化中理解传统音乐，学生便能切身感受到传统音乐的魅力。多次接触原汁原味、接地气的民族音乐后，学生就真正达到了让年轻人喜爱上传统音乐的目的。

高职院校音乐专业培养的学生更倾向于实践型，教师带领学生积极主动地在田野民俗活动中学习，学成归来，教师与学生也可将田野考察时所学到的传统音乐，搬到社区或者校园音乐会的舞台上表演，这样不仅提高了学生的音乐表演技能，也达到了向社会传播传统音乐的目的。一方水土养育一方人，一方人养育一方文化，一方文化折射一方民俗风情。因此，可以认为参与体验式教学，引导学生亲自体验本区域传统音乐文化是传承传统文化过程中非常有效的一种途径。

四 坚持"引进来"与"走出去"战略，加强师资建设

最了解传统音乐的为民间艺人，而在高职院校任教的教师却大多是"学院派"出身，教师本身的区域音乐文化知识的储备不足导致教学无法有效进行，这也是区域传统音乐教学最大的难题。音乐师资短缺的问题告诉我们，不仅要采取"走出去"的策略加强教师对传统音乐知识的储备，还需采取"引进来"的策略，邀请民间传统艺人走进高职音乐课堂，为高职院校学生讲授原汁原味的传统音乐。例如，广州的高职院校可以邀请粤剧名家、潮剧演员、潮州大锣鼓国家级传承人以及岭南古琴传承人参与到高职院校的艺术实践课程中。他们可以为高职院校的学生举办讲座，也可以举办音乐会。民间艺人或者非物质文化遗产传承人不仅可以带来专业且系统的传统音乐文化，使得学生对传统音乐文化有更深刻的认识，更重要的是"引进来"的政策可以解决高职院校欠缺专业师资的问题。

另外，高职院校还需鼓励专任教师"走出去"，走向田野亲自向民间艺人或者国家级非物质文化传承人学习，在学习的过程中，教师本人增加了对传统音乐文化的了解，才能更好地将区域传统音乐在高职院校贯彻实施。民间艺人除了技艺是传统的，其教学方法也是传统的，很多乐谱都是流淌在民间艺人心中的"活谱"。学院派的高职教师，走向田野进行区域传统音乐的学习，除了学到传统音乐的技艺，更重要的是了解到了传统音乐的独特教学方法，教师掌

握了传统音乐的教学方法才能在回到课堂后，将所学所感恰当地用于教学。同时，高职院校的教师可以利用自身较高的文化修养，以文字的形式记录流传在民间的教学方法与教学内容，这也间接帮助了传统音乐更好地传承发展。

五　加大对区域传统音乐教育的投入

要想促进区域传统音乐在高职院校的可持续发展，改善硬件设施也是传承活动中关键的一步。比如建立专门的"大锣鼓教室"与"区域传统音乐图书馆"，购买一定数量的"古琴""锣鼓""戏曲服饰"等传统音乐所需的音乐器材和服饰。此外，还需成立专门的资助基金，定期邀请民间非物质文化遗产传承人进入高职院校讲学，同时也要有专门的资助基金保证青年教师定期进行培训。

六　结语

综上所述，高职院校需牢固树立区域传统音乐传承的观念，认识到技能学习与传承本区域传统文化同等重要。为了解决师资不足、场地不足、教学方式枯燥无味、学生审美"现代化"等问题，高职院校可以开设与区域传统音乐相关的课程，也可以合理利用第二课堂，为学生搭建课堂教学与民间活动共通的桥梁，引导学生近距离体验参与原汁原味的传统音乐活动。在师资问题上，高职院校可以采取"引进来"与"走出去"的发展战略，充实区域传统音乐教学的师资。除此之外，在硬件条件上，高职院校需加大对区域传统音乐教育的投入，以便于区域传统音乐教学能够顺利开展。相信接受了区域传统音乐文化洗礼的高职院校学生日后必将在就业岗位中，在艺术实践活动中，不遗余力地为传播本区域传统音乐做出自己的贡献。

参考文献

胡文静、王炜：《传统民族音乐文化实用性研究——基于高职院校学生素质教育实践》，《中国校外教育》2013 年第 7 期。

黄丽蓉：《福建本土音乐在高职院校的传承构想》，《黄河之声》2014 年第 20 期。

叶增忠：《探讨中国传统音乐在高职院校课堂教学中的定位及作用音乐教育》，《黄河之声》2014 年第 2 期。

刘鹤：《高职院校开展民族音乐教育的意义与方法》，《职业教育》2011 年第 6 期。

浅析当今非舞蹈主体因素对舞蹈本体的影响

刘晓敏

众所周知，舞蹈是以肢体语言为主体的艺术，但舞蹈不是独立存在的。虽然舞蹈本体在艺术表现中占有重要地位，但非舞蹈主体因素在当今社会对舞蹈本体的影响越来越大。所谓的非舞蹈主体因素即音乐、舞美（灯光、服装、道具等），随着社会高科技的发展，多媒体的运用在舞台当中不仅提高了舞蹈本体自身表现力，同时也满足了大众对舞蹈的审美要求，给人以视觉和听觉上的冲击力。

舞蹈的特制概念一直是舞蹈研究者关注的问题。近年来，舞剧、电视舞蹈比赛的不断涌现，说明舞蹈已不仅仅是艺术界人士欣赏的作品，而是人类对审判要求的提高和自我完善的方式，精神文化的艺术舞蹈，让我们不断追求的文化思想和审美观念得到提高和升华。

艺术的各个门类各有特征，不但一种形式不能被另一种形式所代替，而且还有新的样式不断产生。因为，这些艺术形式所反映的社会生活，有着不同的艺术功能和表现手法。运用不同的表现手法来发挥各自的艺术功能，越来越多的作品，不管是舞蹈、音乐还是美术，它们之间的联系将会更加紧密。

一 非舞蹈主体因素

1. 音乐

音乐是以声音节奏为主体的艺术表现形式，但任何艺术形式都不可能独立存在。在此，不是否认舞蹈本体的重要性，而是强调音乐与舞蹈的协作能力。因为，它可以把舞蹈作品人物形象以及情感表达得淋漓尽致。音乐若进入舞蹈本体是作为时间因素进入的，那就是节奏，舞蹈若没有节奏就会显得杂乱无序。节奏的强弱、快慢都有表情因素。强的可以使人精神振奋，弱的可使人表情舒缓。舞蹈若离开音乐是很难充分表达感情的。音乐本来就有直接沁入人心的特点，倾听者常常把音乐中表现的情感当作自己内心的情感来体验。所以，音乐本身对演员刻画角色、表达角色情感起到指示作用。舞蹈编导在编创舞蹈作品时，首先要寻找一个与自己作品所要表达的人物情感能达到一致的音乐进行编创，通过自己对音乐的感受和理解，进一步激发内心感受，通过外在的形体动作和表演表现出来。

2. 舞台美术

舞台美术简称舞美。它包括灯光、服装、化妆、道具、特效等内容，它既属于美术范畴又属于舞台艺术范畴，是舞台演出形式的重要组成部分。它可以更好地塑造人物形象，渲染舞台气氛，对舞蹈作品的整体塑造起到画龙点睛的作用。社会高科技的发展对舞台美术发展起到了推动作用，电脑等多媒体的运用，使舞蹈表达更有渲染力，具有更高的艺术价值。电视舞蹈大赛的举行也将舞台美术展现得多姿多彩。在舞蹈艺术成为舞台艺术后，那些肢体以外的非舞蹈表现艺术被汲取，并与舞蹈融为一体的元素，大部分属于舞台美术。舞台美术适应了舞蹈表演的两种需要，一是美术与高科技的发展，以及它们与表演艺术的紧密结合；二是舞蹈艺术的剧场化和艺术本身的综合性。在综合的舞台舞蹈表演中，各种舞台美术的运用，可以帮助舞蹈营造环境和塑造人物，为综合性的舞蹈艺术提供优质的服务。舞台美术对舞蹈的总体表现起到的作用不容忽视，观众通常将对舞台产生的第一印象和感觉带到舞蹈情境当中，身临其境，这就是舞台美术的魅力。

二　舞蹈本体因素

舞蹈是以肢体语言为主体的艺术表现形式，人体动作是舞蹈的特质。苏珊·朗格在《情感与形式》一书中说："在一个由各种神秘的力量控制的国土里，创造出来的第一印象必然是这样一种动态的舞蹈形象，对人体本质所做的首次对象也必然是舞蹈形象。因此，舞蹈可以说是人类创造出来的第一种真正的艺术。"[1]在此说明了舞蹈形象是舞蹈中第一具备的要素。演员在表现舞蹈作品时，不只是用动作来表达，还要有情感和表情的运用，这样才能使演员将人物形象塑造得更加丰富。

演员在塑造人物时，首先要体会角色的内在情感，将内在情感由内而外的通过肢体语言表达出来。例如，要表现一位受封建思想束缚，渴望对外界生活自由的女人，就要把握住她对自由渴望和愤世嫉俗的内心情感，将它融入舞蹈语汇，通过自己的表演反映出来。如果仅仅用肢体语言的形式来表达，就很难将角色刻画得真实感人。只有把握住人物的内心情感，由内而外地抒发与肢体动作和谐统一，才能给人真实深切的感受。其次，表演艺术有自身的规律。表演既不能过分又不能不到位，过了让人觉得矫揉造作，不到位表达不出人物的情感，让观众厌烦。例如，表达一种高兴的情绪，如果表达的程度达不到人们心里所期望的效果，就会让观众感到不真实；如果表演超越了要塑造的人物形象，也是不可取的，这样会让观众觉得虚而不实。演员一定要把握好表演的度，要情由心发，以情动人，只有先打动自己才能打动观众，体现舞蹈作品的艺术价值。

三 非舞蹈主体因素对舞蹈本体因素的影响

1. 舞蹈与音乐

在所有艺术当中，舞蹈和音乐的关系最为密切，舞蹈和音乐有许多共同特点。

（1）抒情性。两者都是以表达自己内心情感为目的，人在激动时往往用唱或跳来表达自己的内心感受，它们都是情感的直接表达，所以舞蹈和音乐又被美学家们称作表情艺术。

（2）节律性。舞蹈是以人体动作来展示自己的情感，舞蹈的全部律动都来自音乐的特定节奏，音乐的节奏是舞蹈动作的基础，节奏是构成舞蹈动作的要素之一，而节奏在音乐中的重要性更是显而易见。

（3）舞蹈和音乐都属于时间艺术。它们都受到时间的限制，属于运动中的艺术，以上是它们的共同点，但它们也有不同的表现方式。音乐是以优美的声音来创造听觉形象，舞蹈是以优美的舞姿来创造视觉形象。舞蹈更需要音乐来强化节奏感，同时给舞蹈情感提示。两者完美的结合才能塑造出完整的舞蹈形象。

所以，舞蹈和音乐在作品中同时担任着情绪的表达和人物的刻画任务。巴黎皇家音乐学院的舞蹈艺术家梅涅斯特利耶在《根据戏剧的规则谈论古今舞剧》的著作里谈到音乐在舞剧中的作用时，指出音乐为动作而存在，而不是动作为音乐而存在。[2]这说明有两种可能性，一是编导先将舞蹈的所有构思和编排想好后，请作曲家创作与舞蹈作品相符的音乐；二是先找音乐再根据音乐来进行编排。在舞蹈作品中，舞蹈和音乐共同担负着表达思想感情、叙述情节内容、刻画人物形象的任务。所以只有舞蹈和音乐相互有机地配合，才能够完美地塑造舞蹈艺术形象。音乐对舞蹈的作用，主要是配合舞蹈在整个过程中的情绪表达、性格体现、气氛烘托等。

2. 舞蹈与舞台美术

舞台美术简称舞美，它既属于美术范畴又属于舞台艺术范畴，可视为美术与舞台艺术或交叉艺术或边缘艺术，它包括灯光、服装、道具、化妆等。它们在舞蹈中的运用都是带有感情内涵的，例如，灯光在舞台上的运用可表达舞者不同的情绪，服装可以表明人物身份，道具可作为情感的寄托和依附等。舞台美术的主要作用在于运用多种表演艺术手段，营造戏剧环境、渲染舞台气氛、塑造人物形象。舞美设计有着自己的艺术创作规律。

（1）美术是以色彩、线条，通过纸、木、布或可以雕塑的物质材料来反映生活、创造艺术形象。在艺术领域中舞蹈和美术也密不可分。美术作品追求静中有动之美来打动欣赏者，舞蹈作品追求动中有静之美来感染观众。舞蹈和美术同属于视觉感知的造型艺术，不同的是舞蹈以动作和运动来造型，美术以各种材料和色彩来造型。它们表达的媒介不同，目的相同，但都是通过作品表达自身感受和反映社会情况，都是通过视觉形象来表达作品形象，力求形神兼备、情景交融。舞蹈艺术可以说是活的雕塑、动的绘画，舞蹈动作的雕塑可以在一定程度上弥补舞蹈转眼即逝的缺陷。一个能够完美展现人物内心情感世界的舞蹈造型，可以让观众印象深刻。当动作结束时，观众可以凭借脑中对舞蹈的视觉印象，去反复品味联想，并得到思想启迪和美的享受。舞蹈《敦煌彩塑》就是从壁画中得到启示，根据姿态进行舞蹈动作的编排。

（2）灯光是舞台艺术中不可缺少的，是为演出的照明效果服务的。舞台上不同方位的灯光为舞台提供不同的艺术效果，展现出不同的氛围，使舞台更有立体感。不同的色彩给人不同的情感提示，观众通过演员和灯光色彩提示，进一步对作品人物和表达的内容有更深的感受和理解。灯光色彩具有冷暖、明暗等特征，不同的色彩给人造成不同的感受，它具有很强的情感内涵和表现性，为舞蹈的表现力服务，对舞蹈的情感表达也起到了渲染作用。

（3）服装是最贴近运动人体的，它是角色外部造型的重要组成部分，本身就有很高的审美价值。梅涅斯特利耶在《根据戏剧的规则谈论古今舞剧》里，谈到服装在舞台上的作用时指出："舞剧只拥有哑巴演员，所以必须让服装替他说话，让人物像他们的动作一样很容易被人看清楚。"他认为服装的首要条件应该是与剧情一致，其次是尽量多元化，再次在同一个出场中式样和颜色要一致，最后绝不可以束缚身体，要为舞蹈提供充分的自由。[3]服装在舞台运用中有很多讲究，能直接表明人物身份，所以说服装对舞蹈作品也起到点石成金的作用。

（4）道具在舞蹈中体现的作用既是感情的寄托又是情感的延伸。舞台上的道具，是对日常生活中的饰物和工具进行美化和艺术加工。道具本身不会产生较多的情感内涵，但是通过演员的运用，能对舞台整体情感起到一定的渲染作用。双人舞《同行》中，舞者通过在运动中的双人造型和人与水壶之间的关系，来表现对水和生命的渴望。水壶在整个舞蹈中是两个女兵的情感寄托和纽带，通过演员的运用在舞台中贯穿着自己的色彩和内涵，体现艺术价值。

（5）化妆是舞台艺术表演中为塑造人物形象所做的面部包装，也是舞台艺术整体色彩情感内涵的一部分，对人物形象刻画起到很大的作用。舞蹈《老伴》中通过勾勒皱纹、老人斑等化妆技巧将老年人的形象惟妙维肖地展现在舞台上，为作品人物形象起到了铺垫的作用。

总之，舞蹈中的非主体因素对舞蹈的本体因素的影响是非常大的，一个完整的作品呈现是离不开音乐和舞美的。音乐和舞美在舞台上都有一定的暗示作用，只有艺术表现内容与形式和舞台空间氛围完美结合，才能使肢体语言与音乐和舞美交织形成感染力，产生良好的艺术效果，达到美的境界，成为真正的艺术。

参考文献

［1］ 苏珊·朗格著《情感与艺术》，中国社会科学出版社，1986。

［2］ 金秋主编《舞蹈编导学》，高等教育出版社，2006。

［3］ 梅涅斯特利耶：《根据戏剧的规则谈论古今舞剧》，人民出版社，1975。

高职音乐表演专业开设管乐合奏
重奏课必要性的思考

肖杨新　肖　灵

在学校教育中，注重实施美育，培养学生感受美、表现美、鉴赏美和创造美的能力，艺术教育是最重要也是最有效的途径。近年来，国家也越来越重视艺术教育。2015 年国家开始实施对中小学校和中等职业学校学生进行艺术素质测评。其中教育部文件《教育部关于推进学校艺术教育发展的若干意见》（教体艺〔2014〕1 号）就谈到应创新艺术活动内容与形式，不论何种艺术形式，都希望每个学生能够参与进来。

其中，管乐艺术逐渐普及开来，它在当今已经发展成为群众喜闻乐见的一种艺术形式，也逐渐发展成为普及高雅艺术、提高人民综合文化素养的一种重要艺术。其中，管乐合奏、重奏是一种非常具有艺术性、观赏性、娱乐性和文化性的表演形式。在表演训练时，教师可以很好地实施艺术教育、实施美育。随着我国经济、文化的发展，国际的艺术交流也逐渐增多。其中已举办四届的南昌国际军乐节，吸引了世界各国军乐团来华表演：军乐游行、军乐晚会和著名军乐团进高校交流等多种形式，军乐节已成为南昌这座英雄名城的一张文化名片。而在上海，上海之春艺术节中的重头戏——国际管乐艺术节自 2008 年起举办已经开展十周年。每年的国际管乐艺术节都有众多世界各国著名管乐队、军乐队和全国的优秀管乐队参与表演，吸引了全世界的管乐爱好者前来观摩学习，已经成为上海民众的一大盛事。其他还有北京国际管乐节、西安管乐节、青岛管乐艺术节、香港青少年步行乐大赛等。近年来，北京、上海等开展这项活动较早的一些中小学还走出国门，参加国际性的大赛进行交流。作为一名职业院校的音乐教师深感责任重大，不断思考管乐艺术教育在高职院校音乐表演专业中的特殊价值和意义。

一　开设管乐合奏、重奏课的价值和意义

自西方音乐文化传入我国，音乐文化活动就以广泛的渠道渗透到社会的各

个方面，其中最有深远意义的是清末时在上海、北京相继出现了一些西洋铜管乐队。我国一些老艺术家回忆起当年学习时使用的第一支乐器，就是解放军从内宫府缴获的一批管乐器。这一批管乐学习者，学习西洋乐器的演奏技巧，并积极地随队参加各种音乐活动。这些乐队的创建与发展，为中国早期的音乐教育与启蒙培养了一批专业师资，几乎与学堂乐歌平分秋色。民国初期，清华大学成立了学生军乐团，这说明管乐艺术教育已经走入普通高校，逐渐全国各地也建立了学校管乐团。

管乐艺术教育发展至今，在世界各国已经具有相当的规模与影响力，欧美国家在该领域的发展位于世界前列。他们很早就认识到管乐合奏能够协调人际关系、培养情商、培养人才综合素质，并很早就将管乐艺术引入大学、中学、小学教育中。

美国大部分学校建立了管乐团，并有着系统而正式的教学体系。在美国各州也有众多的管乐比赛，包括世界著名的 DCI（世界行进管乐比赛）。目前，DCI 仍是世界上水平最高的行进管乐比赛。美国的学校管乐音乐教育体系，逐渐影响了世界许多国家的管乐音乐教育，成为世界各国管乐音乐教育模仿和学习的典范。美国的管乐教学中，体现综合音乐素质教育思想，并建立了以大学教授、中学教师为主体的研究机构，建立了一整套教学体系、比赛交流机制，推动了管乐教育的学校化进程，成为美国素质教育的重要组成部分。日本团队竞争意识在管乐艺术竞赛中得到迅速提升。每年 11 月日本都会举行大型管乐团比赛——日本管乐大赛，大赛分为初中、高中、大学及职场四个组别。每个管乐团要演奏一首课题曲和一首自由曲，奖项分金奖、银奖、铜奖。仅 2006 年日本管乐演奏比赛，就有六十多个高水平团队参加。为了推动日本管乐在国际的发展，从 2009 年开始，日本每两年在夏天举办一次国际性管乐合奏大赛，并发行多种管乐杂志、研究资料及乐谱，管乐艺术水平和团队协作精神都有了很好的发展。

我国一些团体也逐步认识到管乐合奏、重奏等艺术形式在开展集体教育中的突出作用，这一艺术形式越来越受到人们关注。在许多中小学、高校、企业中都相继建立了不同形式的管乐演奏组织。在改革开放初期，部队组建了军乐管乐队，但 20 世纪 80 年代仅有三支军乐队。而发展到现今，管乐队主体已然是学校了。截至 2010 年，全国管乐队有 5000 余支，行进管乐队百来支。而在大中型城市的学校发展非常迅速，仅以深圳市为例，行进管乐队数量就达到120 多支；而在中国最北端的漠河市仅有 50 万人口，却有百余支管乐队，小学三年级以上均开设管乐课，成为名副其实的"管乐市"，为繁荣漠河市管乐文化，提升地区知名度、影响力、丰富人民文化生活做出了重要贡献。

二 管乐艺术教育的发展瓶颈

笔者多次参加上海、西安、香港、南昌等地国际管乐艺术节，发现近年来，国内多个大中城市学校和群众参加各类管乐比赛队伍数量与日俱增。虽然参赛队伍众多，但其中具有高水平的，主要集中在北京几所开展活动较早的中小学以及几家专业部队管乐团体，而且与国外乐团水平相比还是有较大差距。这说明，管乐艺术在艺术教育中的重要程度已经凸显，越来越多的大中小学建立了管乐团，但在发展的初期阶段，一些条件制约了众多管乐团向高水平方向发展。

1. 管乐师资严重不足的应对方法

（1）高职音乐院校应加大对管乐学科师资的培养

过去，中小学音乐教育以上好一节音乐课为主，所以高职院校音乐表演专业以培养学生弹、唱、舞为主，辅以理论知识学习。学生进入高职院校首先面临的就是钢琴、声乐、舞蹈三大必修课，这三门课是基础音乐教育的基本功。但高职音乐表演专业必须紧跟时代步伐，考虑当今社会对音乐人才的不同需求。为应对蓬勃发展的中小学管乐团建设，很多机构、省份都组织举办了管乐培训。例如，中国音协管乐学会管乐队举办的指挥培训班；教育部体育与艺术司举办的全国中小学艺术教师管乐指挥培训班；还有各省市陆续开展了中小学音乐骨干教师管乐团建设培训班等等。这些充分说明，各地对管乐艺术人才的巨大需求，更加说明现有的音乐教育专业缺少相关管乐实践课。所以学校的课程设置，不能仅仅停留在过去的培养方向上，应与时俱进地拓宽管乐艺术教育范畴。这就要求高职音乐教育人才培养，应该增加管乐技能课程设置，涉及相关的管乐知识和训练能力的培养。

（2）加强合格基层管乐教师的整体素质培养

为基础或基层音乐教育服务，以培养综合素质型人才为己任，与时俱进地投入到基础音乐教育中去，一直是高等职业院校音乐表演专业的办学理念。但受到精英化教育的影响，许多专业的培养，一直沿用音乐学院的培养模式，即专业训练偏专、精，关在琴房里独自练习奏鸣曲。没有完全结合自身的实际情况，尤其是背离了高等职业院校最突出的"职业性"特点，只注重某一项专业训练。这样学习管乐，虽然训练了个人的手指技巧、个人表演能力，及对少量音乐作品的理解，但是在将来组建中小型管乐团中，学员缺乏各管乐声部色彩的调和能力、实践训练能力，最重要的是缺失乐队团队合作精神。

高职音乐教育专业应该与时俱进地逐步开设管乐合奏、重奏课。在集体课上，要训练让乐队全体做到把握原曲标识的强弱、缓急等力度和表情记号，集中全乐队注意力，一起表演出每一首作品不同的"精神"与"趣味"。让音乐者共同表现起来，共同去创作音乐，或以音乐激发人们，集体合作完成作品。要培养这种共同创造出的音乐集体荣誉感，学员只有一起拼搏训练，只有在管乐合奏、重奏实践教学中才能够实现。提高参与合作性，训练团队吃苦精神，老队员要联合新成员。在长期发展中，要确立一个积极的观念，为此要立足于传统文化，把传统文化融入管乐合奏中，创新想法，真正达到培养综合素质能力的目的。

2. 缺乏规范、统一的管乐教学体系和交流机制，管乐水平整体难以提高的应对办法

（1）常规的比赛和演出需要科学而持久的音乐训练

为提高学生的专业化水平和繁荣校园文化生活，高职院校基本上每年设有多项地方性比赛和演出。管乐合奏、重奏是一项科学性的训练课程，我们不能仅仅依靠临时的排练、训练，急功近利来应付比赛和演出，而应该持续有效地训练，提高整体合奏水平或重奏水平。人是社会性很强的动物，需要互动，需要这样的集体组织、集体课程来练习和表演，这样可以满足乐手不同水平的训练。

（2）规范教材并坚持不懈地开设管乐合奏训练课

课程是实现教育目标和教学目标的手段，是实现培养目标的有效载体。应结合大、小课的实践教学，建立起一套科学的课程体系。管乐重奏课应根据乐器声部进行分组练习，以便教师对于个别声部进行有针对性的指导。管乐合奏大课更注重群体性的配合，让学生学习演奏、指挥、配器、和声、评论、和谐配合等，让他们在锻炼音乐技能的同时，延伸到兴趣、态度、品德、个性、意志等方面的培养，提高学生的综合能力。

但在我国，管乐合奏还处于启蒙阶段。管乐教育发展滞后，目前在高职及普通学校中均没有管乐合奏、重奏的统一性的教材，在合奏内容上也没有系统的乐曲分级，乐曲选择上随意性较大。这在一定程度上，阻碍了高职管乐合奏训练的系统性，以及影响未来中小学教育者在乐团建设中有目的的阶段性训练。

之前，我们谈到一些别国的成功案例，我们也可以效仿他们的一些先进做法。首先，在大学尤其是职业性院校中推广普及，并建立和中小学教师的联系，特别是关注参加过大学管乐合奏课学习的毕业生，以及他们在日后中小学开展管乐合奏教学中的问题反馈。建立以大学教授、中学教师为主体的研究机构，建立一整套符合当前我国国情的管乐教学体系、比赛交流机制，推动管乐教育普及和发展。

三 结语

管乐艺术教育是学校素质教育中的一个非常重要的组成部分。在管乐团训练、表演中，不仅能够实施美育，对于人的素质教育培养也具有独特而不可忽视的作用。尽管，当前我国大多数学校还没有从全面塑造人的角度来看待管乐艺术教育，但许多发达城市开始起步，并获得了较好的成果。现在许多中小学及高校正朝着系统化、规范化、科学化的方向发展，我们高等职业院校应义不容辞地加快培养出适应现代管乐艺术教育的合格基层教师。相信随着高等职业院校管乐合奏、重奏课的开设，我国管乐艺术也会达到国际领先的水平，为提高人的艺术素质和审美能力，促进人的身心全面发展发挥更大的积极作用。

参考文献

陆佳音：《从国外管乐团的发展看中国管乐团进校园》，《大众文艺》2016 年第 11 期。

解晓瑞：《对我国普通高校管乐艺术教育的思考》，首都师范大学硕士学位论文，2007。

唐宏峰：《2014 年中国艺术教育年度报告——中学篇》，《艺术评论》2015 年第 5 期。

周星：《2013 中国艺术教育要况概评》，《艺术评论》2014 年第 4 期。

王礼申：《关于推进中小学艺术教育发展的若干思考》，《美与时代》（下旬刊）2015 年第 10 期。

贾韬：《论高校艺术教育的性质与功能》，《江苏高教》2015 年第 2 期。

陈思萌：《管乐团在素质教育中的作用》，《美与时代》（下旬刊）2014 年第 5 期。

王志强：《赣南苏区红色艺术资源视阈下地方高校艺术教育创新模式构建研究》，《通化师范学院学报》（自然科学）2015 年第 6 期。

张璐：《2014 年中国艺术教育年度报告——小学篇》，《艺术评论》2015 年第 5 期。

谭抒真：《回忆北京大学音乐传习所和穆志清先生》，《音乐艺术》1993 年第 2 期。

舞蹈教师持证上岗的思考

诸 贺 吴 萌 肖 灵

舞蹈是人类最早的一种艺术活动，在无声语言的时代，人类便有了手舞足蹈的动作，人们用手语、肢体动作作为交流情感的工具，舞蹈经过加工、整理、提炼，以人体的造型和有节奏的动态动作作为主要表现方式，体现现代人的文化、生活和自娱活动。舞蹈是一切艺术的最高境界，涵括了文化、哲理、思维、动态等，是最高尚、最优美的运动。舞蹈教育又是素质教育的重要环节，是美育教育和艺术教育的主要方法。通过舞蹈学习，学生达到陶冶情操、开发智力、发挥想象力、推动创造力、促进身心全面发展的目的。

一 舞蹈教师的伟大使命

教师在人类社会发展中起到了举足轻重的作用。舞蹈专业性的教学，是国家文化建设中的重要内容。作为文明最具代表性的艺术符号——舞蹈，在优化人的审美意识方面，有着重要而不可代替的意义和价值。舞蹈艺术又以肢体动态语言作为情感表达形式，舞蹈教师在舞蹈教学中将前辈总结的知识和文化进行传播，后人在学习传统的同时进行传承、创新和发展。

舞蹈教师是全民文化艺术的传播者，是人类精神文明的继承者和创造者，是传播技艺、提高审美能力的教育者，是人才培养的承担者。

西方发达国家十分重视舞蹈的教学和传承，鉴于舞蹈教学作用于人的身体素质、心理素质、科学知识素质、审美素质、自食其力素质、交往素质和独立能力素质，制定了严格的教学制度，并强调舞蹈教师必须通过严格的专业考试方能上岗。随着我国经济飞跃发展，社会各行各业的行业标准已初步建立并逐步完善，舞蹈也不例外。

舞蹈行业标准的制定，立足培养人才和舞蹈理论，从舞蹈文化切入进行实践的美学标准认定。从而提高教师入职门槛，提高教师的教学能力和教学水平，督促教师按专业规范传播技术，同时帮助广大有志者实现教师之梦。

二　舞蹈教师的行业标准制定和设想

面对目前舞蹈教育的现状，制定舞蹈教师行业标准势在必行。只有制定舞蹈教师行业标准才能规范教学、推动教学，使所有舞蹈教师在教学过程中传递舞蹈真谛，发挥舞蹈在培养社会需求的复合型人才中的作用。

学校舞蹈教师包括幼儿园舞蹈教师、小学舞蹈教师、初级中学舞蹈教师、高级中学舞蹈教师与中等职业学校舞蹈教师、普通高校舞蹈教师、高等职业学院舞蹈教师、高等师范学校舞蹈教师。

舞蹈专业老师比例如图 1 所示。

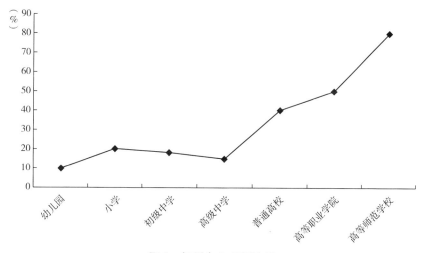

图1　舞蹈专业老师比例

显而易见，幼儿园、小学、初中、高中专业舞蹈教师甚少，直接影响启蒙教学和基础教学的质量。

三　行业标准制定的依据

社会上各行各业有着自己的职业规范和专业考核标准。不同的行业标准，根据其担任的社会职责和社会劳动的性质、内容、形式、方法等制定，包括学术标准和实践标准。

学术标准：一般泛指教育类和研究类，是对存在的物质及其规律的科学化论证。

实践标准：经过知识技能的专业学习，学生掌握专业知识和技能，能通过教学传播知识，并为社会服务。

舞蹈教育始终以传承和弘扬民族舞蹈文化为教学手段，以研究促进教学。通过诚挚的传播、探索、创新，促进舞蹈文化和舞蹈教育事业的发展。

四　舞蹈教师具备的专业技能

（1）热爱教育事业，热爱舞蹈教育，了解教育学、心理学原理，熟练掌握舞蹈专业知识和专业技能。

（2）了解社会发展史，探究舞蹈文化，以文化作为教学的切入点，进行舞蹈知识传播。

（3）了解人体生理发育规律，研究人体解剖学、熟悉人体骨骼、肌肉的功能作用和训练方法。

（4）掌握人体动态，表达人的内心情感，具有舞蹈表演能力和审美能力。

（5）运用舞蹈教学法，进行细致的分解和引导，以科学的教学方法进行舞蹈训练。

（6）文化底蕴深厚，具备舞蹈创作理论和实践编创能力，提高表、教、编、研的综合素质。

（7）多媒体教学和口传身授的模仿式教学相结合，使学生在思维模仿中，掌握其风格、韵律、动态、动作的特点。

（8）研究舞蹈文化，促进实践能力和理论水平与时俱进。

五　舞蹈教师需持证上岗

舞蹈教学是国家文化建设中的重要内容，舞蹈教师是全民文化艺术的传播者，是人类精神文明的继承者和创造者，是传播技艺、提高审美能力的教育者，是培养人才的承担者。舞蹈教师必须通过专业考试持证上岗，才能保证教学质量。

考试内容包括：舞蹈教学理论知识和舞蹈语言、舞蹈专业技能的掌握。

理论部分：舞蹈教学理论知识

（1）舞蹈文化

（2）舞蹈教学法

（3）舞蹈解剖

（4）舞蹈编创理论

实践部分：舞蹈语言和技能的掌握

（1）地面组合

（2）把上练习

（3）中间组合

（4）律动

（5）身韵

（6）控制和技巧

（7）舞姿

（8）现代舞

（9）民族民间舞

（10）即兴编舞

（11）舞蹈编创

舞蹈教师资格证考试内容如表1所示。

表1 舞蹈教师资格证考试内容

类 型	教学对象	科 目 一	科 目 二	科 目 三
幼儿园舞蹈教师	幼儿园儿童	地面组合、把上练习、中间组合、律动	民族民间舞技巧	编创、教学法
小学舞蹈教师	小学学生	地面组合、把上练习、中间组合、律动、身韵	民族民间舞技巧	即兴编创、教学法
初级中学舞蹈教师	初中学生	地面组合、把上练习、中间组合、身韵	民族民间舞技巧	舞蹈文化、即兴编创、教学法
高级中学、普通中等职业学校舞蹈教师	高中学生、普通中等职业学生	地面组合、把上练习、中间组合、身韵	民族民间舞技巧	舞蹈文化、即兴编创、教学法
普通高校舞蹈教师	大学（专、本）	地面组合、把上练习、中间组合、身韵	民族民间舞技巧	舞蹈文化、即兴编创、教学法
高职舞蹈教师	高等职业学校舞蹈专业	地面组合、把上练习、中间组合、身韵	民族民间舞技巧	舞蹈文化、即兴编创、教学法
高等师范舞蹈教师	高师舞蹈专业	地面组合、把上练习、中间组合、身韵	民族民间舞技巧	舞蹈文化、即兴编创、教学法

舞蹈教育作用于人的肉体生命和精神生命，现代文明的高速发展对当代舞蹈教育提出了更高的要求，培养全面发展的复合型创新型人才，是舞蹈教育必须承担的历史使命。人的素质的全面发展，除智商、情商提升外，还离不开艺术教育。艺术与科学相结合的整体综合的素质教育，在培养人才创造力、创新力和综合素质上发挥巨大作用。目前，社会舞蹈考级由不同的群众机构组办，教学制度严谨，教师均持证上岗。学校舞蹈教育，更应加强制度管理，制定上岗标准。因此，设定舞蹈教师行业标准，教师通过行业标准的考试，提高专业能力和教学水平，是改变目前舞蹈教学现状，提高教学质量，严把教学质量关的重要环节。制定舞蹈行业标准，需要各位老师、专家的努力，更需要有关部门的支持。

参考文献

王国宾主编《舞蹈教育战略与发展》，上海音乐出版社，2004。

朱东黎：《舞蹈教育与人的和谐发展》，《艺术教育》2007 年第 8 期。

殷鹏：《18 世纪美国舞蹈教育研究》，硕士学位论文，中国艺术研究院，2007。

游嘉颖：《高等舞蹈教育的调查与研究》，硕士学位论文，中国艺术研究院，2007。

于平：《中外舞蹈思想概论》，《舞蹈》2002 年第 10 期。

崔琰：《中小学舞蹈教学问题初探》，《艺术教育》2017 年第 24 期。

山香教师资格考试命题研究中心主编《国家教师资格考试》（专用教材），首都师范大学出版社，2015。

山香教师资格考试命题研究中心主编《音乐学科知识与教学能力》，首都师范大学出版社，2015。

平心：《舞蹈心理学》，高等教育出版社，2004。

高校音乐学的学科现状分析与指导[*]

——以南昌职业学院音乐表演专业为例

张美丽

一　前言

　　经济的发展、知识的创新以及高素质人才的培养对于国家未来的竞争发挥着极大的作用，进入 21 世纪以来，高水平音乐院校的发展离不开高质量的学科建设。高度重视音乐学科建设，加强规划和管理、整合资源和突出优势将成为各音乐院校发展的战略性选择。音乐学科建设是音乐院校发展的制高点，是教学、研究、创作以及培养音乐人才的结合点，是学校上水平、出特色、上质量的关键。在我国，面向社会主义市场，如何更好地服务于社会，是音乐学科建设必须思考的一个问题。就现在而言，我们应积极寻求音乐学科与其他学科的交叉点，集中优势合理配置资源，使得学生在注重专业的同时也能关注其他学科，开阔视野，培养创新型的研究人才。因此，对高校音乐学科现状进行分析具有重要的指导意义。

二　高校音乐学科的现状

　　时代的发展需要综合素质健全的人才，因此，当代大学生艺术能力的提高受到广泛重视，作为艺术教育重要分支的音乐学科建设，对其有着不可替代的作用。

　　音乐表演专业作为南昌职业学院的特色专业，教学工作是音乐表演学科的重要分支，师资队伍的建设、相关课程的设置、艺术实践的考核形式，以及平台的搭建是音乐表演学科发展的重中之重。近年来，南昌职业学院在舞台艺术实践中虽然取得了可喜的成绩，但调研显示，完全没能达到实践要求。学生在学习过程中缺乏主动性，没有从本质上去认识它的价值，没能提高自身的艺术

---

　　* 本文为学校自选科研课题研究论文（课题编号：2017 – 08）。

能力；部分老师在教学过程中，过分重视理论知识教学，忽视审美能力的培养，致使学生无法达到实践要求。南昌职业学院音乐表演专业要进一步地发展，必须进行深入的学科建设，应理论与实践相结合。

三　高校音乐学科存在的问题及成因

高校音乐学科教育经过多年实践与改革收获了一些经验，教育思想和管理模式逐渐成熟，但面对竞争日益激烈的社会发展无法很好地适应，难免会有一些问题，如，师资力量不够、教育资源不足、教学模式不当、教学管理不规范等。

1. 师资力量方面

教师团队的质量对学生素质培养有直接的影响，随着音乐教育的普及，对音乐教师有更大的需求。目前南昌职业学院的师资力量虽然有所增强，但仍存在一些问题：一方面，音乐教师专业比例相差很大，特别是在器乐乃至西洋乐方面是有很多不足的。这对南昌职业学院整体的发展产生了一定的制约。另一方面，在吸纳专业人才时选拔不够严谨，没能做到真正的择优，缺少具有深层次理论知识的教师，这样的师资队伍就很难完全承担起音乐理论知识方面的教学工作。

2. 教育资源方面

教育资源是在教学中得以有效进行的重要依据，在一定程度上影响着教学的质量。经过院系领导多次修订的音乐教材在整体内容上并没有太大改变，还是较多选用了一些理论知识过多、专业性较强的教材，学习难度较大，难以激发学生的学习热情。

3. 教学模式方面

南昌职业学院针对专业基础好的学生开设了一对一的教学模式，对于专业水平一般或差的学生统一开设了集体课教学，这就在一定的程度上加大了集体课教学的难度，因为南昌职业学院的教学设备就目前来说难以满足学生的需求，教学模式存在一定问题：在课堂上，由于时间的关系和人数较多的问题，师生之间缺乏一些互动，教学方法手段单一，不利于学生更系统化地学习。另外，部分教师在教学中不太注重培养学生的音乐素养，因此难以发挥音乐教育的实效性。

4. 教学管理方面

在教学管理上不够规范，专任教师和外聘教师不能得到科学、合理的管理，存在着因人设课的现象。另外，教学观念比较落后，又加上现阶段不完善的教学设施等，都严重制约着南昌职业学院音乐表演专业的发展。

四　关于高校音乐学科建设的指导意见

根据我国高校音乐教育存在的问题分析，结合南昌职业学院音乐学科现状，需要进一步深化改革，促进教师自我提升，加强音乐学科建设，从而为南昌职业学院的专升本贡献微薄之力。

1. 改变教学观念

随着我国音乐教育的发展和普及，音乐教师必须改变以往传统的教学观念，加强专业训练，不断提高自身的音乐修养。高校与高校之间要促进交流，不断提高教师的专业教学水平，不断壮大师资队伍，在师资队伍的选择上坚持择优录取，从根本上提高教师的专业水平。

2. 整合教育资源

根据新课表的要求，对教育资源进行适当的整合与优化。首先，在教材的选择上要全面均衡，全面考虑学生的基本情况；对教材的难度设置要慎重考虑，不能超出高校的专业化水准。

3. 强化情感体验

把情感体验加入实际教学的过程中，让学生在学习专业的同时学会表达情感，提高个人审美情趣，而不是单纯地追求某一专业方面的技巧。多鼓励学生自我学习探究与合作，使其真正成为受教育的主体，充分发挥学生学习的主动性和积极性。任课教师在教学的过程中要不断活跃课堂气氛来激发学生的学习热情。另外，任课教师在进行教学活动时要将理论与实践相结合，以此营造活跃的课堂氛围。学生可以从不同角度来获得不同的情感体验，从而在课堂参与中不断提升自己的音乐素养。

五　结语

综上所述，高水平音乐院校的发展离不开高质量的学科建设。加强学科建设和发展，对提升高校乃至南昌职业学院办学实力都发挥着巨大的作用。顺应时代发展的潮流，在思想观念方面要进行转变和更新，管理者要具有先进的管理理念，音乐任课教师要有专业的音乐技能，学生应在音乐教育中充满浓厚的兴趣。我们应摆脱传统思想观念的束缚，冲破传统的专业教育观念，把注意力全部转移到学生的全面发展上来，不断推动学科向更高层次发展，培养社会精英人才。

参考文献

王永平：《鄂尔多斯市东胜区中学教师专业素质发展状况与建议》，内蒙古师范大学，2013。

张敬敏：《第四代评价理论视角下的教师专业素质提高策略研究》，河南师范大学，2014。

静文佳：《浅析赤峰学院音乐学院声乐系历史沿革及发展概况》，《赤峰学院学报》（汉文哲学社会科学版）2012 年第 10 期。

付婧：《20 世纪下半叶以来契丹（辽）音乐史学研究及其思考》，沈阳音乐学院，2014。

林炜：《福建教会学校的历史演变及其对现代教育影响研究》，福建师范大学，2014。

杨廷树、杨颖秀：《西部农村学校特岗教师现状调查与思考——基于贵州省 Z 中学的个案研究》，《教育理论与实践》2010 年第 23 期。

刘洪良：《中小学健康教育教师专业素质研究》，南京师范大学硕士学位论文，2014。

马晶晶：《对河北省理工科院校公共音乐教育现状的调查分析与思考》，首都师范大学硕士学位论文，2009。

陈婷婷：《探索音乐表演学科发展之路——记上海音乐学院"首届全国表演学科建设与发展研讨会"》，《人民音乐》2012 年第 10 期。

李小诺、陈婷婷：《加强学科建设聚焦内涵发展》，《人民音乐》2012 年第 10 期。

对计算机网络技术安全与网络防御的分析

周　萍　王业平

当前社会已经步入网络信息时代，几乎每一个社会人会接触到网络信息，人们应用网络信息技术办公、学习，拓展视野，丰富知识，网络技术的应用给人们的生活带来了较多的便利，但同时网络信息技术的广泛应用也会对人们的生活构成一定的威胁，甚至是使人陷入危险中。由于网络信息技术具有开放性和共享性的特点，因此，很容易使数据丢失，在使用计算机网络技术时如果没有做好网络安全与防御工作，会带来较大的安全隐患。本文将分析计算机网络的概念、计算机网络技术风险因素，探讨计算机网络技术安全与网络预防的策略。

一　计算机网络的概念

所谓的计算机网络，指的是在不同的地域将不同且具有独立功能的多台计算机设备，通过通信线路连接起来。这些设备在被通信线路连接之后，能够通过网络操作系统和网络管理软件等，实现实时信息交换，不受时间和空间的限制，满足资源共享及信息传递。比如说，身处北京的王某可以与身处纽约的李某，通过网络共享会议资料，这实际上就是计算机网络应用的作用。

二　计算机网络技术风险因素的分类

通过上文中提到的计算机网络概念可知，计算机网络具有不受时间和空间约束的特性。这种特性也是计算机网络技术的主要风险因素，即网络的开放性、共享性、操作系统漏洞、软件设计问题、黑客恶意入侵等，比如说著名的熊猫烧香病毒，2017 年 5 月大规模爆发的勒索病毒，就是由于计算机网络具有开放性、共享性、操作系统存在漏洞等，才给黑客以可乘之机，使得这些病毒迅速蔓延。笔者将对几种风险因素进行具体的分析。

1. 网络的开放性

网络的开放性特点，虽然为人们获取资源提供了较多的便利，如人们在工作和学习时，对某个信息存在疑问，可以立即利用计算机网络技术对相关信息进行搜索查阅，但是凡事都具有两面性的。网络这种开放性的特点，使得同一个信息被多次搜索，如人们很容易获取一个企业的敏感信息，而搜索者在搜索的过程中，如果不留心也会将自己的信息遗留在一些搜索引擎上，给一些不法分子提供犯罪的机会，对个人人身及财产安全造成威胁。网络的开放性特点，也是近年来网络犯罪发生率提高的一个重要原因。

2. 网络操作系统的漏洞

网络操作系统是计算机网络技术实现信息交换的基础，但是它也是网络安全工具在使用过程中容易忽视的一个重要内容。在计算机网络技术应用过程中，网络操作系统是实现网络协议和网络服务的重要工具，而一般来说，在使用网络信息技术时各种网络协议都比较复杂，它的复杂性也对网络操作系统提出了较高的要求，很容易使其在应用中出现漏洞，为病毒入侵提供机会。比如有时候，病毒通过有漏洞的网络操作系统越过防火墙，用户可能浑然未觉，这样很容易对用户的个人信息安全造成威胁。

3. 网络资源的共享性与恶意攻击

网络资源除具有开放性、能够被人们多次搜索以外，它还有一个重要的特点，就是共享性。比如在日常工作中，甲通过计算机网络技术获取了一个信息，他能够快速地通过邮件以及其他聊天软件或者是计算机远程控制将该信息传递给自己的朋友或者是其他有需要的人。网络资源的共享性给人们的生活带来了较多的便利，缩短了信息传递的距离，但同时也衍生出了一些安全问题，如信息在传递过程中，可能需要使用不同的计算机服务器，这些服务器安全与否是未知的，这样很可能会使信息获得者在获得信息时，遭遇病毒袭击，使其陷入信息暴露的安全隐患中。

恶意攻击实际上就是人们常说的黑客入侵，相对于计算机网络技术的开放性、操作系统漏洞、共性等风险因素来说，恶意攻击可以说是最难以防范的一种安全风险了。因为，恶意攻击一般是有意为之的，它多是在人们毫无防备的情况下发生。假设有一个盗窃团伙想要利用自己掌握的计算机网络技术，盗窃银行的财物，虽然银行的计算机网络系统装有安全装置，但是这些不法分子事先已经对银行的网络系统有充分的了解，可能银行的计算机网络系统安全装置还未能及时地做出反应，犯罪分子就已经达到自己的目的。所以说，这一类安全问题是最难防御的。

三　计算机网络技术安全与网络防御措施分析

1. 构建科学网络防火墙技术

防火墙技术是保证计算机网络安全的基础技术，从网络安全的层面理解，防火墙指的是内部网和外部网之间的安全防范系统。在日常使用计算机网络技术时，防火墙技术可以达到隔离内部网络和外部网络的目的，对于一些存在安全风险意识的网站，其在设置网络防火墙技术之后，可以限制网络访问，以达到防御病毒侵袭的目的。当然，网络防火墙技术只是一种基本的预防技术，在遇到破坏性比较强的病毒时，网络防火墙往往无法真正地发挥自身作用。而且，有的用户在使用计算机网络时，安全防范意识比较差，在访问网站时，即使看到了"当前访问网站存在安全风险"的字样也要继续访问，在这种情况下，网络防火墙技术也是难以发挥作用的。

2. 安全加密技术的应用

安全加密技术是近几年兴起的一项新兴网络安全技术，它为全球电子商务的安全提供了保障，有效地保护了用户的安全。在当前安全加密技术主要分为两大类，即对称加密技术和不对称加密技术。对称加密技术主要是以口令为基础的一种安全技术，也就是说，人们在应用电子商务技术进行购物支付时，需要通过输入相应的口令才能完成支付活动，而这个口令只有自己知晓。不对称加密技术，相较于对称加密技术来说，这种安全防御技术的防御性能更佳，预防效果更好，它不再只是满足于以口令作为基础，用户在使用电子商务系统进行交易支付时，可以通过多种自己所掌握的不对称加密技术完成支付，如短信、指纹、二维码等。

3. 网络主机的操作系统安全与物理安全措施

在进行计算机网络技术安全与网络防御时，计算机安全管理人员所研发出来的新型技术数不胜数，未来，随着计算机网络技术的进一步发展，这些技术必然会更多，用户需要掌握的技术将会也是无穷尽。但是，笔者认为，在进行网络技术安全与网络防御时，不仅需要应用计算机网络安全人员研发的技术，用户自身具有较高的安全防范意识也十分重要，在平时的工作、学习和娱乐中，用户要学会合理地使用网络主机操作系统，掌握基础物理安全防御措施，做好网络安全防御工作。

总之，计算机网络技术安全与网络防御工作的开展，与每一位网民息息相关，做好安全防御工作刻不容缓。当然，安全与反安全是极为矛盾的一个存在，它们互相牵制，此消彼长，因此，在做好这项工作时，需要计算机网络技术的相关工作者，不断地提升自己的能力，普及好计算机网络技术安全知识，实时保证网络信息的完整性和安全性，为广大网民创造一个安全可靠的网络环境，促进计算机信息技术的发展和进步。

参考文献

张婷、姚仿秋：《计算机网络防御策略求精关键技术的分析》，《科学家》2017 年第 12 期。

周立平、杨永、肖革新：《复杂网络环境下故障排除方法及防御策略研究》，《信息网络安全》2011 年第 6 期。

尚永强：《基于信息化时代背景下的网络防御体系构建探究》，《无线互联科技》2017 年第 5 期。

吴杰：《计算机网络防御策略求精关键技术探讨》，《电脑迷》2017 年第 2 期。

梁艳红：《计算机网络防御策略求精关键技术论述》，《数字技术与应用》2016 年第 2 期。

关于在高职院校开设本科音乐表演专业的可行性分析

——以南昌职业学院为例

王业平　周　萍

音乐表演专业是艺术教育与国民教育体系的重要组成部分，对于立德树人具有独特而重要的作用，并承担着民族艺术文化的传承和发展重任，为国家舞台艺术人才的培养和提高素质教育、促进人的全面发展做出了贡献。在国家非常重视艺术教育、严格教师资质要求、提升教师素质的当下，在高职院校开设本科音乐表演专业是非常必要的。笔者将以南昌职业学院为例，对在高职院校开设本科音乐表演专业进行可行性分析。

一　在高职院校设置本科音乐表演专业的主要理由

1. 顺应国家中长期教育改革和发展的趋势

《教育部关于推进学校艺术教育发展的若干意见》（教体艺〔2014〕1号）就推进学校艺术教育发展提出如下意见：明确思路目标，落实立德树人根本任务；抓住重点环节，统筹推进学校艺术教育；建立评价制度，促进艺术教育规范发展；加强组织领导，完善艺术教育保障机制。

《国家中长期教育发展规划纲要》指出：到2020年，实现更高水平的普及教育。基本普及学前教育；巩固提高九年义务教育水平；普及高中阶段教育；提高义务教育质量。建立国家义务教育质量基本标准和监测制度。严格执行义务教育国家课程标准、教师资格标准。深化课程与教学方法改革，推行小班教学。配齐音乐、体育、美术等学科教师，开足开好规定课程。

根据要求，小学每8个班级配备音乐教师1名，初中、高中每12个班级配备音乐教师1名。而实际上大多数学校不能达标，特别是农村中小学，绝大多数至今没有专职音乐教师，有不少县中小学缺乏音乐教师。因此，音乐教师的缺口相当大。

表 教育事业发展主要目标

单位：万人，%

指 标	2009 年	2015 年	2020 年
学前教育			
幼儿在园人数	2658	3400	4000
学前一年毛入园率	74.0	85.0	95.0
学前两年毛入园率	65.0	70.0	80.0
学前三年毛入园率	50.9	60.0	70.0
九年义务教育			
在校生	15772	16100	16500
巩固率	90.8	93.0	95.0
高中阶段教育			
在校生 *	4624	4500	4700
毛入学率	79.2	87.0	90.0
职业教育			
中等职业教育在校生	2179	2250	2350
高等职业教育在校生	1280	1390	1480
高等教育 **			
在学总规模	2979	3350	3550
在校生	2826	3080	3300
其中：研究生	140	170	200
毛入学率	24.2	36.0	40.0
继续教育			
从业人员继续教育	16600	29000	35000

说明：* 含中等职业教育学生数；** 含高等职业教育学生数。

2. 是服务江西经济发展，实现"文化大省、文化强省"目标的需要

当前，国内外注重文化发展的大势和江西经济社会的快速发展，为弘扬赣鄱文化提供了广阔空间和有力保障；江西丰富而弥足珍贵的文化资源，独特而色彩斑斓的艺术，为弘扬赣鄱文化提供了肥沃的土壤和取之不竭的源泉；江西人民一心一意谋发展的浓厚氛围的形成以及人民群众日益高涨的精神文化生活需求，为弘扬赣鄱文化提供了强大的动力。

江西省《国民经济和社会发展第十三个五年规划纲要》提出：增强赣鄱文化影响力，推动赣鄱文化走向全国、走向世界。重点支持赣剧、采茶戏等传统戏曲振兴。开展戏曲剧种普查，建立地方传统戏曲数据库和公共信息服务平台。

加强地方戏曲研究和人才培养，出版传统剧目，修缮保护古戏台。

江西省服务业发展"十三五"规划指出：到 2020 年，全省文化产业主营业务收入达到 3500 亿元，年均增速达到 12% 以上，全省文化产业增加值实现 1000 亿元，基本建成布局合理、特色鲜明、优势突出的现代文化产业体系。大力支持文学、影视剧、戏曲、音乐、美术等文艺创作。大力发展文娱演艺产业。支持文艺院团改革发展，完善"团场线"演艺联盟，培育一批文娱演艺业龙头，扶持一批演艺中介机构，形成多样化、规模化、品牌化的文娱演艺产业群体。

《江西省 2017 年政府工作报告》指出：繁荣发展文化事业。加快建设文化强省，提升文化软实力……进一步深化文化体制改革，推进省文化演艺发展集团等公司组建。繁荣发展哲学社会科学、文学艺术、新闻出版、广播影视事业。深入开展全民阅读活动。推进第二轮修志，做好参事、文史、档案等工作。精心筹办汤显祖国际戏剧节，扩大江西文化影响力。

要实现建设"文化大省、文化强省"的目标，文化、艺术事业的繁荣与快速发展均需要音乐表演本科专业人才。党和政府的引导给江西省的音乐表演演艺市场注入新的活力，是音乐表演人才培养的强大推动力。

笔者对江西省高等音乐教育需求和南昌市音乐演艺市场人才需求进行了调研与分析。

（1）自中央提出深化改革、加快发展、拉动内需、搞活经济的战略方针以来，江西省高等音乐教育步入了一个飞速发展的时期。江西省培养高等音乐人才 3500 多人，但据不完全统计，有 2/3 的音乐人才外流到广东、上海、浙江、福建等地，而本省绝大多数农村中学，至今没有专职音乐教师，有不少县中学缺音乐教师。

（2）南昌市近三年有文化部门主管的文艺表演场所 178 家，文艺表演团体 112 家，文化演出场所 78 家。那么笔者对南昌的东湖区、西湖区、青云谱区、湾里区、青山湖区和其他辖区及辖管县（红谷滩新区、朝阳洲新区、南昌经开区、南昌高新区、南昌桑海经开区、南昌县、新建县、进贤县，安义县），调查、分析得出，在未来 10 年内该区域基层演艺本科人才和音乐表演本科管理人才缺口大于 5 万人。

（3）人才市场调研数据显示：音乐表演本科专业的就业情况最好，需求量也是最大的，它拥有着广阔的就业平台。

设置音乐表演本科专业是解决音乐教育、演艺和管理人才短缺的有效途径。

南昌职业学院设置的音乐表演本科专业顺应江西音乐文化发展的需要，以培养从事赣都文化研究、创作、表演和教育，推动赣都音乐文化继承和发展的应用性本科高级人才为特色；立足于适应社会人才结构的多层次、多样化的特点。

3. 是南昌职业学院特色发展，增强自身办学实力的迫切需要

（1）有利于培养更多本土高级音乐人才，参与高层次社会文化交流

为了大力推行教学改革，做实做强"音乐表演"省级特色专业，从 2007 年南昌职业学院就推行项目驱动式教学法，并应用于舞台艺术实践中。推出的江西本土特色经典项目民族清唱剧《党的女儿》成果丰硕。该项目不仅激发了学生学习的积极性、主动性和教师积极投入教、科研的热情，更是掀起了重温红色经典，学习与传承井冈精神的高潮。该剧目 2016 年 11 月还参加了江西省"高雅艺术进校园活动"巡回演出并获得好评。2017 年拟推该项目作为"思想政治教育工作优秀案例"向省教育厅和国家教育部申报，为继承、宣传赣鄱文化、传承革命精神起到了很好的推动作用。

本着传承和弘扬赣鄱音乐文化的原则，南昌职业学院积极参与鄱阳湖生态文化节、中国红歌会、中国南昌国际军乐节、江西国际傩文化节、江西红色旅游博览节、江西梅岭国际旅游节、江西大学生艺术展演、高雅艺术进校园等活动，近年来南昌职业学院积极创作了一批体现赣鄱音乐舞蹈文化的作品，其中《鄱湖畅想曲》和《水乡的期盼》分别荣获江西省大学生唱响鄱湖电视大赛一等奖和江西省大学生首届合唱比赛一等奖；《山娃仔》《走在山水间》分别荣获江西省第二届舞蹈大赛男子群舞和女子群舞一等奖。南昌职业学院还改编了《江西是个好地方》《红军阿哥你慢慢走》等作品；正在创作的声乐套曲《鄱湖风情》将在 2022 年底完成。

这些教学科研成果，对江西民间音乐的挖掘、保护、传承起到了积极作用，促进了南昌职业学院音乐艺术人才培养质量的提升，为抢占培养"音乐表演"应用性本科高级人才地积累了宝贵的经验。但在教学科研的实践运作中，高职教育层次的局限性，制约了师生投入教学改革和科研创新的积极性；同时，在参与社会文化交流中，由于没有本科教育平台，也影响学院在音乐艺术领域对社会的贡献。

（2）有利于推进更高层次科研合作，探索"校地合作"办学模式

根据党中央、国务院"鼓励高等学校适应就业和经济社会发展需要，调整专业和课程设置，推动高等学校人才培养"的指示，南昌职业学院设置应用性本科"音乐表演"专业是抓住区域经济发展的契机，结合"立足地方、融入地方、服务地方、回报地方"的办学理念，努力做到融通识教育与专业教育于一体，融课内教育与课外教育于一体，融理论教学与实践教学于一体，融知识传授与能力培养于一体。

南昌职业学院制定的应用性本科"音乐表演"专业发展规划的定位是：发挥现有高职专业为"省级特色"专业的优势，结合江西传统文化、乡土文化、民间文化，研究赣鄱民间音乐之特点，弘扬赣鄱民间音乐，继承赣鄱民间音乐之传统，创新赣鄱民间音乐之特色，将音乐表演专业办成江西音乐演艺、教学、研究等方面的"地方性、应用型、复合型"人才培养的特色基地。

南昌职业学院确立以培养应用性本科人才以社会需求为立足点，从自身条件出发，扬长避短，本着发展自身特色、做大自身优势的策略，与老牌本科院校"错位发展"。校地合作有利于增强教学应用性、地方性，也有利于学院人才培养质量的提升。走校地合作的新型办学路子，培养地方用得上、留得住的具有创新精神和创业能力的高素质应用型人才是南昌职业学院设置音乐表演本科专业的出发点和落脚点。

二 设置音乐表演本科专业可行性

1. 音乐表演专业行为省级高职特色专业为设置音乐表演本科专业奠定了扎实的办学基础

南昌职业学院"音乐表演"专业在江西民办高校中率先创办。2003年江西省教育厅批准该专业为国家计划内招生专业。至今，已有14年高职办学历史，经过多年的建设和发展，南昌职业学院奠定了良好的办学基础，积累了较丰富的办学经验。2008年10月该学院的音乐表演专业被批准为江西省级特色专业。

学院坚持开放办学，紧密围绕市场，以就业为导向，以特色求生存，树立教学与社会、市场、国际、时代接轨的办学理念，采取"市场引导教学、实践推进教学、科研深化教学、项目带动教学、创作提升教学、演出检验教学"的教育模式。确立了以"项目教学"为核心的教学改革思路，先后组织了大型民族清唱剧《党的女儿》、器乐《琴坛圣音》、舞蹈《盛世中华情》、话剧《一二三齐步走》等大型教学项目，大大提高了教学质量，培养了学生的职业能力、竞争能力、创新能力，促进了学生个性的发展。几年来，本专业实行教学与演出相结合，参与各种演出近千场，足迹遍布全国各地，获得了很好的社会声誉，为繁荣社会主义文艺事业做出了贡献。

学院教师创新教学理念，注重学生实践能力的培养，根据生源的基础和水平，探索出与专业院校、师范院校等不同的教学方法，即实施"项目教学"，让学生确立学习目标，调动学生学习兴趣，激发自主学习的动力，让学生将短期学习目标和长期发展目标相结合，同时，根据社会的需求开展个性化教育，着重培养学生的艺术特长。

与此同时，学院每学年定期邀请国内外著名音乐教育家、表演艺术家、歌唱家、民间艺术家、演员、主持人等资深名人，如杨洪基、孙丽英、冯巩、李光曦、殷之光、李志强、陈洪濂、程志等到南昌职业学院作学术交流和演出，拓展学生的文化视野，提升学生的艺术素质和品位。同时，定期组织学生学习汇报和艺术实践演出，使学生专业技能得到全面的提高，为提高音乐表演专业的教学质量，奠定了坚实的基础。

2. 稳定雄厚的师资力量为设置音乐表演本科专业提供了前提

有一支集教、研、演于一体的教学团队。该团队有正高职称的教师 6 人（其中硕士生导师 4 人），具有副高职称的教师 4 人，讲师 7 人，助教 9 人；有 12 人具有硕士研究生学历。近年来教师发表专业论文 34 篇，论文获奖 20 余篇，省级以上立项科研课题 4 项，校级课题 10 项，主编和参编教材 14 部；教师指导学生参加省级以上赛事，获三等奖以上奖项 42 项。服务地方经济咨询报告 10 项。

本专业学科带头人李新庭（任江西师范大学音乐学院党委副书记、副院长、院党委书记）、李启福（原赣南师范大学音乐学院教授。赣南师大客家研究中心音乐研究所原所长）均是省内知名专家。声乐教研室主任戴旦旦，副教授，厦门大学硕士研究生毕业，主要从事声乐演出、教学与研究。曾获省级大赛奖项 10 多项，担任本专业"声乐"等主干课程讲授。

坚持以师生为本、崇尚学术、人才强校办学理念，突出教学主要地位，强化教育质量意识，以人才培养为主向，以师资队伍建设为主线，以学术研究为主导，全面提高教育教学质量，努力实现人才培养目标。

3. 良好的专业实践教学条件和社会影响力为设置音乐表演本科专业提供了保障

目前，本专业拥有教学大楼 2 栋，实训大楼内设钢琴房 45 间、音乐沙龙实验实训室 1 间、卡拉 OK 练歌房 2 间、电钢琴教室 3 间、形体舞蹈房 4 间（800 余平方米）。拥有台词正音语言实训室、MIDI 电脑音乐制作室、合唱合奏教室、录音棚、器乐排练房、数字化高清演播厅、民族乐器琴房、西洋管弦器乐琴房、专用表演教室等多间；拥有完整的军乐队管乐器，具备各种音响器材、电声乐器、民族乐器等设备，积累了各种音像资料、乐谱资料，有音乐书籍千余种；此外还有一个可容纳 200 余人的演播大厅。

学院艺术团作为音乐表演专业学生的教学和实践基地，能提供齐全的演出器材和演出服装，满足大量的演出活动和比赛需求。

此外，学院推行"校地合作"模式，和江西省艺术中心、湖南琴岛演艺公司江西分公司、井冈山歌舞团、浙江横店影视城、江门芭蕾舞团等多家专业团体签订实习和实践教学基地和师资交流培养计划。大量的实践演出，为学院音乐表演专业学生提供了宽广的实践、实习平台。

近年来,学院音乐表演专业学生参加各种比赛,获得多种荣誉和奖励。其中主要奖项如下:

(1) 2013 年荣获江西省大学生舞蹈比赛一等奖 1 项;

(2) 2013 年第五届江西艺术节声乐二等奖 1 项;

(3) 2014 年获第八届江西省大学生艺术展演一等奖 2 项,二等奖 3 项,三等奖 2 项;论文类二等奖 3 项,三等奖 2 项;

(4) 2015 年参加首届集美大学生合唱比赛,荣获 "常规组" 优秀奖和 "流行组" 优秀奖;

(5) 2016 年获第六届江西艺术节大赛二等奖 2 项,优秀奖 2 项;

(6) 2016 排演的大型民族清唱剧《党的女儿》参加了江西省教育厅组织的 "高雅艺术进校园活动" 并获好评。

历年来所获国家奖项 10 余项、省级奖项 121 项等,有 80 余位同学获得国家奖学金和励志奖学金。

三 结语

综上所述,在高职院校南昌职业学院开设音乐表演本科专业是必要的,也是十分可行的。努力按照本科专业的要求对音乐表演专业进行建设,使其经过 3~5 年的努力,可以成为在江西省民办高校中最具影响力的特色专业之一。

参考文献

教育部:《国家中长期教育改革和发展规划纲要(2010~2020 年)》。

《教育部关于推进学校艺术教育发展的若干意见》(教体艺〔2014〕1 号)。

江西省委:《国民经济和社会发展第十三个五年规划纲要(2016~2020 年)》,2016。

江西省发改委:《江西省服务业发展 "十三五" 规划》,2016 年 6 月。

《江西省 2017 年政府工作报告》,2017 年 1 月。

《南昌职业学院 "十三五" 发展规划》,2016。

"互联网+"颈椎病患者健康管理方法探索

甄德儒　吴育俊　陈敬辉　吴有根[*]　陈燕军

一　前言

颈椎病是一种以退行性病理改变为基础的颈椎综合征；形成原因主要是颈椎长期劳损、骨质增生，或椎间盘突出、韧带增厚，致使颈椎脊髓、神经根或椎动脉受压，出现一系列功能障碍的临床综合征；表现为头晕、肢体麻木、吞咽困难等，给人们日常生活带来很多不便。随着手机、电视等的普及，我国患颈椎病的患者快速增加。据报道，截止到 2015 年底，我国颈椎病患者超过 2 亿，每年增加 1000 万人。颈椎病目前临床无很好的治愈方法，主要通过推拿疗法、理疗法、牵引治疗法等治疗方法减轻颈椎病引起的症状。[1-2]

然而，这些治疗方法都需要到相关医疗机构或者按摩部门实施。更为关键的是颈椎病还是要靠患者自身的调理才能获得更好的效果。现代人的生活节奏快，很多人都不能坚持去医疗机构治疗，而自身又没有相应的调理方法，导致疾病日益严重。本文通过建立"互联网+"健康管理平台，通过专业健康团队（骨科主治医生、临床药师、营养师等）的综合指导，将颈椎病自我保健方法快速传递至患者，让其实现自我保健，降低颈椎病的危害。相对于传统的颈椎病治疗方式，本文推荐的"互联网+"颈椎病健康管理方法具有方便、简洁、全面、实用等优点，对其他慢性疾病的防控也具有一定的参考价值。

二　管理措施

本文建立"互联网+"颈椎病健康管理平台（微信公众号），将健康团队及需要健康管理的颈椎病患者纳入其中，通过健康团队的专业指导，帮助颈椎病患者掌握正确的健康管理方法，从而降低颈椎病的危害程度，提高其健康指数。

* 本文为 2016 年度江西省高校人文社科研究项目（项目编号：JC162017）、2016 年度南昌市"十三五"社科规划课题（项目编号：SH201608）阶段性成果。

三 管理案例

本文以 2016～2017 年来安义县中医院自愿参加试验的 100 例颈椎病病人作为研究对象。根据其临床症状和特点，将参加试验的人员分类。本试验颈椎病居民年龄为 25～65 岁，平均年龄 52.3 岁；男 65 例，女 35 例；神经根型 35 例，脊髓型 18 例，交感神经 24 例，其他类型 23 例。

1. 信息采集与注册

对 100 例颈椎病患者进行信息采集与注册，包括基本体检项目信息、专项体检项目信息、疾病诊查信息、用药信息及个人联系方式（电话、微信、QQ）等。信息采集后，相关人员根据疾病临床特点及诊断进行分类管理，便于后期综合指导。

2. 健康状况评价

根据健康管理需要，组建一支由骨科医生、执业药师、营养师组成的健康团队，通过对患者颈椎病的程度、用药情况、生活习惯及运动情况的综合分析，对患者颈椎病危险因素评估，制定个体化的健康管理措施，指定专人负责患者的健康管理，每天在微信和 QQ 上定期与患者沟通，全过程监督患者用药及生活状态。

3. 全线健康教育

将 100 位颈椎病患者与健康团队建立微信群，要求所有患者每天要进群报到，健康团队成员每天对患者进行专题宣传，如上传宣传资料，观看相关录像，查阅颈椎病科普资料，让患者了解什么是颈椎病及其危害，日常生活习惯与颈椎病的关系，非药物治疗和坚持终身治疗的必要性，正确认识治疗颈椎病药物的效应和不良反应等。通过诸多健康教育资料，患者加深对颈椎病各方面的认识，消除恐惧心理，提高配合治疗顺应性。

4. 医生健康指导

健康团队配备专业医生，医生除了每天在线回答患者的颈椎病相关问题外，还要指导患者每天定期做颈椎病保健操，介绍颈椎病疾病的起因、分类、临床症状、各阶段的危害及最佳治疗方案的选择，让患者对颈椎病有深入和充分的认识。[3-4]

5. 执业药师健康指导

颈椎病患者需要适当用药，但实际生活中，很多颈椎病患者因用药不当耽误病情，造成严重伤害。因此，健康管理团队中搭配具有执业药师资格的成员。他主要负责患者的用药指导，如不同类型颈椎病的最佳用药组合，药物之间的相互作用、药物不良反应、药物禁忌及最佳用药时间等，在线回答患者在用药过程中出现的各种情况，帮助患者正确使用颈椎病药物，减少药源性不良反应的发生。

6. 营养师健康指导

日常生活调理对控制颈椎病的危害程度具有重要的作用。健康管理团队中有二级公共营养师资格的成员。她每天从合理膳食、戒烟限酒、适当运动、心理平衡等方面对颈椎病患者进行在线指导。比如在膳食方面重点指导颈椎病患者要低盐、低脂肪、低热量，防止颈动脉血管堵塞；在运动方面则要求颈椎病患者有恒、有序、有度，要根据自身年龄和身体素质做适度运动；在心理方面，主要指导患者要保持乐观的心情，缓解精神压力和紧张情绪等。总之，营养师通过这些非药物治疗方式，来促进患者的药物治疗效果，共同修复受损的颈椎，降低疾病的损害程度。

7. 健康管理结果

从患者建档与采用该健康管理模式的各项指标比较，可发现经过"互联网＋"颈椎病健康管理模式患者可提高对颈椎病相关知识知晓率，清楚颈椎病的自我保健方法，特别是对生活方式的控制。在坐姿、睡姿、日常用颈等方面，能做到合理用颈的颈椎病患者明显增多；在用药方面，许多患者能熟悉各类颈椎病药物的治疗作用、适用病症、用药方法，能非常顺从地服用颈椎病药物。调查分析结果还发现，在三个月的互联网健康管理中，100 名颈椎病患者颈椎病的临床症状控制较好，没有出现大的眩晕、麻木而影响生活。各项统计数据表明：本文建立的"互联网＋"颈椎病健康管理模式可帮助患者实现颈椎病自我康复保健，控制疾病危害有显著效果。

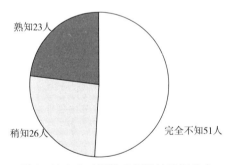

图1　治疗前对颈椎病保健的认识分布

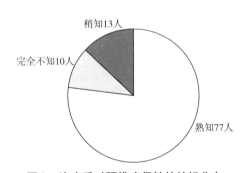

图2　治疗后对颈椎病保健的认识分布

四　结语

（1）"互联网＋"颈椎病健康管理模式的建立，重点在于互联网的支撑。借助互联网技术帮助健康团队与患者建立方便、快捷、有效的沟通方式，实现

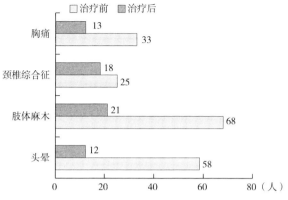

图3 治疗前后对颈椎病症状改善分布

线上线下全过程有效监控。但患颈椎病的居民年龄偏大，上网能力较差。因此，在实施健康管理之前，应对所有管理对象进行网络沟通平台有效运用的培训，确保每人都能自如地和健康团队有效沟通。

（2）健康团队成员组合非常关键。我国传统的健康管理模式都是以医生为中心，按照医生的嘱咐进行管理，然而医生并非全能，他们对全面细致的健康管理方式并非完全熟悉。在高度、精细化分工的现代社会，"互联网＋"颈椎病健康管理模式把医生、执业药师、公共营养师等专业人士汇聚在一起，组建成一个专业素养高、经验丰富的健康团队，通过他们有效协调的分工配合，让患者能得到及时、专业的健康指导，有利于快速、有效地进行健康管理。

（3）颈椎病疾病的治疗与控制，除了健康团队全天候的专业服务外，更需要患者的主动配合，自觉进行健康保健运动，以及患者家人的共同努力和关照。

（4）本文构建的"互联网＋"颈椎病健康管理模式在颈椎病的健康管理中取得了良好的效果，为其他慢性疾病的健康管理提供了参考和借鉴，为建立全民健康管理体系做了一次良好的尝试。

参考文献

［1］马明、张世民：《青年颈椎病的研究进展》，《中国骨伤》2014 年第 1 期。

［2］周英杰、李无阴：《颈椎病诊断治疗中相关问题的思考》，《中国骨伤》2013 年第 2 期。

［3］黎万友、杨立群、何本祥等：《颈椎病的运动疗法》，《中国中医骨伤科杂志》2014 年第 34 期。

［4］杨显珠、傅声帆、黄孔阳：《老年颈椎病患者相关健康知识的认知情况调查分析》，《中国妇幼健康研究》2017 年第 12 期。

大众传播时代下音乐教育发展新内容思考

刘维刚

一　引言

大众传播也称新闻传统媒介和新闻媒介。它是一种具有权威性、可信度较高、时效性较强的传播模式。随着社会发展，大众传播媒介也日益增多，提升了人们进入大众传播时代的速度，使大众传播媒介逐渐深入人们的日常生活中。音乐教育是以传播音乐文化为核心的，大众传播媒介的普及扩大了音乐文化的传播范围。但是大众传播时代对于音乐教育的发展来说，是一把双刃剑。因此，在大众传播时代下，如何充分发挥大众传播媒介对音乐教育的有利影响，并促进音乐教育可持续发展，是我国实施音乐教育中需要着重解决的问题。[1]以下针对音乐教育新内容的发展，进行进一步的探讨和分析。

二　大众传播时代下音乐教育发展新内容——音乐媒介教育

1. 音乐媒介教育重心分析

大众传播时代的发展促使音乐传播形态发生巨大的变化。音乐媒介教育是伴随着大众传播媒介发展而出现的。作为音乐教育新的发展内容和目标，音乐媒介教育需要确立发展核心，避免音乐教育过程中大众传播带来的不利影响。

音乐媒介的教育核心是对大众音乐文化进行辨析，根据调查，在音乐教育的过程中，传达给受众的是，符合受众需求、注重经济效益和娱乐性的音乐文化。这部分大众音乐文化与传统的音乐文化形成较大的反差。传统音乐文化传播内容中，无论是学校音乐教育还是社会音乐教育，都将促进人们提升音乐审美能力作为音乐教育的目标。而大众音乐文化中，那些较为庸俗的音乐是无法进行音乐教育的，所以音乐媒介的重心，是音乐素养教育。

大众传播时代下的音乐教育，相对于传统的音乐教育来说，前者内容更丰富。比如，当前很多音乐教育课堂，已经开始引进优秀流行音乐，并在公共课上，设立了电影音乐欣赏课。这些都表明了大众传播时代的音乐教育已经开始注重对受众音乐文化吸收能力的培养。因此，对大众传播音乐文化进行辨析，然后加以有机吸收，是大众传播时代音乐教育发展的新内容。

2. 音乐媒介教育目标分析

对大众音乐文化的辨析和吸收，是音乐文化的重点内容。但是，大众传播时代的音乐教育发展内容，不仅仅局限于这一点，进行音乐媒介教育、提高音乐媒介素养，是实施音乐教育要达到的目标。所以，在音乐教育的过程中，需要从三个方面来实现大众传播时代下音乐媒介教育发展的目标。首先，是音乐媒介技术的提升，需要培养受众辨别各种音乐传播载体乐谱。乐谱是音乐的重要载体，不同的音乐作品，表达的音色和意义都不一样。受教育者要学会区别，对各类音乐电视类节目进行分类，并对不同社会人群适合的音乐进行精准定位。其次，对音乐媒介结构层面的充分了解和深入分析，充分了解大众传播时代下音乐教育的发展流程。最后，在传统的音乐教育中注入新内容。

3. 音乐媒介教育途径分析

目前，音乐媒介还没有列入正式的音乐课程，大多数以非正规课程教育手段为主，比如社区教育和家庭教育；其中，家庭教育占80%。随着人们生活水平不断提高，对教育的要求也越来越高。家庭教育逐渐普及，而音乐媒介教育作为音乐教育发展中的新内容，在学习过程中，将网络科技与音乐教育相结合，有利于激发学生的学习兴趣。让受教育者在掌握新媒体传播手段的同时，学习音乐知识，提升音乐水平。[2]

三　大众传播时代下音乐教育新内容发展策略

1. 音乐文化策略

研究中国媒介教育的文献中，有学者提出了CTL模型，即以文化、理念、语言为核心内容的媒介教育内容。音乐教育作为媒介教育的核心，根据CTL模式，推导出音乐教育新内容发展的核心模式。对于中国音乐教育媒介而言，"C"除了文化以外，还有另外一层意义，那就是"China"（中国），也就是中国传统音乐文化。中国的音乐教育发展模式，长久以来模仿西方的音乐发展模式，淡化了中国本土音乐文化的传承。因此，大众传播时代下音乐教育新内容的发展方向，应该将中国音乐文化作为发展背景。

大众传播时代下，音乐教育内容呈现多元化趋势，大致可分为主导音乐文化和大众音乐文化两大类。西方古典音乐、中国传统音乐、世界各国的民族音乐都属于主导音乐文化的范畴。随着大众传媒发展起来的流行音乐、电子音乐、网络音乐等则属于大众音乐文化的范畴。而根据市场调查结果，现阶段音乐教育的核心发展内容依然是主导音乐文化，因此大众传播媒介无法为音乐教育的发展带来实质性的提升，所以，中国音乐媒介教育的发展内容，需要结合现阶段的音乐文化为背景，即以中国音乐文化为音乐背景。

2. 音乐理念策略

音乐理念是指："音乐媒介教育使受教育者形成的观念及思维方式。"音乐媒介教育的过程中，最重要的莫过于主流意识和批判性思维。在中国音乐媒介教育的过程中，应以主导音乐为主流意识，将中国传统音乐、世界各国的民族音乐作为音乐教育发展的主要内容，而大众音乐因为具有娱乐性和商业性的特点，不能取代主导音乐的地位，只能均衡发展。

大众音乐文化是快节奏时代的产物，其中存在着追求经济利益和娱乐性的庸俗音乐文化，批判性思维的融入，使受教育者有能力屏蔽劣质音乐文化带来的文化侵害，从而减少大众传播媒介时代，给音乐教育带来的负面影响。

3. 音乐语言策略

不同的音乐媒介都有特殊的媒介语言，比如，乐谱中的音符、网络音乐中的声音、音效组合等。音乐作品由不同的音乐语言构成，所以，音乐教育的过程，其实是对音乐语言掌握的过程。同时，掌握和分析音乐媒介特有的语言，是音乐媒介必不可少的音乐内容。

传统的音乐教育过程中，音乐语言的单一，使受教育者忽略了音乐语言掌握的重要性，导致缩小了音乐教育的发展范围。

音乐语言的掌握是受教育者学习音乐的基础，同时，也是使音乐灵活性转变创造创新音乐作品的前提。在大众音乐文化中，有很多代表性的作品，是通过多种音乐语言的巧妙结合，构成创新别致的音乐作品的。这一现象体现了掌握和分析音乐语言的重要性。

音乐教育和文学教育、数字教育一样，创作能力和学习能力都与语言的掌握能力息息相关。大众传播媒介时代，为音乐语言的学习提供了多种渠道。传统音乐教育中，受教育者只能通过教师教授和书本教育来进行学习，而大众传播时代，受教育者可以通过电视、手机、电脑等新媒体进行音乐语言的学习，丰富音乐语言种类的同时，打破音乐教育过程中时间和空间的局限。

四 结语

在大众传播时代，音乐传播受大众传媒的影响是极为显著的，特别是以传播音乐为主要目标的音乐教育，大众传媒的渗入，更是一个不可改变的发展趋势。本文通过对大众传媒对音乐教育影响的深入研究，提出了音乐媒介教育的重点、目标以及内容设想等理论，总结出音乐教育需要从文化、理念、语言三个方面进行提升。这对于学习者更好地了解媒介教育、更好地掌握媒介语言并促进我国媒介教育的持续健康发展均具有极为重要的作用。

参考文献

［1］李洁：《大众传播时代音乐教育发展的新内容分析》，《音乐时空》2014 年第 12 期。

［2］顾华宁、周图伽：《马克思主义新闻观下的大学生媒介素养教育》，《新闻战线》2014 年第 5 期。

［3］任能亮：《大众传播时代音乐教育的发展》，《新闻战线》2016 年第 16 期。

对分课堂在解表药教学中的应用*

吴有根　　侯柯文　刘　娟　杨　露

一　前言

解表药，是以发散表邪、治疗表证为主的一类中药，解表药有很多临床常用的中药，如麻黄、桂枝、生姜、薄荷、柴胡等，故解表药是中药学重要的。它们一般是中药学教学第一类重点讲解的药材。因此，解表药教学非常重要，直接影响学生对整本书的学习效果。

当前，我国中药学教学仍以讲解为主，教师通过课堂对各种中药的讲解，要求学生熟记每种中药。众所周知，教与学是教师、学生双方的互动，课堂上教师的单纯理论讲解，没有学生的互动参与，学生的学习就缺乏主动性和积极性。高校课堂，缺课率高，学生玩手机、不认真听课的情况相当普遍，教学情况不尽如人意。另外，讲授式教学模式，教师常常要连续授课 2～3 节，负责所有讲课内容的组织、解释、总结等。这种教学方式给教师带来了沉重的工作负担，加上学生学习主动性不强，往往导致教师身心疲惫，教学激情下降，教学质量也随之下降。可见，采用合适的教学方法、克服当前教学弊端势在必行。

二　对分课堂

针对上述教学弊端，复旦大学张学新教授 2014 年在复旦大学首次采用中国教育的新智慧——对分课堂。它的核心理念就是把课堂时间一分为二，一半留给教师讲授，一半留给学生进行讨论，达到对知识内化和吸收的目的。讲授是基于独立思考的内化，内化的成果则通过社会化学习在讨论中得到展示、交流和完善，既保证了教师知识体系传递的效率，又充分发挥了学生的主动性，有

＊　本文为中国高等教育协会"十三五"高等教育科学研究规划课题（项目编号：16YB066）、江西省 2016 年度江西省高等学校教学改革研究课题（项目编号：JXJG－16－86－2）阶段性成果。

利于提高学习效果[1]。

三 对分课堂的实施

根据张学新教授对分课堂理念，对分课堂教学主要分为三个过程：讲授、内化吸收、讨论。本文通过在解表药教学中实施对分课堂，展示对分课堂实施过程的主要要点和注意事项等，为其他课程实施对分课堂提供参考和借鉴[2~4]。

1. 讲授

传统课堂主要的缺点是教师课堂讲解太多，压制学生的思想和言论，导致学生学习积极性不高，教学质量低下。因此，对分课堂不能采用传统的讲解模式，主要采用精讲，即教师用很短的时间将需授课内容的学习重点、难点、学习思路等讲解，让学生对即将学习的内容有大概的了解，不至于走弯路。比如解表药的讲解，教师首先讲解解表药的定义、特点、用药注意事项、分类等。再快速讲解一些重点药，如麻黄、桂枝、薄荷、柴胡等药物的药性、功效、使用注意事项等，让学生清楚明白本章的重点药物是哪些，重点药物又该重点把握哪些内容。最后，讲解本章的学习思路，比如功效串联记忆、鉴别用药记忆等，帮助学生快速学习，掌握知识要点。精讲完以后，教师将大部分内容留给学生自己思考、探索和总结，即留白。

2. 内化吸收

这是对分课堂的第二个环节，在讲授和谈论两个环节之间进行。学生有一周的时间阅读解表药教材，完成教师布置的作业。在这个环节，学生可以根据个人的兴趣、能力、需求，在合适的时间，以最适合自己的方式方法，对解表药知识进行深入理解，进行个性化的内化和吸收。这个阶段教师不能干预，也不能私底下进行指导，要求学生必须独立完成，让学生自我品味、消化、吸收、咀嚼解表药的知识点，总结成篇，为课堂讨论奠定基础。

3. 讨论

讨论是学生在内化吸收后做出的全班学习心得交流。在讨论环节，教师上课不再讲授，让学生按4人一组进行讨论。这个阶段主要是针对教师上周课讲授的内容和学生自身在内化吸收阶段的学习结果进行答疑。学生可以分享自己的体会、收获和困惑，相互答疑、相互启发、取长补短，把普遍性的问题记录下来。然后，在老师的指导下，进行全班的交流，各小组将组内无法解决的问题、难点提交全班讨论，全班在进行深入讨论后总结全班的学习结果，提交至老师答疑。老师根据最后的学习情况、教学大纲，进行补充、更正。让学生更深刻地掌握教学知识点。

4. 教学效果

为了评价对分课堂的教学效果，笔者分别在不同班级采用传统课堂和对分课堂教授中药解表药知识。对比对分课堂与传统课堂教学下，学生学习主动性、知识点掌握程度、学生学习状态等指标。

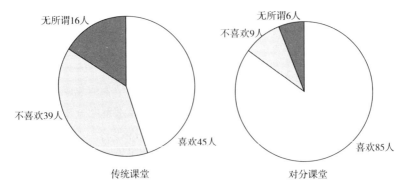

图1　两种教学模式学生喜欢程度调查

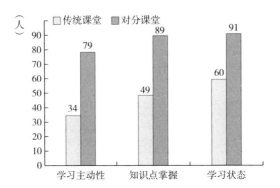

图2　两种教学模式教学效果比较（n = 100人）

教学试验表明，相比传统课堂，对分课堂非常受学生欢迎，教学效果也得到明显改善，学生在学习主动性、学习状态、知识点掌握等方面都有大幅度提高。这表明对分课堂非常适合高校中药学教学。

四　总结

（1）对分教学强调教学是教师与学生的共同事业，不了解自己的合作伙伴，在合作的过程中就容易出差错。因此，在实施对分课堂之前，教师要尽可能详细地分析课程性质、班级规模、男女比例、学生来源等，对学生的情况了然于胸。同样，教师也应该给学生提供自己的基本信息，有助于学生了解老师，进而有助于其了解本门课程的其他信息，为将来的学习奠定基础[5~7]。

（2）解表药为中药学第一类讲解药物，涉及很多临床常用的重要药物，且解表药的学习方法、学习效果将直接影响后续章节的学习。因此，在本章采用对分课堂讲授，教师要做好充分的准备，详细讲解对分课堂实施的核心理念下实施方法及实施步骤，让学生理解并接受这种方法，他们在内化吸收、讨论阶段才会用心去做。切不可强迫学生在短期内接受，或者学生未做好准备就实施。这样会适得其反，教学效果不佳。

（3）课后学习的主要内容是读书、复习、独立思考、完成作业，其中的作业是连接讲授与讨论的核心环节，是对分课堂实施成功的关键。作业是实施对分课堂最重要的抓手，作业的布置十分关键。传统的作业是对教师讲授内容的巩固，评价学生学习好坏是学生作业的正确率，作业正确率越高成绩就越好。对分课堂则认为作业的布置是让多数学生在作业中暴露问题，但问题不能太多。只有作业犯错误，在随后的讨论中才有话题可以讨论，学生的积极性才可以调动。另外，对分课堂还有新型作业：亮考帮，即"亮闪闪""考考你""帮帮我"，它把学生独立学习的结果分出三块：最大的收获、学懂的、不懂的，鼓励学生以问题的形式表述出来，让每一个学生都有机会成为别人的老师，激发学生的学习兴趣。

（4）实施对分课堂，需要教师不断地与学生交流、沟通，寻找适合的话题，将知识点、难点融于其中，教师切莫脱离学生的处境，想当然地教学。

参考文献

［1］张学新：《对分课堂　中国教育的新智慧》，科学出版社，2016。

［2］张学新：《对分课堂：大学课堂教学改革的新探索》，《复旦教育论坛》2014年第5期。

［3］杨淑萍、王德伟、张丽杰：《对分课堂模式及其师生角色分析》，《辽宁师范大学学报》（社会科学版）2015年第5期。

［4］邱爱梅：《"对分课堂"教学模式的理念及其实践》，《广东外语外贸大学学报》2016年第5期。

［5］刘明秋：《"对分课堂"教学模式在微生物学教学中的应用》，《微生物学通报》2016年第4期。

［6］岳新霞、林海涛、蒋芳等：《"对分课堂"模式在＜纺纱学＞课程教学中的探索》，《纺织教育》2016年第2期。

［7］刘超、高荣旭：《"基于问题学习"教学策略的改进研究》，《高等农业教育》2015年第7期。

食品危害消费者健康安全三角结构关系与政策创新

庄　颖　王肖飞

2015 年 10 月 29 日通过的《中国共产党第十八届中央委员会第五次全体会议公报》指出："实施食品安全战略，形成严密高效、社会共治的食品安全治理体系，让人民群众吃得放心。"依据目前国家的监管政策，"吃得放心"是指保证食品本身的安全性，以让人民群众放心购买食用。但吃得放心也并不意味着真正地有利于消费者的身体健康与生命安全。与当前如何保障食品本身安全性共存且具有同等重要地位的问题是：如何保障消费者的食用过程安全？这一问题直接决定着当前食品安全政策维护消费者身体健康的目的能否真正实现，这也是将来解决食品本身安全性问题之后要面临的重大而具有普遍性的问题。

一　食品危害消费者健康安全三角结构关系

消费者既是食品安全的非正式监管力量，也是食品安全监管的最终保护对象。消费者身体健康与生命安全的维护取决于监管力量、食品生产、运输、销售者、食品食用者三者之间的综合作用，任何食品对消费者身体健康与生命安全的危害都是三方面因素综合作用的结果：违法生产、运输、销售食品的主体、一个缺乏食品安全意识的食品食用者、缺乏有效的监管力量（见图 1）。此三方面因素的作用贯穿于整个食物消费链条，其由四部分组成：食品原料生产链（农产品）、食品的生产加工链、食品运输储存和销售链、食品的家庭消费链。[1]食品安全包括两个层面：一是宏观层面，主要包括农产品生产与食品加工、运输、销售。二是微观层面，消费者的家庭食品安全[2]。这两个层面中存在着以维护消费者身体健康与生命安全为目的的三者博弈：监管力量、食品食用者、食品生产加工运输销售者（包括农产品生产者）。并且仅当三者中的任意两者的博弈都能够维护消费者身体健康与生命安全时，消费者的身体健康与生命安全才能够真正得到维护。

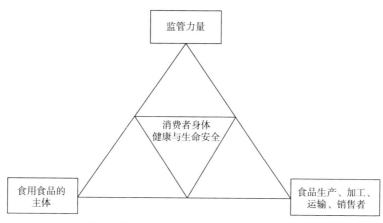

图 1　食品危害消费者健康安全三角结构

1. 基于保障食品本身安全性维护消费者健康安全

监管力量监管食品生产、加工、运输、销售者以保障食品本身的安全性，从而维护消费者的身体健康与生命安全。监管力量包括政府主体与非政府主体，政府承担食品安全监管责任的形式包括三种：一是建立完善的监管法律体系；二是整合资源统一管理；三是设计行之有效的监管制度[3]。非政府主体应对食品违法犯罪的手段主要是在识别或辨别食品违法犯罪行为的基础上向政府部门或新闻媒体举报食品违法犯罪。

2. 基于指导食用者购买安全食品维护消费者健康安全

食品食用者通过从食品生产加工运输销售者那里购买安全食品以维护自身的身体健康与生命安全。食品食用者如何能够购买到安全食品呢？主要取决于两方面：一是食品食用者是否具有相应的食品安全知识，以帮助其识别不安全食品；二是食品食用者的经济能力，具有较高经济能力的食品食用者可以选择有保障的商家购买或者通过特殊渠道购买安全食品。

3. 基于食用过程的安全维护消费者健康安全

政府通过保障食品食用者食用过程的安全以维护消费者健康安全。政府只有维护食品本身的安全和食用过程的安全，才能够真正地达到维护消费者身体健康与生命安全的目的。因为消费者从市场上购买符合法律规范的食品之后，可能会再次加工或者与其他食品共同食用，而此食用过程会面临四种损害消费者身体健康与生命安全的情况：一是大量食用或混合食用含有食品添加剂（包括营养素）的食品，可能会造成某种食品添加剂在人体内暂时超标或者多种食品添加剂在人体内发生化学反应。二是消费者在二次加工过程中缺乏相关食品卫生学知识而发生的食品安全问题。三是消费者因缺乏营养学知识进行食物搭配而出现的食品安全问题。四是某些具有特殊体质的消费者因食用食品而发生的食品安全问题。这些都表明食品本身的安全性并不必然意味着消费者身体健康与生命安全得到维护。

二 基于三角结构理论的食品安全监管政策批判

界定食品安全监管政策，不仅要考虑单一食品的安全性问题，更要考虑多种食品共同食用的安全性问题，因为人们每天会食用不同的食品，而非单一食品，所以，从真正保障消费者健康安全的角度，必须从人们总膳食的食品安全性角度反思维护食品本身安全性的食品安全监管政策。食品安全监管政策要以人体健康安全为导向，以人群为基础，以维护食品本身的安全、指导消费者购买安全食品、保障食用过程安全为着力点。

1. 规制食品食用过程安全的政策缺失

政府应对食品违法犯罪的措施主要包括三方面：制定修订各种法律规范性文件（见表1）、重组或新建食品安全监管部门、开展各种严打行动[4]。但其效果主要包括两方面：一是通过监管食品生产、加工、运输、储存、销售者以保障食品本身的安全性；二是通过向消费者宣传食品安全相关知识以提升其识假辨假防假能力，指导其购买安全食品。

"食品安全"的称谓使政策制定者、执法者和消费者等主体都错误地认为，只要保证了食品本身的安全性，就可以保证消费者食用安全，但是即使消费者从市场上购买的食品的安全性符合法律规定，其还有一个食用的过程，食用过程的不当也会危害消费者身体健康与生命安全。所以，整个食品安全监管政策的导向主要是保障食品本身的安全性，即高度关注对食品原料提供者、加工者、销售者的监管。并把所有的力量纳入食品安全共治的范畴之内。建议把"食品安全"的称谓改为"消费者食品安全"，这样就会使整个食品安全监管政策的监管范围得到扩展，原有的食品安全监管政策监管范围只覆盖市场上销售的食品，但是新的称谓则使其监管范围扩展至消费者食用过程的食品安全问题。

表1 食品安全监管政策

序号	食品安全监管政策		
1	《中华人民共和国食品安全法》	《食品药品投诉举报管理办法》	《进出口食品安全管理办法》
2	《中华人民共和国产品质量法》	《食用农产品市场销售质量安全监督管理办法》	《进出口乳品检验检疫监督管理办法》
3	《中华人民共和国食品安全法实施条例》	《食品经营许可管理办法》	《食品安全国家标准》
4	《乳品质量安全监督管理条例》	《食品生产许可管理办法》	《中华人民共和国农产品质量安全法》
5	《国务院关于加强食品等产品安全监督管理的特别规定》	《食品安全宣传教育工作纲要（2011～2015年）》	《流通环节食品安全监督管理办法》
6	《生猪屠宰管理条例》	《食品安全抽样检验管理办法》	《食品流通许可证管理办法》
7	《中华人民共和国刑法》	《食品药品行政处罚程序规定》	《保健食品注册管理办法（试行）》
8	《食品安全国家标准管理办法》	《国家食品药品监督管理总局行政复议办法》	《食品召回管理办法》
9	《食品检验机构资质认定管理办法》	《食品添加剂生产监督管理规定》	《食品添加剂新品种管理办法》
10	《餐饮服务食品安全监督管理办法》	《餐饮服务许可管理办法》	《关于办理危害食品安全刑事案件适用法律若干问题的解释》

资料来源：国家食品药品监督管理总局、最高人民检察院、国家质量监督检验检疫总局。

2. 针对不符合营养要求的食品进行规制缺乏法律依据

判断与食品有关的危害是否属于食品安全问题，依据包括三方面：一是食品有毒有害；二是食品不符合法律规定的应有营养（包括营养不足与过剩）；三是对消费者身体健康与生命安全造成损害或潜在危害。世界卫生组织对食品安全的定义强调第一点与第三点。[5] 我国的《食品安全法》将不符合应有营养要求的食品纳入调整范围："食品安全，指食品无毒、无害，符合应当有的营养要求，对人体健康不造成任何急性、亚急性或者慢性危害。"因为当食品营养成分不符合人类生理所需时，同样会危害人们的身体健康与生命安全，这不是食品质量问题而是食品安全问题，也即是导致食品不安全的重要因素[6]。食品卫生问题与食品营养问题都是导致食品安全问题的原因，但《食品安全法》对食品营养的规定与食品卫生的规定严重失衡[7]。虽然2015年《食品安全法》得到修订，可此种严重失衡状态依然没有改变，而且对不符合营养要求的食品安全问题的规定较为笼统，仅限于保护婴幼儿与特定人群的食品营养安全权益。《中国食物与营养发展纲要（2014—2020年）》指出"我国食物生产还不能适应营养需求，居民营养不足与过剩并存，营养与健康知识缺乏，必须引起高度重视。"所以，针对重点地区与重点人群因食品不符合营养要求而身体健康与生命安全受到损害的情况，仅仅依靠《食品安全法》的5个条文是很难维护人们的身体健康与生命安全的。

三 食品安全监管政策的创新

1. 食品生产经营者应当承担食品健康声明义务

为了维护消费者身体健康与生命安全必须预防两种情况下的食品损害：一是不合理地摄取营养素对消费者身体健康造成的潜在损害；二是特殊群体因食用不符合生理需要的食品而发生的损害。目前我国食品营养标示管理方面的主要法律规范是《食品标识管理规定》与《食品营养标签管理规范》，但存在严重问题：一是《食品营养标签管理规范》的性质为非强制性，大多数企业并未执行[8]；二是《食品标识管理规定》仅规定了食品营养成分与含量，并未规定营养成分功能（见表3）。目前，我国农村居民较为关注食品营养及含量，城市居民较为关注食品营养标示中的产品标准[9]，但都不关注食品营养功能与是否适宜特殊人群的问题，而且对营养标签的信任度与理解度都较差[10]。为预防因不合理摄取营养引起的各种慢性疾病与加强消费者营养宣传教育，食品生产经营者应当承担食品食用健康声明义务，声明的内容包括三方面：一是某种食品营养素每日摄入量的上限、下限以及不宜同时摄入的食品营养素；二是某种食品营养素的作用与注意提醒。注意提醒是借鉴日本经验，日本的食品营养成分标识制度规定注意提醒标识[11]；三是针对特殊人群的健康声明，由于当前我国食品行业"小、散、乱、低"的特点十分突出，10人以下的小企业、小作坊占食品生产加工企业总数的60%[12]，一概强制性地要求食品生产经营者履行食品健康声明义务会存在困难，所以，目前可坚持以强制声明为主、有条件地自愿声明为辅的原则开展工作。

2. 制定《家庭食品安全标准》

家庭是整个食品安全链条的最后环节。家庭食物制作过程中存在较高的安全风险，且目前我国的家庭食品安全知识水平整体不高，主要受性别、居住地和收入水平三个因素的影响[13]。家庭食品安全问题主要包括两方面：一是食源性疾病。对于消费者健康而言，危害最大的是因致病性微生物引起的食源性疾病，其不会随着经济发展和食品工业的进步而减少[14]。二是营养缺乏或失衡。

包括两方面原因：第一，如果食品之间搭配不当就会影响人们对食物营养的吸收，长期还会导致营养缺乏问题。因此必须按照营养学的知识进行食物搭配以解决营养缺乏问题[15]。第二，家庭在对食品进行加工烹饪时，部分不太稳定的化学物质会分解，甚至会产生新的化学合成物质[16]。因此，为了使消费者的身体健康与生命安全得到真正的维护就必须解决食用过程的食品安全问题，《食品安全宣传教育工作纲要（2011~2015 年)》规定每年 6 月第三周为"食品安全宣传周"，但食品安全宣传教育的主要作用在于提高消费者识别不安全食品的能力，而且每次宣传周也并未关注家庭食品安全问题（见表 2)。本研究建议制定《家庭食品安全标准》以指导家庭预防食品安全问题，原因包括两方面：一是便于宣传教育。在全国范围内建立统一的《家庭食品安全标准》可以避免不同宣传发生的矛盾，也可以提高宣传教育的效率。二是方便家庭自学。有了统一的《家庭食品安全标准》，即使不在政府部门或媒体等主体宣传教育期间，家庭也可以随时查阅和学习相关内容。具体而言，《家庭食品安全标准》的内容应该包括：擦布、菜刀、砧板等用具的清洁，虫鼠控制，洗手频率与方法，食品贮存，生熟分开，食物烧熟煮透，食物营养合理搭配等方面。

表 2　国家食品安全周主题

年　份	食品安全宣传周主题
2015	尚德守法，全面提升食品安全法治化水平
2014	尚德守法，提升食品安全治理能力
2013	社会共治、同心携手维护食品安全
2012	共建诚信家园，同铸食品安全
2011	人人关心食品安全，家家享受健康生活

资料来源：中国经济网（http://www.ce.cn)。

3. 制定《消费者食品营养与安全法》

对于如何规制因食品不符合营养要求而损害消费者身体健康与生命安全的行为，建议基于损害消费者健康安全的两大原因分别制定《消费者食品营养与安全法》与《消费者食品毒害物质与安全法》。当今世界范围已有两个国家颁布了与营养相关的食品安全法律：一是波兰于 2006 年颁布了《食品和营养品安全法》；二是西班牙于 2011 年颁布了《食品安全与营养法》[17]。制定《消费者食品营养与安全法》的原因包括三方面：第一，食品营养安全问题与食品因毒害物质导致的安全问题存在差别。食品有毒有害与食品不符合应有营养要求都会损害消费者健康，但食品含有有毒有害物质主要原因是生物性、化学性与物理性污染，食品营养成分不符合人类生理需要的主要原因包括三方面：一是食品生产经营者不按照相关食品营养标准生产经营；二是普通食品食用者违反食品卫生学或营养学加工或食用食品；三是特殊人群因自己的特殊体质而导致的。第二，我国的食品营养安全问题复杂且严重。主要包括两方面：一是农村地区面临着营养缺乏与营养失衡；二是城市面临着微量营养素缺乏与由膳食营养问题引起的慢性疾病大幅度增加[18]。第三，制定《消费者食品营养与安全法》的条件基本具备。目前已经发布的与食品营养有关的国家、行业与社会团体食品安全标准较为完善（见表3），这些标准主要包括五类：重点人群与重点地域的食品营养安全标准、营养餐或营养保健品生产企业的食品营养安全标准、紧急情况下（例如自然灾害）的食品营养安全标准、营养强化剂的使用标准以及营养师的技能要求标准等。这些标准足以支撑《消费者食品营养与安全法》的制定和执行。《消费者食品营养与安全法》的主要内容应该包括：总则、营养调查与监测、食品营养安全标准、食品生产经营者的营养安全管理、食品营养安全检验、特殊群体或地域的食品营养安全管理、紧急情况下的食品营养安全管理、法律责任、附则。

表3　食品营养安全标准

序号	食品营养安全标准名称	序号	食品营养安全标准名称
1	《食品安全国家标准运动营养食品通则》（GB24154－2015）	11	《紧急情况下的营养保障指南》（WS/T425－2013）
2	《食品安全国家标准孕妇及乳母营养补充食品》（GB31601－2015）	12	《餐饮业营养配餐技术要求》（SB/T10474－2008）
3	《运动营养食品能量补充食品》（QB/T2831－2006）	13	《食品安全国家标准食品营养强化剂使用标准》（GB 14880－2012）
4	《运动营养食品能量控制食品》（QB/T2833－2006）	14	《食品中添加必需营养素的通用原则》（CAC/GL 09－1987）
5	《运动营养食品蛋白质补充食品》（QB/T2832－2006）	15	《食品安全国家标准预包装食品营养标签通则》（GB28050－2011）
6	《学生营养餐生产企业卫生规范》（WS103－1999）	16	《临床营养风险筛查》（WS/T427－2013）
7	《学生营养午餐营养供给量》（WS/T100－1998）	17	《营养师岗位技能要求》（SB/T10732－2012）
8	《食品中必须营养素添加通则》（GB/T23526－2009）	18	《食品营养成分基本术语》（GB/Z21922－2008）

续表

序号	食品营养安全标准名称	序号	食品营养安全标准名称
9	《食品安全国家标准辅食营养补充品》（GB22570－2014）	19	《进出口食品添加剂检验规程第17部分：营养强化剂》（SN/T2360.17－2009）
10	《食品安全管理体系营养保健品生产企业要求》（CCAA0012－2014）	20	《营养名词术语》（WS/T476－2015）

资料来源：食品伙伴网（http：//down. foodmate. net/standard/sort/2/）；表格笔者自制。

参考文献

［1］白丽、汤晋、王林森、巩顺龙：《家庭食品安全行为高风险群体辨识研究》，《消费经济》2014年第1期。

［2］施逢友：《浅谈家庭生活中的食品安全》，《襄阳日报》，2014年11月25日。

［3］任峰：《食品安全监管中的政府责任》，法律出版社，2015。

［4］李键、王肖飞：《基于食品违法犯罪隐蔽性构建创新性监管手段》，《长白学刊》2015年第4期。

［5］陈君石：《很多"食品安全"问题纯属误读》，http：//news. xinhuanet. com/food/2015－02/28/c_ 1114470508. htm，2015年2月28日。

［6］张静波：《营养不立法食品难安全》，《中国消费者报》2014年第B01期。

［7］胡承康、白玉成：《食品营养与食品卫生监管并重应对食品安全"双重挑战"探讨》，《中国食品卫生杂志》2010年第5期。

［8］方海波：《预包装食品营养标签通则》与《食品营养标签管理规范》的比较与应用，《中国标准导报》2012年第4期。

［9］范焱红、秦明、许栩、王志刚：《城乡居民关注食品营养标签差异的主成分分析》，《中国食物与营养》2015年第8期。

［10］陈卫平、牛明婵：《消费者对食品营养标签的使用行为及其影响因素》，《中国人民大学学报》2009年第4期。

［11］石见佳子：《日本的食品营养标签相关法规及实施状况和管理办法》，《中国卫生标准管理》2012年第1期。

［12］《以社会共治维护食品安全》，中国警察网，http：//www. cpd. com. cn/n10216060/n10216164/c17543044/content. html，2013年6月20日。

［13］白丽、魏昱同、郭思宏：《消费者食品安全知识评价与人口学特征研究——对家庭食物消费链的考察》，《中国食物与营养》2014年第9期。

［14］陈君石：《国外食品安全状况对我国的启示》，《中国卫生法制》2002年第1期。

［15］陈君石：《食物强化在国民营养素质改善中的作用》，《卫生研究》2003年第

32 期。

［16］李筱薇、高俊全、陈君石：《总膳食研究：一种使食品更安全的方法》，《中国食品卫生杂志》2006 年第 3 期。

［17］《世界环境资源法数据库》，http：//www.ifelsd.org/ssay.asp。

［18］李涛：《食品安全需要社会共治　营养改善启动立法保障》，《中国食品安全报》2015 年第 A02 期。

赛教结合的电子商务专业教学模式构建

王瑶生

一　赛教结合教学模式的内涵

赛教结合的教学模式，是指在实际教学过程当中，把技能竞赛和知识的教学进行良好的结合，从而使教学目标的设定和教学环节的设置能够充分地立足于社会对人才需求的角度进行拓展，将学生的教学和技能竞赛进行结合，取长补短，融入项目开展中的经验和优势资源，促进教学和项目竞赛上升到一体化标准，以比赛来促进教学的开展，以比赛来促进学生综合能力的提升。在实际的教学过程当中加入技能竞赛的相关知识，可以使学校的教学质量得到有效的提升，并且适应社会发展的具体需求，凸显教学的现实意义。随着社会的不断发展，社会在人才的需求方面倾向于复合型，更注重学生的实践能力，因此赛教结合的教学模式在这样的背景下获得较大的生存空间，且在人才的培养中发挥着重要的作用。

二　电子商务专业实行赛教结合教学模式的必要性

1. 促进师资队伍的建设

把赛教结合的教学模式应用到高校的电子商务专业教学中，一方面可以促进教师综合素质的提升；另一方面，可以使师资队伍在比赛的指导中不断增强自身的专业知识、教学能力和科研能力[1]。在电子商务竞赛开展过程中，高校一般会组织教师对学生进行比赛的指导。这个时候，教师本身就需要对比赛的规则、流程有充分的了解，并且不断提升自己的知识储备，充分地把这些知识应用到实践的教学过程当中。在很多电子商务大赛当中，会有教师参与项目的设置和题目的设计，在这样的情况下，教师可以在进行项目的参赛之余，加强和同行之间在专业技能方面的沟通和交流，使自身的综合能力得到有效的完善和提高，具备较强的专业知识和能力，从而更好地完成学生的教学工作。教师在指导学生参加电子商务竞赛时，会利用自己的专业知识对学生进行指导，帮助他们解决赛前遇到的问题，在这样的情况下，教师本身的实践应用能力也可以得到有效的提高，并且会在今后的教学中，能够更加有意识地开展实践性的教学，提升学生的实践操作能力，为社会培养出具有实践能力的复合型人才。

2. 促进学生学习积极性的提高

在电子商务的教学中实施赛教结合，可以在技能竞赛的帮助下，使学生学习积极性得到有效提高。在电子商务竞赛中，通常会邀请一些在电子商务方面有专业知识和操作经验的人士进行参与竞赛的指导工作，这个时候，教师可以从这些人士中获取更多的新知识并且将其融入教学过程中，利用一些前沿案例吸引学生的注意力，提高他们学习的积极性和兴趣。传统的教学方式过于照搬课本的知识进行讲解，从而导致学生失去学习的兴趣。如果教师能够把电子商务竞赛中的案例应用到教学的过程中，不但可以提升教学的时效性和针对性，而且可以利用这些新鲜的事物来聚焦学生的关注力[2]。在这种教学模式之下，学生的学习主动性会得到有效的提升，并且在具体的技能竞赛项目开展的过程中，会涉及多个方面知识的融合，因此，学生要想在竞赛中取得好成绩，就需要对自己的知识进行更好的归纳和总结，帮助学生巩固学习的成果。对于电子商务教学来说，赛教结合的教学模式对于学生的成长有着积极的促进作用，可以使得学生学习的主动性和积极性得到有效的提升，最终使得教学的质量也得到有效的提升，让学生养成较强的实践操作能力。

3. 学生的综合素质可以得到有效的提升

赛教结合教学方式的本质是使学生能够在参与的过程中进行学习，因此，除了一些传统的大型比赛之外，学校还可以根据本校学生的情况，依托第二或第三课堂，开展一些小型的技能竞赛，使更多的学生能够参与其中，确保每个学生都能有展示自己的机会，这样的一种方式可以促进学生学习的积极性，增强他们的自信心。学生在实际的比赛过程当中，不仅会把实际的比赛和生产环境进行结合，同时还需要对电子商务的知识有更多的了解，在这样的情况下，学生就会主动地对新知识进行获取，因此会在主观能动性的支配之下，学习欲望更加突出。电子商务竞赛的开展有效地提高了学生对社会的了解程度，从而使团队的协作能力和自身的适应能力得到有效增强，最终的受益者会是学生本人，他们的综合素质会得到有效的提升。

三 电子商务专业赛教结合教学模式的构建

1. 强化校本教材和本校师资建设

对于电子商务专业的教学来说，教材和师资队伍是教学开展的重要资源，也是确保教学有效性的重要保障。教材是学生学习的基础材料，如果教材能够与时俱进，加入和竞赛相关的内容，就可以使得学生的学习有理有据，更加具有时效性和效果。因此高校要加强校本教材的开发，将比赛的内容融入教材当中，提升教材的实用性和时效性，使其能够在学生的能力提升中发挥作用。如果教师队伍的理论知识和实践能力都比较强，那么就有助于提升学生的实践能力和综合能力。基于这样的需求，我们更应该加强教材和师资队伍的建设，把电子商务竞赛的相关内容融入教材当中，同时加强师资队伍在电子商务专业竞赛中的指导能力，确保教师能够具备能力完成对学生的教学工作，可以使赛教结合的教学模式得到充分的推广。具体来说，高校应该加强对教师队伍的建设，通过强化培训提升他们的能力，通过经费的支持推动项目研究的进行，确保教师队伍建设的有效性。在有条件的背景下，职业院校应该加强和企业的合作，推送教师前往企业参与实践，提升教学能力，并且邀请企业的专家到高校参与教学，举行讲座，促进师资队伍的教学能力和多元化发展。

2. 加强对外的师资交流和实训教材建设

南昌职业学院与福建省厦门市的优优汇联公司合作，签订了合作协议，协议中就包含了优优汇联公司提供各类相应的专业技术人员进行五年一届的实训教学指导（每学期一个月的教学培训）。南昌职业学院聘请该企业具有丰富电子商务实践经验的高层管理者和高层技术人员，结合大赛经验，以兼职教师的身份到南昌职业学院执教，充分利用校外人才资源，优化南昌职业学院师资队伍的结构，提高实践教学的质量，加强创新型高技能人才的培养，提高学生灵活运用所学知识解决实际问题的能力，以及实际动手能力和操作技能，增加大赛经验。南昌职业学院本校教师也要深入其中进行联合教学，从而提升教学效果，提升南昌职业学院的师资水平。

厦门优优汇联公司还给南昌职业学院提供了：《新媒体营销》《文案进阶》《营销实战》《品牌推广》《行业及竞品数据分析》《微商微营销》《全年运营目标规划管理》《店铺诊断》《消费者行为学》《店铺运营规划》《店面 360 度全方位诊断》《SEO 优化》《玩转直通车》《玩转淘宝精准流量之钻展》《巧用直通车选款和测款》《关键词选取策略及部署优化》《旺季营销优化三部曲》《淘宝客定向与招募实战技巧》《直通车黄金展位投放技巧》《全年运营推广节奏与计划》《视觉营销 - 流量交互和爆款详情分析》《店铺装修技巧与提高 1.0》《产品精修》《如何从拍摄上提高店铺视觉感》《逼格素材实战案例》《引爆点击》《店铺首页整体形象设计》《打造电商全生命周期业务流程管理体系》《如何提高个人效能》《如何提高销售业绩》《常见售后问题之评价管理》《CMR 老客户维护技巧》《成本管控》《如何管理加盟商》等 54 门实训课程和教材供南

昌职业学院选择使用。其中，从课程等级看，有的是一级课程，有的是二级课程；从课程属性看，有专业类、公共类、专业公共类、专业核心类；从课程层次看，有新手、骨干、专家和序列通用类；从课程的考核方式看，有实操考核、笔试、课后小结、诊断报告等形式。通过这样的合作，学生学习也就有了针对性，学生的学习积极性也就提高了。

3. 加强与企业的实训软件平台的对接

南昌职业学院与福建省厦门市的优优汇联公司合作，优优汇联公司提供有网站制作与开发实战教学系统、微网站制作与开发、商务数据分析系统、跨境通教学系统、B2B（外贸）实战教学系统、国际贸易职业能力竞赛平台、3D国际贸易企业模拟实训系统、移动电子商务 APP 制作开发实战教学系统（IOS）、移动电子商务 APP 制作开发实战教学系统（Android）、移动商城手机 APP 实战教学系统、校园 O2O 实战教学系统（PC 端 & 移动端）、校园 O2O 实战教学支付系统（PC 端 & 移动端）、网络营销实战教学系统、网络客服实战教学系统、OTA 运营实战教学系统 V1.0（知游）、移动旅游电商运营实战教学系统 V1.0（知游）、B2B（内贸）实战教学系统、B2C 实战教学系统、C2C 实战教学系统等全套 19 款软件，其中大部分是真实环境下的实训软件平台，也有部分模拟环境下的实训软件平台。通过这些实践平台的学习，学生对于参加大赛就更加胸有成竹，而且学生在学校期间就能学到并完成公司的工作，学生毕业即就业。

厦门优优汇联公司取得了 ISO9001、ISO14000 认证，有组织国家级和省级电子商务大赛的经验与案例，还有职业技能大赛的基础。南昌职业学院与该公司进行了"企业订单—教育—实训—大赛—就业"一条龙对接。

4. 联合企业对竞赛机制进行完善

通过联合企业进行赛教结合，这种教学方式可以使得电子商务专业的教学质量得到有效的提升，也可以使得学生的实践能力得到提升。在这样的背景下，需要根据企业的需求建立起一个合理的竞赛机制，使竞赛能够得到规范化的发展。具体来说，要从校级技能竞赛的建设着手，让传统的教学活动可以和技能竞赛进行初步的融合，为学生提供更加充分和广阔的平台，提升对学生学习效果评价的全面性。此外，还应该依托企业举行大型的电子商务技能竞赛选拔优秀的种子选手，加强专业化的培训，组建竞赛小组，制定完善的竞赛准则，并配备专业的指导老师，促进赛教结合教学模式的效果得到呈现[3]。在竞赛机制完善过程中，高校要结合自身的实际情况和学生的情况来进行赛制制定，同时，要加强赛制和国家级、省级大赛的同步性建设，确保日常的竞赛能够培养学生的能力且提升他们大赛的经验和实践经验。

5. 联合企业调整人才培养方案和专业设置

南昌职业学院通过与厦门优优汇联公司合作，根据市场需求，进行人才培养方案和专业设置调整，合作进行课程开发，教学与实习、实训对接。赛教结合的教学方式，非常有利于学生的实训教学，学生也很容易上手，学生学习起来也很有活力、激情。从而培养出生产和管理、建设与服务等一线的高端技能型人才。进而提高教学质量，创新教学与大赛体制，优化电子商务教学结构，提升电子商务专业学生的社会服务能力[4]。

6. 根据岗位进行竞赛项目的设置

对于电子商务专业来说，学生的就业方向是多样化的，他们面向的职位不同，所要求的技能也会存在不同。因此，在开展实践培训的过程当中，要完成学校向企业和社会进行人才输送的对接性建设，要针对大型的企业和单位开展电子商务方面人才需求的调研，然后紧紧地结合岗位所需要的技能，在教学的内容上进行调整，提升教学和人才培养的针对性。在有条件的情况下，确保每个学期至少开展一次具有针对性的技能竞赛，提升学生的综合能力。

对于电子商务专业的学生来说，他们今后工作的环境会存在一定的差异，并且不同的工作岗位要求也会有差异，因此，提升竞赛项目的针对性，结合岗位来进行具体的设置，可以更好地使得竞赛能够有效地对学生的成长发挥作用，从而更好地促进教学资源和竞赛资源的利用价值得到提升。

四 结语

综上所述，赛教结合的教学方式可以对当前传统教学模式下的电子商务教学的现状进行改善，使得教学的质量得到充分的提升，并且促进学生实践能力和综合能力的有效提高。这样的一种教学方式，有利于帮助学生更好地适应未来的生产和职业的发展需求，在技能竞赛和考核评价机制的辅助之下，促进教师综合教学能力的提升，最终促进教学质量的有效提升。尽管赛教结合的教学方式在实践的过程中会遇到各种各样的问题，但是在未来的教学发展方向中，它依然会成为一个主流，并且在电子商务专业的人才培养中发挥着积极的作用。

参考文献

[1] 黄亚静、孟泽云:《"赛教结合"的电子商务专业教学模式的建构》,《教育与职业》 2012 年第 32 期。

[2] 隋春丽:《赛教结合的电子商务专业教学模式的建造》,《商场现代化》2016 年第 20 期。

［3］屈晓娟：《基于建构主义的电子商务专业实践教学模式研究》，《江苏－南京·文教资料》2014 年第 8 期。

［4］朱美虹、胡其昌：《以竞赛机制为导向，构建高职电子商务专业"工学结合"实践教学模式》，《云南－昆明·大家》2011 年第 5 期。

《高等数学》中最值问题的探讨

刘福平

在高等数学中，求函数的最大值和最小值是导数部分的一个重要内容，既有其广泛理论基础，也有其深厚的实际应用含义。在导数这一部分中，教材专门讲述了关于函数最大值求法和最小值求法，这一环节要求我们非常熟悉导数的基本求法和基本运算，而且也要熟悉导数的理论推导，这也是后续学习的基础。为此，笔者从以下几方面来进行阐述。

一　由一个实际问题所引起的最大值和最小值的问题

敌人乘汽车从河的北岸 A 处以 1 千米/分钟的速度向正北逃窜，同时我军摩托车从河的 B 处向正东追击，速度为 2 千米/分钟，问我军摩托车何时射击最好？（相距最近射击最好）

分析：这是一个在最佳时间把事情做到最佳效果的实际问题，在军事学上意义重大，如何解决这个问题呢？我们不妨引入数学方法来解决。

解：（1）建立敌我相距的优化函数关系

设 t 为我军从 B 处发起追击至射击的时间（单位：分钟）

敌我相距的优化函数关系：$S(t) = \sqrt{(0.5 + t)^2 + (4 - 2t)^2}$

（2）$S = S(t)$ 的最小值

$$s'(t) = \frac{5t - 7.5}{\sqrt{(0.5 + t)^2 + (4 - 2t)^2}}，令 s'(t) = 0，则唯一的驻点 t = 1.5$$

所以我军从 B 处发起追击至射击的时间是追击后 1.5 分钟射击最好。

从上文这个题目可以看出，在解决一些军事、经济、物理等实际问题时，用数学方法来解决非常方便，也很直观。这样的话，就自然引出数学当中最大值和最小值的系列问题。

二　关于最大值和最小值与极大值和极小值区别与联系

首先，我们要知道数学中对最大值和最小值的定义。关于最大值和最小值的定义一般是这样表述的：若 $y=f(x)$ 在 $[a, b]$ 上连续，$\exists x_1 x_2$，（令 $x_1 < x_2$）使得 $f(x_1) < f(x) < f(x_2)$，则称 $f(x_2)$ 为最大值，用 max 符号表示，称 $f(x_1)$ 为最小值，用 min 符号表示。而极值的表述是：$y=f(x)$ 在点 x_0 邻域内有定义，若 $f(x) < f(x_0)$，则称 $f(x_0)$ 为极大值。反之，若 $f(x) > f(x_0)$，则称 $f(x_0)$ 为极小值。可见，极大值是小范围中的最大值；极小值是小范围中最小值，属于局部最大值和最小值。极值的求法比较多，归纳起来求函数 $f(x)$ 的极值点和相应极值：

（1）求出 $f(x)$ 的导数，求出 $f(x)$ 全部驻点或导数不存在的点。

（2）考察 $f(x)$ 的导数在各个驻点或导数不存在的点的左右邻域的符号的变化，判断该点是否为极大值点或极小值点，并求出极大值或极小值。

并且不妥最大值和最小值只可能有一个，但极大值和极小值可能有多个。我们在学习中一定要搞清楚两者的区别与联系，这是一个基本问题，概念清楚了，后面就好懂了。

三 求最大值和最小值的基本思路

根据定义，我们可以得到求最大值和最小值一般思路：若 $y=f(x)$ 在 $[a, b]$ 上连续，则在给定区间上找出全部可疑最值点。在这些可疑最值点中比较函数值大小，最大的为最大值，最小的为最小值。简单归纳起来有以下三个步骤：

1. 求 $y=f(x)$ 的导数，求出驻点或不可导点 x。

2. 求值 $f(a)$、$f(b)$、$f(x)$。

3. 比较 $f(a)$、$f(b)$、$f(x)$ 的大小。

如果最值在区间内部取得，则最值点一定是极值点。于是极值点是可疑的最值点，从而驻点和不可导点都是可疑的最值点。在实际应用中经常用这种方法来求函数在开区间内的最值。而且最值存在性，可以根据实际问题情况来论定，无须进行讨论，例如在区间内求得唯一的驻点，则该点处的函数值就是最值。实际问题当中求最大值和最小值的方法简单归纳起来注意以下几点：

（1）建立目标函数。

（2）求最大值或最小值，假如目标函数只有唯一的驻点，则可以直接确定在该点的函数值就是我们要求的最大值（或最小值）。

实例一：求 $y = x^4 - 8x^2 + 1$ 在 $[-3, 3]$ 最值

解：$y' = 4x(x+2)(x-2)$

令 $y' = 0 \Rightarrow x = 0$、-2、2

则 $f(2) = f(-2) = -15$

$f(0) = 1 \quad f(-3) = f(3) = 10$

所以最大值 $f(-3) = f(3) = 10$

最小值 $f(-2) = f(2) = -15$

实例二：求 $y = x - 2\sqrt{x}$ 在 $[0, 4]$ 上的最值

解：$y' = 1 - \dfrac{1}{\sqrt{x}}$ 令 $y' = 0$，则 $x = 1$

又 $f(0) = 0 \quad f(1) = -1 \quad f(4) = 0$

所以最大值 $f(0) = f(4) = 0$

最小值 $f(1) = -1$

实例三：求 $y = \dfrac{x}{1+x^2}$ 在 $[2, +\infty)$ 上的值

解：$y' = \dfrac{(1+x)(1-x)}{(1+x^2)^2}$，令 $y' = 0$，则 $x = 1$ 或 -1，

所以最大值 $f(1) = \dfrac{1}{2}$，最小值 $f(-1) = -\dfrac{1}{2}$

四　数学建模中最优化问题

在工农业生产以及程技术和科学实践中，也经常会遇到这样一类问题：在什么条件下，怎样使时间最短、利润最大、成本最低、用料最省等。而且现在大学生数学建模比赛基本是优化问题，这就需要用优化思想方法去分析解决。这其实也可归纳为一个目标函数最大值和最小值问题。

实例一：某厂生产某种产品 x 个单位费用 $C_{(x)} = 5x + 200$，所得收入为 $R_{(x)} = 10x - 0.01x^2$，问每批生产多少个单位产品才是利润最大？

解：$L_{(x)} = R_{(x)} - C_{(x)}$

$\qquad = 5x - 0.01x^2 - 200$

$\quad L'_{(x)} = 0 \Rightarrow x = 250$

所以当每批生产 250 个单位时利润最大。

实例二：生产易拉罐饮料，其容积 V 一定时，制易拉罐材料最少，假设易拉罐侧面和底面的厚度相同，而顶部的厚度是侧面的 3 倍，试求高与底面的直径之比。

解：设高为 h，半径 r，底面、侧面厚度是 l，顶部厚度是 $3l$

则 $S = 2\pi rhl + \pi r^2 l + \pi r^2 3l$

$\qquad = 2\pi rl(h + 2r)$

又 $V = \pi r^2 h \Rightarrow h = \dfrac{V}{\pi r^2}$

所以 $S = 2\pi rl\left(\dfrac{V}{\pi r^2} + 2r\right)$

$S' = 2\pi l\left(4r - \dfrac{V}{\pi r^2}\right) = 0 \Rightarrow r = \sqrt[3]{\dfrac{V}{4\pi}}$

所以直径 $d = 2r = 2\sqrt[3]{\dfrac{V}{4\pi}}$，高 $h = 4\sqrt[3]{\dfrac{V}{4\pi}}$

所以 $h : d = 2 : 1$

即高与底面直径之比为 2 : 1，用料最省。

实例三：某吊车的车高为 1.5 米，吊臂长 15 米，现在要把一个 6 米宽，2 米高的屋架，水平地吊到 6 米高的柱子上，问能否吊得上去。

解：设掉臂对地面的倾斜角为 θ，屋架能吊到的最大高度为 h，则

$h = 15\sin\theta - 3\tan\theta - 2 + 1.5\ \left(0 < \theta < \dfrac{\pi}{2}\right)$

$h' = 15\cos\theta - 3\sec^2\theta = 0 \Rightarrow \theta = 0.946$，

此时极大值 $h\ (0.946) = 7.506$ 米，故可以吊上去。

实例四：某市有一家房地产公司，该公司现有 50 套公寓要出租，当租金定为 180 元时，公寓可以全部出租掉。而当租金每月增加 10 元时，就有一套公寓租不出去，并且租出去的公寓每月需要花费 20 元的维修费用，试问房租应该定为多少时公司可获得最大收入？

解：设房租为每个月 x 元，此时租出去的房子有 $50 - \left(\dfrac{x-180}{10}\right)$ 套，每个月收入为 $R\ (x)$

$R\ (x) = (x - 20)\left(50 - \dfrac{x-180}{10}\right) = (x - 20)\left(68 - \dfrac{x}{10}\right)$

$R'\ (x) = 70 - \dfrac{x}{5}$，令 $R'\ (x) = 0$，则唯一的驻点 $x = 350$（元）

所以房租应该定为 350 元时，公司可获得最大收入 10890 元。

在数学建模中解决优化问题注意以下几条。

（1）优化模型由目标函数和约束条件构成。

（2）全面分析考虑求目标函数。

（3）注意求目标函数需要的某些公式，像体积公式、面积公式、三角公式、牛顿定理、浮力定理。

（4）将题设中的约束条件代入目标函数化简。

（5）用导数方法求出最值。

五 学习高等数学中最大值和最小值求法及应用的一点建议

这一节内容常常是我们考试包括研究生考试的一个重点，也有承上启下的作用。在高等数学后面教材中会涉及多元函数最大值和最小值求法。当然，不管是一元函数还是多元函数，它们在求最大值和最小值时所用的方法是相同的，所以笔者在前文讲述的这些方法和技巧是非常基本也是非常实用的，我们也应该明白，在现今的知识学习当中，需要我们把理论知识转化为生产力，理论永远是为实际服务的，这也是我们阐述最大值和最小值求法及应用的深切用意。总之，用高等数学导数的方法求优化问题既要注意理论学习更要注重实际的应用，这就要求我们在平常学习中要高度重视，积累相关知识，掌握相应方法，多思多想多归纳，只有这样才能从容应对，也只有这样，这个环节才能学得好，用得好！笔者认为，不妨做好以下几点。

（1）注意最大值和最小值与极大值和极小值的区别联系，掌握它们的求法，特别是实际应用题的解法。

（2）根据学习的阶段，找到一些测试内容。

（3）参考试题的解析，掌握规律方法。

（4）坚持每天练习，稳步提升成绩。

参考文献

李以渝主编《高等数学》，北京理工大学出版社，2011。

陈兆斗、高瑞主编《高等数学（工本）》，北京大学出版社，2006。

环鄱阳湖生态经济区的物流产业
集群发展模式研究

梅艺华

一个地方经济的崛起，既要靠天时地利人和，也要凭借当地众多资源产业的整合。随着经济的发展，企业单打独斗的时代已经过去，它们必须抱团取暖，形成众多产业集群，整合区域内区块链优势，多角度全方位进行各产业行业的融合，形成新的地方经济发展的推力器。所以，加强对环鄱阳湖生态经济区的物流产业集群发展模式研究，势在必然。

一 江西南昌在"一带一路"与"长江经济带"国家经济建设中都是重要节点城市

"一带一路"是"丝绸之路经济带"和"21世纪海上丝绸之路"的简称。它将充分依靠中国与有关国家既有的双多边机制，借助既有的、行之有效的区域合作平台，旨在借用古代丝绸之路的历史符号，高举和平发展的旗帜，积极发展与沿线国家的经济合作伙伴关系。2017年3月28日，国家发改委、外交部、商务部联合发布了《推动共建丝绸之路经济带和21世纪海上丝绸之路的愿景与行动》，正式公布"一带一路"终极版图。在此次出台的设计规划中，江西南昌与成都、武汉、长沙、郑州、合肥等城市一起，被列为"一带一路"重要节点城市。

"长江经济带"覆盖上海、江苏、浙江、安徽、江西、湖北、湖南、重庆、四川、云南、贵州11个省市，面积约205万平方公里，人口和地区生产总值均超过全国的40%；近年来，长江经济带首尾两大战略金融核心区：江北嘴、陆家嘴已逐步发展成为中国最具影响力并和国际经济关联密切的金融中心。依托黄金水道推动长江经济带发展，打造中国经济新支撑带。其主要任务是提升长江黄金水道功能，建设综合立体交通走廊，创新驱动促进产业转型升级，全面推进新型城镇化，培育全方位对外开放新优势，建设绿色生态廊道，创新区域协调发展体制机制。而江西省为"一带一路"与"长江经济带"国家经济建设中的重要节点地区，拥有得天独厚的地理优势和产业集群优势，江西省迎来发展地方经济的好时机。

二 环鄱阳湖生态经济区的基本情况

环鄱阳湖生态经济区是以江西鄱阳湖为核心，以鄱阳湖城市圈为依托，以保护生态、发展经济为重要战略构想，把鄱阳湖生态经济区建设成为人与自然和谐相处的生态经济示范区和中国低碳经济发展先行区。国务院已于2009年12月12日正式批复成立。

环鄱阳湖生态城市群空间范围以南昌为核心，昌九工业走廊为重点，以环湖设区市九江、景德镇、鹰潭为主要支点，环湖高速公路和铁路为轴线，辐射50公里左右范围。以县域为单位，大体包括南昌市9个县区，九江市10个县区，景德镇市4个县区，鹰潭3个县区，上饶市的鄱阳、余干、万年3县，抚州市的东乡县共35个县市区。环鄱阳湖生态经济区还是长江三角洲、珠江三角洲、海峡西岸经济区等重要经济板块的直接腹地，是中部地区正在加速形成的增长极之一。

三 环鄱阳湖生态经济区的物流产业现状

环鄱阳湖生态经济区，功能定位为全国中部地区重要的制造业中心、全国重要的生态产业中心、江南著名的优质农产品集散中心和国内外著名的生态旅游休闲胜地，重点发展工业、历史文化和自然风光旅游业、现代物流业和特色生态农业。在产业发展重点及其布局规划中，以建设出口加工区为龙头，加快建设经济开发区、星火高新技术产业开发区、开放开发区、经济开发区、工业园区，加快对外开放步伐，形成全国最大的产业基地，形成纺织服装、生物医药、电子工业、食品加工、汽车及零部件配套、石化工业等产业聚集区。

环鄱阳湖地区物流市场发达程度低。区域内物流企业数量少，规模小，经营管理水平不高，物流服务功能也不完善。这主要是因为区域内制造企业、商业企业等社会化物流的需求主体包揽了大量与自身业务相关的物流活动，没有以外包等方式交由物流企业来承担。同时，环鄱阳湖经济区的交通基础设施存在许多问题：一是环鄱阳湖地区东西之间没有连通，缺乏快速通道；二是环鄱阳湖地区与长三角地区没有高速通道连接；三是铁路、公路、航空与水运没有形成联运；四是区域内现有省道和农村公路网络等级和运输能力低下；五是环鄱阳湖港口设施较为陈旧，与生态经济区建设不完全适应。

四　环鄱阳湖生态经济区的物流产业集群发展模式策略

1. 构成立体交通运输体系　整合区域内物流产业集群资源

在环鄱阳湖城市群战略决策中，南昌是核心。经过这几年的发展，南昌城市发展的框架已经拉开，"一江两岸、双核五片"的城市形态业已形成，城市基础设施和服务功能日益完善，以南昌为中心，周边城市、县城和重点镇为支点的"一小时经济圈"日趋活跃，城乡差距正在逐步缩小。提升城市辐射和服务能力。依托由国际航空港、京九浙赣铁路、三条国道、赣江水运构成的立体交通运输体系，积极发展大型物流园区和综合性物流中心，形成中部地区现代物流业的重要枢纽。

整合区域内物流产业集群资源，加快打造区域性的金融中心，大力发展金融产业，积极引进各类金融机构，完善金融品种，健全社会信用体系，为实现南昌崛起的新跨越创造良好的金融生态环境。在产业结构上，江西省支柱产业大多集中在这些城市，如南昌的制造业，景德镇的陶瓷业、航空业、家电业，鹰潭的铜冶炼业，上饶的精密机械加工业等。各个城市的产业结构各具特色，经济外向度较高，产业分工与合作更加紧密，经济互补性较强。

景鹰（抚）高速公路的建成通车，可构筑以南昌、九江为中心的可通江达海的4小时"环鄱阳湖城市群"。这样，可以上接"武汉城市群"，下连"皖江城市带"，进而承接"长三角"的辐射，从而提升"环鄱阳湖城市群"在长江中下游的经济纽带地位。

2. 提升长江黄金水道功能　建设综合立体交通走廊

在环鄱阳湖城市群战略决策中，九江是龙头。九江市位于长江中下游南岸，处于赣、鄂、湘、皖四省交界处，倚世界名山——庐山，是东部沿海开放区向中西部推进的过渡地带和宁、汉两大区的接合部，八百里鄱阳湖、五千里大京九和万里长江在此交汇，依长江承东西，托京九接南北，构成"黄金十字架"，成为我国"东倚西靠，南北扩张"发展战略的轴心之一。九江市是江西的北大门和唯一的沿江对外开放城市。

九江市自晋代起即为"来商纳贾"的都会。鸦片战争后，九江被辟为通商口岸，成为进出口贸易的重要商埠，一度成为全国"四大米市""三大茶市"之一，成为我国商贸物流的重要集散中心。

九江港是国家一类对外口岸，全年可通航5000吨级船舶，水运可直达世界100多个国家和地区，年货物吞吐能力达到3000万吨，九江国际水运中心集装箱吞吐量已达到10万标准箱，成为长江中游转港物流中心；庐山机场已正式通过检验飞行即将开通至广州航线；陆路有京九、合九、武九以及在建的铜九、九景等5条铁路，福银（昌九）、九景及在建的沿江高速公路在这里交汇；并拥有京九线上最大货运编组站。

九江要发挥龙头作用，主要是凭借着天然的长江港口优势，及九江区域内的石化、纺织、建材、造船业等众多的产业优势，而这些行业企业的大量物资流动，形成了庞大的物流资源，九江就可以对区域内行业企业资源进行优化整合，提升长江黄金水道功能，依托港口、机场与高速公路的交通网络与长江经济带的政策资源，建设综合立体交通走廊，形成京九农副产品中心批发市场、华东装饰材料市场、南方粮食交易市场、果品交易市场、国际汽车城等一批大型批发，骨干市场趋向规模化和专业化。并先后引进厦门中通远洋物流、江西中联物流、华油运输、上海佳吉快运、武汉中远国际货运、上海鹏帮国际物流、上海海华国际货运、长江国际货运、中国外运、中海集运等省内外知名物流企业入驻九江，壮大了九江国际物流港。加快推动长江中上游地区和俄罗斯伏尔加河沿岸联邦区的合作。建立中欧通道铁路运输、口岸通关协调机制，打造"中欧班列"品牌，建设沟通境内外、连接东中西的运输通道。加强内陆口岸与沿海、沿边口岸通关合作，积极开展跨境贸易电子商务服务试点。

3. **建设江西通江达海的物流桥头堡　形成新的产业集群载体**

在环鄱阳湖城市群战略决策中，向塘是江西通江达海的物流桥头堡。向塘镇是江西省最大的建制镇，位于南昌市南端，距南昌市东湖区20公里。316国道、320国道、105国道和沪昆高速穿境而过，浙赣铁路连接东西，京九铁路飞架南北。江南最大的铁路货运编组站——向西货运编组站的向塘机务段，也在向塘。向塘镇既是省会南昌市的南大门，又是全省铁路、公路对外交通的重要吞吐口，向莆铁路通车后，从向塘到福建湄洲湾码头高铁仅需3.5小时。向塘依托其铁路、公路物流的地理位置优势，以及与南昌距离最近的地理优势，结合汽车及配套产业、有色金属及冶金行业和以有机硅为主的精细化工行业形成新的物流产业集群，向塘铁路—公路枢纽型综合物流园正在建设。

随着向塘物流园区的发展优势不断凸显，借助区位优势和交通优势，以及"一带一路"建设实施给物流业带来的发展机遇，向塘正在加快物流园区建设。园区围绕加快形成物流产业集群抓招商，大力引进4A、5A级先进物流企业，正在朝着"国家级铁路—公路枢纽型综合物流园区"目标快速迈进。

向塘物流园区内有全国铁路十二大编组站之一的向西货运编组站，向塘铁路货场建成后，货物经由京九、沪昆铁路可辐射中部，连通全国，远期可通过欧亚大陆桥直达欧洲。向塘物流园区总规划面积为16.82平方公里，目前园区设施日益完善，基本形成了"三纵两横"的路网格局。向塘物流园区周边的重点工业园区和重点骨干企业等为物流产业集群提供了动力之源。向塘物流园区建成后，将成为江西通江达海的物流桥头堡，形成新的产业集群载体，为江西地方经济建设出力。

4. 以鹰潭无水港为物流产业集群建设的切入点 推进外向型经济发展

在环鄱阳湖城市群战略决策中，鹰潭作为江西物流产业集群的"无水港"。环鄱阳湖经济圈是江西改革开放的前沿区，鹰潭地处内陆，发展进出口贸易要转关沿海口岸，报关报检业务费时费力，增加了物流成本。以鹰潭"无水港"和铜拆解加工区项目建设为契机，把与港口集装箱运输相关的产业作为江西物流业发展的突破口，出台发展集装箱卡车运输优惠政策。可以借鉴龙南开通的"赣粤港"直通口岸通道经验，尽快建立"属地报关，口岸验放"区域快速通关模式和平台，建设固废拆解加工园进口通关机制。

可以根据鹰潭各区域产业布局的特点和物流需求的不同，合理安排物流设施和基地建设。贵溪是国内最大的铜冶炼、铜加工及基础化工基地；余江的微型原件工业、眼镜工业颇具规模；同时贵溪和余江都是重要的商品粮基地和农畜产品输出地；而鹰潭市区同时拥有市工业园区和城市生活物资消费两类物流需求。主要是大宗原材料的规模化仓储和流通加工，依托铁路优势项目，并且与无水港密切衔接；市区构建城市物流中心，主要为市区及贵溪、余江、龙虎山等地提供城市物流服务（生活用品配送），兼顾环鄱阳湖区的周边地域。鹰潭可以发挥铁路枢纽优势，形成以综合性物流园区为重点、多层次配送中心相配套的格局，成为连接东南沿海地区的重要物流通道。

环鄱阳湖经济圈作为新型产业聚集区和城市带，在工业原材料、半成品、产成品及生活物资方面的物流需求是巨大的，并将随着工业快速发展逐年增大，加快物流园区和基地建设，建成环鄱阳湖生态经济圈的物流载体，形成物流产业集群并发挥物流产业集群的优势，为江西地方经济发展发挥更多更好的作用。

货物运输量是实体经济的晴雨表，为推动实体产品货物流通，促进"南昌制造"走出国门、走向世界，形成以南昌市为龙头的物流产业集聚效应、辐射效应。2017年8月4日，江西省商务厅正式发布2016年度江西省50个物流产业集群运行情况。

2016年，全省50个物流产业集群实现主营收入2267亿元，同比增长7.7%。其中，宜春、南昌、抚州、赣州、鹰潭列全省前五位；全省50个物流产业集群入驻物流企业10394家，占全省总量的75.2%；全省50个物流产业集群实现投资总额1715.2亿元，同比增长7.6%；全省50个物流产业集群吸纳就业人员91.5万人，同比增长3.5%，占全省物流业从业人数总量的75.7%。物流企业运营效益较好。

2017 年上半年，南昌市在南昌县（向塘）铁路口岸先后开通三趟"海铁联运"班列，并通过新班列运营，完成了 2018 标准箱、5000 万美元的货物运输，将"南昌制造"的产品送往世界各地。南昌市常态化铁海联运班列的正式开通，使内陆南昌快速对接 21 世纪海上丝绸之路又添新通道。从直观效益来看，海铁联运为各类进出口企业降低了货物流动的经济成本和时间成本，海铁联运打通了内陆到沿海搭船出海的快捷通道，在很大程度上节约了运输时间，为进出口企业大大降低运费。从企业发展来看，海铁联运解决了企业"产品通道问题"，让企业谋划转型升级的信心更足。从助力经济来看，海铁联运对开放型经济的促进作用明显。以往，南昌的外贸货物空运到昌北机场、水运过九江、陆运走赣州铁路，几种运输方式综合效率与成本均不理想。自从南昌（向塘）铁路口岸纳入国家口岸发展"十三五"规划后，依托向塘特有的交通区位优势，有效打通了南昌市对外开放的新窗口。通过海铁联运，南昌的工业品、日用品送达东南亚多个国家；荷兰、比利时的原材料则通过海铁联运来到向塘，南昌市"和世界做生意"的势头更强，连接 21 世纪海上丝绸之路的触手更多。此外，宜春的家电、樟树的食品、高安的建材、湖南的纺织品也都通过南昌（向塘）铁路口岸的"海铁联运"班列发货，让环鄱阳湖生态经济区的物流产业集群的集聚效应、辐射效应进一步凸显。

以上数据表明，发展环鄱阳湖生态经济区的物流产业集群，充分发挥江西南昌在"一带一路"与"长江经济带"国家经济建设中都是重要节点城市的作用，南昌是环鄱阳湖生态经济区的核心，九江是龙头，向塘是江西通江达海的物流桥头堡，鹰潭无水港为物流产业集群的切入点，围绕物流产业集群布局，借助区位优势和交通优势、政策优势，打造江西地方经济的增长点。

参考文献

游若利：《环鄱阳湖经济圈产业规划与协调发展分析》，《价格月刊》2015 年第 1 期。

杨华辉：《基于 DEA 模型的环鄱阳湖地区城市发展效率分析》，《现代商贸》2016 年第 3 期。

李瑞林：《产业经济与城市经济协调发展研究》，《现代物流》2015 年第 6 期。

万辉明：《"海铁联运"促进外贸企业走向世界》，中国江西网，2017。

浅谈我国不动产登记制度的完善研究[*]

侯柯文

一　前言

在当代日益激烈的竞争社会，人们的生活水平和物质方面的要求越来越高，当事人之间的不动产交易活动也在不断涌现，因不动产登记制度不完善而引发的纠纷也因此增多。由此可见，各地法院及相关执法部门在不动产登记的力度上还不是很大。归根结底，是由于目前我国的立法制度还不够明确，要想解决这些问题，必须完善相关的不动产登记制度。因此，建立健全相关的法律法规政策成为利用法律手段来完善不动产登记制度的重要利器。梁慧星在论述登记制度的重要性时曾经指出："不论《物权法》如何完善，如果没有一个好的登记制度，那么你的物权法就不会有好的结果，不会得到切实的实施。"因此，研究不动产登记制度，无论是对于正确理解不动产登记制度还是准确适用法律保障不动产交易安全，都具有十分重要的意义。

二　我国不动产登记制度建立与发展

改革开放以来，随着社会主义市场经济体制的不断确立，我国开始建立和健全各项法律法规制度，许多有关不动产登记方面的法律法规在《物权法》颁布之后，登记作为不动产行政管理部门进行监督管理的一种手段也慢慢恢复起来。比如说："1986 年 8 月正式确定了土地所有权和使用权必须依法登记的制度。"另外，我国相关部门和各地政府还制定了大量地方性法律与法规，面对当代社会日趋激烈的竞争，这些较规范性的政策主要集中在城市房地产权属登记的管理与规范方面，而对于其他方面，不动产登记制度的确立则很少涉及。就我国不动产登记制度的形成与发展过程来说，我国与发达国家有一定的差距。在制定相关法律法规时，我国借鉴发达国家的监管机制，已经正式建立不动产

＊　本文为学校自选科研课题研究论文（课题编号：2017 - 02）。

登记制度，然而不动产登记制度却仍然存在着一些缺陷。因此可以说，登记制度在中国虽然有着悠久历史，但实际意义上的不动产登记制度却起步比较晚，它是在《物权法》颁布之后逐步建立起来的，而对于保障当事人不动产登记制度和实施和维护当事人不动产市场交易秩序都发挥着巨大的作用。

三　我国不动产登记制度的完善研究

1. 建立统一的登记制度

一方面，分散的登记，对管理部门和当事人来说都造成了很大的不便；另一方面，分散的登记还很容易造成房产抵押等重复现象，如果能够建立起一套较完整的登记制度，那么在维护当事人交易安全时会大大降低一些不安全的隐患。

2. 扩大登记的范围

为了充分利用丰富的资源，发挥相关部门的职能，各地政府依据法律规定的登记手续，吸收和建立更多的登记制度是很有必要的。

3. 建立实质审查制度

建立健全实质审查制度是登记具有公信力的必要前提。实质审查既有有利的一面又有有弊的一面，关键性的问题在于通过利益衡量来确定在法律上是否有必要建立这一相关的审查制度。

4. 建立登记机关的责任赔偿制度

如上文所述，登记内容的好与坏将直接影响当事人的经济利益。那么，有关方面的登记部门是否有责任和义务赔偿更是我们值得研究的问题。当然，因登记部门的过失给当事人造成重大损失的理应赔偿。

四　我国不动产登记制度的缺陷评析

从上述我国不动产登记制度的建立与发展来看，我国的登记制度还存在一定的缺陷，主要表现如下。

1. 没有形成统一的不动产登记制度管理体制

所谓统一的登记管理体制，是指统一的立法机关、登记程序或统一证书的一种管理体制。例如，美国、德国等发达国家主要是建立了一套较完整的不动产登记管理体制。而我国在此方面就没有形成较统一的不动产登记管理体制。

2. 不动产登记制度的法律效力不够明确

不动产登记的法律效力是指通过登记这一法律事实对当事人的不动产物权

所施加的实际作用。当然，关于不动产登记的效力不同国家有各自观点和看法。

3. 不动产登记的种类不健全

不动产登记的种类主要是由管理部门登记的目的决定的，各个登记类型相互补充、相互依托，共同构成一套科学完整的不动产登记体系。就不动产登记制度来说，一个完整的不动产登记体系包括多种形式，如，变更、更正等。以商品房买卖为例，在我国，商品房预售合同虽然要备案，但没有一套完整的预告登记制度，另外，也可以说我国还没有建立比较科学的登记制度。因此，我国现行登记制度在结构类型设计上还不是很健全，有待进一步建立和完善。

4. 明确登记机关的责任赔偿制度

对于当事人来说因登记部门的错误登记而造成的损失，应当根据相应的赔偿制度对当事人进行赔偿。当事人有所要赔偿的权利。我国目前还没有真正设立不动产登记机关赔偿责任制度。因此，为保证不动产当事人的合法权利必须建立健全相应的责任赔偿制度。

五　完善我国不动产登记制度的建议

关于如何完善我国的不动产登记制度，本文针对以上所述内容提出以下几方面建议。

1. 必须建立统一的不动产登记管理体制

第一，制定统一的不动产登记法。在《物权法》制定的基础上不断完善我国的不动产登记管理制度。第二，登记机关须统一。设立专门的不动产登记机关，以至于更加方便当事人登记和查询。第三，登记程序须统一。在不动产登记管理体制中设立统一的登记程序，这样不但大大提高了登记工作效率，而且在某一方面降低了成本。第四，统一权属证书，即由不动产登记机关量身定做、颁发具有统一格式的权属证书，改变以往比较混乱的局面，来维护当事人不动产登记的安全交易。

2. 明确不动产登记的法律效力

鉴于在交易安全和维护稳定等方面，我国不动产登记立法机关应明确规定法律行为以外的合同效力。

3. 建立健全不动产登记类型

我国的立法部门应大胆充分借鉴国外一些发达国家的立法经验，引入一些有实践证明可操作的不动产登记制度。

4. 建立完善的登记机关责任赔偿制度

为了更好地制定此项赔偿制度，保护当事人的合法权益，明确当事人的赔偿制度，我们必须利用法律的手段确认登记制度的赔偿责任。同时，为确保赔偿得到落实，还应借鉴一些发达国家的监管机制，建立一套完善的相应的赔偿制度。

六 结语

综上所述，我国至今没有设定专门的不动产登记法，虽然在《物权法》中对不动产登记制度作了一些规定，但是对于现行有关不动产登记的制度设计还存在不合理的情况，我国不动产登记制度存在一些缺陷，主要是制度和操作层面存在不足，我国不动产登记制度的不完善已经在实践中造成非常严重的影响，不动产登记的具体制度和程序还有待进一步的完善。因此，完善我国的不动产登记制度具有十分紧迫而又现实的意义。

参考文献

刘武俊：《激活不动产登记反腐正能量》，《人民法院报》，2013 年第 11 期。

张申兴、段然：《以登记机关不动产登记性质的角度分析其损害赔偿制度的构建》，《法制与社会》2010 年第 17 期。

孙楠：《论我国不动产登记制度的完善》，《法制与社会》2017 年第 9 期。

黄辉玲、张效敬：《不动产统一登记与房价和房地产税的逻辑关系》，《山西建筑》2014 年第 24 期。

吴超：《不动产统一登记问题的探讨》，《陕西建筑》2015 年第 6 期。

尚德贵：《试析公证介入不动产登记的可行性与推进对策》，《法制与社会》2017 年第 5 期。

李昕：《对不动产登记及其征税的思考和建议》，《中国市场》2015 年第 29 期

张珂：《2015 年土地科学研究重点进展评述及 2016 年展望——土地管理领域分报告》，《中国土地科学》2016 年第 2 期。

文化探究

"一带一路"建设是我国陶瓷艺术发展的大机遇

叶 力

一 "一带一路"能否给中国陶艺带来新的春天

"丝绸之路"起始于古代中国，连接亚洲、非洲和欧洲的商业贸易路线。最早西方对古代中国的认同来源于此，其中作为重要载体的陶瓷影响力尤为突出。2013 年习近平主席提出"一带一路"建设构想，各地的相关活动也是层出不穷。就陶瓷行业来说，2014 年景德镇政府举办了"一带一路"主题活动，"千年瓷都"景德镇欲借助"一带一路"建设恢复往日辉煌。2017 年佛山陶博会上"一带一路"成为市场热点，福建的泉州、德化也以丝绸之路为起点，举办一些展览。很多的陶瓷艺术家，包括艺术机构，也投入"一带一路"建设的热潮当中。"一带一路"这个如此宏观的建设能给陶瓷艺术带来什么？

艺术陶瓷是中国最有特点的陶瓷。国外的陶瓷艺术很多是建立在实用需求上，像国外几大瓷厂，他们的瓷器都是以实用为主，是一个特定的社会阶层生活用器。而中国艺术陶瓷发展到今天，有一个亟须突破和改变的瓶颈，那就是收藏群体认为"一带一路"建设对陶瓷的影响首先是需求市场会发生变化，很多国家，尤其是中西亚国家对中国的了解会加深，某种程度上"一带一路"的发展为陶瓷扩大了市场需求。景德镇陶瓷要真正拥有更大的社会群体，拥有更多的受众，归根到底要走进大众生活，"一带一路"大背景会促使景德镇的建设方向有一个很大的调整。习近平当选国家主席之后，提出了艺术要为人民服务。艺术陶瓷如何为人民服务？即要与人的日常生活进行嫁接，与器物进行嫁接。今天西方的陶瓷艺术有了很大发展，而且形成了百年品牌，这是景德镇所不具备的。要形成一个百年品牌，肯定不能只满足于艺术家的艺术陶瓷，要打破现在这种被少数群体所拥有的现状，必须接地气，必须符合人们的生活实用和审美两方面的需要。所以"一带一路"将对景德镇的陶瓷有一个非常大的影响，艺术陶瓷生活化将是景德镇陶瓷产业发展的主导方向。瓷版画在整个陶瓷评论里面，它的地位远远不及器物、瓶子、盘子。但是现在瓷版画装饰性也很强，这一块的市场前景非常好，这两年使用瓷版画的人越来越多，因为它很强的装饰效果，可以挂在墙上。另外，陶瓷茶具也发展较好，现在景德镇专门生产陶瓷茶具的几家工厂，有固定的市场人群，而且价格非常高，它是一种艺术兼实用的把玩器具。已经有很多的艺术家和陶瓷企业关注陶瓷艺术生活化。所以说"一带一路"对景德镇陶瓷产业发展的影响将非常大，可以预见得到，让中国艺术陶瓷将迎来一个很大的发展契机。

陶瓷是集合了中华文明与艺术智慧的文化结晶，东破万里波涛、西出戈壁沙漠，通过古老的"丝绸之路"和"海上丝绸之路"大量输往欧亚市场，成为中国的标志。"一带一路"倡仪的提出，让古老的陶瓷有了发展新机遇。中国陶瓷文化有着独特的魅力，目前我国陶瓷无论数量和规模，均居世界首位，是陶瓷生产制造第一大国，但不是陶瓷制造强国。德国的迈森、英国的皇家道尔顿、西班牙的雅致瓷器、丹麦的皇家哥本哈根等品牌，占据着世界高端瓷器市场的重要份额，并且近年来这些欧洲奢侈瓷器品牌陆续进驻中国。而在高端瓷器品牌打造上，不仅需要具有独特历史文化传承，更需要与时俱进的创新设计与用心经营。业内人士认为，只有不断细分市场，创新生产技术和设计手法，将创意设计与消费需求对接，将现代元素和文化元素注入传统产业，才能为客户提供更加多元化的产品服务。

二　收藏投资的变化

中国艺术陶瓷一直被认为是一种极具收藏与投资价值的艺术品类，在过去的一段时间中虽然中国艺术陶瓷的收藏出现了一些问题，但整体发展还是比较健康的。"一带一路"也会给陶瓷的收藏投资带来一系列变化。第一，陶瓷收藏的区域会不断扩大，沿"一带一路"地区会形成陶瓷等工艺品的收藏热，以前的收藏区域集中在东部地区，随着"一带一路"战略的开展，收藏陶瓷艺术品的区域会扩大。第二，陶瓷收藏投资的队伍也会发生变化，以前的陶瓷很多是礼品瓷，很多送礼的人对陶瓷艺术品并不了解，为了送礼而只追求陶瓷艺术家的名气，不看作品的价值，有"十买九不懂"之说，但将来会形成以欣赏艺术价值为主体的高素质收藏队伍。第三，收藏投资的选择方向也会发生变化，因为礼品瓷收藏受阻，使得艺术家的选择范围更广，而"一带一路"建设也会促使艺术家的风格更加多样化，将来的艺术创作必须有历史价值、有生命力，才能更有收藏价值和升值潜力。第四，价格的变化，过去有些艺术家的作品价格虚高，"一带一路"建设会使艺术家面临全球艺术家的竞争，价格必须回落到一定的消费水平上，艺术家的作品定价应在合理的区间内，也是对自己艺道路的长远负责。未来十年将是中国大国复兴的阶段，在历史上将留下一个很重要的文化现象。我国的文化丰富多样，陶瓷也具有很鲜明的时代特点。这些陶瓷作品未来会被藏家收藏，对于藏家来说，他收藏了一个时代的记忆，收藏了一个非常重要的中国崛起阶段的器物，或者最终他发现原来很多艺术风格最终落实到自己身边的器物上。

参考文献

[1] 刘晓华：《基于自主创新的景德镇陶瓷经济发展思考》，《现代商贸工业》2012年第17期。

[2] 刘玮：《基于消费心理下的日用陶瓷产品设计研究》，景德镇陶瓷学院，2010。

[3] 刘乐沁、赵兰涛：《景德镇日用陶瓷色彩和消费市场关系研究》，《青春岁月》2015年第9期。

浅谈当代水墨画创作的趣味性

贺毅萍

　　文化的冲撞与交流随着艺术发展开始诞生出新的艺术观念和形式，此时，多数人将水墨画作为表达兴趣所在进行创作，人们愿意一改传统的严谨的作画习惯，抛开束缚，轻松惬意地享受水墨画带来的乐趣，其中一部分人只是尝试着玩味艺术或享受作品诞生的过程，而非完全为了艺术而创作，或为了艺术而艺术。正如"水墨画"也是20世纪80年代后因为绘画材料的综合运用和绘画技法的融合在原本中国画的基础上将其概念的涵盖范围拓宽，包含了更深层次的含义，这是创作中的一种真正意义上的变革，而创作的趣味性正是水墨画创作变革中的一个重要特性。

一　古与今之"趣味性"

1. 古之"意"趣

　　绘画注重"趣味"并非源于当代，自古以来不少画者就强调绘画应注重意趣所在，晚唐的张彦远曾言："意存笔先，画尽意在"，而元代倪瓒曰："仆所谓画者，不过逸笔草草，不求形似，聊以自娱耳"，绘画仅是为了抒发心中乐趣而已。明朝的屠隆《画笺》说道："画品全法气韵生动，不求物趣，以得天趣为高。"意与趣是古代绘画艺术评品标准之一。古之趣味更看重"意"与"逸"的抒发，将生命主观意趣与精神借助绘画载体表达出来，从而抒发内心意趣，因此，古之意趣更注重借物抒情，以画表意。

2. 今之趣"味"

　　就当代水墨画创作的趣味性而言，它不仅是为了抒发情感，更深层次的趣味是带有一种偶然和随机性，甚至包含了生活真谛在内，使人对水墨画的创作充满了兴趣，同时对水墨画创作中的语言和技巧做出了大胆的尝试与探索，并在当代水墨画创作上又跨越了一大步。

　　当代之趣味更偏重于"味"的感受，多数欣赏者在观看作品时会随着时代的变化更乐于接受偏现代或近于时尚和快节奏的作品，例如同样是工笔人物的系列作品，视觉冲击力极强的大篇幅工笔舞女画作与古色十足的经典仕女画作相比，前者更容易感染更多观众，原因是观众在观看画作的同时也会对其创作过程及其细节感兴趣，例如，描绘对象衣着的斑驳感和肌理感是如何体现的，通过撒盐、随机泼墨会形成什么样的图案，观众更愿意"玩味、体味"其中的乐趣。在图案与版式设计方面，现在的创作也更丰富与新颖，打破了传统水墨画绘画的作风，更利于压力较大的人们放松心情，享受与体味其中。

二 当代水墨画创作趣味性的体现

1. 当代水墨画创作版式之"趣"

当代，随着对艺术与设计的了解与运用，人们开始更加注重生活品质的提高，对产品的包装、搭配、造型与质感也有了一定的追求，与此同时，对于美的欣赏也出现了不同的感受，例如"极简之美""单纯至美"等，而版式的设计的发展正是由此产生分支。水墨画的版式与构图也参与了个性化设计，比如绘画创作开始时已经确定画作的形式为长卷或横轴；小品图是使用扇形、椭圆或圆形为边框；装裱过程中将小品图搭配何种锦绫托边；是否创作一个系列的主题等，总的来说就是为了使作品更能凸显出画之主题，更有张力，更有视觉冲击力。相比过去水墨画的形式与层次感更加丰富，更有新鲜感，而新鲜的形式总是会引起人们的关注和兴趣。不少作品正是因为版式新奇更容易引起欣赏者共鸣，使作品脱颖而出。例如第十二届全国美展罗小颜的《山的那一边》（见图1）、李传真的《工棚·家》（见图2），皆是先由版式博采众长，再进而了解作品其中趣味，使其系列融为一体。

图1 罗小颜《山的那一边》

图2 李传真《工棚·家》

2. 当代水墨画创作造型之"趣"

中国画虽受到西方绘画技巧的影响，但在造型方面没有彻底受到素描表现力的冲击，依然保持了传统水墨画中精、气、神的地位，同时追求"神似"的表现得到升华，不少画者将描绘对象最有特征和最个性的方面趣味性地夸大、扭曲和变形，以此来使描绘对象更加有感染力，更容易使观者铭记于心。这种趣味是刻意的，是能动想象的表现，但趣味绝不停留在表面的滑稽可笑，而是背后的深思或暗喻。例如姜永安《伤逝的肖像·中国"慰安妇"写真》（见图3）、王鹏程《如此争斗为哪儿般》（见图4），风趣夸张地反映出了画面背后的意义，令人深思。

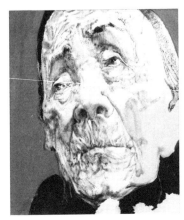

图3 姜永安《伤逝的肖像·中国"慰安妇"写真》局部展现

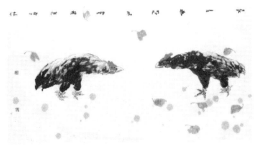

图4 王鹏程《如此争斗为哪儿般》与局部

3. 当代水墨画创作肌理之"趣"

随着近年来绘画材料与技巧的丰富，人们在水墨画的创作上也进行了各种探索与尝试，总结出了许多肌理与质感的表现方法，而肌理与质感的创作过程本身就是一种趣味性的尝试，通过肌理的绘制可以让描绘对象的形象更饱满，造型更加逼真，做到用水墨将实物的质感描绘得淋漓尽致。常用的效果绝佳的肌理技法主要有撒盐法、水冲法、洒水和洗洁精法、豆浆喷洒法、湿画法、揉纸法、拓印法和泼墨渲染法等。撒盐法简单快捷，更适合描绘动物的皮毛翎羽，将盐粒洒在半湿半干的宣纸上，可以加入适当的明胶水使之与墨色融合，撒盐后会出现特殊的斑驳效果，颗粒状的印迹效果刚好可以体现出花鸟画中绒毛的质感，例如左进伟《雪域传说》（见图5）、郭怡孮《金秋》（见图6）。洒水和洒洗洁精法大多是趁着墨色未干时将毛笔蘸水匀称地洒在用墨渲染的荷叶和树干上，半分钟后会出现被冲淡的圆形水纹，犹如叶子上的露珠，晶莹透亮，增加了物体的厚重感。矿物质颜料、植物颜料和化工颜料的融合使颜色更接近自然色，通过水墨彩色颜料的渲染与堆积，使物体呈现出立体丰盈的效果。

当代许多大家将肌理的技法娴熟地运用在自己的作品上，使作品彰显趣味与个性。例如张大千善泼彩画，多数作品因泼彩而形成的云雾与晕染的山头将画面的气势与空间感明显增强，例如《爱痕湖》（见图7）。刘国松山水画中的肌理演变成一种动人而具有视觉冲击力的绘画语言，为西方油画、水彩画所吸收。艺术家王伟平的山水作品被称为"彩墨肌理雪景画"，他采取新的皴纸彩拓墨法与传统的皴擦法并用，新的拓印法和传统的泼墨渲染法融合，新的对板拓印法和传统勾擦法结合等等，这些新技法为重彩雪景山水画创作提供了有效的表现手法与技巧，例如《雪景花》（见图8）。于志学先生观看了王伟平的画展新作后作序说："他的作品是采用肌理技术并融合色彩造型方式……尤其在解析前辈艺术家如何'师法造化'创研山水画技法的过程中做出了艰苦的探索，总结出了用彩墨肌理技法表现北方景物的创作方式，创新了自己的绘画语言，拓宽了绘画工具的使用范围。[①]"

图5 左进伟《雪域传说》

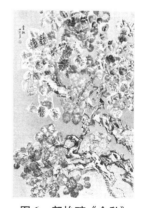

图6 郭怡孮《金秋》

① 郭谦：《虚透空灵异象横生——王伟平"彩墨肌理雪景画"之解读》，《艺术》2012年第4期。

图 7　张大千《爱痕湖》

图 8　王伟平《雪景花》

4. 当代水墨画创作题材之 "趣"

传统水墨绘画中题材一般局限于花鸟画、山水画和人物画，20 世纪初，随着西方思潮的涌入，绘画的题材开始慢慢拓展，人物画逐渐脱离了帝王将相与仕女、道释系列；花鸟画也不再局限于梅兰竹菊、喜鹊与八哥等；山水画从临摹传统山水走向写生现代风格的名山大川。当代，随着人们生活方式的改变及时代的变迁，水墨画的创作题材也更加自由，较之前更容易激发人们对水墨画的兴趣，人们无需关于将自己的创作定位于何种题材、何种方向，此时的创作 "趣味" 在于画心中所想，感心中所悟。创作更多的是描绘出个人内心的感受，将内心的喜怒哀乐绘之于画面，由概念语言转化为视觉语言。

大多艺术家遵从自我，或描绘都市生活的平静，表现出都市人对宁静生活的向往；或从喧闹拥挤、荒谬怪诞及不和谐的生活现象入手，表现出生活中不堪境遇与需求关注的存在；或放眼于商贩农民与市井边缘人物，勾勒出人民的生存状态；或是感悟人生，用抽象的线条刻画人们内心情感与经历。任何激发描绘欲望且吸引绘画者的物体、场景、状态或瞬间都可为水墨所绘。例如周京新的《羽琳琅》（见图 9）、郑力的《书香门第》（见图 10）、张立奎和张立年的

《闹新娘》（见图 11）、何晓云的《嫩绿轻红》（见图 12）。这种将自由且多元化的题材融入水墨画的创作更有利于促进水墨画的现代转型，推动水墨画发展。

图 9　周京新《羽琳琅》

图 10　郑力《书香门第》

图 11　张立奎和张立年《闹新娘》

图 12　何晓云《嫩绿轻红》

5. 当代水墨画创作目的之"趣"

随着艺术设计的范围越来越广，不少绘画也体现出设计与装饰意味，部分水墨画的创作也走向了交易市场，少部分创作为了美观或趣味而作，而这也无可厚非地成为水墨画创作的用途与目的之一。例如《水墨装饰画一》（见图 13）、《水墨装饰画二》（见图 14）。

图 13 《水墨装饰画一》　　图 14 《水墨装饰画二》

英国著名艺术理论家赫伯特·里德说"艺术是一种情感系统，正是产生优美形式的温床"。艺术创作正是为了抒发人的情感，表现的是人内心情感的本质，艺术作品是传输情感的载体与桥梁，而创作的过程正是艺术家思考与感悟的过程。

当代，人们用水墨画描绘都市，勾勒生活，刻画怪诞，向往和谐，无所谓时间，无关乎主题，更多的是对情感的抒发与兴趣的表达，或是享受自由与乐趣。中央财经大学文化与传媒学院刘树勇教授即微博知名艺术家老树，他的水墨画体现了一部分当代人的创作观念与目的，茶余饭后，谈谈感想，聊聊信念，画面描述着中午做的菜，下午煮的茶，昨日追的梦，今日会的客。寥寥数笔的笔墨加几行打油诗，轻松惬意地记录着故事与生活。在他的水墨创作中主人公着民国的长衫盖帽，融进现在电子科技发达的现代视野与背景，传统与现代元素随意混搭，点线面的设计意味充斥着画面，配上拙味十足随意直白的打油诗，画面或调侃，或有趣，或伤感，或感悟，或许这才是真正为兴趣为生活而进行的水墨画创作。没有目的的创作或许更能表现直观的本意，而老树的绘画正是这样记录生活、感悟人生也是水墨画创作的目的之一。例如《老树作品一》（见图 15）、《老树作品二》（见图 16）、《老树作品三》（见图 17）、《老树作品四》（见图 18）。

无论水墨画的创作目的是设计装饰空间或抒发情感、记录描绘与感悟生活，只要创作的过程与结果是充满趣味与感情的，那么创作的目的即是有意义的，而这也符合了当代生活的水墨文化与底蕴，是水墨文化发展与传承的必经之路。

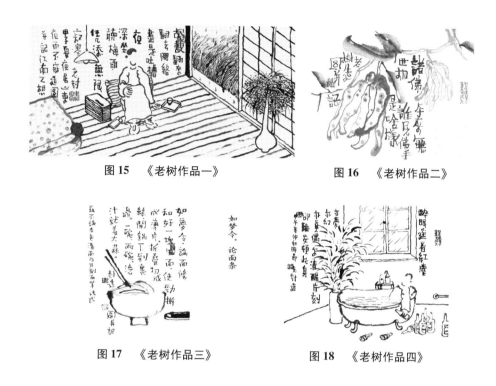

图 15　《老树作品一》　　　　图 16　《老树作品二》

图 17　《老树作品三》　　　　图 18　《老树作品四》

三　当代水墨画创作中趣味性的意义与发展

水墨画创作中强调笔与墨的情趣，渗透与融合了水之后表现出的趣味是审美态度与精神的境界，而这也与作者的修养和秉性息息相关，因此水墨意象即作者感观认知，见之于犹如镜子能显示人的心境的画面正是水墨画创作中趣味性的深层意义与最高境界。

而在当代，中国水墨画的创作中趣味性的意义随着人们观念的改变而改变，存在部分创作与水墨画博大精深的文化底蕴渐行渐远的分支道路。如若称传统水墨中八大山人、陈淳的水墨艺术的趣味性与感染力可以让人深刻铭记，并以八大山人画面中动物白眼与危石耸立这种创作表面的趣味性艺术可以联想至作者当时的背景与处境的艺术境界在当代创作中已是凤毛麟角。当代水墨画创作中构图、版式更加丰富；造型结构可塑性强；画面肌理融合水墨；题材宽泛多样化；创作目的更加自由，因此创作乐趣无处不在。但所有趣味性的表现应该是为了体现作者的情感与修养服务的，而绝佳的创作也应立足于对生活的表达和感悟，创作中的趣味是作品内涵的辅助表现与深层境界，这也应是当代水墨画创作发展的正确道路。

当代我们在水墨画的创作中，应顺应时代与潮流的发展，通过水墨创作体现中国的艺术精神，同时也应该尽可能地避免那些只注重技法和趣味形成的甜美、低俗、丑恶的艺术文化或避免那些只追求造型图案装饰趣味而忽略水墨本身的精神底蕴的创作，将趣味融于作者体验与感悟之中，从而更好地在当代水墨画发展道路中前行。

参考文献

舒士俊：《水墨的事情》，复旦大学出版社，1999。

徐复观：《中国艺术精神》，华东师范大学出版社，2001。

刘勃舒：《水墨研究》，民族出版社，2004。

曹玉林：《当代中国画体格转型》，上海书画出版社，2006。

徐恩存：《现代水墨艺术——焦虑与突围》，吉林美术出版社，2006。

陈浩：《水墨都市绘画研究》，荣宝斋出版社，2007。

张建华：《中国画》，辽宁美术出版社，2007。

郭谦：《虚透空灵异象横生——王伟平"彩墨肌理雪景画"之解读》，《艺术》2012年第4期。

薛书琴：《当代水墨人物画语言研究》，清华大学出版社，2014。

试论漆画的当代意识

申 洋

漆画作为在中国近几十年来发展起来的新画种，以它独特的个性语言和深沉的民族风格在现代艺坛上取得了一个独立而鲜明的位置。而漆画中表现出的当代意识在这个进取过程中起到了不可忽视的作用，这种作用在文化意识多元化、人们的审美需求也趋于多元化的当代社会显得尤为重要。它不仅表现在对漆文化传统意识的批判、继承和发展上，还表现为漆画创作者对当今社会精神文化问题的敏感和作者个体的情感体验，漆画艺术也因此而逐步摆脱了人们的审美情趣，能够与当代社会产生极大的沟通和交流。

一 漆画的当代意识与传统意识的关系

中国有着悠久的漆艺历史，漆画从数千年的漆艺中衍生而来，是中国民族绘画的新形式，是传统漆文化与现代绘画的完美结合。中国漆文化的传统意识追求"天人合一"的和谐思想境界与内涵蕴美。现代漆画艺术理应根植于中国传统文化，反映更现实的社会文化，包含更深层次的精神内涵。因为在传统意识里实际反映了人类许多共通的东西，如禅宗主旨依靠直觉来看世界，这与艺术的本质是相通的。现代的一些漆画创作者希望继承发扬民族绘画传统，应该一方面依靠传统精神形式，另一方面一定要超越传统观念样式，如果这种希望可能变成真正的艺术存在，那么就不仅停留在一般性的继承传统的口号里了。

漆画不必充当紧跟其他画种的影子，因为它曾经就是大众生活中不可或缺的东西，只是现在它可以用自己的优势来独立"表演"，引领大众审美。21世纪，受中国艺术大环境突变的影响，尤其是后现代主义带来了新的艺术观和材料观，给漆画带来了第二春天。画种边界的日益隐晦，最初显露在其媒材见解与表达上，而这一点恰恰是属于漆画本身的长处，传统材料、创新理念、新老材料的融合等，以沉淀数千年历史的媒材技艺来激发传统的漆画工艺美术，真切达到传统在当代意义上的传承与连续，这似乎都给予了漆画全新的广大领域。

对传统意识的继承和创新不仅表现在精神内涵上，还表现在外在形式上。制作漆画的材料很多，除漆外，还有金、银、铝、蛋壳、玉、布帛等。传统的技法也可以是丰富多彩，最终效果会呈现出如油画之刮漆之美，如水彩之泼漆之韵，如工笔之描漆之秀，如版画之刻漆之味。因此，忽视传统、抛弃传统之技艺，把"创新"引入奇思妙想，企图以怪取胜，必然会导致作品空洞，成为垃圾文化。但是，一个民族倘若沉溺于不合实际的守旧和僵化，则必定是一种悲惨的灾难。如果一味按照传统意识走下去，而且又缺乏创新，漆画也是很难找到出路的。所以应处理好当代意识与传统意识的关系，从传统中提炼符合自身价值的艺术语言，而不应对材料过分依恋和沉迷于技法的炫耀，这将对现代漆画的发展和走向当代产生极大的影响。蔡克振先生说过："漆画题材的狭窄和工艺的局限，已经成为当代漆画提高和发展的障碍了。"① 因此，传统意识是延续还是脱离传统原创式的创新思考，也就是漆画当代意识的解构与重建的问题。乔十光先生的《青藏高原》既继承了传统磨漆画的精神，又开拓了现代漆画的借鉴，充分创作出层次多变的明暗关系，增强了漆画的感染力，给漆画绘画技法带来了一场变革和解放。

二　漆画的当代意识与社会现实的关系

任何一种艺术形式与作者所处的社会现实和生存环境都有着不可分割的联系，漆画亦是如此。这种关系不仅是简单跟随社会主导力量变化而变化，而且是作者对社会现实的有效反应和介入，"艺术与社会的背景必然导致艺术自身的危机"。"这种关联性，也并不仅仅在于作品或人物出现数量的多少，它同时也体现在漆画作品本身的构图、色彩等方面，不同的社会文化或意识形态主导，会出现不同的布局"②。漆画的当代意识不光是一个形式语言的问题，还包含着对社会现实全方位的思考。

当下，如果对这种当代意识与社会的关系理解不够，只有苦干实干的冲劲，就不能够使个人的艺术思维轻松地转化为视觉语言，顺利地进入艺术创作的氛围，就不能轻松上阵。同样，忽视现实生活体验，拒绝深度也回避内在追求，漆画更多的是浸淫与唯美、华丽与富贵。当然，唯美表现提供的视觉快感应该是无可厚非的，强调诗的意境一般来讲也丰富了作品的情感内容，但精神层面的表达、艺术图式的建构与形式语言的探索才是绘画的专业精神。漆画应该关注所有绘画共同关注的问题，解决绘画需要解决的困难。

又如 20 世纪 60 年代整个艺术界出现了迷信物质本身的即予性狂热，有些

---

① 蔡克振：《大漆之年谈漆画》，互联网学术资源库，2009。
② 于长江：《不期而遇——社会学对于艺术的几个切入点》，《美术研究》2006 年第 2 期。

艺术家认为无须人工介入，仅凭物质本身原生态达到艺术状态，这种脱离了社会、脱离了现实的结果只会导致大批量单调乏味的作品出现。而一些动人心弦、有深厚底蕴的好作品恰恰与社会现实紧紧相连，从而升华到一定高度。漆画的当代意识要想更为强烈，漆画艺术家就应该站在时代的前沿，关注客观世界，反映社会现实，抒发人民心声。陈金华老师的《大地飞歌》就是对现实生活中少数民族的生活场景予以艺术加工，借以体现当今社会和谐主题和自身的精神内涵，从而使这幅画有了很高的艺术价值和当代性。所以，只知道漆画技法的使用和材料的添加，逃避游离于社会现实之外，仅仅满足于自己的小世界，而没有生活的体会和演绎、缺乏人生哲理的反思和感悟、面对外界的麻木不仁的漆画创作，是无论如何也谈不上绘画的当代性的。

三　漆画的当代意识与个体情感的关系

漆画的当代意识与漆画家本身个体的生命体验和情感体验是分不开的，它不仅表现对当代社会的关注，还表现自身情感的律动。对漆画创作者来说，还必须超越个体局限，实现漆画的当代意识。所谓超越个体局限性包含两层内容：一是当代漆画创作者要避免追风模仿的漆画创作现象，努力摆脱西方现代艺术思潮的话语束缚，以及挣脱传统语系、陈旧语言的禁锢，实现艺术表达的自我状态。二是对于当代漆画创作来讲，要努力实现个体语言的表达，建立起自我的语境。当代漆画创作者应该自觉地追求个性化的语言风格。无论是在题材上、技法上，还是在作品构图上、语言风格上，每个人至少抓住一个点往纵深方向挖，挖得越深，个人风格越强烈越好。另外，当漆画转向一种更加自我的表述，真正关注艺术家的自我感受和自我表达时，应注意不要在自言自语中迷失自我，而应注意超越个体局限性，使创作具有社会效力和普遍意义。对于漆画创作而言，要想创作其特有的视觉艺术效果，就必须学会尊重漆画本身的个性与特征，还有它所特有的艺术气概。

漆画属于绘画艺术，其中"画"居主导，在创作过程中要遵循画面艺术美感以及画者的表达目的，以张扬艺术个性为宗旨，画面的艺术效果、视觉魅力是作品的核心和灵魂，所以画者应敢于打破成规与束缚，大胆创新与变革，敢于反潮流，勇于独立思考，创作个人独特情感体验的表现风格。在任何艺术形式中，情感的传达必定依托形式的把握，最完美的，最当代的表达应是最符合画家自身心律的和谐，有深厚韵味的漆画作品往往是融个体情感与作品表达为一体的文化内涵，都有着深切的生命体验。

现今社会文化的开放性和艺术样式表现的多元性，促使我们反思怎样将传统文化的承袭和现代艺术的创作巧妙地填糅到一个完整的新的个体。社会需要立异型和开创性人才，漆画也需要以崭新的面貌来立足于当代艺术创作。现代漆画作为一种艺术语言形式，必须突破传统单一化和程式化，形成多元的状态，才能适合人们的各种需求，加大其发展空间。当下，漆画创作者只有在个体生命过程中，实现对传统意识的超越，真正投入进行有社会责任感的艺术创造，才可能让漆画艺术放射出强烈的当代意识的光芒。

参考文献

田辉：《谈中国漆画创作现状》，《装饰》2006 年第 2 期。

冯艺、秦春晓：《论漆画发展的两个立足点：传统漆艺和现代绘画》，《装饰》2005 年第 9 期。

冯艺、秦春晓：《试论漆艺在现代公共艺术中的价值取向》，《商场现代化》2008 年第 10 期。

乔十光：《谈漆论画》，人民美术出版社，2002。

程向军：《中国漆画四十年》，人民美术出版社，1998。

陈恩深：《漆画之思》，重庆出版集团，2005。

浅析安德鲁·怀斯艺术风格及对中国绘画的影响

郑凤针

一 引言

刚开始听到安德鲁·怀斯这个名字时我已经是大二的学生了，有一次同学翻到怀斯的作品《克里斯蒂娜的世界》的时候我就被这高超的技巧作品所吸引。在听到安德鲁·怀斯名字之后我就像追星似地去翻阅他的其他绘画。他的作品对于水彩的初学者一座无法攀登的高峰。但是仅仅有技术方面的支撑是无法深深吸引人们对其的热爱。在他的绘画写实中融入了想象、回忆与现实的抽象精神内容。居住在美国小镇的怀斯几乎从未离开过那里，外界将他称为"原始的摩登人"，我觉得这便是最贴切的形容。形容他原始是因为他对故乡的热爱。摩登人是在艺术的世界里一个人坚持着自己的绘画是最摩登的。正因这样的爱恋在他的世界里有悲伤和忧郁，有对生命的生与死亡的深刻洞悉。

二 怀斯在绘画中的传承性和独创性

在其成长的过程中，家庭是影响安德鲁·怀斯最重要的成长因素。怀斯的父亲 N. C. 怀斯是当时非常著名的插画家。他是怀斯生命中重要的启蒙教师，并且深深地影响着怀斯的绘画思想。他教导说："绘画必须反映出画家的内心，这就是绘画的方法。"这是怀斯谈到他父亲时所说的，这对于他来说在艺术之路上有着很大的影响，安德鲁·怀斯常跟着父亲，自然而然地对大自然充满了亲切情感，也因此凭自己的观察和感受，表现对乡村生活喜爱的作品，成为他绘画生涯的主旋律。

怀斯知道每位画家都有着自己的绘画风格，因此他有意识地学习他们在艺术上的真谛和技巧。在绘画中使他得到灵感的是丢勒的干笔水彩，在怀斯意识中特别强烈地保留着丢勒有名的素描《仔兔》和《芝草》的艺术风格，他的干笔画《草》的灵感也是从那里得到的。怀斯偏爱其水彩画中的表现力丰富，而且其亲切感、直率感可以产生预想不到的力度和情感。例如，霍默的《正午》《牧场的人们》都有这方面的表现力。怀斯的《远送》中也重现了这些情境。

我们从怀斯的绘画中不难发现，他那笔下的花草都有着生命的，在怀斯年仅 20 岁时成功举办的个人水彩画展，所展出的作品全部被卖出，尽管是这样的肯定，善于思考的怀斯还是不断地追求新的方法，弥补水彩稀松脆弱、去掉技巧华而不实的缺点。对于一名绘画者来说，重新去尝试新的绘画思想方式，是非常困难的事，但是怀斯做到了。而且将蛋彩画发挥到极致，应该说在当前的画坛中已经是无人能超越的，怀斯这种敢于冒险和执着的探索精神使他在艺术界更加的独树一帜。

三 作品分析

《1946 年的冬天》这张人物画是代表着怀斯早期的水彩洒脱风格，大面积绘画的结束，也是其蛋彩绘画的一个新的开端。在这种新的绘画方式中他似乎找到了自己的绘画语言，同时也是开启绘画新篇章一幅画。在这张画中我们能够感受到其最为直接的情感表现和精神状态。

在他早期的人物肖像中，我们能够直接感受到画家的心神状态，他似乎处在心神不安、焦虑中，这和他本人的生活经历有着紧密的关系。经历了战争年代的洗礼后，许多的画家的作品所呈现的感受更为震撼和撕心裂肺。1945 年其父亲发生火车事故，当场死亡，这对于失去亲人的怀斯来说是一件非常悲痛的事情。怀斯为了纪念父亲在《1946 年的冬天》这幅画中向人们呈现他父亲的身影也是他和父亲的合影。一位身穿旧黑棉袄快速直奔下山坡的少年在一片荒凉的雪景中，那山坡上厚厚的积雪让人置身于冰天雪地，整个世界都陷入刺骨的寒冷之中。那奔跑的少年正如怀斯，背后的山坡犹如他的父亲一般。这便是怀斯将自我融入绘画中，悲伤，不知所措，绝望，表达了其对父亲死去的痛苦与内心深处的挣扎。

怀斯在创作《克尔》这幅画时，主动展现了克尔突然听到精神失常的妻子下楼挪动的声响时诧异弯头的那一瞬间的神情，怀斯将生活中的瞬间变成了永恒，就是这一刻成为怀斯笔下永恒的记忆。背景上的天花板的铁钩，光秃秃的铁钩像是即将要坠落，给人一种危机紧张的感觉。在怀斯描绘有关克尔的作品中都会或多或少把克尔凶狠又多情这两种极端的感情和自己对他的同情表现出来。

《克里斯蒂娜的世界》是怀斯于 1948 年创作的另一幅作品。这部作品奠定了他的绘画地位，使他成为美国艺术史上具有代表性的艺术大师的作品。《克里斯蒂娜的世界》是怀斯早期最重要的作品之一。就是这幅画也使得画中人物克里斯蒂娜成为艺术史上最著名的模特之一。怀斯的妻子贝茜是克里斯蒂娜的好朋友，怀斯也是通过贝茜才与克里斯蒂娜相识相知的。克里斯蒂娜和他的哥哥住在缅因州湖畔的一栋木质的房子里，这是她祖父留给他们的。克里斯蒂娜从小患有小儿麻痹，很少走动，这个房子就是她生活的世界，她的嗓门很大，说话的速度很快，眼睛炯炯有神，看不到一点残疾人该有的可怜神情，反而让人觉得她非常的坚强。她甚至不接受任何人对她的帮助，但是只有她的哥哥阿法罗可以照顾她。克里斯蒂娜的哥哥为了克里斯蒂娜放弃了出海谋生的工作留下来陪伴她。他们的一切都让这位艺术大师产生了浓厚的兴趣，从早期作品中的阿法罗，到后来他家的房屋，再到他们家里晒干的玉米等琐碎的东西，最后到克里斯蒂娜本人，都曾进入他的画面里。

这幅具有现代意识和独特风格的作品是他用了整整一个夏天的时间完成的，画中的少女孤苦无依，单薄的身体坐在草丛里凝望远方，很多人都不理解那个女孩在干什么，其实画这幅画是因为怀斯有一次在邻居欧逊家的窗户向远方眺望风景时，偶然看到了远方祭祖回来的克里斯蒂娜在辽阔的大自然中爬行。这样的场景深深地刻在怀斯的脑海里。这让他兴奋不已，怀斯认为，表现体会到的事物比表现看到的事物要困难许多，也更为重要。这幅画他用了一种独特的画法，是先将背景画好后再将克里斯蒂娜填到里面，荒芜的大地几乎占满了整个画面，克里斯蒂娜身穿粉红色的连衣裙爬在草地上，在荒芜人际的草地上艰难地爬向远方孤立的家。尽管远方的家刻画得十分细致到位，但不往前跳，反而重心全部转移到克里斯蒂娜这边来。她用她那瘦弱的胳膊支撑着行动不便的身子，空旷和孤寂的气氛全部挤压在少女的身上，形成一种凄凉和悲冷的情调，引发了观者的恻隐之心。克里斯蒂娜对生活的热爱坚韧与乐观、痛苦和挣扎是怀斯在这幅画中所要表达的，克里斯蒂娜对待生活的积极和热情同时也是怀斯所追求的，除了上述的情感外更让我感觉到了怀斯深藏于内心的一种孤独的韵味。

四 对美国与中国绘画艺术的影响

安德鲁·怀斯作为美国 20 世纪最具代表性的伟大怀乡写实主义绘画大师，在美国艺术界占据极高的地位。怀乡主义就是对自己的家乡发自内心的赞赏。

由于怀斯本身的经历和他孤寂的个性，他的画面中所呈现的对昔日时光的追忆和表现出来的沉思、阴郁和对人性的尊重的精神与"文革"时期受迫害的中国青年艺术家产生了强烈的共鸣，促使中国进入了"伤痕美术"的时代。而何多苓就是其中的代表人物，他创作的作品《老墙》与《春风已经苏醒》有着异曲同工之妙，包括在当代中国画坛有非常高的知名度的艺术家，如艾轩、王沂东等，他们的早期作品都或多或少地受到"怀斯风"的影响，并从中获得创作的灵感。

怀斯在绘画艺术的成长依附他的生活环境和他所处的历史背景，他的快乐和悲伤，终归有着它形成的原因。我们在学习绘画的时候需要尊重，尊重自己内心的情感。在不断地学习传统并良好地进行创新，将绘画融进我们生活的想象、感情、主观情感。怀斯高超的绘画技巧和对故乡的爱恋就是他创作的最大动力。

参考文献

何政广：《世界名画家全集》，河北教育出版社，2015。

姚强：《清风轻轻的拂过——走进怀斯的世界》，《湖北美术学院学报》2000 年第 2 期。

洛丹："是姐妹"，载自《安德鲁·怀斯》，1981。

江西赣南采茶戏的现状与可持续发展研究[*]

蔡春宝

自宋朝以来江西就是全国著名的茶叶生产地区和茶叶的集散地，茶叶伴随古代丝绸之路远销海内外。江西的山区和气候很适合茶叶的生长，很久以来形成特有的茶叶文化，也产生了因茶事发展的戏曲种类。采茶戏是茶与戏曲艺术的结合，同时融合了客家人民的智慧，形成独具地域特点的采茶戏文化。

一 赣南采茶戏的起源

赣南采茶戏是客家文化组成的重要一部分，大约形成于明朝万历年间，以鲜明的艺术特色和直观的艺术形式成为全国各地采茶戏的渊源。江西赣南采茶戏在长期的发展和演变过程中，不断与当地曲调进行融合，渐渐形成了赣东、赣西、赣南、赣北、赣中五大流派，同时影响福建、广东、广西、湖南、湖北、安徽、浙江、四川、云南、贵州等地区。赣南采茶戏是全国采茶戏的发源地，其他地区的采茶戏是由赣南采茶戏衍生和变化而来的。采茶戏的戏剧性特点比较强烈，人物个性鲜明，剧目内容大多反映人民的生产生活，唱腔有明显的客家山歌风味，且载歌载舞，现保留采茶剧有50多种，深得劳动人民的喜爱，有比较深厚的群众基础，已逐渐发展成为"表、演、唱、形"统一的民间地方戏曲形式。

二 赣南采茶戏的现状和存在的问题

随着我国经济和社会事业的飞速发展，很多采茶戏剧种和曲目正在淡出我们的视野。对于赣南这样欠发达的革命老区，保护和传承采茶戏这样的非物质文化遗产迫在眉睫。一批渐渐老去的赣南采茶戏的守望者，如何在当今的社会环境下让赣南采茶戏重生，不至于在他们的手上凋零和消失，是他们

* 本文为学校自选科研课题研究论文（课题编号：2017–07）。

的期盼。同时也可以看到赣南采茶戏与其他地方剧种的发展一样，面临着以下几个问题。

1. 生存环境不景气

伴随着数字化时代的到来，人民的生活方式发生了翻天覆地的变化，人民的娱乐方式多元化，不可能与 20 世纪 60~80 年代那样，地方戏曲的演出出现"万人空巷"的现象。人们的生活工作学习节奏加快，没有过多的闲暇时间在剧院观看采茶戏，采茶戏失去大多数青年观众，导致演出市场变窄，经济效益不高，演员的生活质量偏低，致使人才流失严重，采茶戏的市场与之前相比出现了严重低迷期。

2. 自身发展问题未解决

赣南采茶戏传统剧目有 200 多种，现存的只有 50 多种，减少了近 200 种，因此保护和发掘赣南采茶戏的工作迫在眉睫。面对社会发展，赣南采茶戏仍以剧院演出和受邀演出为主，与观众日常的观赏习惯（如电视、网络等）相背离，不方便观众观赏，也远离了观众生活。应当借助当今数字化的技术手段对赣南采茶戏进行重新挖掘，搭建宣传展示平台。人们不可能脱离时代来谈赣南采茶戏等地方剧种的保护和开发的问题。

3. 人才培养乏力

优秀演员、优秀创作人员缺乏，导致人才培养出现青黄不接的情况。较"同源异流"的安徽黄梅戏艺术研究成果来说，赣南客家采茶戏艺术研究成果太少，研究人员太少。没有形成一支强大的集"创作、表演、编导、研究"于一体的创作团队。

4. 剧目缺乏创新

传统剧目由于有几百年的积累，时间比较长，年代感明显，如何紧跟时代的步伐，创作出一些现代采茶戏精品。创作资金和创作人才等问题，是各个地方剧种面临的共性问题。

三 赣南采茶戏的可持续发展的几点思考

1. 戏曲进校园

为进一步弘扬中华优秀传统文化，增强文化自信，促进戏曲传承发展，近期中共中央宣传部、教育部、财政部、文化部联合出台《关于戏曲进校园的实施意见》。以立德树人为根本任务，坚守中华文化立场、传承中华文化基因，加强戏曲通识普及教育，增进学生对戏曲艺术的了解和体验，引领学生树立正确的审美观念、陶冶高尚的道德情操、培育深厚的民族情感，促进学生全面发展，营造戏曲传承发展的良好环境。

组织戏曲艺术表演团体进校园演出和组织学生走进剧场现场观看为主，同时结合各类公益演出、戏曲进乡村等文化惠民活动和戏曲文化讲座，以及通过互联网和多媒体观看经典剧目、戏曲动漫等多种形式进行。戏曲演出要同讲解、示范等形式结合起来，加强普及教育。

根据各类学生认知水平和心理特点，积极探索创新具有时代特征、校园特色和学生特点的戏曲教育形式，如戏曲名家进校园、戏曲展演展示、戏曲赏析（讲座）等群体性活动，形成本地本校的特色和传统。各级戏曲艺术表演团体、文化（艺术）馆等要举办学生戏曲活动，开展戏曲排演观摩、角色和行当体验互动等活动，激发学生对戏曲艺术的兴趣爱好。加强戏曲专业人才培养。加强江西省中小学戏曲通识教育，开展中小学地方戏曲专（兼）职教师培训计划，每3年举办一届少年儿童戏曲才艺展示活动。将学生参与戏曲实践活动作为学校美育实践活动的重要组成部分。赣南采茶剧团与赣南师范大学开展战略合作，开启长效机制，帮助学校成立赣南采茶戏研究中心剧、开设名家讲座。同时，赣南采茶剧团定期到学校专场演出，每期由国家二级演员以上专家为学生授课，一年教会学生两个剧目，让他们不仅能欣赏采茶戏还能演出采茶戏。充分调动政府、学校、社会、个人等各方积极性，多方汇聚资源，共同支持戏曲进校园，让更多的大学、中学、小学及老年大学的学生学习、了解、喜爱赣南采茶戏。

2. 戏曲走基层进农村

近期中共中央宣传部、文化部、财政部联合出台《关于戏曲进乡村的实施方案》，提出到2020年，在全国范围实现戏曲进乡村制度化、常态化、普及化，增加农村公共文化服务总量，解决农民看戏难的问题，形成政府、市场、社会协同推动农村文化建设的良好局面。《国家基本公共文化服务指导标准（2015~2020）》将"送地方戏"列为基本服务项目，明确提出"根据群众实际需要，采取政府采购等方式，为农村乡镇每年送戏曲等文艺演出"。对于促进戏曲艺术在农村地区的传播普及和传承发展，促进文化资源向基层倾斜，增强广大农民群众对公共文化服务的获得感，具有重要意义。

将服务群众与教育引导群众结合起来，充分发挥戏曲在传承中华优秀传统文化、丰富群众精神文化生活、提升基层公共文化服务水平中的积极作用，用先进文化占领农村文化阵地，培育文明乡风，建设美丽农村，促进社会主义新农村建设。鼓励群艺馆、文化馆（站）等，以项目合作等形式，为戏曲院团提供免费或低价排练场所。将地方戏曲演出纳入基本公共文化服务目录，通过政府购买服务、发行"文惠卡"等方式，让群众低价、免费看戏，看好戏。

以县为基本单位，组织各级各类戏曲演出团体深入农村基层，依托基层综合性文化服务中心的文体广场等公共服务设施场地，以提供戏曲演出为主，同时广泛开展形式多样的戏曲鉴赏、戏曲知识讲座以及名家进乡村等活动，发挥传、帮、带的作用，培育农村戏曲团队，让农民多渠道、多途径参与戏曲体验、享受戏曲服务，切实促进戏曲艺术在广大农村地区的普及和传承。充分利用各种媒介加强宣传，不断扩大戏曲进乡村的社会影响，吸引更多群众参与。希望能尽快重现赣南采茶戏昔日"戏班一到，村村相告，好似过年"的繁荣景象。

3. 加强传承人培养和地方剧团建设

加强赣南采茶戏传承人队伍建设，并通过多种方式收徒授艺。赣南采茶戏传承人是非物质文化遗产繁荣创作和表演者，这支队伍关系赣南采茶戏的传承和发展。伴随着全球化的飞速发展，赣南采茶戏和各地方剧种都存在生存环境日益恶化等问题，以口传心授这样的艺术形式正渐渐消失。因此，建设一支年龄层次合理、传承能力强、奉献艺术强的传承人队伍至关重要。向京韵大鼓的一代宗师骆玉笙学习，一生致力于曲艺，一人兴一戏，将京韵大鼓推向前所未有的高潮，是百年难得一遇的曲艺人才。所以，赣南采茶戏的保护、传承和发展，培养代表性传承人尤为重要。

根据近期江西省政府办公厅《关于振兴江西地方戏曲的实施意见》，将加强戏曲院团自身建设，构建戏曲艺术保护传承工作体系，完善戏曲艺术人才培养体系，形成有利于戏曲工作者扎根基层、潜心事业的保障激励机制，努力营造全社会重视戏曲、关心支持戏曲艺术发展的生动局面。加强全省国有戏曲院团的规范化管理，制定量化标准体系，从院团管理、剧目生产、人才培养、演出效益等方面进行综合考评、评定等级、动态管理，以此作为给予政策扶持、资金支持的主要依据，扶持符合条件的小型、微型戏曲院团发展。构建省、市、县、村四级演出场所体系。每年选拔优秀剧目到省外、境外巡演；组织优秀剧目全省展演，组织专业戏曲院团到各市、县（区）和乡（镇）展演。在"送戏下乡"等常规动作中，赣南采茶戏剧团每到一地，都会为当地群众"量身定做"几个文艺节目，然后与当地艺术团队同台展示。他们还通过组建基层艺术团队、开展艺术培训、共同体验生活等形式培育年轻观众。

为鼓励戏曲剧本创作，面向全省每年实施戏曲剧本孵化计划，面向全国举办优秀戏曲剧本征集活动，并推荐给戏曲院团投排。建立有利于戏曲剧目创作的长效机制。通过"发掘、继承、推广、再创造"的方式，开展"三个一批"（征集新创一批、整理改编一批、买断移植一批）优秀戏曲剧目创作扶持计划，建立全省优秀戏曲剧目共享资源库，开展全省地方戏曲剧种普查。

近年来，随着对赣南采茶戏的不断挖掘与保护，越来越多的赣南采茶戏剧团的成立，对于传承和发展赣南采茶戏做出了巨大贡献，也推动了赣南采茶戏创作题材、优秀作品的发展。大力挖掘以汤显祖为代表的江西戏曲和红色历史文化资源，从作品排演、学术研究、宣传推广、旅游等方面入手，打造"汤显祖戏剧节"，使其成为具有全国影响力的戏曲品牌，让包括赣南采茶戏在内的江西各个流派采茶戏登上国际舞台。

4. 赣南客家山歌发展研究会推动了赣南采茶戏的新发展

2017年8月5日，赣南客家山歌传承发展研究会成立大会在赣州市五龙客家风情园召开，国家一级演员、江西省首届文化艺术学科带头人黄玉英当选为会长。黄玉英是中国音乐家协会会员、中国戏剧家协会会员、中国声乐家协会常务理事和江西省文化艺术发展促进会副会长，她的表演风格规范大方、含蓄深沉，人物性格鲜明，以唱功见长，先后在舞台上塑造了近60个艺术形象。

客家文化是中华文化的重要组成部分，赣南是国内最大的客家聚居地，有着繁盛的家训文化、民居文化、饮食文化、服饰文化和民间音乐、舞蹈、戏剧等，是赣南人引以为傲的宝贵财富，赣南客家山歌与客家历史一样厚重与多彩。不可否认的是，随着城市化进程不断推进，山歌文化逐渐被都市文化取代，正在逐渐失去自己的特色，面临传承危机，基于此，赣南客家山歌传承发展研究会应运而生。

客家山歌是客家人在日常劳动生活中即兴而作的。它题材广泛、内容通俗、形式自由，是客家民系重要的文化遗产，也是中华民族十分珍贵的传统文化之一，每一首客家山歌都是一段故事，体现了客家人吃苦耐劳和积极乐观的精神。在当下，作为新一代客家儿女，挖掘和保护客家山歌是我们义不容辞的责任。

对山歌来说，应该以传承为目的，将目光放置于山歌生存的文化生态当中。山歌是以口头传承为主要载体的文化遗产，具有广大性、丰富性、精粹性，虽在保护与传承上具有一定的难度，但作为客家文化强有力的载体，研究者们更应在思考如何保护山歌的同时，传承山歌精华。另外，山歌的传承研究不应该孤立狭隘地进行，应从多维层面展开，需要新视角、新思维，与跨领域资源的结合，这是山歌传承的有效手段。在传承过程中，还应注意把接续传统与引领时代相结合，使传统文化之精华能够得以延续，同时又让古老的文化革故鼎新地散发出时代的光辉。在山歌传承与发展的研究工作中，应秉承保护与传承兼顾、文化整体与艺术本位兼揽和传统与现代相接的原则。

研究会成为赣南"客家摇篮"的一张新名片，以赣南客家山歌为桥梁，增进与海内外客属社团的联谊交流，通过吸取国内外的最新研究成果，进行理论、方法论构建，提高学术地位。同时，不断发现和培养下一代客家山歌演唱和创作人才，促进客家山歌事业向前发展。今后将为客家山歌的传承和发展而努力，赣南客家山歌一定能发挥她独特的魅力，为我们的生活增光添彩。

5. 加大国内和国际影响，做强地方戏曲

因汤显祖的玉茗堂得名的江西玉茗花戏剧节，历来是江西省文艺工作者看重的平台之一，是各级各类舞台艺术生产单位全力以赴的"竞技场"，为赣南采茶戏走向全国和世界搭建了一个平台。2016 年 12 月 14 日晚，江西艺术中心大剧院，由江西省舞台艺术繁荣工程重点扶持、省赣剧院举全院之力历时半年打造的大戏——《邯郸记》取得巨大成功，是赣南采茶戏在未来努力前进的方向。近年来，赣南采茶戏剧团开展了"六进二出演出"工程，即演出进校园、进军营、进社区、进工矿、进农场、进乡村和出省、出国（境）演出。使赣南采茶戏有更多的观众喜爱，从而让赣南采茶戏可持续发展下去，客家民族文化的一枝奇葩永远芬芳，大放异彩。

四 结语

江西赣南采茶戏自形成 300 多年以来，成为中华民族优秀的地方戏曲剧种，深受广大人民的喜爱。在新的时代背景下，让赣南采茶戏在我们的民族戏曲园中重放异彩，就必须在继承中发展，在发展中创新。在政府、团体、个人的大力支持下，本着出精品、出大师的理念，精益求精，千击万磨，为中华民间戏曲繁荣增添华彩。在"一带一路"倡议下，为了让赣南采茶戏成为雅俗共赏、誉满天下、满庭芬芳的戏曲形式，为整个采茶戏的繁荣和发展贡献力量，我们应主动承担起我们这个时代的曲艺和音乐艺术文化工作应尽的责任和使命。

参考文献

刘源茜：《赣南采茶戏的现状调查研究》，《戏剧之家》2015 年第 9 期。

欧阳绍清：《赣南客家采茶戏研究现状及启示》，《大舞台》2012 年第 2 期。

学他之石　铸我佳玉

——群舞《仫佬仫佬背背抱抱》作品分析

肖杨新　诸　贺　肖　灵

《仫佬仫佬背背抱抱》

编导：谷亮亮　叶苗壮　颜荷　杨世萍

作曲：王葳

仫佬族是中国众多民族中的一个人口较少的民族。主要居住在广西西北部，云贵高原，苗岭山脉九万大山南麓，这个中国古老的民族长期生活在美丽独特、秀丽神奇的自然山乡，经过漫长的历史演变和发展，创造出丰富多彩的民族文化，形成璀璨辉煌的传统文化精神。

仫佬族民间歌舞来源于社会生活、劳动方式、风俗习惯、宗教信仰（道教、佛教）等方面，仫佬族人们生活在数千年的历史变迁和劳动生活实践中，形成了浓厚的民族特色和民族个性文化的地域特点。

广西柳州市群艺馆编排的群舞《仫佬仫佬背背抱抱》歌颂母爱精神，以其浓郁的民间舞蹈风格和独特的地域文化特点，结合时代内涵和精神面貌，以仫佬族本民族音乐而创作的作品。此作品获第九届中国舞蹈"荷花奖"，以接近满分（99.14 分）的成绩荣获民族民间舞比赛创作金奖，同时荣获大赛唯一最佳音乐创作奖。此外《仫佬仫佬背背抱抱》还荣获第十届全国舞蹈比赛文化创作二等奖，第七届广西音乐舞蹈比赛表演一等奖、创作一等奖。

一　诠释母爱的主题

"仫佬"一词在仫佬族的语言中即"母亲"的意译，母爱是世界上最伟大的力量，母爱是世界上最珍贵的爱，最无私的情感，是春天的雨露、是冬天的火焰。孩子从牙牙学语到蹒跚学步，从初入学堂到学业有成，从步入社会到成家立业。母亲以她粗糙的双手，伴着满头的白发，在无怨无悔中用她一生的爱，为孩儿铺垫一条平坦幸福的道路。

作品选择母爱，以母亲对孩儿的爱，以母亲育儿为作品主题，并紧紧围绕着母爱，演绎了仫佬族母亲养育孩子中的各种背、抱、吻、摇、晃等典型的生活动态，并进行加工、整理、提炼、美化，以小见大地体现母亲对爱的奉献，展示仫佬族母与子之间人之本的深厚感情和仫佬族母亲内心的喜悦。

二　创新的结构处理

引子

优美、宁静的长音伴着母亲的吟唱和孩儿的稚声笑语细语呼应，切切交流，在舞台柔和的夜色灯光照射下渲染了温馨和谐家的亲切感，母亲身着仫佬族民族服装，深弓着腰背，怀抱着襁褓中的婴儿，慢慢走、慢慢走。边逗、边哄，缓缓步入舞台，映衬了母亲对孩儿关怀备至、精心呵护。

开头

仫佬族弯腰弓背怀抱着孩儿的典型抱儿的生活体态，展现出母亲育儿的平凡形象，凸显了作品主题，由缠绵可爱的引子音乐，缓慢切入仫佬族原生态的摇篮曲，并直接转换成舞台全画面。众母亲们身背着襁褓中的婴儿，面对 5 点，双膝跪地，双手托扶着背上的婴儿，时而轻轻地拍哄、时而关切地回望，无不显露出母亲含辛茹苦对孩儿的悉心照顾。

直奔主题是作品开头的主要特点，它没有任何辅助铺垫母亲的直观形象，简单而又朴素的动态，诠释着伟大、神圣的母爱。仅用简单而又朴实的身体动态让观者一目了然，为诠释作品，颂扬伟大、神圣的母爱，简洁的形象语言，直接给予观众欣赏的引导。

发展

"逗哄"的舞蹈动作在边鼓的轻声伴奏下，以及渐快的音乐旋律中舞动变化，变化中始终有背与抱动作元素，有亲吻的接触、有细语的对话、有轻声的安哄、有牙牙的学语，背与抱的人体动作依衬在人体躯干主要组成部分——背脊。背部宽大坚厚而有力量，作品背部行为描述象征着母亲的爱，富含母亲的希望，编者抓住背、抱形成的三道弯，在母与子的感情融合中，进行拆散组合、变化、发展，展现三维空间和多方面的交替穿插，既不失生活的真实，又显现了艺术的美感。

高潮

在渲染母亲的爱是世间最真挚、最纯洁的爱，是人类共同的精神家园的同时，作者在高潮部分，安排活泼、灵巧的孩童的稚气动作和母亲的情感表演，以及变化多彩的队形构图，配上欢快的歌声、舞蹈的自信与欢乐的场面，淋漓尽致地表达了母与子的亲密无间，母对子的呵护关怀，母望子快成长……进一步将舞蹈推向高潮。作品前后呼应了母与子这种血缘关系所维系的爱，这种关系无法割舍，这种关系与生俱来，这种关系是对襁褓中的孩儿怎么爱也爱不够的母爱，是世界上最伟大的力量。

结束

孩子再次啼哭，欢乐场面骤然静止，是母亲的关怀，母亲的小心翼翼，所有仫佬族母亲亲切地将婴儿抱入怀中，背在背上，母亲的慈祥、母亲的伟大、母亲的人性之美，再次得到升华。

尾声

舞台面光、顶光渐弱，一束追光紧追母亲，母亲跪抱着婴儿，婴儿在母亲的怀抱中，静听着母亲的轻声细语，恬静地进入梦乡。孩儿在母爱的关心备至下沐浴着母爱的阳光，迎随母亲的希望，渐渐地渐渐地长大……

三　贴近生活的动作语言

舞蹈动作是无声的语言，语言素材的选择和变化，是通过创作者的情感构思由舞者的肢体动作变化而展现。《仫佬仫佬背背抱抱》选择了生活中极为普通而常见的"背"和"抱"的两个单一人体动作，作为作品的主动机，并结合现代人的审美思维，配合情感表演，进行节奏、幅度、力度和人体动态的变化，使两个单一人体动作体态，用舞蹈艺术的方式，进行加工创作，发展成多种表现主题的复合型动态和目的性极强的舞蹈语言。作品中多次运用母亲背着襁褓，双手一上一下分别扶着、托着背上的婴儿，回头关切观望着孩儿的动作，并多次变化重复，始终没有偏离背与抱表现母爱的舞蹈体态特征。

母亲的胳膊是慈爱构成的，母亲怀里的孩儿犹如天上的云彩又柔又软，唯恐稍不小心让其受伤，又似草原的鲜花爱不释手，越看越爱，在抱孩子的动作中，母亲们无论是跪地怀抱、平躺怀抱、侧躺怀抱、跪立怀抱、半跪怀抱、站立怀抱、行走怀抱以及母亲与孩子的对话，噘起嘴巴，亲吻孩子，与孩子玩耍，挤眉弄眼的逗乐的变化，每一个动作细节的变化，均是听候主题的调动。每一段动作语言的安排，诠释了慈母的心田。

作品自始至终没有高难度的技巧，只是生活中的动作再现和美化，特别是领舞，长时间以弯腰弓背，怀抱着孩子的体态，慢步行走穿插于众人之中，独特动态处理无不渗透母亲的百般呵护和关心体贴，让观众切实地感受到母亲在养育孩儿过程中的付出和艰辛。

四 "对话式"的音乐描述

舞蹈《仫佬仫佬背背抱抱》中的背景音乐是为了体现母亲与孩子这两个角色，在舞蹈的开头以母亲与孩子之间俏皮的对话配以长时值音乐创造了一幅温情的画面。音乐用小提琴和电声乐器之间的相互"对话"刻画出母亲与孩子之间的对话，将舞蹈的主题在节目的开始阶段无论是从舞蹈动作还是从音乐方面直接将主题思想表现了出来。在作品的发展阶段运用了电声打击乐器并配上儿化词（啊、嗯、哼）表现出在母亲的怀抱里孩子的天真无邪。之后用仫佬族传统的音乐加以现代音乐用来表现母亲的内心情感和喜悦之情，在舞台灯光和动作的表现下使得整部作品发展到高潮。最后通过婴儿的啼哭将作品中的音乐从热闹活泼中拉回到作品开头的音乐氛围中。

五 纷繁多变的队形构图设计

《仫佬仫佬背背抱抱》舞蹈的构图简单而流畅，朴实而富有新意，构图的布局紧扣主题，围绕"母爱"进行设计布局，作品中多次出现聚散、流动、穿插等各种不同变化而引出的横排队形。横排的变化是作品的主要构图特点，表现了世界上每一位平凡母亲都像蜡烛一样，不停燃烧自己，永远照耀孩子。作品构图的另一特点是，独舞和群舞两者构图相互映衬密切配合，独舞表现个体形象，群舞展现各种不同的年轻母亲群像，都是为人之母，有时独舞静静地走着，群舞在横排的对形上，或抱，或背，或逗乐；有时独舞仍然静静地走着，群舞在圆圈的队形上围着独舞欢快跳跃；有时群舞、独舞相互穿插，表现孩子在襁褓中幸福成长。

独舞的构图始终以怀抱婴儿的弓背体态在舞台各区域静静地走着，在群舞的烘托下展现母爱的品格。作品以密集型的静态和个体形态分别造型结尾。

六　安静祥和情景的舞美设计

仫佬族崇尚青色，服饰风格朴素大方。姑娘梳辫头戴六片三角形的碗形青布帽，结髻代表已婚妇女。妇女穿大襟上衣、长裤，老年人穿琵琶襟上衣，喜欢用青布包头，腰上多为扎着绣有精美图案的围裙。作品服饰、头饰、化妆的设计来源于生活，经过色彩的加工和样式的调节，使之更具舞台化。

编导选择了姑娘出嫁时，母亲必送的育儿背带，作为作品连接情感的主要道具。娃仔他的背带由"背带手、背带帽、背带臀、背带心"组成，外婆送背带是仫佬族生活习俗，嫁女送娃崽背带，蕴含了仫佬族祖孙后代根脉相传的文化内涵，折射仫佬族妇女勤劳智慧的本性。

娃仔背带虽是静物，但在母亲的怀抱中，观众的欣赏通道呈现的却是真切的襁褓婴儿。母亲通过道具伴随着音乐撷选仫佬妇女哄孩子的典型生活动态细节，作品以在明、暗变化的灯光作为舞蹈的主色调。母亲呵护怀中睡着的婴儿，在追光的辅助下，整个舞台的效果营造为安静祥和的夜晚，为渲染气氛在作品的高潮阶段，舞台的灯光变为赤白色，加上中国民族喜庆之时围着火堆时的圆形时来刻画母亲内心中的喜悦。婴儿的哭声响起时，一切欢快的节奏立刻终止，母亲以不同的动作造型，逐一快速关注孩儿，母亲将自己的孩子小心翼翼地抱起，聚光灯集中在一位抱着婴儿的舞者身上再一次诠释母爱的主题。

中国舞蹈家协会分党组书记，著名舞蹈理论家冯双白对此作品表示高度的赞扬，"该舞蹈从生活中提炼，把背、抱作为作品的重要支撑点，具有非常典型的意义，特别是结尾的哺乳跟舞台前区背、抱印象处理得很好，体现了母爱的崇高"。吉林歌舞剧院集团有限公司副董事长、中国舞蹈家协会副主席王小燕评委说："为什么给予《仫佬仫佬背背抱抱》最高分，很明显这个编导是深入了生活，他充分地掌握了当地民族舞蹈的基因，用它来表现人性中最伟大的母爱，这就是作品的感人之处"。

舞蹈创作的根本之法是向生活取材，感受外部世界多元客观事物的相互撞击，在超前思维指导下，向优秀作品取经，善于学习、分析研究、发散思维。以广博的知识、深邃的思想和生活激情，产生创作灵感，走自我创作之路，创作出独特的优秀佳作。

参考文献

郭神：《浅析〈仫佬仫佬背背抱抱〉作品中的母爱表达》，《大众文艺》2014 年第 23 期。

丁思文：《浅谈"即兴舞蹈"》，《中国民族博览》2016 年第 4 期。

万刚：《舞蹈创作中即兴的作用与创编》，《大众文艺》2015 年第 3 期。

罗日泽等：《仫佬族风俗志》，中央民族学院出版社，1993。

徐莉、刘艳菊：《仫佬族娃崽背带的文化探析》，《广西师范大学学报》（哲学社会科学版）2008 年第 3 期。

田培培：《综合大学舞蹈编创课程的建构》，《舞蹈》2009 年第 2 期。

大班幼儿戏剧能力的研究

刘　宁　熊　莹

黑格尔曾经说过："戏剧无论在内容上还是在形式上都是形成最完美的整体，所以应该看作诗乃至一般艺术的最高层。"① 莎士比亚曾指出，戏剧就是"给自己照一面镜子，给德行看一看自己的面貌，给荒唐看一看自己的姿态，给时代和社会看一看自己的形象和印记。"②

20 世纪 80 年代以来，国内的幼教学者和教师面对国内幼儿教育的分科教学现状的改革应运而生，自此综合教育以其独特的包容性和优越性，开始在全国各地陆续开展，但综合教学逐渐显现出的一些弊端也日益引起广大教育学者和教师的重视。而以戏剧课程载体结合五大领域进行戏剧教学，可以在一定程度上避免综合教学过程中的拼盘现象，进而提升幼儿园戏剧教学的有效性和可行性。目前研究者通过对我国的相关学者的幼儿戏剧教育研究，发现幼儿戏剧教学活动以其自身的"过程性、双主体性、对话性"等优越性越来越为人们所熟知，而也渐渐对我国学前教育的改革提出了自己的改革意见。这些也吸引了更多的学者进行深入探究。

但幼儿在戏剧方面到底拥有什么样的能力？教师在幼儿园戏剧活动中又能如何促进幼儿的哪些方面的发展？而这一切又源于教师的戏剧观，而在幼儿戏剧活动中，作为主体的幼儿戏剧能力又是研究戏剧无法回避的问题，因此研究者尝试通过查阅和整理一些文献，并立足于实践进而得出一些具有启发性和实践性的概念和观点。因此通过梳理国内外的研究成果得出以下结论。

一　国内外儿童戏剧能力的相关研究

英国的学者詹妮特·古德里奇（Janet Goodridge，1970）曾对学前儿童

---

① 〔德〕黑格尔：《美学》第三卷下册，朱光潜译，商务印书馆，1997，第 240 页。
② 康慨：《给荒唐看一看自己的姿态》，《中国新闻周刊》2009 年第 3 期。

的戏剧能力进行划分，儿童戏剧能力主要包含了儿童的一般特点、兴趣、动作、语言、戏剧工作能力等各个方面，不再是简单的戏剧表演或装扮等单一的能力，涵盖了幼儿对周围事物的认知、态度和感受，与角色游戏相关的游戏、文学的喜爱程度，以及儿童合作能力和人际交往的特征。并提出了三个阶段：儿童阶段（0～6岁）、小学低年级（7～9岁）、小学高年级（10～12岁）。① 可以看出，儿童戏剧能力发展脉络是从一种简单、初步、整合到复杂、高级、分化，特别是在戏剧工作能力方面较为突出。②

在辞海中查询输入"能力"一词显示出的结果是：运用和掌握知识技能所需要的个性心理特征。主要分为一般能力与特殊能力两种，前者主要指大多数活动共同需要的能力，如思维力、想象力、注意力、观察力、记忆力等；后者主要指完成某个活动所需要的能力，如音乐能力。而在心理学领域"能力"概念很复杂。能力是一种心理特征，是顺利实现某种活动的心理条件。而且根据不同的划分标准，能力可划分为：一般能力和特殊能力，模仿能力和创造能力，流体能力和智力能力，认知能力、操作能力和社交能力。③

而儿童戏剧能力不再是单一的某种能力，而是一种综合的能力和一种融合的能力。这是源于经验高于经验的一种能力。这可能就决定了其概念界定的不易，但这并不妨碍对于儿童戏剧能力的研究。

国内研究者张金梅制作了儿童戏剧能力观察评定表，从主动性、动作、语言、观众意识、想象性、思考解决能力、合作性、独立性等8角度诠释儿童戏剧综合能力。

翟一帆则认为应用戏剧中的感受力、判断力、适应力、观察力、注意力、想象力、表现力和真实感、节奏感、即兴表演能力等这些都是极其重要的创作素质，是塑造人物形象和开展工作坊的基础。④

综合来看，国内外的研究虽然都有描述戏剧教育的作用、儿童戏剧能力，但国外研究内容更加条理化理论化，且较为深入。而目前我国的研究多以实证研究居多，但戏剧教育的本土化研究较多而纯戏剧理论研究较少。

---

① Janet Goodridge, *Drama in the Primary school*, London: Heinemann Education Books Ltd., 1970: 7-9.
② 张金梅：《幼儿园戏剧综合课程研究》，江苏教育出版社，2005，第238～240页。
③ 彭聃龄：《普通心理学》，北京师范大学出版社，2012，第450、492页。
④ 翟一帆：《论应用戏剧中的表演能力》，《新疆艺术学院学报》2015年第3期。

二 概念界定

1. 戏剧

《说文解字》云①：“戏，三军之偏也，从戈，虚声。”其中的“偏”指战车；戈是渔猎劳动的工具。戏字是由虎、豆、戈三幅画构成的，主要是指在鼓声中人持戈与虎相斗。“剧”是由虎、豕、刀三幅画构成，主要指老虎食猪，人持刀相救。② 因此，戏剧的原始意义是指人对生活中各种冲突行为的模拟。而后，戏剧慢慢演变为一种当众表演的艺术形式。现在戏剧是指以演员表演故事来反映社会生活中的各种冲突的艺术，是以表演艺术为中心的文学、音乐、舞蹈等艺术的综合③

2. 儿童戏剧

国外研究：美国的格林·威尔逊指出，“幻想和游戏的一种正规化形式就是戏剧。”④ 儿童剧场、参与剧场、创造性戏剧和一些为发展儿童演出和编剧技能的正式课程都包含其中，因此说儿童戏剧是一种整合性的综合概念。儿童剧场突出为儿童呈现出完整的戏剧作品，不论演员是业余的还是专业的，是孩子还是成人，或二者兼之。儿童剧场与创造性戏剧、戏剧性游戏主要区别在于它是以观众为中心的，所以儿童剧场是需要导演的，而不是引导者的引导。儿童剧场的演员要记台词，而剧场的服装、场景也都是极其重要的。⑤ 儿童作为观众获得一种审美体验。参与剧场，实际也是一种儿童剧场，最早由英国的 Brain Way 提出，在参与剧场中，观众以肢体动作和说话的形式来加入到戏剧活动中来。创造性戏剧主要是用来描述 5~6 岁或更大年龄儿童的即兴戏剧。与戏剧性游戏相比创造性戏剧更具结构性，它同时是一种以参与者为中心的，不是为演出特地进行的戏剧。所以，即便不扮演任何的角色，儿童也是以观察者而不是观众的身份在创造性戏剧中出现的。⑥

国内研究：李涵认为“儿童戏剧”与“儿童剧”的概念是一样的且主要的目的都是为了儿童的，凡是写给和表演给儿童看的戏剧都属于其中，并指出儿

---

① 王胜华：《扮演戏剧存在的本质——对戏剧本质思考的一种发言》，《戏剧》（中央戏剧学院学报）1996 年第 1 期。
② 张金梅：《幼儿园戏剧综合课程研究》，江苏教育出版社，2005。
③ 《现代汉语词典》增补版，商务印书馆，2002。
④ 〔美〕格林·威尔逊：《表演艺术心理学》，李学通译，上海文艺出版社，1989。
⑤ Nellie McCasilin, *Creative Drama and Beyond Classroom*, Loneman Publishers, 1996: 9.
⑥ Nellie McCasilin, *Creative Drama and Beyond Classroom*, Loneman Publishers, 1996: 8.

童剧的重点在于儿童剧的接受对象是不是儿童，对象如果为儿童就是儿童剧。否则不是，而不是以剧中是否以儿童为主人翁的标准。[①]

陈信茂认为儿童戏剧必须符合以下几点：即须应用儿童自身特有的语言、情感、经验、思想及想象等要素，最后通过戏剧表现出大宇宙间动植物的生活、社会的现象、人和物的关系、人生的意义等各方面。其主要作用是扩充幼儿的知识、丰富其生活、陶冶其对于自然和生活的美感、坚定其坚强的意志、引导其向上的艺术活动。

根据研究者的分析和梳理，并借鉴前人的研究，在研究中研究者把儿童戏剧定义为：在成人的指导下，以儿童为中心取向，成人和儿童作为戏剧的共同参与者，并以戏剧要素为核心，通过戏剧形式为表现手法的一种艺术形式。

3. 儿童戏剧能力

儿童戏剧能力是一种综合的能力，是源于经验高于经验的一种能力。借鉴张金梅的研究，并根据研究需要，本研究暂且概括为：在成人的引导下在戏剧活动中所体现的各种能力的统称。现归纳为四个方面：①（语言、健康）表达能力，语言及动作的表达能力。②（社会）社会性能力，主动参与性、观众意识、舞台感及人际交往、社会适应性及不依赖于成人的独立性和同伴间的合作性。③（科学）思考及解决问题的能力等。④（艺术）艺术能力，感受与欣赏、表现与创造及想象性。

三 结语

幼儿戏剧能力作为戏剧教学的一部分其作用举足轻重，而儿童戏剧能力的进一步探究，揭示了在戏剧教学中新型的双主体性的师幼关系。这是教师专业素养和专业化的具体体现，而戏剧能力的提升策略研究，在一定程度上丰富和充实了学习的主体儿童在戏剧教育活动中的内涵和理念。

本研究希望通过对儿童戏剧能力的研究，建立新的戏剧教育观并以此改变教师的态度，树立新的戏剧教学观和儿童能力观，这样会使戏剧教学更加贴近儿童的需要。在戏剧教学实践中，也让教师的教学更加具有针对性和可操作性，转变以往教师教学方式和幼儿行为不相适应的现状，从而规范教师戏剧教学的方式方法。

---

① 李涵主编《中国儿童戏剧史》，中国戏剧出版社，2003。

参考文献

张金梅：《学前儿童戏剧教育》，南京师范大学出版社，2014。

王成：《在表演游戏中发展5～6岁幼儿表演能力的行动研究》，南京师范大学，2016。

杨柳、张寅、于炜：《教育戏剧：一种创新的教学方法》，《教育发展研究》2013年第2期。

张金梅：《幼儿园戏剧教育的内容、途径和实施策略》，《幼儿教育·教育教学》2015年第1期。

张霞：《儿童戏剧活动中促进幼儿角色承担的策略》，《山西教育》2014年第9期。

张霞：《幼儿园戏剧主题活动中幼儿参与类型研究》，南京师范大学，2015。

黄婉圣：《教育戏剧中幼儿的"具身"存在及教师支持》，华东师范大学，2015。

朝鲜族舞蹈与太极气韵之内在联系

陈礼斌

一　朝鲜族的信仰观与汉文化相通

朝鲜族自形成以来信仰也就随之存在，在最初时期朝鲜族的信仰是从崇拜自然开始的。人们赞叹大自然的神妙，崇拜日月星辰、山川、河流等事物，他们认为这里有神灵存在，在这凡世的生老病死、贫富贵贱、福祸相倚都是由神灵掌控着，并逐渐形成了朝鲜族上古时期的神灵。人们为求福避祸、求富贵、求功名、求长寿就以供奉祭品、生祭和死祭来举行祭祀祈福，除去灾祸以安身立命求得神灵的庇护。而这时期负责诸多神事的巫师同时也执掌了部落的政事。随着时间的推移和朝代的更迭，政事逐渐掌握在君王的手中，而巫师却成为祭司，只负责神事与上天诸神沟通。这种神事、教派又与汉文化中的道教有些相似，相互影响发展。三国时期，儒教、佛教、道教相继传入朝鲜，唐朝时期朝鲜的神教信仰和大唐的宗教信仰，儒教、佛教、道教逐渐融合相生，成为当时最兴盛的民间信仰时期。

二　太极"气韵"与朝鲜族舞蹈的"气韵"观相通

太极文化是《易》学的一个分支，《易》学也以全新的面貌和各个学科相联系。舞蹈文化从"力学"和"气韵"这两个方面在窥探着太极文化和《易》学，与此同时，朝鲜舞蹈也在律动和气韵上与太极有着不可分割的内在联系。《易》学中的太极一元论，也是朝鲜族整体的思维模式和哲学理念。《易》学中讲到"太极""阴阳""道""德"都是最基础最常见的哲学思想理念，大多数出自于先秦道家。"易有太极，太极生两仪，两仪生四象，四象生八卦。太极动而生阳，静而生阴，动极而静，静极复动，一动一静，互为其根"这是道家思想的精义所在，也是《易》学中"阴阳互根"的基本思想和观念。

我们通过太极文化了解了贯穿道家思想的太极"气韵"，"气"乃是宇宙构成的基本要素之一。通俗地讲，"气"是人的呼吸吐纳，也就是"道"的本身，如果"气"是"一",那么呼吸就分阴阳"二气","二气"相交生生不息。在太极图中"黑"为阴,"白"为阳,"S"曲线乃是极"阴"与极"阳"的转换运动方式,从而分化成两种不同的形态,比如"呼"与"吸"、"阴"与"阳"、"白"与"黑"等极"阴"与极"阳"的转换运动,自然万物的形成亦是如此。这也是太极"气韵"观的精要所在。

朝鲜族在上古时代就有了本民族的宗教文化思想,与汉族"道教"的文化思想观大体相同。由于受汉族思想文化的长期影响,朝鲜族的思想文化与汉族思想文化也是十分的相近相通。所以在"气韵"观上亦是如此。无论是汉族舞蹈还是朝鲜族舞蹈,在对人物形象的塑造中,不只是单纯地停留在形貌和体态之中,还要把人物的个性、神态、思想,通过动作表情和"气""韵"的巧妙配合才能完美地表现出来。而"气韵"恰恰是在呼吸之间既有"气"的运用方式,也有"韵"连绵相属非静止的体态,让人体动作更加轻盈,神态更加回环绵延,而"气韵"的运用对舞蹈的审美也有着重要的影响。因此太极"气韵"与朝鲜族舞蹈的"气韵"观也是大体相通的。

三 太极"气韵"与朝鲜族舞蹈的"韵律"相近

经过不断的反复实践和总结,太极"气韵"在人体呼吸的内在规律和人体运动过程中,始终贯穿着阴阳变化之理。通过气息配合太极的一招一式的动作中,阴中含阳,阳中有阴,相辅而生,形成"刚柔""开合""卷放""起伏"等。"一静无有不静,一动百骸皆随。"内外合一,充分表现出外部形态正是内在"呼吸"的合理调整的外部体现。无论是古典舞中的"提、沉、冲、靠、含、腆、移",还是"欲上先下""欲左先右",都离不开对"气"的运用。

在练太极时也是非常讲究"气"的运用的,呼吸得自然,细、深、长、缓,而后再应用架子来配合呼吸,以达到与自然融为一体的最高境界。因为架子有快慢,相应呼吸也有快慢之分,如果掌握失去分寸,就极易造成在缺氧的情况下练拳,潜伏隐患。笔者的体验是,动作的配合应"开吸,合呼;起吸,落呼"顺其自然。呼吸法有顺:自然呼吸;逆:腹式呼吸(吸时收腹,呼时呼吸肌舒张),也要求自然,是一种"静"状态下的内在感觉。逆腹式呼吸利用横膈膜升降增加肺活量,使气沉丹田,通过气的鼓荡促进元气活动。"气"是宇宙的本源。改善物体和事物的结构就应由"气"的改善入手,这也是练太极拳"内练"的基本依据。"气"又分阴阳。阴阳的矛盾是"气"的基本运动形态。"气"不断地处于运动中的四时变化:春生—夏长—秋收—冬藏,人的生老病死也是其运动的一方面。"气"是内在的,它与外在的"形"有密不可分的联系，并互为影响互为转化。"形气并练"才是完整的练习方法。练太极拳时人在气中，气在人中，天地人气合一，犹如人在空气中"游泳"，久而久之，才能达到内外气合，浑然一体。"气"在"道教"传统思维领域里，是一项最主要的哲学范畴。"气"是构成世界的最基本元素，自然界包括人的肌肉的演化，最终都是由气的变化决定的。这种气一元论的思想从另一个角度体现了天人合一的整体观。

"韵"是连绵相属非静止的体态，让人体动作更加轻盈，神态更加回环绵延不尽余味。在诗词歌赋中有"音韵""词韵"的和谐统一，也是评价诗词歌赋的一个重要标准。"气""韵"发展于不同时期，是由古至今的文化发展的结晶。

太极"气韵"包含着中国古代哲学的文化思想，太极阴阳图是以圆、曲线构成的，其运动规律具有阴中含阳，阳中具阴，相辅而生浑然一体的无限循环运动，从而生成太极"气韵"的形、劲、圆、曲，太极拳中的"气韵"以及运动规律和朝鲜族舞蹈的"韵律"大有相通相近之处，其朝鲜族舞蹈中的"围手""绕腕手""圆鼓"等舞蹈动作，是以圆、曲的运动方式和律动形态来体现的。朝鲜族舞蹈的"黏劲儿"是最为典型的"气韵"律动方式和太极"气韵"的律动方式十分相似，在围、拧、圆、曲、含的动作体态上，用一种柔韧又粘连的力量由内至外、由外至内相互对抗、相互粘接的"气韵"方式为朝鲜族舞蹈的运动韵律核心。朝鲜族舞蹈中的"气韵"和太极"气韵"韵律的观念、哲学理念、传统文化相通相近。随着社会的发展，朝鲜族舞蹈在继承传统舞蹈的基础上，也吸取了不同舞种的精华，是具有民族特色的朝鲜族舞蹈体系。

参考文献

向开明：《太极文化与东亚舞蹈文化》，民族出版社，2006。

钟跃英：《气韵论》，上海美术出版社，2000。

周山：《周易文化论》，上海社会科学院出版社，1994。

潘志涛：《中国民族民间舞教材与教法》，上海音乐出版社，2010。

民办普惠性幼儿园的发展研究

——以江西省吉安市为例

熊　萍

一　绪论

1. 研究背景

随着二孩政策的开放，幼儿入学的问题又一次摆到了舆论的前列。当前"入园难""入园贵"成为最热的民生问题之一。民办幼儿园的发展，尤其是"普惠性"民办幼儿园的发展成为各位宝妈宝爸最关心的事情，对于公办园"一票难求"的现状普通民众更寄望于提供普惠性服务的民办园。以民办幼儿园为代表的民办学前教育，必须发挥政府的主导作用，落实在教育经费方面的财政责任和教育行政监管的职责，规范举办者办学行为和确定合理回报比例，同时要鼓励和引导民办园加大办学投入，一定程度上降低幼儿园的"营利性"，提高"公益性"。

2. 核心概念界定

（1）民办幼儿园

大家通常按幼儿园性质将其分为两大类：公办幼儿园和私立幼儿园。我国对民办性质的界定主要是从举办者、经费来源和招生的对象三个方面出发。民办学校有三个明显特征：举办主体非国家机构；资金来源于非国家财政性经费；面向社会招收学生。有学者从广义上界定民办幼儿园是"除国家党政机关和国有企事业以外，由民营企业、社会团体或个人利用非财政拨款，进行多元化、多渠道融资，面向社会招收 2~6 岁幼儿，创办的幼儿园"①。

（2）民办普惠性幼儿园

民办普惠性幼儿园指提供普惠性服务、具有普惠性质的民办幼儿园。国家和政府为促进教育的公平性，通过制定各类相关政策，为所有适龄儿童提供入

---

① 殷旭贞：《当前民办幼儿教育发展中存在的问题及对策研究——以山东英才银座幼教集团为个案》，山东师范大学，2007。

园机会而发展多样的、大众化的、收费较低的、教学质量有保障的幼儿园。作为解决"入园难""入园贵"的重要举措，民办普惠性幼儿园是"普及又实惠的幼儿园，一般幼儿家庭普遍能接受且收费合理的幼儿园，既包括公办幼儿园，也包括非营利性的民办幼儿园"①。是公平性与公益性在教育领域的延续，其目的是让广大适龄儿童享有平等受教育的机会。

3. 国内外相关研究

（1）国内相关研究

国内关于普惠性民办幼儿园的研究多集中在论述其创建的环境，以研究政府政策为最多，从政府决策的角度论述其对促进教育公平与提高普惠性服务的重要性。北京师范大学冯晓霞教授认为，这几年公办幼儿园在关、转、并、停的浪潮中数量骤减，民办幼儿园发展迅速。虽然民办幼儿园确实为公办幼儿园数量不足的现状做出了弥补，一定程度上满足了广大群众对学前教育的需求，但同时也暗藏办园条件和教育水平参差不齐、部分民办幼儿园不规范、乱收费等问题。保证民办幼儿园健康有序地发展，以切实落实《国家中长期教育改革和发展规划纲要（2010－2020年）》所提出的"公办民办并举"的发展目标，就要以政府为投资主体的公办幼儿园应该办成服务中低收入家庭幼儿的普惠性幼儿园，解决"广覆盖、保基本"的问题②。

（2）国外相关研究

国外在学前教育普惠性领域从开初便卓有成效，其制定的相关政策对我国的教育发展都起到了良好的促进作用。自20世纪以来，各国开始重视幼儿教育事业在国民教育体系的重要性，这在欧美一些比较发达的国家表现得更甚，例如英、美等发达资本主义国家。此外，发展中国家中，印度在学前教育领域发展也是比较全面的。越来越多的国家把学前教育纳入国家公共事业中，将其作为提高国民素质的重要举措之一。美国1965年开展的"开端计划"（U. S. Head Start）是普及学前教育事业的典范和鼻祖，是迄今为止美国联邦政府开展的规模最大、影响力最大的学前教育规划，被誉为"国家实验室"。开端计划自实施以来，在青少年犯罪、心理健康等方面做出了积极的贡献，整体提高了国民素质。该项目最初是为100万儿童提供的价值1800万美元的暑期学前教育，但是一年后，其财政预算已经发展到了初始金额的5倍，并且将目标定位为50万名5岁儿童提供时间长达一年的服务项目。40年后，开端计划惠及的儿

---

① 宋伟、袁爱玲：《正确认识学前教育普惠性的内涵》，《教育导刊》2012年第6期。
② 冯晓霞：《大力发展普惠性幼儿园是解决入园难入园贵的根本》，《学前教育研究》2010年第5期。

童总数达 905851，其中 3~5 岁儿童占到 91%。① 开端计划进行的背景便是五分之一的美国儿童在低于贫困线以下的家庭中生活，其作为一个与贫困相联系的教育行动计划，在很大程度上就是带有政府补贴的性质，是对幼儿所处的贫困的教育环境的一种补偿。学前计划是开端计划的最主要组成部分，其所有的行动产生的经费都由联邦政府直接支付。它作为对贫困儿童和家庭的一种教育性的尝试在整个领域产生了重大而深远的影响，也使得开端计划在美国公共政策领域中占据了重要地位。不久之后的英国在 1968 年制定《都市发展纲要》，纲要指出，在颁布后的 12 年中要由国家财政拨款资助城市贫民子女，同时设立专门的幼儿教育机构为这些城市贫穷儿童进行身心发展方面的社会服务等。此后 1972 年英国政府发表白皮书，要求在全国全面推进学前教育事业，并提出了经过 10 年努力让 50% 的 3 岁儿童和 90% 的 4 岁儿童都能够接受幼儿教育的发展规划。这几个法律法规对英国幼儿教育的发展起到了很大的推动作用。在日本，1964 年开始实施第一次幼儿园振兴计划，旨在促使 5 岁幼儿进入幼儿园；1972 年开始实施第二次幼儿园振兴计划，旨在促使 4~5 岁幼儿进入幼儿园；1990 年，日本又开始实施第三次幼儿园振兴计划，旨在进一步提高 3 岁幼儿入园。②

4. 研究的主要内容和方法

（1）研究的主要内容

通过查阅相关文献对国内外普惠性幼儿园的出现发展与出路有一定的理解之后，再结合实地调研与访谈对吉安市现今普惠性民办幼儿园发展现状进行初步了解，从民办普惠性幼儿园的发展背景出发，透过现状理清目前民办普惠性幼儿园的问题，并从外部影响因素和内部影响因素两个方面提出相应的对策。

（2）研究的主要方法

①文献研究法。笔者将文献研究法贯穿于本次研究的始终。通过查阅和研究国内外与普惠性幼儿园相关的研究成果、调查报告以及网络信息，形成本论文的文献基础。同时借鉴教育公平论、政策学、管理学等相关学科的知识进行理论基础的构建。搜集和梳理国家及江西省与普惠性幼儿园建设方面相关的法规举措及实施的现状资料。

②访谈法。利用实习与代课的机会对学前教育行政管理人员、幼儿园园长和教师进行访谈，访谈主要围绕普惠性民办幼儿园的相关政策认定与实施、政

---

① Zigler, E. Muenchow, Head S. Start: The Inside Story of America's Most Successful Educational Experiment. 1992.

② 吴文侃、杨汉清：《比较教育学》，人民教育出版社，2008，第 364~365 页。

府对民办幼儿园的扶持力度及园长与教师对普惠性民办幼儿园的认识、桎梏、发展、建议等方面展开。

5. 研究价值

（1）理论价值

"普惠性"是本文的核心概念之一，是需要厘清的学前教育领域的一个新概念。本文旨在参考相关研究的界定，从"普惠性"的一般概念内涵出发，从政府政策等角度更好地阐释普惠性、普惠性民办幼儿园的相关概念与解释，丰富已有的关于普惠性民办幼儿园的理论研究。笔者通过对民办园与民办普惠性幼儿园的现状的调查，对存在的桎梏与出现的问题进行分析，对普惠性民办幼儿园的今后发展思路进行理论层面的探讨，旨在为民办普惠性幼儿园教育公平目标实现提出可供参考的理论依据。在以往的认知当中，民办幼儿园以营利性作为其特征之一，是市场经济的产物，其发展状态受到市场需求的制约，在这样的环境之下，政府部门对其扶持便比较有限。但是《国务院关于当前发展学前教育的若干意见》出台，要求政府在其中要有所作为。民办幼儿园被要求在一定的程度上为所有的适龄幼儿提供普惠性服务，民办普惠性幼儿园便应运而生。"普惠性"成为这些民办幼儿园的新特性。笔者试图在这些民办普惠性幼儿园的发展过程中寻得政府政策制定实施、园所发展投入、社会力量扶持、家长普惠观念等多方面的有价值的经验，并将其记录下来为之后的民办普惠性幼儿园的展望提供理论依据。

（2）实践价值

各地方政府大力推动建设民办普惠性幼儿园，不仅有利于提高社会对民办幼儿园的关注，也大大缓解了公办幼儿园在招生方面的压力。私立幼儿园收费每年需要上万元，普惠性幼儿园的出现无疑为家长在经济方面减轻了很大的压力。现如今学前教育的半壁江山都被民办幼儿园占据，因此民办幼儿园的发展现状和趋势直接影响了整个学前教育领域未来的发展方向。因此，关于普惠性民办幼儿园的构想和实施与整个学前教育事业的发展和幼儿家长的切身利益都有很大的联系。对民办普惠性幼儿园的研究，有利于缓解"入园难、入园贵"的学前教育老大难问题和现状，也有利于推动学前教育普及化。以吉安市民办幼儿园作为案例研究发展现状，在此基础上对民办普惠性幼儿园发展过程中出现的各种问题进行探讨，旨在对普惠性幼儿园的实施提供现实依据，为教育行政部门决策提供参考，有利于保障适龄幼儿的利益，从而为幼儿发展和学前教育事业发展提供现实路径。

二 民办普惠性幼儿园发展的现状调查（以江西吉安市为例）

1. 民办幼儿园"普惠性"实现的路径

目前吉安市关于民办普惠性幼儿园的建设还是主要靠政府牵头出政策，民办幼儿园自行提交申报表格。这其实并不是一件容易实现的事情，民办幼儿园作为营利性质的幼儿园，要想成为政府委托举办的"普惠性"幼儿园，其基础就是要朝着非营利的方向发展，降低其作为私立园的自身的盈利需求，在保证一定的赢利比例的同时增加普遍优惠性，是当前符合现实需求的客观要求。但作为"普惠性"幼儿园，首先需要的便是政府的政策扶持，在相关的园所建设的文件出台的同时，加大对这些民办的普惠性幼儿园财政方面的投入，为其提供相应的政策优惠。目前江西省发布的文件便对普惠性幼儿园提供了包括场地租金优惠、园所建设指导、教师技能培训、招生补贴等方面的政策指示。

2. 民办普惠性幼儿园数量与质量方面

目前吉安市层面没有明确普惠性幼儿园量化指标，但是全省各市县学前教育的发展都有很大提升，与此同时，相应的资源快速增加，办园条件也得到明显改善。全省还通过教育行政部门向有资质的民办幼儿园购买学前教育服务的方式，引导和支持民办幼儿园提供普惠性学前教育服务。2016 年是实施第二期学前教育三年行动计划（2014—2016 年）的最后一年。在 2015 年，江西总共利用 9.96 亿元（其中中央奖补资金 6.96 亿元、省财政 3 亿元）来扶持民办普惠性幼儿园发展，此举有效地扩充了城乡学前教育的规模与教学资源。2016 年全省预计达到的目标是新建 200 所公办幼儿园，把重点放在建设乡镇公办中心幼儿园，支持 1500 所农村学校附属幼儿园独立出来办成独立园，力争让目前 12% 的公办园的比例提高至 30% 以上，达到全国平均水平。在建设民办普惠性幼儿园的目标上，运用财政资金以奖代补方式，力争在 2016 年底使全省普惠性幼儿园所占比例达到 70% 以上。①

在访谈中笔者了解到，吉安地区在普惠性幼儿园保证教育质量方面不同区县具有做法不同，但无论哪所园都有明确规定，防止和纠正学前教育的"小学化"倾向。阳明西路 A 园园长在谈到"小学化"倾向时说："现在不仅你们说要防止小学化，很多家长在送小孩来的时候也要特意提前了解幼儿园各班的一日活动和教学安排，看是不是能让自己的宝宝全面发展。连家长也开始有这个意识了，哪个幼儿园现在还搞这一套天天上语文数学课，孩子接受不了、老师

---

① 资料来源：江西省推进普惠性幼儿园建设相关材料。

也很累。"B区园长说:"现在还按旧的一套来肯定是不行的,不能小学化,在幼儿园里要给孩子更多的活动空间,多培养他们对同伴和自然的爱,老师也是,注意小孩子的年龄特点,在玩中学。孩子们还这么小,今后要学的东西还有很多,现在正是他们释放天性的时候。"各园所对待小学化这个问题都表示了否定的态度,在笔者进一步了解关于如何有效规避小学化,如何在保教方面提高自己的教学能力时,50%的园所表示聘请有经验的专业性强的幼教老师就能达到,剩下的一半认为多向公办的示范幼儿园学习,在教学设计和教学开展方面把示范园的成功经验借鉴过来。鹭洲路C园一名教师说:"我们每个学期都会去市保蹲点学习一个星期,这一个星期不是每天都在那儿,而是以一周去一天的形式,没有固定哪一天去,和两边老师联系好就可以,每次蹲点学习回来都要写学习心得并且第二天在晨会上分享。"A园园长表示很多片区的普惠性幼儿园都与示范公办园结了对子,也会有一些教学交流活动和相互间评课的活动。虽然各园所都在努力做有利于提高该园的保教质量的事情,但是各园都没有真正把握普惠性民办园真正缺失的竞争力在哪儿,把提高保教质量当作一句口号,自然而然其进行的相关活动也将流于形式,起效不大。

3. 民办普惠性幼儿园的管理与监审

根据省市出台的相关文件,被认定的普惠性民办幼儿园是需要接受教育行政主管部门的定期指导、监督、检查,基本上是一年一次,检查不通过的园所将被收回牌照。被认定的普惠性民办幼儿园期限基本为三年。除此之外,各地教育行政主管部门还要对其进行日常活动的监管,包括普惠性民办园的校园安全、办园行为、保育质量方面。民办普惠性幼儿园相较于其他私立幼儿园的特别之处即在于它的收费,作为普遍优惠,带有公益性的民办普惠性幼儿园,各地教育行政主管部门要对其财政进行监审:收费标准是否参照政府指导价;是否收取或变相收取与入园挂钩的赞助费;是否合理分配和使用经费;是否保障教职工的工资水平和相关保险、福利等;是否建立财务管理制度,保证账目的清楚明晰。

4. 民办普惠性幼儿园的师资力量

幼儿教师队伍的整体素质直接影响幼儿园教育教学水平。在吉安市大多数的民办幼儿园中,持证(幼儿园教师资格证)上岗人员只占了不到一半的比例。虽然教师的起点稍低但是大部分教师在准备着考证与考编并积极参加园长和教师培训。在访谈中片区负责人这样说:"我们都希望满足两教一保,但是老师们的教师资格证我们仅要求幼儿园逐步达到,现在园所都在鼓励老师读书拿证。"目前各区域都进行了幼儿园教师培训,如吉州区对全区幼儿园教职工进行多次免费的培训。在问到"目前普惠性幼儿园教师都参与了哪些培训"时,A

园园长说："种类还是挺多的，有教研组长、园长的培训，也有针对年轻教师的培训，对有经验老教师的培训，有政策报告解读的也有如何扎实做好一个主题课程的培训，还有就是出差国培，培训的名额都是很有限的，一般是一两个人才能去，都是市里分到区里，一般情况下各区会优先考虑普惠性幼儿园"。

三 民办普惠性幼儿园发展桎梏解剖

吉安市从2014年实施学前三年行动计划至今，普惠性公办幼儿园的建设取得了一定的进展。虽然有些民办幼儿园提供一定程度的普惠性服务，但总的来说普惠性幼儿园发展较为缓慢，办园形式较为单一，社会力量参与不足，尚处于起步阶段，其发展仍有许多不完善的地方，并在发展过程中遇到一些困难与问题，主要表现在以下几个方面。

1. 外部因素

（1）政府方面

①权责不明、分工不细。虽然省下发的文件指明各市县有权利根据自身实际情况制定适合本地区教育发展的普惠性幼儿园发展规划，各市县也按照文件精神成立了相关领导小组，在大体上明确了各成员所负责和协调的任务。但是在如何具体负责、在任务时限等方面却没有给出明确规定；以至于很多园所抱怨向上反映问题通常无果，或者是等待批复的周期很长。由于权责不明与分工不细，导致在某些边缘性事件上各部门或者各个责任人互相推诿，在一定程度上影响了民办普惠性幼儿园的建设进度。同时，根据调查，虽然各县区教育局都设有管理学前教育的科室（股），但是专门负责学前领域工作的只有2~3名行政人员或者更少，有的行政人员因为缺乏相关的学前教育专业相关背景知识，对普惠性学前教育的相关工作疲于应付。

②监督不力、重建轻管。政府对学前教育的发展质量还有一个很重要的监管职能。但是当下正是因为缺乏对学前教育质量的监管，存在着重建设轻管理、重开端轻过程的情况。主要表现在：一是无正式的发展民办普惠性幼儿园相关规范政策。吉安市关于普惠性幼儿园的政策目前还停留在文件层面，既无具体的建设发展方案，也无相关的发展前景的展望。对于向民办普惠性幼儿园提供经费支持的相关内容更是讲得非常笼统，没有一个具体的细则来阐明，导致各县区在这方面的经费支持力度、内容、标准不一。二是无具体民办普惠性幼儿园认定、评估标准。由于缺乏对民办普惠性幼儿园概念的清晰了解，即使是负责学前教育事业这一部门，有些人也不能很明确地界定。如果不能认识到民办普惠性幼儿园首先是以一个民办园的身份在提供普惠性服务，就不能单纯地将

其与一般公办园等同起来同时评估。在同园长交流的过程当中，笔者得知在很多时候为了体现"公平性"，民办普惠性幼儿园的具体评估程序与一般公办幼儿园的评估流程无差别，如用餐环境安全、园所设备、教师队伍建设等。三是由于民办普惠性幼儿园认定与准入标准模糊，至今对民办普惠性幼儿园没有明确的准入、退出和奖惩机制，到底什么样的民办幼儿园才具备提供普惠性服务的资格，民办幼儿园需具备什么样的条件才有可能成为普惠性幼儿园等，这样笼统而模糊不清的管理机制不利于民办普惠性幼儿园发展，也容易产生一些打着普惠性幼儿园的名号，得到政府的财政扶持后质量又没有提高现象，既对国家财政造成了损失，也辜负了人民群众对民办普惠性幼儿园的期待。

③经费投入不足、资助标准不一。2015 年，吉安市财政性学前教育经费占财政性教育经费比例为 8%，且这有限的幼儿教育经费大部分被用于城镇和农村公办幼儿园（主要是区级、市级示范幼儿园）的建设，而民办幼儿园和集体办幼儿园虽占据幼儿园总数上的一半，但是能得到的财政支持却很少，甚至还有一部分民办幼儿园与资助无缘。这对自负盈亏的民办幼儿园来说，如果政府的补贴力度不大的话，他们对于担负普惠性服务是很有压力的。补贴相对于幼儿园一整年运营所花费的办园成本来说，非常有限，还不足以说服其降低幼儿园收费门槛。

（2）社会方面

民办普惠性幼儿园是以其公益性和普惠性作为其特点的，由于它正处于起步阶段，尤其是在吉安这种普惠思想并不那么普及的中部城市，它受到的来自社会舆论的压力和普通民众的期望值都很高。一方面人民迫切需要一批补充公办园的"实惠型"幼儿园，另一方面家长对民办园的保教质量又不是很放心，在这种情况下，一部分家长选择观望，还有一部分家长选择咬咬牙把孩子送进收费高昂的私立园。长此以往，不仅违背了创建普惠性幼儿园的初衷，也影响了民办幼儿园向普惠性幼儿园发展的趋势。

2. 内部因素

（1）管理模式单一

由于普惠性民办幼儿园需要政府财政拨款，所以其发展受到政府的监督与管控。这容易导致管理模式单一化，思维固化，很容易忽视学前教育机构在提供公共服务产品时所具有的社会性。把一所普惠性幼儿园交给一个人或者由某个人负总责管理都是不妥的，要打破原有的管理机制，在此基础上进行突破，借鉴上海浦东地区普惠性幼儿园管理机制的三位一体思想，将家长、社会力量、市场等因素纳入管理体系，从源头开始，直接参与到该园的建设与规划，以满足群众对民办普惠性幼儿园的效率和质量的要求。

（2）财政补贴规划不合理

当前在有限的政府财政投入的情况下，普惠性幼儿园的开发和建设占据办园的财政支出的最大份额，然后是作为教师的工资福利，导致其用来日常运转的经费相对而言就不足了。因此将维持幼儿园日常运转的费用的担子交给幼儿家长，这也就是为何一些普惠性幼儿园一直表现得没有和公立幼儿园一样价廉质优的原因。

四　民办普惠性幼儿园发展的突破与建议

1. 专司专职、扩大补贴

当前民办普惠性幼儿园要突破桎梏，首先还得由政府牵头。"国十条"指出：应加强省级政府教育统筹，支持和督促市（地）、县级政府履行职责，发展管理好当地各类教育。① 在此文件的鞭策下各地纷纷响应号召，成立了一批政府的管理机构，如上海、江苏、天津等省市纷纷出台了学前教育联席会议制度；内蒙古自治区政府为了加强学前教育管理力量，成立了学前教育工作领导小组；辽宁省教育厅成立学前教育处；陕西省各级政府建立学前教育联席会议制度，成立推进学前教育工作领导小组来完成对学前教育的统一规划与管理。② 成立政府管理机构，主要解决目前学前教育领域面临的管理混乱的局面，有助于健全现有的管理机构，完善现有的管理体制，从体制机制的角度为普惠性幼儿园建设提供有力保障。民办幼儿园要提供普惠性服务，加强普惠性和公益性，政府要落实相当比例的财政支出，履行政府职责，降低民办幼儿园收费，提高民办园的保教水平、减轻家长的经济负担、提高教师待遇、提升教师素质、加大办园投入等。相反，如果缺乏政府投入，就容易导致高费低质或者低费低质，显然这二者都不是最初设立普惠性幼儿园的初衷与愿景。

2. 加强监管、规范收费

《教育规划纲要》强调在学前教育质量的监管和督导中政府有不可推卸的重要责任，并且明确提出政府应当加强对学前教育的管理，规范办园行为，政府在履行自身的监管职能时，心里有杆秤，手中有把尺，把好民办普惠性幼儿园的质量关。同时，教育部门应协同其他有关部门一起推动建立起常规性的、覆盖面广的评估体系，明确申报普惠性幼儿园的相关要求，条目化准入门槛，

---

① 吕武、张博：《政府以支持置换支配：民办幼儿园普惠化的基本思路》，《现代中小学教育》2015 年第 2 期。
② 秦旭芳、王默：《普惠性幼儿园建设的桎梏与突破》，《早期教育》（教学科研版）2013 年第 3 期。

清晰奖惩制度。对已经取得办园许可证且年检合格的民办普惠性幼儿园，对其收费标准、教学内容做出严格的规定。

3. 创新管理思路

民办普惠性幼儿园在享受政府财政投入、政策优惠的各项权利时，就必须接受政府的监控和管理，但是单一的政府管理模式对其发展并没有带来好处，所以改变已有的以管为主的单一的管理模式，从幼儿园自身出发，将与其利益紧密相关的群体一起结合起来，共同管理，再寻求一个平衡的突破口。实行"管、办、评"三方互相分离又互相制约的运作机制，即政府管理、学校办学、中介评估三者共同结合来对幼儿园的发展建言献策。民办普惠性幼儿园将自己财务的制度公开透明，并如实发布财务报告；同时专业的中介评估机构对其实时跟踪评估；发挥社会监督机制的有效作用，发动群众对其进行共同监督。

4. 加大宣传，更新普惠观念

作为政策的制定者和执行者，政府相关部门对于"民办普惠性幼儿园"这个概念的掌握比较清晰。但是，对于学前教育普惠政策涉及的另外两大主体——幼儿园和家长，政府有义务为他们厘清这个概念的核心与内涵。普惠性，亦即普遍优惠性。对于民办幼儿园，特别是对即将申办普惠性民办幼儿园的园所来说，普惠性就是降低幼儿园收费，给所有的适龄儿童一个低价有保障的入园机会。但是需要面对的现实问题是，幼儿园一旦降低了收费，其营利性将变得不再突出，可能会给整个幼儿园的良性运转都带来不小的压力。而对于很大一部分家长来说，民办普惠性幼儿园按他们的理解就是一种民办的优惠廉价的幼儿园，生源质量不高教学质量有待提高，他们可能从心里就对其不抱太大的期望。因此，在"民办普惠性幼儿园"尚处于发展起步阶段的情况下，对"普惠性"这一基本概念的理解仅仅在表面，更深入的意思没有领会到。从经济学的角度看待普惠性，有三个基本特点——普遍性、非歧视性和非互惠性。从这三个基本特性可以说明普惠性幼儿园是面向大众、有质量的幼儿园。因此政府部门在对普惠性幼儿园的宣传方面要加大力度和强度，依据相关的政策法规向各级各类幼儿园宣传政府在建设普惠性幼儿园中的主导作用，但是也必须强调"主导不等于主办"的思想，让幼儿园了解政府对普惠性幼儿园的政策扶持与优惠。在对家长进行普惠性幼儿园的宣传中借用新媒体，如微博微信平台进行科普式传播。

五 结论

在物价飞速上涨的今天，伴随着的便是办园成本的不断提高，要想实现民办普惠性幼儿园健康有序稳定的发展，不仅需要政府加大对普惠性学前教育的政策支持与财政投入，同时还需发动社会各界的力量，为民办普惠性幼儿园多方筹措办园经费，从而增加学前教育资源，扩大民办普惠性幼儿园的办园规模，实现教育公平与教育普惠的美好愿望。不管民办普惠性幼儿园是姓"公"还是姓"私"，只要能解决老百姓当下的热点民生问题，为百姓办实事，就是好的幼儿园。民办普惠性幼儿园建立之后，除了在价格上为老百姓减轻经济负担，也要逐步提高保教水平，减轻老百姓的心理负担。当下民办普惠性幼儿园亟须解决一个问题：如何才能更好地提高自己的保教水平和师资队伍建设水平。提升幼儿园的办园质量，真正将优惠普及普通家庭。

参考文献

任保国：《对普惠性民办幼儿园发展政策的分析与思考》，《学园》2016 年第 1 期。

周艳玲、朱承运：《美国开端计划的普惠性特点及启示作用》，《现代中小学教育》2015 年第 11 期。

顾莺红：《普惠性民办幼儿园的内涵发展之路》，《早期教育》（教师版）2016 年第 3 期。

论 BRVP 流行音乐节奏与风格创作

刘传利

一　流行音乐节奏的基础

节奏是音乐最重要的表现手段，它是指音乐中交替出现的有规律的强弱、长短现象。

流行音乐和其他所有音乐节奏一样，都是由最基础的音乐节奏组合而成，在分析流行音乐的节奏时，必须先了解流行音乐节奏的基础。

音符和时值是节奏的基础，音符是指音乐的语言，它记录着声音的长短高低。大家较为熟悉的五线谱中的"小蝌蚪"，简谱中的数字都是音符最常见的表现形式。根据时间的长短，音符可分为很多种类型，如四分音符、八分音符、十六分音符等。四分音符是最基础的音符，它就像细胞一样是构成音乐生命的基本单位。假定四分音符时长为一秒钟，那么八分音符的时长则为四分音符的一半，即 1/2 秒，十六分音符则为四分音符的四分之一，即 1/4 秒（常见的基础音符还有二分音符、全音符、三十二分音符等）。由此可见，音符的时值关系呈简单的倍数关系，和数字恰好相反，音符越大时值就越短。

音符既然是节奏的基础，那么了解了音符的基本知识，我们就得了解下几种流行音乐常见的节奏。

流行音乐常用的基本节奏有：两拍节奏、三拍节奏和四拍节奏。两拍节奏简单地说就是每小节两拍，第一拍是重拍（强拍），第二拍是轻拍（弱拍），由此循环往复，节拍数起来就像走路一样："一二、一二、一二……"，这种节奏常见于进行曲、群众歌曲、儿童歌曲等流行音乐中，节奏刚劲有力，充满蓬勃气息，如歌曲《我有一头小毛驴》《我真的受伤了》《运动员进行曲》等；三拍节奏每小节有三拍，第一拍是重拍（强拍），第二拍和第三拍是轻拍（弱拍），由此循环往复就像华尔兹一样"蹦擦擦、蹦擦擦……"，这种节奏常见于圆舞曲、民谣等，节奏轻盈、连贯，旋律优美，适合叙事性、抒情性歌曲，如歌曲《同桌的你》《当你老了》"Scarborough Fair"等；四拍节奏每小节有四拍，第一拍重拍（强拍），第二拍轻拍（弱拍），第三拍重拍（次强拍），第四拍轻拍

（弱拍），由此循环往复。四拍节奏是流行音乐中最常见的节奏，可以说绝大多数流行歌曲采用此种节奏，此节奏包含了众多的音乐风格，如摇滚、雷鬼、爵士、大流行等，如歌曲《月亮代表我的心》、"I Will Always Love You"、"Right Here Waiting for You" 等。以上几种节奏即是流行音乐的基础节奏，各有色彩，各有所长，构成了流行音乐丰富多彩的基础节奏。

二 流行音乐节奏常用的元素

流行音乐节奏丰富多彩，风格多样，完全分析所有的流行音乐节奏比较复杂，但我们对流行音乐节奏分析研究后，就会发现有一些元素存在于绝大多数的流行节奏中，特别是以下一些关键元素。

1. 附点节奏

附点是记录在音符右边的小圆点，它改变音符的时长，一个音符加上一个附点就表示它本身时长再加上原来时长的一半（附点分为前附点和后附点）。由于附点的出现，改变了音乐原本平稳的感觉，变得有跳跃感和律动性。附点音符适合用于歌曲中旋律线条和感情线条的处理，制造一种波澜的感觉，在流行音乐节奏中大量使用，如歌曲《把耳朵叫醒》、"Take Me Home Country Road"、《七里香》等。

2. 切分节奏。

切分节奏简单地说就是改变小节中原来的节奏强弱关系。音乐是时间的艺术，那么音符在节奏中安排的顺序以及时长，就决定了它在节奏中的重要程度。一般来说，安排在小节重拍的音符和时值较长的音符都是相对重要的音符，我们在演唱的时候需要特别地强调它们，其他的音符相对处理得弱一点，比如：1 1｜1 1｜｜就是强弱节奏；1 1 1｜1 1 1｜｜就是强弱弱节奏；1 1-｜｜1 1-｜｜是弱强的节奏。如果我们改变节奏正常的强弱关系，比如把弱拍音延长到强拍上，那么就形成了切分节奏。由于这种强弱关系的转变，音乐往往产生新的动力，甚至出现新的音乐风格（如摇滚乐中的节奏重音）。流行音乐的切分节奏多用于歌曲连接部分或者主体节奏中，往往对歌曲的整体风格起提示作用，如歌曲《大约在冬季》、"My Love"、《再见青春》等大量使用切分节奏。

3. 三连音节奏

将基本音符均等分成特殊划分的三部分为三连音。由于基本音符时值都是二进位的，一个基本音符只能均等分成两份、四份、八份等，这是基本划分，而要把音符分成无法分割的等份，这就是音乐的特殊划分，即"几连音"。三连音就是这种特殊划分的形式，也是流行音乐节奏经常使用的节奏型。三连音多用于歌曲的副歌部分或主体节奏中，对于演唱情绪的推动起着重要的作用，对流行歌曲的风格特色起到特殊作用。比如歌曲《我们的爱》、《义勇军进行曲》、"Unchained melody"等都是三连音节奏的代表曲目。

三　流行音乐节奏与风格

流行音乐的风格种类繁多，受人口、文化、地域等诸多因素的影响，比如Bluss Rock and Roll、Jass、Bossanova、Newage 等音乐风格都有着巨大的差异，常见的流行音乐风格有以下几种。

1. 布鲁斯（Bluss）

布鲁斯又名蓝调，起源于美国黑人的"田间呐喊"，是一种基于五声音阶的音乐形式。布鲁斯音乐有其特殊的音阶构成和和声结构，在听觉上具有明显的特点，比如特征音^{b}3，布鲁斯音乐最常见的形式是 12 小节布鲁斯（每 12 小节一个循环）。布鲁斯音乐对流行音乐的发展具有重大的影响，后来的 Jazz、摇滚乐、乡村音乐和当今我们俗称的"流行音乐"，都含有布鲁斯的因素甚至从中发展而来。布鲁斯音阶：1 2 ^{b}3 3｜5 6 i－｜｜，代表歌曲如"Memory"、"Lemon tree"、《彩虹》等。

2. 摇滚乐

摇滚乐（Rock and Roll）是当今流行音乐主流风格之一，它是综合了布鲁斯、乡村音乐、叮砰巷音乐等多种音乐形式而逐步发展出来的全新的音乐形式。摇滚乐虽然是年轻的音乐风格，但是变化发展迅速，种类繁多，比如抒情摇滚乐、重金属、朋克、哥特、迷幻摇滚乐等。在摇滚乐史上曾诞生了众多巨星，比如猫王、披头士乐队、迈克尔·杰克逊等，他们都是流行音乐世界里璀璨的明星，同时也推动了世界流行音乐的发展。

3. 大流行

大流行的概念是一个特殊的概念，它不是指某种音乐风格，而是泛指我们日常生活中所接触的一般流行音乐形式，包含大家熟知的港台流行音乐、内地流行音乐、网络歌曲等。因此大流行的提法是与我们特殊的历史时期和当前文化社会发展历史阶段相联系的。

总体来说，布鲁斯音乐旋律忧伤，就像一问一答的对话，需要较长气息支撑，要求做滑音和变化音处理，最重要的是布鲁斯音乐是即兴性非常强的音乐，需要歌手具有良好的音乐素养和对音乐风格充分的把握；摇滚乐是年轻人较为喜爱的音乐形式，演唱时也充满激情。摇滚乐中节奏是非常重要的元素，有时甚至超越了旋律本身，现场的感染力则是摇滚乐演唱的灵魂所在，摇滚歌手往往不追求发声、演唱技巧的处理，而是追求一种忘我的、能抛开一切、刺入心灵最深处的摇滚精神；大流行是大众的音乐，满足的是大多数人的音乐喜好，演唱时需要基本的流行演唱方法，同时兼顾歌手独特个性，只有具备一定演唱实力和独特个性的歌手，才能最终被大众所接受。

四　流行音乐节奏与即兴创作

流行音乐与严肃音乐不同，它兼具商业性和娱乐性，很多的流行音乐风格往往带有即兴成分，比如爵士、索尔等。即兴是现代流行音乐的一个重要特征，也是歌手歌唱的重要体现。即兴创作主要在节奏变化、旋律发展、和声进行方面有其内在的规律，主要包括以下几方面。

1. 材料准备

即兴创作也需要提前准备好有关材料，主要包括节奏型、和弦、旋律片段等，需要即兴创作者有一定的音乐修养和知识积累。音乐知识越丰富，即兴创作的水平也就越高。

2. 设定模式

所谓的模式就是指我们进行即兴创作的主题思路，即兴创作不是完全意义上的自由发挥，而是在一定的框架内的合理创作，这里主要介绍两种常用的模式：①1－6－4－5（do－la－fa－sol）式，这四个音符是音乐中最重要的几个音符，我们首先按照 1－6－4－5 的顺序依次写出或演唱，每个小节一个音符（第一小节唱 1、第二小节唱 6，依此类推）；然后再将这几个音符分别进行一定的变化，但是要求最后回到原来音符（比如第一小节 3－2－1、第二小节 7－5－6 等）；最后加入各种流行音乐节奏，把这些变化了的音符节奏，划分小节连起来形成旋律，由此我们的即兴创作就完成了。比如歌曲《你知道我在等你吗》《我可以抱你吗》《恰似你的温柔》等。②i－7－6－5－4－3－2－1（do－si－la－sol－fa－mi－re－do）式，这是一个完整的八度音阶，我们首先按照顺序依次演唱，每小节一个音符（第一小节唱 i、第二小节唱 7，依次类推）；然后将这些音符分别进行一定的变化，最后回到原来的音符（比如第一小节 i－7－i、第二小节 7－6－5－7 等），然后加入各种流行音乐节奏，配合音乐伴奏，把这些变化起来的节奏音符，划分小节连起来形成旋律，由此即兴创作完成，如歌曲《听海》《我的歌声里》《爱很简单》等均有即兴创作痕迹。以上两种即兴创作模式在流行歌曲即兴创作中较为常见，很多流行歌曲在不同的节奏、旋律等方面采用以上两种模式创作，可见流行音乐的节奏也是即兴创作的灵魂。

　　流行音乐节奏与风格创作既有其他音乐的基本元素，又有自己特殊的音乐元素、结构、和声等不同内容。我们在流行音乐的教学欣赏中，需要大量的流行音乐素材积累、分析与总结；以便更好地了解流行音乐节奏与风格创作和其他严肃音乐的异同，更好地为流行音乐教育、欣赏、推广服务。

参考文献

The Contemporary Singer Elements of Vocal Technique，Anne Peckham Berklee Press，2009 年 12 月 30 日。

Tips for Singer Performing Auditioning，*and Rehearsing*，Carolyn Wilkins Berklee Press，2008 年 10 月 8 日。

The Songwrite's Workshop—Melody，Jimmy kachulis Berklee Press，2003 年 1 月 1 日。

Unerstanding Popular Music Culture，ROY Shuker，Routledge，2012 年 12 月 1 日。

杨士春：《通俗歌曲演唱教程》，中央音乐学院出版社，2007。

尤静波：《流行演唱法》，湖南文艺出版社，2010。

滥食野生动物行为：特点、原因与政策分析

王肖飞　谢培严　吴庄颖

一　问题的提出

为切实保护我国野生动物资源，国家林业局森林公安局从 2013 年 8 月中旬到 12 月底，在全国范围内组织开展了打击破坏野生动物资源违法犯罪专项行动，破获了一批破坏野生动物资源案件，打掉犯罪团伙 35 个，收缴野生动物近 42 万头（只）。此次行动突出打击四种犯罪行为：利用汽车或邮寄等流通渠道走私、非法运输珍贵、濒危野生动物及其制品的行为；利用投毒等手段非法猎捕、杀害野生动物的行为；野生动物集贸市场、花鸟市场等非法交易野生动物及制品的行为[1]；饭店等餐饮场所和野生动物制品生产厂家非法加工、出售野生动物及制品的行为。像这样的专项行动还有 2008 年广西的"飞鹰行动"和 2009 年"绿盾三号"行动等。这些行动的执法机关都是森林公安，而且目的都是保护野生动物。人类历史上许多重大的疾病和家禽疾病都来源于野生动物，例如埃博拉和艾滋病来自灵长类，感染牲畜的亨德拉病毒、尼巴病毒来自狐蝠，疯牛病和口蹄疫也与野生动物有关，鼠类可以传染五十多种人类的疾病[2]。这自然会使我们恐惧滥食野生动物对人类身体健康造成的危害。我们该如何看待人类滥食野生动物的行为？目前政府和大多数学者把此种行为视为破坏野生动物资源的违法犯罪行为，只有极少数学者把其视为威胁人类身体健康的违法犯罪行为，但尚没有较好地与食品安全（包括食品犯罪行为和食品行政违法行为）联系起来，那么该行为是否可以纳入食品违法犯罪的研究范畴呢？答案是：我们不仅应该把滥食野生动物视为破坏野生动物资源的行为，而且应视为食品安全问题。因为生活在野外的野生动物往往携带大量的病菌、病毒或者违法犯罪分子为了牟利而人为地注射毒物，在不经检验检疫的情况下生产加工和食用就会威胁食用者的健康。总之纳入食品违法犯罪研究范畴的行为必须符合三个条件：以食品为载体、违法犯罪人以牟利为目的、食品足以或者已经危害到人体健康安全。传统上人们打击猎杀、运输、贩卖、收购野生动物的目的经历了两个发展阶段：一个是保护自然生态，另一个是保护人类身体健康，但是直到

最近仍未实现两个目的的融合：既要保护自然生态也要保护人类身体健康。两者是对立统一的，统一易理解，而对立的原因是滥食野生动物，所以，这从根本上说是如何处理人类需求、野生动物保护和人类身体健康三者之间的关系。突破点在于理解人类的需求——人类为何要滥食野生动物？如何预防此类行为？

二 滥食野生动物的特点和原因

我国滥食野生动物的地区主要是岭南，滥食野生动物的危害严重，主要表现为损害人体健康、破坏野生动物资源和损害我国的国际形象。所以，为了消除这些危害，就必须研究滥食野生动物行为的特点和原因。

1. 滥食野生动物行为的特点

滥食野生动物的行为特点主要表现为四个方面。一是行为的高度地域化集中。主要集中在广西和广东。二是食客以熟客和熟客推荐的人为主。除去极少数在野生动物市场购买回去自己加工之外，大部分人是在餐馆或者提供餐饮的宾馆里食用，他们与这些经营者已经是熟人，并且这些经营者一般不会轻易主动要求陌生客人食用野生动物，除非客人表明有某位熟客推荐。三是季节性明显。两广地区的食客主要是在秋冬季节大量食用野生动物食品，秋冬季节是野生动物案件的高发期[3]，因为人们认为野生动物是滋补的最佳选择，而秋冬季节也正是需要滋补的时间。第四，食用的野生动物来源呈现跨国性。目前走私进入国内的野生动物制品除了供应给中药市场外，就是巨大的餐饮消费市场，南方一些打出山珍海味、生猛海鲜招牌的餐馆，销售的菜肴中就有走私的野生动物[4]。

2. 滥食野生动物的原因

事实上，滥食野生动物并不是一个全国性的现象，如果能够解决两广滥食野生动物的问题就是抓住了问题的关键。所以，本文重点分析两广滥食野生动物的原因。岭南地区包括广东、广西、海南以及南海诸岛，地跨中南亚热带和热带地区，气候湿热，四季不分明。广东和广西毗邻，饮食习惯相近，古代都是百越人的后裔，文化隔阂小[5]。两广滥食野生动物的共同原因是自然环境和人文环境形成的传统饮食文化与现代文明发生冲突，而不同点在于广东因经济发达和其他社会因素形成了一种当代富人消费文化——面子和身份的象征。

共同的传统饮食文化。广西存在许多民族——汉族、壮族、瑶族和苗族等，河流较多，属于亚热带季风气候，主要特征是夏天时间较长、气温较高、降水较多，冬天时间则较短、天气甘暖。这使得广西的饮食具有鲜明的地域性、民族性、文化性，以及清甜、微辣、鲜香、脆嫩的地方饮食文化特色。"桂菜"

发源于岭南文化，从原料选取的角度看，强调野生鱼种、高山野珍等，野味十足[6]。例如，南宁民族菜肴多为就地取材，以花、菌、竹、虫、药、果、珍（山珍）、海（海味）入菜，其造型、色泽、香味以及滋补功效别具一格，新鲜独特[7]。从商周到战国时期广西古壮族的肉食售票主要是野猪、兔子、竹鼠、豹、鹿、狐、锦鸡、斑鸠、鹌鹑以及其他蛇虫之类。自秦至隋，肉食中养殖业占据主要地位，但是仍然猎捕一些鼠、狸、豪猪、熊、鹤等野生动物[8]。从唐朝至五代时期，像猪狗牛羊鸡鸭鹅等农家常有的禽畜已经饲养。由于气候原因，许多爬虫和野兽都被当作食补的材料，例如蛤蚧、金蛇等[9]。宋至清初，广西主要食用畜、禽和水产，除了在秦朝以来就普遍饲养的猪、狗、牛、鸡、鸭、鹅外，这一时期，鱼类和羊的养殖量大增。广西人工驯养禽畜在汉代就出现了。另外当地的野兽有猴子、麝香、风狸、蟒蛇、竹鸡、乌凤等，"天马"和"果下马"等也有被驯养宰食的情况[10]。广东是 56 个民族齐全的省份，世代居住于此的少数民族有壮族、瑶族、畲族、回族和满族。由于江河纵横，依海傍水，受海洋性气候的影响，空气湿度大，湿气偏胜，故湿邪易于为患，粤人饮食，多以海鲜生猛、热汤浓茶为主，可以酿湿生热，内蕴胃肠[11]。粤菜具有独特的岭南风味，用料广博，选料珍奇，追求菜肴的新颖奇异。

多种因素导致两广民众滥食野生动物的原因出现差异。这些因素主要表现在经济发展水平、地理位置和野生动物资源储量上。但是这三个因素决定了滥食野生动物的人群只能是收入较高的中高层人士，南方在 20 世纪 50 年代开始大量食用野生动物，80 年代时已是过度利用，随着与东南亚贸易的开展，广东食用的野生动物来源转到东南亚，广西因经济不发达，常扮演着中转站的角色。在非法经营野味的餐馆里，穿山甲每公斤大约 800 元、麂子肉 500 元 1 公斤、白腹锦鸡每公斤 1200 元，滇金丝猴脑汁每小匙 3000 元，天鹅、熊掌、果子狸等更是暴利。高额利润，正是这些餐馆老板甘愿冒违法犯罪的风险大卖野味的原因[12]。当前，高端消费的食客支撑着野生动物贸易的表面繁荣，而且经济的发达使得更多人吃得起保护动物，这正在从有钱人向普通人扩展[13]。

三　预防对策分析

2014 年 4 月 21 日提请十二届全国人大常委会第八次会议审议的关于刑法有关规定的解释草案，将对破坏野生动物资源的犯罪行为的含义进行立法解释，全国人大法工委建议做出如下解释：知道或者应当知道是国家重点保护的珍贵、濒危野生动物及其制品，为食用或者其他非法用途而购买的，属于《刑法》第三百四十一条第一款规定的非法收购国家重点保护的珍贵、濒危野生动物及其制品的行为。不可否认，犯罪化也是预防犯罪的组成部分，它会对滥食野生动物的行为起到部分遏制作用，但是笔者并不认为滥食野生动物的现象会因食用野生动物行为的犯罪化而减少，因为滥食野生动物的原因是传统饮食文化和富人消费文化，这里涉及一个问题即刑事制裁或者犯罪化是否可以用来改造传统饮食文化和当代富人消费文化？假设可以，它的效果又会如何呢？传统饮食文化属于地方习惯的一部分，每个出生的人都会在父母的教化下自觉地接受此种饮食习惯，而犯罪化作为一种外部强制，导致对一个地方传统饮食文化的强制改造。而且两广都生活着许多少数民族，其中也不免会涉及民族问题。法律是因遵守才有效，并非因有效才被遵守，对食用野生动物的犯罪化从根本上说是与地方传统饮食文化相冲突的，置于此种文化中的人从内心里是不赞同此种行为犯罪化的，除非强制执行，否则他们不会遵守，特别是经济、文化、教育相对落后的地方。而富人食用野生动物的行为从一开始就具有很强的隐蔽性，犯罪化并不能消除这种隐蔽性，因为犯罪化更为突出威慑，并且它存在局限性——只有在潜在犯罪人因被抓可能性大而斟酌风险或风险虽低但行为人惧怕刑事定罪时有效[14]。所以，食用野生动物的犯罪化对遏制滥食野生动物现象的作用是有限的。那么为何当前的监管效果不好呢？原因如下，第一，监管部门之间缺乏执法协调机制和刑事追责标准高。就执法主体而言，侦查靠森林公安，但是仍需要日常监管部门和动物保护专业人员的支持，如果执法部门的分工协调机制不明确，势必导致监管疲软，在立案方面，对国家二级保护动物的不法交易要高于国家一级保护动物，但执法标准更为宽泛，犯罪分子很少受到处罚[15]。第二，对野生动物有选择地区别保护，监管人员（林区管理人员和执法机关）不作为或者渎职、对捕猎野生动物的工具监管不善等。

参考文献

[1] 张彬：《全国森林公安机关打击破坏野生动物资源违法犯罪专项行动战果丰硕》，《人民公安报》2014 年 1 月 3 日。

[2] 中国科学院动物研究所：《动物所提出加强对食用野生动物管理和立法的建议》，2003 年 5 月 7 日，http：//www. cas. cn/xw/zjsd/200906/t20090608_ 642525. shtml。

[3] 阮观文：《当前林区治安形势与对策研究》，《森林公安》2011 年第 2 期。

[4] 《野生动物走私屡禁不止，犯罪分子不惜以命换暴利》，http：//gb. cri. cn/3821/2005/01/11/301@419368_ 1. htm，2005 年 1 月 11 日。

[5] 黄薇、滕兰花：《论地理环境对广西饮食文化的影响》，《广西民族师范学院学报》2011 年第 6 期。

[6] 徐康平：《从桂菜看广西饮食文化的发展》，《中国食品》2009 年第 21 期。

［7］覃洁贞：《对南宁市开发民族饮食文化的思考》，《广西民族学院学报》（哲学社会科学版）2003 年第 Z2 期。

［8］周旺：《商周至秦隋时期广西饮食文化态貌初探》，《南宁职业技术学院学报》2010年第 6 期。

［9］周旺：《唐至五代时期广西饮食文化发展的基本形态和区域个性》，《南宁职业技术学院学报》2009 年第 6 期。

［10］周旺：《宋至清初广西饮食文化发展考析》，《南宁职业技术学院学报》2008 年第 5 期。

［11］陆木兴：《江南与岭南地区湿邪的特征及证治差异》，《浙江中医杂志》2002 年第 8 期。

［12］《食用野生动物应予处罚》，《光明日报》，2003 年 6 月 10 日，http：//www. gmw. cn/01gmrb/2003 - 06/10/07 - B93CD20F91CA69EF48256D410000EB93. htm。

［13］《广东野生动物消费生态调查》，三联生活周刊，2004 年 2 月 3 日，http：//www. lifeweek. com. cn/2004/0203/7883. shtml。

［14］〔美〕哈伯特 L. 帕克：《刑事制裁的界限》，梁根林译，法律出版社，2008。

［15］《最新通过的法律解释明确：购买食用珍稀野生动物可处刑责》，《文汇报》，2014 年 5 月 6 日，http：//law. eastday. com/dongfangfz/2010dffz/fldd/u1a74290. html。

后 记

南昌职业学院自建院以来，坚持以立德树人为根本，牢牢把握服务发展、促进就业的办学方向，积极创新职业教育模式，坚持走产教融合、校企合作、工学结合、知行合一的路子，先后为社会培养了7万余名高素质劳动者和技术技能型人才。

学院的持续健康发展，得益于上级党委、政府和教育行政主管部门的坚强领导和大力支持，得益于全体教职员工和广大学生的齐心拼搏、共同努力，得益于学校理事会、党委、行政的团结一致、开拓创新。学院教育教学、科学研究工作的持续推进、创新发展，离不开人力、物力的大量投入。《高等职业教育创新发展的理论与实践探索——南昌职业学院教育教学、科学研究论文精选》一书的出版，是学院理事会、党委、行政高度重视的结果，是广大教研人员艰辛探索的结果，也是社会科学文献出版社谢寿光社长和丁凡编辑支持的结果。

文集荟萃的80篇论文，涵盖学院教研人员在思政研究、育人创新、专业建设和文化探究等诸多领域和多个专业的理论研究与实践探索，充分展现了学院在教育教学和科学研究工作中取得的新成绩。学院将继续推进以科学研究促进教育教学、再以教育教学促进科学研究的"双促"工作，为广大教研人员做好教育教学与科学研究的有机结合，为进一步发挥科学研究在提升教育教学质量过程中的引领和支撑作用搭建平台、创造条件。

在论文集的编撰出版过程中，学院理事会、党委、行政召开联席会议进行专题研究。学院理事长章跃进、党委书记万普海、院长周金堂、执行院长高益庆、副院长王云霞、副院长罗青平、院长助理黄恩平等给予了及时指导和大力支持。学院拨出专款确保了文集的正式出版。学院院长、学院学术委员会主任周金堂教授、研究员带头撰写论文，并认真抓好论文集的编辑出版工作。学院部分学术委员会委员参与审稿工作。在此一并表示衷心的感谢！

论文集的出版，展示了学院教师教育教学和科学研究工作成果，总结提炼了学院办学治校、教书育人、科研服务等方面的做法和经验，提供了学院与兄弟院校开展教学科研交流的新"载体"。尽管我们在编撰工作中尽了很大的努力，但囿于一地一校的局限、编撰经验的有限，书中难免存在不足之处，敬请各位专家学者及广大读者不吝赐教，批评指正。

编著者
2017 年 10 月

图书在版编目（CIP）数据

高等职业教育创新发展的理论与实践探索：南昌职
业学院教育教学与科研论文精选／周金堂等编著 . -- 北
京：社会科学文献出版社，2017.10
ISBN 978 - 7 - 5201 - 1548 - 3

Ⅰ.①高…　Ⅱ.①周…　Ⅲ.①高等职业教育 - 教学研
究　Ⅳ.①G718.5

中国版本图书馆 CIP 数据核字（2017）第 244403 号

高等职业教育创新发展的理论与实践探索
——南昌职业学院教育教学与科研论文精选

编　　著／周金堂 等

出 版 人／谢寿光
项目统筹／丁　凡
责任编辑／丁　凡

出　　版／社会科学文献出版社·区域与发展出版中心（010）59367143
　　　　　　地址：北京市北三环中路甲 29 号院华龙大厦　邮编：100029
　　　　　　网址：www. ssap. com. cn
发　　行／市场营销中心（010）59367081　59367018
印　　装／北京季蜂印刷有限公司

规　　格／开　本：787mm×1092mm　1/16
　　　　　　印　张：32　字　数：612 千字
版　　次／2017 年 10 月第 1 版　2017 年 10 月第 1 次印刷
书　　号／ISBN 978 - 7 - 5201 - 1548 - 3
定　　价／85.00 元

本书如有印装质量问题，请与读者服务中心（010 - 59367028）联系

▲ 版权所有 翻印必究